König
Kaiser
Kardinal

Thomas J. Nagy

König
Kaiser
Kardinal

Auf den Spuren von
Kardinal Franz König

styria premium

INHALT

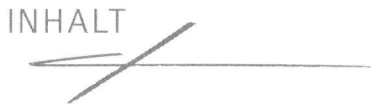

Der Mut zur Lücke

Gemeinsam mit Zigtausenden Menschen stand ich am 26. März 2004 an die zwei Stunden in einer Warteschlange vor dem Wiener Stephansdom, um mich vom verstorbenen Kardinal Franz König zu verabschieden, der offen aufgebahrt im Dom lag. Kalter Wind blies vom Donaukanal durch die Rotenturmstraße herauf, Regen durchnässte die Kleidung der Wartenden, doch die Stimmung war fröhlich, gelassen und positiv. Gegen die Kälte wurde Tee ausgeschenkt, einige Gruppen sangen und die anderen stimmten ein. Im Stephansdom angekommen erschrak ich, als ich vor dem Leichnam dieses großen Kirchenmannes stand. 98 Jahre war er alt geworden, klein und zerbrechlich lag er da, sein Mund stand offen und ich blickte in seinen Gaumen. Plötzlich genierte ich mich für meine Neugier, hatte ich doch das Gefühl, dem Verstorbenen zu nahe getreten zu sein. Statt eines Gebetes murmelte ich eine Entschuldigung und verließ so schnell wie möglich den Dom.

Ein Sonntag im November 1977 oder 1978 kam mir wieder in den Sinn. Auch damals war es kalt und windig gewesen, als ich auf dem Stiftsplatz in Klosterneuburg anlässlich der Männerwallfahrt für den Kardinal ministrieren durfte. Mit weißen Handschuhen hielt ich den Bischofsstab, da fiel mir auf, dass die Abdrücke seiner warmen Finger nach der Übergabe des Stabes an mich noch einige Bruchteile von Sekunden klar auf dem kalten Metall zu erkennen waren, bevor sie verblassten. Vorsichtig zog ich den rechten Handschuh aus, nahm bei der nächsten Übergabe den Stab mit der linken Hand entgegen und versuchte, die Fingerabdrücke des Kardinals mit meiner bloßen Rechten einzufangen, irgendwie festzuhalten. Kardinal König bemerkte mein Unterfangen natürlich. Später in der Sakristei kam er auf mich zu und sagte schmunzelnd: „Du hättest dir bei der Kälte nicht die Handschuhe ausziehen müssen, ich gebe dir auch gerne hier die Hand." Ich streckte ihm diese sprachlos entgegen, seine Finger waren tatsächlich sehr warm.

Im Herbst 2004 gründete ich die TrauerWeile, ein Trauerinformations- und Beratungszentrum, und im Herbst des darauffolgenden Jahres sendete der ORF einen „kreuz-und-quer-Beitrag" darüber. Dabei lernte ich den Drehbuchautor Martin Betz kennen, der einige Jahre später auch am Drehbuch zum Film „Der Kardinal" (2011) mitarbeitete. Wir hatten uns zuvor schon angefreundet und er erzählte mir von diesem spannenden Projekt. Kurz entschlossen lud ich ihn, Annemarie Fenzl, die Sekretärin des Kardinals, und Ex-Innenminister Karl Blecha zu einer MeisterKlasse ein, in der die drei in kleinem Kreis von einem Dutzend Gästen über Kardinal König diskutierten und Erinnerungen austauschten. Dabei bemerkte ich, dass viele Ereignisse seines langjährigen Wirkens nicht ausreichend dokumentiert sind, so z. B. die Aussöhnung mit den Sozialdemokraten, aber auch Auseinandersetzungen mit Bruno Kreisky. Viele Zeitzeugen sind mittlerweile gestorben. Mit den Lebenden galt es, schnell Gespräche zu führen und festzuhalten, was ansonsten für immer verloren gehen würde. Ohne das Projekt auch nur eine Sekunde geplant zu haben, führte ich Interview um Interview und drang tiefer und tiefer in das Leben dieser großen Persönlichkeit vor. Adolf Holl erzählte mir, ein Empfehlungsschreiben des Kardinals hätte ihm Mitte der 1960er-Jahre Tür und Tor in den USA geöffnet, heute genügt der Name des Kardinals, um Gespräche mit den vielen großen Wegbegleitern zu führen, vom Bundespräsidenten bis zum deutschen Alt-Bundeskanzler Helmut Schmidt, von Weihbischof Helmut Krätzl bis zum Oberrabiner Paul Chaim Eisenberg, von Michael Heltau bis hin zu Karel Schwarzenberg.

Franz König war ein ehrgeiziger, strebsamer und fleißiger Mann. Sein reiches und volles Leben lässt sich nur schwer auf 300 Manuskriptseiten wiedergeben. Mit über 50 Gesprächspartnern habe ich an die hundert Stunden gesprochen, allein diese Transkripte bestehen aus 2000 Seiten, hinzu kommen noch die vielen Manuskripte und Abschriften des Kardinals und die zahlreichen anderen Schriftstücke. Viele entscheidende Ereignisse und Entwicklungen fanden nicht chronologisch, sondern zeitgleich statt, deshalb galt es, eine Form zu finden, die für den Leser noch übersichtlich ist, wobei sich natürlich zwischen den Kapiteln immer wieder Querverbindungen ergeben. Auf vieles musste verzichtet werden, Mut zur Lücke war gefragt, doch für Neues sollte ausreichend Platz sein. Erstaunlich viele Schilderungen der Zeitzeugen sind übereinstimmend, bei einigen gibt es jedoch Erinnerungsunterschiede. Welche Version ist die richtige? Kann es auch unterschiedliche Sichtweisen geben?

Kardinal König hat keine Tagebücher geführt, über sich selbst hat er nur sehr knapp berichtet, dementsprechend schwierig war es, Originalaussagen von ihm über private Angelegenheiten zu erhalten, doch bedanke ich mich bei allen Kollegen, die über ihn publiziert und Gespräche mit ihm aufgezeichnet haben – in Büchern, als Film- oder als Tondokumente. Eine Übersicht zu diesen hilfreichen Dokumenten findet sich im Anhang. Eine große und wichtige Hilfe war Annemarie Fenzl, die heute das Kardinal-König-Archiv in Wien leitet und mit größtem Engagement sein Erbe verwaltet. Durch sie habe ich erfahren, wie viel „Alltagsarbeit" Kardinal König auch elf Jahre nach seinem Tod noch bereitet, wodurch die Ordnung des Nachlasses fast schon zu kurz kommt.

Es stellt sich die Frage, weshalb der Wiener Erzbischof auch elf Jahre nach seinem Tod eine so große Faszination auf die Menschen ausübt. Weil er Weitblick hatte, weil er Visionen hatte, weil er Geduld hatte. Keine seiner Reden war zeitgeistig, darum haben sie heute noch Bestand. Alle seine Gedanken waren klar und einfach formuliert, deshalb können sie immer noch nachvollzogen werden. Außerdem besaß der Kardinal Mut und Courage, die er nicht laut oder aggressiv, sondern leise, doch bestimmt einsetzte. Er war eine Respektsperson, er war Vorbild, er war ein besonderer Mensch, der

Wissen, Weisheit, Menschlichkeit, Toleranz und Liebe so miteinander verbinden konnte, dass er unaufdringlich, bisweilen auch distanziert wirkend, die Menschen dennoch erreichen konnte. Er war ein Brückenbauer zwischen Kulturen, Sprachen und Religionen, er konnte Verletzungen heilen lassen und Gräben schließen. Dabei wurde er auch missverstanden, was ihn selbst sicherlich verletzt hat. Große Gefühle konnte oder wollte er nicht zeigen.

Noch eine zweite persönliche Erinnerung verbindet mich mit dem Kardinal: Mein Vater musste im Dezember 1956 aus Ungarn fliehen, im Herbst 1958 fand er Arbeit bei einer Baufirma, die im Erzbischöflichen Palais in Wien die Kriegsschäden beseitigte. Täglich besuchte der Erzbischof die Arbeiter, mein Vater war damals gerade erst 21 Jahre alt geworden. „Sie sind noch ein so junger Mensch und arbeiten so hart", sagte er damals zu ihm, „Sie sollten nicht Ihre Kraft vergeuden, sondern einen ordentlichen Beruf lernen und Ihre Chancen nützen." Diesen Ratschlag nahm mein Vater an und lernte den Beruf des Maurers, obwohl er ohnedies kein Geld hatte und damals als Lehrling weniger verdiente als ein Hilfsarbeiter. „Er war nicht hochnäsig, sondern ein Mann, ein ganz normaler Mensch", beschreibt ihn mein Vater.

Wer Kardinal König persönlich gekannt oder noch in Erinnerung hat, wird in diesem Buch viele neue Facetten dieses Menschen und vor allem auch Zusammenhänge – politische und geschichtliche – seines Tuns finden. Wer sich erstmals mit dieser großen österreichischen Persönlichkeit vertraut machen will, der wird staunen, wie ein Bauernbub aus dem Pielachtal zu einem Kirchenfürsten von internationalem Format aufstieg und seinen Wurzeln dabei immer treu blieb. Mir persönlich hat sich ein Mensch gezeigt, wie ich noch keinem begegnet bin. Seine individuelle Art machte ihn zu einem unverwechselbaren und besonderen Ehrenmann, für manche sogar zu einem Vorbild – weit über ideologische und zeitliche Grenzen hinaus – bis in die Gegenwart hinein. Und ich konnte Gespräche mit Menschen führen, denen ich ohne Kardinal König niemals begegnet wäre. Dafür bin ich allen sehr dankbar.

Thomas J. Nagy

I.

Prolog: Ars moriendi

Ein dumpfer Fall, ein leises Stöhnen – dann lag der Kardinal am Boden des Mariazeller Hotels „Goldenes Kreuz". Die Medien schrieben danach, er sei über den Teppich im Hotelzimmer gestolpert, doch tatsächlich fiel er beim Durchqueren des Foyers plötzlich um. War er nur gestrauchelt oder hatte der alte Mann Kreislaufprobleme? Der 28. Juli 2003 war jedenfalls sehr heiß und der Sommer ging als „Jahrhundertsommer" in die Geschichte ein. Annemarie Fenzl, seine Sekretärin, ging damals zehn Meter hinter ihrem „Chef", als sie ihn stürzen sah. Gemeinsam mit einigen Helfern hob sie den fast 98-Jährigen wieder auf die Beine. Die Situation war dem alten Mann unangenehm, das Aufsehen war ihm peinlich, deshalb reagierte er auch ein wenig unwirsch. Er selbst ging noch gestützt zum Lift, fuhr in den dritten Stock und in seinem Hotelzimmer legte er sich auf sein Bett. Dort kamen dann die Schmerzen. Der Schock hatte ihn diese weite Strecke gehen lassen. Im Krankenhaus Mariazell, einem kleinen Provinzspital, wurde die Vermutung dann bestätigt. „Die haben sich über ihren prominenten Patienten gefreut, weil da endlich etwas los war", erinnert sich Annemarie Fenzl. Ein Arzt stürmte damals aufgeregt in die Ambulanz und rief wenig empathisch: „Oberschenkenhals, Oberschenkelhals!" Damals dachte sich der Kardinal, so erzählte er später seiner Sekretärin: „Das ist das Ende."

Franz König musste operiert und dafür nach Wien transportiert werden. Sein so geschätzter Sommerurlaub war somit zu Ende. Der ÖAMTC-Hubschrauber Christophorus brachte den verletzten Kardinal nach Wien – zunächst ins Allgemeine Krankenhaus, dann auf seinen eigenen Wunsch ins Krankenhaus der Barmherzigen Schwestern. Das Bein musste operiert, ein neues Gelenk eingesetzt werden. An sich mittlerweile eine Routineoperation, doch bei einem alten Menschen besteht stets ein höheres Risiko. Außerdem hatte Kardinal König eine Bronchitis, wie so oft in seinen letzten Jahren. Eine Stunde dauerte die Operation, doch danach kam es zu einer Komplikation, denn er wachte eineinhalb Tage nicht aus der Narkose auf. Der Kardinal sei „guten Mutes", berichtete damals Erich Leitenberger, Sprecher der Erzdiözese Wien, den Medien. Hinter verschlossenen Türen sah die Situation allerdings dramatischer aus. Franz König lag in der Intensivstation und man rechnete mit dem Schlimmsten. Doch dann kam er wieder zu Bewusstsein, erkannte seine Umgebung, lächelte, konnte sich wieder an alles erinnern und war wieder zurück im Leben. Die Krise war überstanden.

Wie sehr Kardinal König Seelsorger war, zeigte sich in der darauffolgenden Nacht, als eine alte Frau ins Spital eingeliefert wurde. Am Morgen starb sie. Franz König, selbst gerade erst dem Tod entronnen, bekam die Aufregung mit und ersuchte, den Vorhang vor ihrem Bett zur Seite zu ziehen, damit er sie segnen konnte. Für die Tochter der Verstorbenen wurde dies zu einem unvergesslichen Erlebnis. „So war er eben", erinnert sich Annemarie Fenzl. „Auch in solchen Situationen hat er immer auch an die anderen Leute gedacht."

Am dritten Tag konnte der Kardinal die Intensivstation verlassen und eine erste Stellungnahme abgeben. „Ich bin voller Bewunderung, wie gut das alles organisiert ist", hieß es darin. Die Öffentlichkeit nahm damals großen Anteil, Bundespräsident Thomas Klestil schrieb: „Ich bin in Gedanken bei Ihnen und wünsche mir – mit Gottes Hilfe – Ihre baldige Wiederherstellung. Das bedeutet sicherlich auch viel Geduld, die Sie in den kommenden Tagen und Wochen brauchen werden." Nationalratspräsident Andreas Khol hoffte, dass die Heilung gut vorangehe. Diese machte schnellere Fortschritte als gedacht, denn am Tag nach dem Aufwachen hieß es schon aufstehen und ums Bett herumgehen.

Bis zu diesem Sturz hatte Franz König – abgesehen von seinem schweren Verkehrsunfall 1960 und einer Blinddarmoperation – nie eine ernste Erkrankung gehabt. Dementsprechend schlecht war anfangs auch seine Stimmung. Hinzu kam die große Hitze, die eine improvisiert aufgestellte Klimaanlage nur zum Teil lindern konnte. Am dritten Tag sagte er allerdings sehr freundlich zu seiner Sekretärin: „Es tut mir sehr leid, dass ich so grantig gewesen bin." Er sei zu der Einsicht gelangt, nicht fragen zu dürfen, warum ihm der Unfall passiert sei. „Ich muss die Frage anders stellen." Ein solcher Sturz passiere so vielen alten Leuten, warum also nicht auch ihm? Stattdessen fragte er: „Wozu ist mir das passiert? Was ist der Sinn dahinter?" Darauf konnte er sich eine Antwort geben: „Ich kann anderen alten Leuten Mut machen und ihnen zeigen, dass man nicht aufgeben darf, dass man es, auch wenn man alt ist, noch schaffen kann."[2] Von da an begann er mit neuem Elan und voll Optimismus täglich mit seiner Physiotherapeutin auf der Dachterrasse des Krankenhauses zu trainieren.

Am 3. August, fünf Tage nach seinem Sturz, feierte der emeritierte Kardinal seinen 98. Geburtstag im Spitalsbett. Sein Amt hatte er schon dreizehn Jahre nicht mehr inne, doch das Wort „Kardinal" war ihm – so erzählt es der Burgschauspieler Michael Heltau – wie zu einem zweiten Vornamen geworden. Im Internet findet man ein kleines Foto, das König mit Kardinal Christoph Schönborn zeigt. Auf den ersten Blick erweckt es den Anschein, als würden die beiden einander am Spitalsbett segnen. Bei genauerem Hinschauen erkennt man aber, dass sie einander mit einem Glas Sekt zuprosten. Die Lebensfreude war wieder zurückgekehrt.

Zu Maria Himmelfahrt, am 15. August, „unter dem Schutz der Gottesmutter", wie Annemarie Fenzl erzählt, wurde er, von seinem Arzt begleitet, in ein Bauernhaus ins Weinviertel gebracht, weil er es im Spital einfach nicht mehr aushielt. In der ersten Nacht danach ging es ihm furchtbar schlecht, die Strapazen der Reise waren für ihn sehr groß gewesen. Betreut wurde er von Annemarie Fenzls Schwester und deren Mann – beide sind Ärzte –, von einer Physiotherapeutin, die täglich mit ihm arbeitete, und von Lin, seinem vietnamesischen Pflegesohn, der Medizinisch-technischer Assistent ist. Sonst wollte er niemanden um sich haben. „Der

Rehabilitationsplan hängt dort heute noch an der Wand", erzählt Annemarie Fenzl.

Sukzessive verbesserte sich der Gesundheitszustand des Kardinals. Dass er bis zu dem Unfall immer sehr sportlich gewesen war und gesund gelebt hatte, kam ihm jetzt zugute. Nach und nach normalisierten sich alle körperlichen Funktionswerte und auch das Gehen ging leichter. Anfangs noch mit einem Rollator, dann mit Krücken und zuletzt konnte er wieder ohne Hilfe gehen. Am 28. September, einen Tag früher als geplant, kehrte er wieder in seine Wohnung bei den Barmherzigen Schwestern in Wien Gumpendorf zurück. Offiziell verließ er an diesem Tag das Spital, von seiner Rehabilitation in Niederösterreich hatte die Öffentlichkeit nichts mitbekommen.

Im Herbst 2003 nahm er seine seelsorgerischen Aufgaben wieder in gewohnter Weise auf. Er feierte das Schubert-Jubiläums-Hochamt im Stephansdom und holte die versäumten Pfarrbesuche nach. In St. Elisabeth firmte er dreißig Jugendliche. Man merkte ihm allerdings an, dass ihn diese Tätigkeit trotz der damit verbundenen Freude sehr anstrengte. Am Ende der Feier, als er aus der Kirche humpelte, hob er die Hand, um noch etwas zu sagen. Ihm sei an diesem Tag die Erkenntnis gekommen, wofür ein Bischofsstab, außer als Zeichen der Amtsvollmacht, überhaupt gut sei. „Er hat die gleiche Funktion wie eine Krücke, nur ist er viel eleganter", erinnert sich Annemarie Fenzl. Auch sein feiner Humor war zurückgekehrt.

Kardinal König empfing wieder Besuche und stand für Fragen zur Verfügung. Anfang Dezember nahm er an der Vorpräsentation des Fernsehspielfilms „Ein Leben für den Frieden – Papst Johannes XXIII." im ORF-Sendezentrum teil und erzählte dort Anekdoten über Angelo Roncalli. Zu diesem Anlass trug er auch das Brustkreuz, das ihm der Papst kurz vor dessen Tod geschenkt hatte.

Etwas später, im Dezember, besuchte Franz König ein Konzert der Wiener Philharmoniker. Mit diesem Orchester verband ihn in den letzten Jahren seines Lebens eine enge Freundschaft. Anlässlich der 150-Jahr-Feier im Jahr 1992 hatte Clemens Hellsberg, damaliger Vize-Vorstand und Archivar des Orchesters, einen Festakt vorbereitet. Für die Festrede standen Yehudi Menuhin und Kardinal König zur Auswahl. 1942 hatte Wilhelm Furtwängler die Laudatio gehalten und 1967 Karl Böhm. „Wir haben Kardinal König eingeladen und es war ein spezielles Ereignis", erinnert sich Clemens Hellsberg. „Er war damals schon emeritiert, nicht nur von der beruflichen Funktion, sondern er war in einem anderen Sinne schon emeritiert, ohne enträckt zu sein, weil das war er nie, bis zuletzt." Den ehemaligen Vorstand der Wiener Philharmoniker wundert es nicht, dass die Kunst, dass die Musik einen Menschen in die Nähe der Religion, in eine spirituelle Dimension rückt. „Ich glaube, in seiner letzten Lebensphase hat er seine Beziehung zur Musik intensiviert", hatte Hellsberg den Eindruck. „Es geht bei der Kunst um die Qualität, dass man an die äußeren Grenzen gelangt bzw. darüber hinausgeht. Das ist der Ausdruck der Sehnsucht nach Unendlichkeit."

Immer wieder kam es in der Folge zu Begegnungen mit den Philharmonikern, immer wieder besuchte der Kardinal Konzerte. Zu seinem letzten Geburtstag schenkten ihm Annemarie Fenzl und die Mitarbeiter seines Sekretariates ein Abonnement dieses großen Orchesters. Normalerweise gibt es dafür eine zehn-, zwölfjährige Wartezeit, doch für den Kardinal machte man eine Ausnahme. Ganz am Schluss seines langen und erfüllten Lebens war er somit philharmonischer Abonnent und hatte mit seiner Sekretärin die Plätze 11/11, genau in der Mitte im Goldenen Musikvereinssaal. Als Riccardo Muti zu Gast war, wurde der Kardinal in der Pause in die Garderobe eingeladen, worüber er sich sehr freute. Bei seinem letzten Konzertbesuch standen die „Kindertotenlieder" von Gustav Mahler auf dem Programm. Ihm gefiel das Konzert und er applaudierte voller Begeisterung.

Vor Weihnachten besuchte er die „Mariazeller Matinee" im Palais Ferstl bereits ohne Krücken. In seiner Ansprache ging er auf den bevorstehenden Mitteleuropäischen Katholikentag ein und meinte, die Stärken der grenzüberschreitenden Botschaft des Christentums liegen im christlichen Welt- und Menschenbild, das seine Wurzeln im Ereignis von Bethlehem habe. Seine Meditation schloss er mit den Worten: „So Gott will – auf Wiedersehen in Mariazell." Mariazell besuchte er ein letztes Mal Anfang Januar 2004. Dort ging er als Erstes zur Gnadenmutter, um sich zu bedanken, dass er nach seiner schweren Hüftoperation wieder ohne Stock gehen konnte. Täglich feierte er hier Messopfer, täglich betete er in der Basilika zur Gnadenmutter. Erholt kam er nach zehn Tagen Urlaub nach Wien zurück.

Am 11. Februar 2004 begleitete Kardinal König seinen langjährigen Weggefährten und Freund, Altbischof Franz Zak, zu dessen letzter Ruhe. Im St. Pöltner Dom schloss sich für Kardinal König auch der Kreis, denn 1938 war er hier zum Domkurat ernannt und am 31. August 1952 zum Bischof-Koadjutor geweiht worden. Bischof Michael Memelauer hatte damals diese Entscheidung, einen Assistenten zu bekommen, der zuvor schon in allen Bereichen der Seelsorge in der Diözese gearbeitet hatte, sehr begrüßt, konnte er damals doch aus gesundheitlichen Gründen seinen offiziellen Verpflichtungen nicht mehr nachkommen. 1956, als Franz König als Erzbischof nach Wien berufen wurde, bestellte Papst Pius XII. Franz Zak zum Titularbischof von Apollonia und neuen Bischof-Koadjutor von Bischof Memelauer mit dem Recht auf dessen Nachfolge, die dieser am 30. September 1961 als Diözesanbischof von St. Pölten antrat und 1991 aus Altersgründen zurücklegte. Franz Zak starb am 28. Januar 2004 im 87. Lebensjahr. Kardinal Christoph Schönborn befand sich zu dieser Zeit in Amerika und der Nachfolger von Franz Zak, Bischof Kurt Krenn, war im Krankenhaus. Also leitete Franz König zweieinhalb Stunden diesen für ihn sehr anstrengenden Begräbnisgottesdienst.

Als ob er geahnt hätte, dass ihm nicht mehr viel Zeit bliebe, ging der alte Kardinal in dieser Zeit immer wieder weit über die Grenzen seiner Kräfte hinaus. Sein letzter offizieller Auftritt fand am 18. Februar statt, als er von der Universität Cluj/Klausenburg die

Ehrendoktoratswürde im großen Festsaal der Universität Wien entgegennahm – es war bereits sein 13. Ehrendoktorat. Für Annemarie Fenzl klang seine Rede damals wie das Vermächtnis eines begeisterten Befürworters eines vereinten Europas: „Der Westen dürfe sich nicht über den Osten erheben, sondern auch wir können vom Osten sehr viel empfangen. Vor allem kann man lernen, wie man unter den Bedingungen eines menschenunwürdigen Systems überleben kann." Nach dieser sehr langen Zeremonie saß er dann in einem Restaurant beim Burgtheater mit den Professoren zusammen, die er wiederholt freudig „meine Kollegen" nannte. Sein Herz als Wissenschaftler blühte an diesem Tag auf. Unter den Gästen war auch sein Vetter Josef Fink, der ihn fragte: „Du bist fast 99 Jahre alt, blickst auf ein erfülltes Leben zurück, woran denkst du?" Franz König dachte kurz nach und antwortete ihm: „Soweit meine Kräfte reichen, werde ich meiner Arbeit nachgehen, aber eines Tages werde ich sterben, und was dann ist, das weiß niemand. Noch nie ist ein Verstorbener gekommen und hat erzählt, was nach dem Eintritt des Todes passiert." Der Tod beschäftigte ihn an diesem Abend sehr, denn er sprach auch über das Buch „Über den Tod und das Leben danach" von Elisabeth Kübler-Ross, in dem diese über Nahtoderlebnisse berichtet. „Niemand weiß, was kommen wird", war sein Fazit, bei dem man wieder einmal die Trennung zwischen Religion und Wissenschaft deutlich erlebte.

„Am Abend ist er dann nach Hause gekommen und es war total aus", erinnert sich Annemarie Fenzl. Er war so erschöpft, dass er sich in Spitalspflege begeben musste. Nach vier Tagen wollte er allerdings wieder in seine Wohnung im Altenheim St. Katharina der Barmherzigen Schwestern. Seine Ärzte hatten Bedenken, doch Kardinal König setzte seinen Willen erneut durch. Damals wusste er, „jetzt bin ich am Ende meines Weges angelangt". Der Tod war ihm stets ein Begleiter gewesen. Auch in seine Antrittsrede als Erzbischof von Wien war dieser Gedanke bereits eingeflossen, wie er 1956 meinte: „Der festliche Glanz des ersten Einzugs hat mich nicht gehindert, mir gleichzeitig auch meinen letzten Auszug als

Toter vorzustellen, wenn ich dann den Rechenschaftsbericht abzulegen habe über meine Verwaltung. Das ist ein nützlicher und heilsamer Gedanke."[2]

Franz König war am Ende seines Lebens voller Frieden. Er sprach von der Geheimen Offenbarung, vom Buch mit den sieben Siegeln, von der vergänglichen und der unvergänglichen Wirklichkeit sowie vom großen Thema Welt und Kirche, das ihn immer bewegt hat. Am Freitag, dem 27. Februar 2004, fühlte er sich schlechter und wollte sich deshalb von wichtigen Wegbegleitern seines Lebens telefonisch und auch persönlich verabschieden. Heinrich Treichl, den ehemaligen Generaldirektor der Creditanstalt, rief er daheim an. Viele Worte wurden nicht gewechselt, dennoch war allen klar, dass dies das letzte Telefonat sein würde. Annemarie Fenzl lud andere eilends in die Wohnung ein und alle kamen: Kardinal Christoph Schönborn, Metropolit Michael Staikos, Oberin Christine Gleixner, sein langjähriger Chauffeur Robert Györy und auch Weihbischof Helmut Krätzl, der rückblickend meint: „Er war fast wie ein alter Patriarch, der sich bei uns bedankt und uns gesegnet hat." Der Abschied war kurz, aber rührend. „Als er am nächsten Tag gemerkt hat, dass er doch noch nicht gestorben ist, war ihm das sogar ein bisschen peinlich", erinnert sich seine Sekretärin mit einem Schmunzeln.

Eine der letzten Besucher des Kardinals war Christa Pongratz-Lippitt. Sie saß damals an seinem Fauteuil, die Beine hatte er hoch gelagert, und las ihm aus der englischsprachigen katholischen Wochenzeitschrift „The Tablet", die er seit 1929 abonniert hatte, Zitate von Kardinal John Henry Newman vor. 1985 hatte sie Kardinal König kennengelernt, als sie als Korrespondentin in Österreich für dieses traditionelle Blatt, das bereits 1840 gegründet worden war, zu schreiben begonnen hatte. Seit damals hatte sie mehrmals die Woche Kontakt mit ihm gehabt, da er mit ihr die geliebte englische Konversation pflegte und auch selbst Texte für die Zeitschrift schrieb, in denen er seine Meinung freier als in der Heimat äußern durfte. So wurde sie eine seiner engsten Vertrauten. Damals,

Anfang März 2004, hörte ihr der alte Mann still zu, doch plötzlich sagte er: „Wissen Sie, was mich am meisten beschäftigt? Dass ich so privilegiert sterben darf und andere sterben im Elend. Ich bin wirklich neugierig, ob der dafür eine passende Antwort hat!" Christa Pongratz-Lippitt, die er stets „Miss Tablet" nannte, schaute ihn erschrocken an, worauf er sie besänftigte: „Was regen Sie sich auf, es wird ganz anders sein. Ich werde diese Fragen nicht stellen. Aber es wird schön."

In den folgenden Tagen wurden einige Priester, die Kardinal König noch gerne sehen wollte, eingeladen, mit ihm in seiner Wohnung die Messe zu feiern. Am Wohnzimmertisch wurde ein Altar hergerichtet und der Kardinal saß schwach und zusammengesunken davor. Beim Kanon der Eucharistiefeier öffnete er stets die Augen und betete diesen auswendig mit. Er nahm die Hostie in die schwachen Hände, danach auch den schweren Kelch, den er fast nicht mehr loslassen wollte. Dabei flüsterte er: „Kraft von oben!" Bei der Wandlung fügte er hinzu: „Daraus lebe ich."[2]

In seinen letzten Tagen sprach er kaum noch. Mit geschlossenen Augen saß er in seinem Fauteuil, mit den Händen machte er zunächst nicht deutbare Handbewegungen, die sich später als das Beten des Rosenkranzes herausstellten. Dazwischen blinzelte er den Menschen seiner Umgebung wiederholt mit einem Auge zu, als wollte er sagen, es sei alles in Ordnung, macht euch keine Sorgen. Auch mit seinen nächsten Angehörigen sprach er kaum noch, es war schon so viel besprochen worden. Einmal sagte Annemarie Fenzl zu ihm: „Eminenz, wenn Sie glauben, es geht nicht mehr, dann lassen Sie los." Seine Antwort war: „Danke!" Sonst nichts.

Zwei Tage vor seinem Tod führte er das letzte Gespräch mit dem griechisch-orthodoxen Metropoliten Michael Staikos, erinnert sich Annemarie Fenzl. Dabei wies er sinngemäß darauf hin, die Kirche solle doch, anstatt den Menschen so viele Ge- und Verbote aufzuerlegen, mehr über die Auferstehung sprechen. Denn erst der Glaube an die Auferstehung würde den Menschen die Kraft geben, so zu leben, wie es die Kirche erwarte. Solche Aussagen erinnern auch an den späteren Papst Franziskus, der genau am neunten Todestag von Kardinal König zum Papst gewählt werden sollte.

Am Morgen des 12. März saß Franz König in seinem Schlafzimmer vor dem Fenster und rasierte sich selbst das letzte Mal. Er tat dies gründlich und sorgfältig, als ob er besonders gepflegt seine letzte Reise antreten wollte. Am Abend lag er ruhig und ohne Schmerzen in seinem Bett. „Eminenz, es ist alles in Ordnung, wir sind alle da und draußen schneit es", sagte Fenzl zu ihm. Daraufhin sprach er seine letzten Worte: „Wie schön." Danach schloss er die Augen und schlief ein.

Die letzten Tage waren für Annemarie Fenzl, ihre Schwester Elisabeth und ihren Schwager Walter sehr anstrengend gewesen. Sie schliefen auch in der Nähe des Kardinals. Am 13. März gingen sie kurz nach Mitternacht zu Bett, doch stellten sie den Wecker auf drei Uhr Früh. Als sie aufwachten, lag Franz König wie schlafend da, doch er atmete nicht mehr. Er musste so um die „Stunde des Wolfes" gestorben sein, zu jener Zeit, in der der menschliche Organismus seinen Tiefstpunkt erreicht. Körpertemperatur und Blutdruck sinken ab, die Niere scheidet Schadstoffe schlechter aus, die Lunge ist empfindlicher. In der Stunde des Wolfes sterben die meisten Menschen, so auch der Kardinal. Dieser Augenblick war gar nicht so traurig, war doch Franz König zuvor schon täglich ein Stück mehr von dieser Welt gegangen. Annemarie Fenzl zündete eine Kerze an und ihr Schwager, ein überzeugter Atheist, öffnete das Fenster, „damit die Seele rausfliegen kann". In einer Radiosendung hatte der hochbetagte Kardinal erzählt, Alter und Tod würden auch ihm nicht erspart bleiben, „aber ich nehme das mit innerer Gefasstheit, mit Ruhe auch heute schon zur Kenntnis und sorge mich nicht".[1] Täglich hatte er um eine gnädige Todesstunde gebetet, die ihm letztlich auch vergönnt gewesen ist.

„Als er starb, lag das Brevier auf seinem Nachttisch, vorbereitet für das Stundengebet – die Laudes – des folgenden Tages", erinnert sich Kardinal Christoph Schönborn, der damals ans Totenbett gerufen wurde. In seinem Testament bat Franz König, man möge „an meinem Sarg die Osterkerze nicht zu vergessen".[17a] „Mitten in der Fastenzeit brannte 2004 hier im Dom die Osterkerze, gleichsam als Zeichen des Vertrauens auf die Auferstehung. Vollendung, die allein auch dem irdischen Leben in aller Bedrängnis Glanz und Fülle zu verleihen vermag", predigte Kardinal Schönborn anlässlich des Gedenkgottesdienstes zu seinem zehnten Todestag im Wiener Stephansdom. Dort, in der Krypta, steht die Osterkerze noch heute vor dem Sarg von Kardinal König.

Ob Franz König etwas bereut hat? Seine Mitarbeiter habe er zu wenig gelobt, erzählte er in seinen späten Jahren seiner Sekretärin: „Ich habe das vielleicht in der Hitze des Tages manchmal zu wenig getan. Das tut mir heute leid." Als Grund dafür nannte er seinen strengen Stiefvater. „Wenn ich mit dem Zeugnis voller Einser gekommen bin, hat er es nie angeschaut und immer nur eine verächtliche Handbewegung gemacht", erinnerte er sich an seine Kindheit. „Ich habe mich damals sehr in mich zurückgezogen und ich fürchte, das ist mir ein bisschen geblieben."[2]

II.

Die Lehrjahre

1. Vom König zum Kaiser

Warth ist eine kleine Ortschaft im „Dirndltal", mitten in Niederösterreich. Sie gehört zur Gemeinde Rabenstein an der Pielach. Heute leben dort etwas mehr als hundert Menschen, Anfang des 20. Jahrhunderts waren es wahrscheinlich noch weniger. Am Ende des Ortes, kurz bevor die Straße nach Kirchberg hin ansteigt, biegt man rechts ab, überquert eine Brücke und kommt zu einem kleinen Hof, der die alte Bezeichnung „Unter Stein" trägt. Das einfache, bescheidene Bauernhaus mittlerer Größe gehörte dem 1867 geborenen Franz König. Dieser heiratete am 9. Juni 1903 Maria Fink aus Kirchberg an der Pielach. Ursprünglich hätte die 1878 geborene Maria mit einem Mann aus der Nachbarschaft eine Milchverarbeitung gründen wollen, doch ihre Eltern, Erasmus und Barbara Fink, meinten, Franz König sei eine bessere „Partie" für ihre Tochter. Aus Liebe wurde zu dieser Zeit nicht unbedingt geheiratet.

Damals ging es in der Landwirtschaft nicht um den wirtschaftlichen Erfolg, sondern um die Versorgung der Familienangehörigen. Franz König baute Weizen, Hafer und Gerste, Klee, Kraut und Gemüse an. In den Ställen standen wenige Kühe, Ochsen und Jungrinder. Man hatte auch Schweine, ein paar Ziegen, Schafe und natürlich Hühner, die im Hof herumliefen. In diese scheinbare Idylle wurde Franz, der älteste Sohn, am 3. August 1905 geboren, zwei Tage später wurde er in der Pfarre Rabenstein getauft.

„Ich hatte dort eine Kindheit verbracht, die schön war. Ich bin viel im Freien herumgelaufen"[3], erinnerte sich der Kardinal später gerne daran zurück. Die ersten Jahre sind prägend für jeden Menschen, in dieser Zeit dürfte er von seiner Mutter sehr gefördert worden sein, denn noch bevor er zur Schule ging, hatte er sich erwartungsvoll gewünscht: „Ja, wann werde ich Lesen lernen? Ich glaube, mich erinnern zu können, dass ich vorher schon einigermaßen lesen konnte, bevor ich in die Schule gegangen bin. Aber darüber habe ich keine präzisen Erinnerungen."[3]

Die Mutter war es, an deren Hand er das erste Mal die Pielach entlang nach Kirchberg in die Kirche ging. Später übergab ihn die Mutter am ersten Schultag in die Obhut der Lehrerin. Weil der Fußmarsch nach Kirchberg viel kürzer als nach Rabenstein war, wurde der „sprengelfremde" Schulbesuch gestattet. „Damals öffnete sich für mich eine neue Welt."[2] Jahre später wurde sein Schulweg übrigens „Kardinal-König-Weg" genannt, auf dem heute Pilger seinen Spuren folgen. Diesen Weg ging er damals gemeinsam mit der Tochter des Nachbarn, Maria Schnabl. Sie war ein Jahr älter als Franz und sein erster „Schwarm". „Ich hatte schon damals den Eindruck, dass sie in ihrer Ausgeglichenheit und Sicherheit bereits früh den Weg wusste, den sie gehen wollte"[4], blickte Kardinal König 1997 beim Trauergottesdienst für seine Freundin aus Kindertagen zurück. Der Weg führte Maria zu den Vöcklabrucker Schulschwestern, wo sie den Ordensnamen Elmara erhielt. „Sie war geprägt von der grundsätzlichen Einstellung, nichts halb, sondern alles ganz zu tun, wofür sie sich entschieden hatte."[4] 1946 wurde sie Generaloberin, und als Franz König Erzbischof von Wien wurde, übernahmen die Schulschwestern die Bewirtschaftung des Erzbischöflichen Palais. Nach ihrer Pension 1964 unterstützte sie ihre Nachfolgerin, Mutter Rigomaris, als Vikarin, leitete bis ins hohe Alter Baustellen und arbeitete bei der Klosterverwaltung mit. Mit Franz König blieb sie zeitlebens freundschaftlich verbunden.

Wieder zurück zu den Kindertagen. An der Hand seiner Mutter ging der kleine Franz am Sonntag auch in die Kirche. „Und hier, in der Pfarrkirche von Kirchberg, mit ihrem mächtigen Turm, tat sich langsam wieder eine andere Welt auf", erinnerte sich der Kardinal anlässlich seines 90. Geburtstages.

Sein Elternhaus war traditionell christlich, am Sonntag ging man zur Messe, auch um danach Freunde und Verwandte zu treffen, Klatsch und Tratsch auszutauschen und die notwendigen Einkäufe zu erledigen: Zucker, Salz, Kaffee und Petroleum. Während der Woche einzukaufen, war damals nicht möglich, hätte dies doch den Verlust eines halben Arbeitstages bedeutet. Die Mutter war es, die nach Möglichkeit keine Sonntagsmesse versäumen wollte und das katholische Leben in der Familie pflegte. „Meine erste Religionslehrerin war meine Mutter, sie erklärte mir, was ich zunächst noch nicht ganz verstand; dass wir alle unterwegs sind zum Vater im Himmel."

In der Früh und am Abend wurde gebetet. „Wir hatten in der Regel auch vor Tisch ein kurzes Gebet, aber das war eher im Sinne der Familientradition, dass man das so gehalten hat", erzählte Franz König über diese Zeit. „Ich wurde schon gelegentlich gefragt, ob ich Ministrant gewesen sei. Das lag mir damals so fern, an das hätte ich damals gar nicht gedacht."[3] Auch den Religionsunterricht hatte er nicht in besonders guter Erinnerung: „Er schien mir aus einer langen Liste von Verboten zu bestehen. Ich kann mich erinnern, dass ich mich sehr bemühte, die Gebote zu halten und große Angst vor meiner ersten Beichte hatte."[5]

Ein Kind folgte dem anderen, nach Franz wurden Ferdinand, Aloisia, Ludwig, Frieda und Gottfried geboren. Die Mutter war überlastet, neben der harten Arbeit am Hof blieb kaum Zeit, um sich um die Kinder zu kümmern. „Ich hätte keine Zeit gehabt, die Milch für die Kinder abzukochen. Sie haben die kuhwarme Milch zu trinken bekommen", erzählte die Mutter Jahre später im Kreis der Familie.

Sehr beeindruckt war Franz König von seinem Großvater, Erasmus Fink. Eine seiner ersten Erinnerungen an die Kindertage war eine Begegnung mit dem Alten. Er war mit der Mutter eine Stunde zum „Eibenberg" gegangen, wo er einem alten, großen Mann begegnete, der fast erblindet war und dem Buben Angst machte. „Ich klammerte mich an die Hand meiner Mutter. Erst als sie mich aufforderte: ‚Geh, gib dem Großvater die Hand‘, fasste ich Mut und streckte ihm meine Hand entgegen“, erzählte der Kardinal, als er selbst schon ein alter Mann war. Franz König erinnerte sich aber auch an den Tod seines Großvaters väterlicherseits, der so etwas Ähnliches wie ein Tierarzt in der Gemeinde war. In seinem Arbeitszimmer weckte ein großer Medikamentenschrank die Neugier des Buben. Nach seinem Tod wurde der Großvater in dem Zimmer des Hofes feierlich aufgebahrt, wo geboren und gestorben wurde. An der Decke ist heute noch ein Kreuz mit IHS als Stuckatur zu sehen. „Der Großvater lag, von Blumen umgeben, auf seinem Bett, und alles war so still und ruhig um ihn. Die Mutter erklärte uns kleinen Geschwistern, dass der liebe Gott ihn heimgeholt habe. Das war alles für uns etwas ganz Natürliches.“[2]

Und plötzlich war auch der Vater tot. Die genauen Umstände und die Ursache dafür sind nicht bekannt. Anhand der sechs Kinder und des Geburtstages des ersten Stiefbruders im Jahr 1914 kann man das tragische Ereignis um 1911/12 datieren. Vielleicht war Überarbeitung und plötzliches Herzversagen der Grund dafür. Beim Tod des Großvaters hatte der kleine Franz gelernt: „Mit Kinderaugen konnte ich erkennen, wie dieses Leben am Ende in Ruhe und Frieden zum Schöpfer heimkehrte. Ich ahnte damals bereits, dass die letzte Wegstrecke des Menschen eine besondere Bedeutung hat.“[2] Vielleicht war ihm das auch beim Tod des Vaters ein Trost, wahrscheinlicher ist allerdings ein Schock, den er zeitlebens nur schwer verarbeiten konnte, denn die darauffolgenden Kinderjahre waren alles andere als ein Honiglecken für ihn.

Der Mutter blieb damals kaum Zeit zum Trauern, denn es musste schnell gehandelt werden. Der Hof brauchte einen Bauern – und den fand sie in Johann Kaiser. Josef Fink, der Cousin von Franz König, erinnert sich an dessen Stiefvater: „Er war ein großer, schlanker Mann mit einer Zigarre im Mund und einem Trachtenanzug. Ich habe eine gute Erinnerung an ihn.“ Keine guten Erinnerungen hatte jedoch Franz König an den neuen Herrn des „Steinergutes“. „Ich hatte einen Ziehvater, mit dem ich mich leider gar nicht recht verstanden habe, mit dem ich auch persönliche Dinge kaum besprochen habe"[1], erzählte der Kardinal viele Jahre später.

Als Maria Königs Gatte so plötzlich starb, war wohl auch Pfarrer Johann Hiebl an der Suche eines neuen Mannes mitbeteiligt, denn Johann Kaiser unterstützte damals den Pfarrer als „Kirchenvater" mit Hilfsdiensten. Der Ziehvater war politisch als Bürgermeister, Bauernkammerobmann und sogar im niederösterreichischen Landtag aktiv. An der Arbeit im Hof hatte er selbst weniger Freude, das sollten die Frau und die Kinder erledigen. Josef Fink hat einen Spruch noch immer im Ohr: „Die Königskinder müssen fest arbeiten!"

Vor dem Ersten Weltkrieg herrschten Hunger und Armut im Pielachtal. Geld hatte kaum jemand, zudem war dieses auch nichts wert. Am schlimmsten war es für die Arbeiterkinder, deren Väter arbeitslos waren oder nur als Tagwerker Beschäftigung fanden. Ein Kind weinte damals vor Hunger, wie sich Josef Fink erinnert, und die Mutter schrie es verzweifelt an: „Geh in die Schule, ich habe nichts!" Ein anderer Bub sagte zu seinem Freund: „Heute laufe ich schnell nach Hause, denn mein Vater hat gestern ein Kilo Mehl gekauft. Heute gibt es Einbrennsuppe."

Franz König und seine Geschwister hatten Essen, mussten aber hart dafür arbeiten – tagaus, tagein, von früh bis spät. Auch an Sonn- und Feiertagen fiel jede Menge Stallarbeit an. Geld gab es dafür keines, nur die Selbstversorgung wurde gesichert. Es wird erzählt, dass eine Frau aus dem Dorf damals zu Fuß von Warth bis nach Türnitz ging – das sind fast dreißig Kilometer, auf denen sie auch den 1195 Meter hohen Hohenstein überqueren musste –, nur um dort ein paar Eier und Butter zu verkaufen. Zur Zeit der Heuernte standen die Leute um drei Uhr in der Früh auf und begannen zu mähen, da das Gras um diese Zeit noch feucht vom Tau war. Heu brauchten die Tiere, um durch den Winter zu kommen. Weizen, Gerste und Hafer wurden geerntet und im Herbst gedroschen. Im Wald wurden Bäume gefällt. Für diese Arbeit brauchte man zwei kräftige Männer. Die Frauen waren fürs Kochen,

Waschen, Brotbacken, Melken, Tiere-Füttern und für die Mitarbeit am Feld zuständig. Nicht zu vergessen die Versorgung der Kinder. Zu den sechs König-Kindern kamen noch weitere vier aus der Ehe mit Johann Kaiser dazu: Johann, Maria, Karl und Berta.

Damit die Kinder ihre Arbeitskraft in die elterlichen Betriebe einbringen konnten, gab es damals die „Sommerbefreiung" in der Schule. 14-Jährige konnten ihre Schulzeit bereits im Frühjahr beenden. Lernen zählte damals viel weniger, als am elterlichen Hof mitzuarbeiten. Franz König aber war ein wissbegieriges Kind, das aus der Schule nur Einser nach Hause brachte. Von Büchern wollte der Ziehvater allerdings nichts wissen. Der sehnte das Ende der Schulzeit herbei, um endlich einen vollwertigen Knecht zu haben. Doch der kleine Franz versuchte Lesen und Arbeit so gut wie möglich in Einklang zu bringen. Er nahm sogar seine heiß geliebten Bücher zum Ackern mit aufs Feld.

Johann Kaiser war streng und auch ungerecht, denn er machte einen Unterschied zwischen den „Königskindern" und seinen eigenen vier Kindern. Wenn sich die Kinder im Flur unterhielten, trat schon der Stiefvater dazwischen und herrschte sie an: „Geht's arbeiten und hört's auf zu tratschen!"

Über die dunkle Seite seiner Kindheit erzählte der Kardinal später kaum etwas, wohl aber gerne von seiner Schulzeit: „Wir hatten einen Lehrer, der es ausgezeichnet verstand, uns Kinder zu fesseln."[1] Eines Tages ließ er die Kinder einen Aufsatz über das Thema schreiben, welcher Unterrichtsgegenstand ihnen der liebste sei. Am nächsten oder übernächsten Tag holte der Lehrer den kleinen Franz vor die Klasse, damit dieser den Klassenkameraden seinen Aufsatz vorlese. Darin stand: „Im Grunde habe ich ein Interesse für alle Gegenstände, weil ich einen großen Wissensdurst habe." Damit wurde auch das Interesse des Lehrers am kleinen Schüler und an dessen Gedankengängen geweckt. Später fragte sich Franz König oft, warum sein Lehrer das wohl gemacht habe. „Mir war klar geworden, dass einem Kind die Bedeutung einer eigenen Aussage durch andere erst bewusst gemacht werden kann." Der Lehrer

Hahn hatte das getan. „Als ich später schon Bischofkoadjutor gewesen bin, bin ich zu ihm gefahren und habe mich dafür bei ihm bedankt."[2]

Ein weiterer Mentor der damaligen Zeit war der Kirchberger Pfarrer Hiebl, mittlerweile Dechant geworden. Vielleicht wollte er damit auch seine Vermittlung des harten und lieblosen Ziehvaters an die Mutter wiedergutmachen. Dieses außergewöhnlich begabte Kind sollte auf jeden Fall gefördert werden. „Seine Mutter war eine ausgesprochen gütige Frau", beschreibt Josef Fink seine Tante, Franz Königs Mutter. Trotz der vielen Kinder und dem Wissen, was es bedeutet, wenn der Älteste für die Landwirtschaft ausfällt, begrüßte sie die Initiative von Lehrer, Dechant und einigen Frauen der Pfarrgemeinde – unter ihnen die Lehrerin Honka, die Krankenschwester Karner und die Nachbarn des „Steinergutes", Gansch und Heindl –, dem Buben den Besuch des Gymnasiums in Melk zu ermöglichen. „Für sie war das sicher der Inbegriff der Glückseligkeit", vermutet Josef Fink.

Maria König war an den schulischen Plänen des Sohnes sicherlich interessiert, wollte sich zuvor allerdings noch mit anderen beraten. „Sie hat mir keinen Widerstand entgegengestellt. Ich habe den Eindruck, sie war interessiert daran, weil ich das gerne machen möchte"[1], hatte Kardinal König diese wichtige erste Weiche seines Lebens in Erinnerung. Dem musste sich schließlich Johann Kaiser fügen, doch wollte er auch später nichts von den schulischen Erfolgen wissen. Wollte die Mutter ihrem Sohn eine Schachtel mit Äpfeln und Brot ins Gymnasium schicken, musste dies heimlich geschehen oder sie musste das Brot wieder auspacken, denn Äpfel waren billiger. Doch all diese Schikanen waren unwichtig, was zählte, war der Besuch des Gymnasiums, der 1919 ermöglicht wurde.

Als Bub hatte Franz König das Flügelhorn zu blasen gelernt, und so wanderte er an einem Herbstabend dieses Jahres einen kleinen Hang hinauf, um dort ein paar Heimatlieder zu spielen, im Mondlicht den Blick über das Pielachtal zu seinem Elternhaus schweifen zu lassen und Abschied von zu Hause zu nehmen. „Ich ließ in Gedanken nochmals die Jahre vorüberziehen, die ich in diesem Haus verbracht hatte, dann aber zog ich in die Fremde und verlor dadurch den engen Kontakt mit dieser alten Geburts- und Heimatstätte."[2]

Franz König hatte sich zu einem willensstarken Jugendlichen entwickelt – trotz aller oder wegen aller Schicksalsschläge, Widrigkeiten und Herzlosigkeiten. Die Liebe seiner Mutter war stark genug, um auch den strengen Ziehvater zu ertragen. Der Bub hatte nach und nach erkannt, dass es eine Welt außerhalb von Warth gab, in die es ihn zog. Und er wusste, dass Lernen der Weg dorthin war – ohne Zwang, sondern mit Freude. Früh schon hatte er seine Ressourcen gestärkt, bis auch die anderen seine besonderen Fähigkeiten erkannten und ihn förderten. Später, als Mann, wies er immer wieder auf das Gute im Schlechten hin und fand den Sinn in allen Dingen. Die Wurzeln seiner Resilienz, seiner Widerstandsfähigkeit, waren in seiner Kindheit gelegt worden. Hätte man ihm den Gymnasiumsbesuch auch dann ermöglicht, wenn sein Vater nicht so früh gestorben wäre und er sich mit seinem Stiefvater, dem Herrn Kaiser, besser verstanden hätte? So hat er die sich ihm bietende Chance genutzt.

2. Stift Melk – das Tor zur Welt

Das Benediktinerstift Melk, zwischen 1702 und 1742 von Jakob Prandtauer erbaut, ist ein beeindruckender barocker Prunkbau. Majestätisch thront er am Donauufer und blickt als Wahrzeichen auf die Hügel der Wachau. Wie beeindruckt musste der Bauernbub aus Warth gewesen sein, als er das erste Mal als Schüler des Gymnasiums die älteste noch erhaltene Schule Österreichs betrat. „Lernen an der höheren Schule, in Melk an der Donau, im Stiftsgymnasium, war für mich kein Zwang, sondern eine Freude"[1], blickte Kardinal König zurück. Sein Optimismus stand im Widerspruch zur politischen und wirtschaftlichen Situation Österreichs nach dem Ersten Weltkrieg. Die Monarchie war nach der Niederlage zu einem Kleinstaat geschrumpft, seine eigenständige Existenz war unsicher. In dieser so schwierigen Zeit lieferte das Benediktinerstift einen schützenden Rahmen, in dem sich der mittlerweile 14-Jährige entwickeln konnte.

In seiner Heimatgemeinde Warth stellte das Leben die Familie inzwischen auf eine harte Probe: Die Bauernsöhne mussten in der Nachbarschaft als Hilfsarbeiter werken oder sie gingen zum Berufsheer, um wenigsten Kost und Logis zu haben. Gottfried König begann eine Lehre beim Mechanikermeister Franz Schnabl, während sein Bruder lernen und ins Gymnasium gehen durfte. Dort war Franz König vier Jahre älter als seine Mitschüler, doch dürfte das nicht von Bedeutung gewesen sein. Er konzentrierte sich aufs Lernen sowie seine Bücher und konnte seine Leidenschaft endlich ausleben. Selbstverständlich war er Klassenprimus mit ausgezeichneten Noten, aber er war kein zurückgezogener Streber, sondern spielte auch gerne Theater und fühlte sich in der Gesellschaft der anderen wohl. Seine Liebe zur Natur pflegte er als begeisterter Wanderer – übrigens bis ins hohe Alter. Wenn er hingegen in den Ferien nach Hause ins Pielachtal kam und sein Zeugnis mit lauter Einsern herzeigte, erhielt er von seinem Ziehvater keine Anerkennung. Franz König zog sich daraufhin zurück, wurde vorsichtiger und wirkte oft ein wenig distanziert. Unter dieser Kränkung litt er auch noch als Neunzigjähriger.

„Die allgemeine Atmosphäre in Melk war allerdings erstaunlich offen für ein katholisches Gymnasium in den Zwanzigerjahren, und manche meiner Lehrer waren großartige Priester"[5], beschrieb Franz König seine Gymnasialzeit. Burkhard Ellegast, Altabt des Stiftes Melk, wurde 1956 von Erzbischof König zum Priester geweiht. Zuvor war auch er Schüler im Stiftsgymnasium gewesen, wo er, wie er erzählt, von zwei ehemaligen Lehrern Franz Königs unterrichtet worden war, von Pater Georg Markowich, dem Latein- und Griechisch-Professor, und dem Mathematik-Professor Pater Friedolin Brandstetter. Beide waren aus Innsbruck nach Melk gekommen, wo sie von den Jesuiten ausgebildet worden waren. Dies ist deshalb erwähnenswert, weil es damals zwei Strömungen unter den Padres in Melk gab: die josephinisch-liberale Linie und die tiefgläubig-jesuitische. Der Abt des Hauses war josephinisch ausgerichtet und von der Aufklärung geprägt. Die im Innsbrucker Canisianum ausgebildeten Mitbrüder lebten hingegen eine tiefe priesterliche Haltung. Ein friedliches Sowohl-als-Auch war möglich, das Franz König sicherlich sehr geprägt hat. Auch er war sehr offen, ging auf andere Menschen zu und hörte sich andere Ideen an. Gleichzeitig war er aber tief gläubig und sehr „priesterlich". „Ich glaube, dass er das in Melk tradiert bekommen hat und dass er daraus seinen Weg gegangen ist", ist Burkhard Ellegast überzeugt.

„Regulus" – kleiner König – wurde Franz König von einem seiner Lehrer liebevoll genannt. Andere Kulturen und Sprachen faszinierten ihn ganz besonders. „Wie vertragen sich wohl Menschen, die verschiedene Sprachen sprechen und unterschiedlichen Religionen angehören?"[5], fragte sich der Bub. Wodurch war diese

Sehnsucht bei einem Buben aus dem Pielchtal geweckt worden? Irgendwann während des Ersten Weltkrieges seien ausländische Konservendosen mit fremder Aufschrift in Warth aufgetaucht und auch ausländische Papiere hatten sich durch irgendwelche Umstände dahin verirrt. So kam es jedenfalls, dass er im Gymnasium neben Deutsch auch Englisch, Lateinisch, Griechisch, Italienisch und Französisch lernte. Später kamen Hebräisch, Persisch und Russisch dazu. Intuitiv schien er damals schon erfasst zu haben, dass sich Unterschiede zwischen Menschen verschiedener Kulturen besser überwinden lassen, wenn man dem anderen in seiner Sprache begegnet. Wie viele Sprachen er in Summe beherrschte, weiß heute niemand genau. Kardinal Christoph Schönborn erinnert sich, seinen Vorgänger anlässlich seiner Priesterweihe am 27. Dezember 1970 scherzhaft gefragt zu haben: „Eminenz, wie viele Sprachen sprechen Sie eigentlich?" Daraufhin antwortete König auf seine „typisch sphinx-hafte Art": „Schwierig waren nur die ersten zehn."

1927 legte Franz König seine Matura ab. Für seine schriftliche Arbeit hatte er „ein ganz merkwürdiges Thema" ausgewählt: „Die Frauen zur Zeit Homers". „Ehrgeizig war ich immer ein bisschen, ich glaube aber, nicht übertrieben"[1], kokettierte der Kardinal später damit. Das Besondere daran war, dass er die Arbeit in lateinischer Sprache verfasste. „Ob dieses Latein heute vor meinem Wissen Bestand haben könnte, weiß ich nicht."[1] Der damalige Landesschulinspektor war jedenfalls so beeindruckt, dass er ihm nach der Prüfung ein Stipendium in England anbot. Zur selben Zeit bekam Franz König auch ein Stipendium für ein Studium in Rom, das er letztlich vorzog, obwohl er Englisch am Gymnasium als Freifach gehabt hatte, woraus eine große Sympathie für alles entstanden war, was er von England wusste. Hätte er das Angebot des Landesschulinspektors angenommen, wäre sein weiterer Lebensweg mit Sicherheit ganz anders verlaufen. „Ob ich Priester geworden wäre, würde ich wahrscheinlich heute mit Fragezeichen versehen"[3], erzählte er später einmal und ein anderes Mal meinte er konkreter:

„Wenn ich nach England gegangen wäre, wäre ich wahrscheinlich nicht Priester geworden.“[1]

Damals stellte er mit seiner Entscheidung die zweite wichtige Weiche für sein weiteres Leben. 1927 bestand er in Melk die Matura mit Auszeichnung, im Herbst desselben Jahres begann er im Collegium Germanicum in Rom sein Studium der Philosophie. Im selben Winter kaufte sich der Bruder von Franz Königs Mutter einen Benzinmotor und bezahlte dafür tausend Schilling und zehn Liter Dirndlschnaps. „Die Dirndlstauden produzierten schon damals eine Ersatzwährung“, erinnert sich sein Sohn Josef Fink. Es war ein schneereicher Winter und Fritz König, ein weiterer Bruder des späteren Kardinals, brachte die zehn Liter auf Skiern ins Tal. So profan ging es im Pielachtal zu, als für den Bruder Franz die Glocken in Rom zu läuten begannen.

3. Studienjahre in Rom

Karsamstag 1929. Franz König studierte damals im zweiten Jahr Philosophie in Rom und besuchte das Priesterseminar Pontificium Collegium Germanicum et Hungaricum. Dieses traditionelle Haus war am 31. August 1552 von Papst Julius III. gegründet und zwei Monate später von Ignatius von Loyola eröffnet worden. Laut der Gründungsbulle „Dum sollicita" sollten hier „furchtlose Kämpfer für den Glauben" herangebildet werden. Franz König sollte hier Weltpriester werden und überlegte zunächst, in den Jesuitenorden einnzutreten. „Ich habe einen Jesuiten gefragt, der hat dann gesagt: Ich würde Ihnen raten, werden Sie kein Jesuit!"[3] Der Ratgeber war der damalige Direktor des Collegium Germanicum. „Er erinnerte mich daran, dass der heilige Ignatius das Collegium gegründet hatte, um Weltprister für die Weltkirche auszubilden. Also wurde ich ganz gewöhnlicher Diözesanpriester und habe es nie bereut."[5]

Im Germanicum wurden die Studenten zu einer Haltung der Eigenständigkeit, der Selbstverantwortung und einer geistigen Öffnung im Sinne einer übernationalen Kirche erzogen. Dennoch oder gerade deshalb waren die ersten Monate eine schwere Zeit für den jungen Studenten. „Ich hatte das Gefühl einer großen inneren Zerrissenheit, Unzufriedenheit, Unklarheit."[1] Dabei hatte alles so gut begonnen. Nach der Matura war er in die Schweiz gereist, sein erster Auslandsaufenthalt überhaupt, danach ging es nach Rom. Eine seiner ersten Besichtigungstouren führte ihn auf das Kapitol, um von dort einen Blick auf das Forum Romanum zu werfen, das er von Schilderungen aus seiner Schulzeit kannte. Durch diese war in seinem Inneren die Vorstellung des prunkvollen Mittelpunkts des großen Römischen Reichs gewachsen, zu dem das riesige „Trümmerfeld", das sich ihm vor Ort zeigte, im Widerspruch stand. „Ich muss gestehen, das hat mich damals beeindruckt. So vergeht in dieser Welt doch was Großartiges und Glanzvolles."[3] Das Zerbrechliche und Vergängliche der Welt und ihrer Menschen prägte ihn zeit seines Lebens.

In Italien war seit 1922 Benito Mussolini an der Macht, zunächst als Ministerpräsident des Königreiches und ab 1925 als Diktator der faschistischen Regierung Italiens. Mit ihm unterzeichnete Papst Pius XI. am 11. Februar 1929 die Lateranverträge, durch die der Vatikanstaat wieder seine Unabhängigkeit zurückerhielt, die er während einer Pause des Ersten Konzils 1870 verloren hatte. Der Kirchenstaat war damals besetzt und dann aufgelöst worden. Im Gegenzug erkannte der Papst Rom als den Sitz der italienischen Regierung an. Die katholische Kirche hatte wieder ihr eigenes Territorium, doch das Verhältnis zwischen Kirche und Politik verschlechterte sich zusehends.

In diesem politischen Umfeld lernte Franz König in Rom die Weltkirche kennen. Denn dort traf er Studenten aus allen Ländern und durch den Kontakt mit Menschen aller Nationen erhielt er eine ganz neue Vorstellung von der katholischen Kirche. 103 Germaniker aus 56 Diözesen des Landes studierten damals mit Franz König, unter ihnen der spätere Erzbischof von Zagreb, Alojzije Stepinac. Auch im Petersdom sah Franz König Menschen aus allen Erdteilen, die sich in den verschiedensten Sprachen unterhielten. „Das faszinierte mich."[5] Im Petersdom sah er auch zum ersten Mal Papst Pius XI., der in die Basilika hineingetragen wurde. Zunächst Stille, dann Trompetenfanfaren, gefolgt von einem feierlichen Hochamt. „Welche zwingende Macht war imstande, eine solche Vielfalt zusammenzubringen und zu vereinen, fragte ich mich."[5]

Mit ihren roten Talaren, dem schwarzen Zingulum, Hut und Birett prägten die Alumnen der Germanicer das Bild der „Ewigen Stadt", was manchmal auch „Zurufe und Spötteleien zur Folge hatte", erzählt der Schweizer Theologe Hans Küng, der ab 1948 ebenfalls im Germanicum wohnte. „1927 trugen wir noch einen roten Talar, weswegen wir in Rom ‚gamberi cotti‘, das heißt ‚gesottene Krebse‘ genannt wurden"[5], erinnerte sich Franz König.

Die Hausordnung des Priesterseminars schrieb vor: „Studium per totum diem nisi aliud notatur" – Studium den ganzen Tag. Hans Küng erklärt, dass nicht das Studieren, sondern die Erholungszeiten vorgeschrieben waren: „Eine gute halbe Stunde nach Mittag- und Abendessen, unten im Cortile, im Gregoriussaal oder besonders abends auf der Terrasse des neunten Stocks." Dort trafen sich die jungen Studenten in Dreier- bis Fünfergruppen, wobei zwei bis drei rückwärts gingen, um eine Unterhaltung von Angesicht zu Angesicht zu ermöglichen. Nach siebzig Metern, am Ende der Terrasse, wechselte die Gruppe die Richtung, die zuvor vorwärts gehenden Studenten wechselten in den Rückwärtsgang. „An diese seltsame Art alternierenden Promenierens gewöhnt man sich rasch", meint Küng.

Franz König interpretierte die Hausordnung so: „Lerne deine Zeit zu nützen und einzuteilen."[2] Das Programm war dicht, denn neben den theologischen und philosophischen Studien gab es für die Studenten Akademien, Zirkel, Sondervorträge und -vorlesungen, Pastoral, Homiletik – die Lehre vom Predigen – und Katechetik sowie Predigtübungen. Von der Abendrekreation um 21 Uhr bis nach dem Frühstück um 8 Uhr herrschte „Silentium religiosum" – strenges Stillschweigen, um „allein mit der allerheiligsten Dreifaltigkeit" zu sein. Die Studenten hatten eine halbe Stunde Zeit für die Gewissenserforschung, geistige Lesungen oder die Vorbereitung ihrer morgendlichen Meditation. Nach einem gemeinsamen stillen Nachtgebet herrschte absolute Nachtruhe. „Aber – was bleibt da für zwischenmenschliche Beziehungen?", fragte sich Hans Küng im ersten Band seinen Memoiren.

König fand jedoch im Germanicum ausreichend Zeit, um sich auf dem musischen Gebiet mit Gesangs- und Orchesterproben, Konzerten und Theateraufführungen zu betätigen. „Als Theaterdirektor plante ich sogar die Aufführung von ‚Wallensteins Lager‘ im

Garten von San Pastore, es war für uns der erste Versuch einer Freilichtbühne."[2]

Augustinus und Thomas von Aquin waren wie der Konvertit John Henry Newman (1801–1890) die drei Vorbilder, die den jungen Mann in seiner theologisch-philosophischen Zeit entscheidend prägen und formen sollten. Später bezeichnete er Newman als „Augustinus des 19. Jahrhunderts"[2] und bewunderte vor allem dessen psychologische Herangehensweise an die Dinge. „Die Art, wie er lebte und seinen Glauben praktizierte, und seine Liebe zur Wahrheit und zur Ehrlichkeit beeindruckten mich zutiefst."[5] Newman war anglikanischer Geistlicher, der sich intensiv mit der Geschichte der ersten Jahrhunderte des Christentums beschäftigte und dabei feststellte, dass die von Christus gestiftete, auf dem Fundament der Apostel aufgebaute katholische Kirche nicht seiner anglikanischen Kirche entspreche, weil sich diese aus verschiedenen Gründen später von der Basis losgelöst hatte. „Jetzt ist dieser Mann in den Konflikt hineingeraten: Bleibe ich Anglikaner oder muss ich mich dieser Kirche anschließen? Er scheint ein ganzes Jahr sehr darunter gelitten zu haben, und er ist dann römisch-katholischer Priester geworden"[3], beschrieb Kardinal König das Ringen seines Vorbildes. Im englischen Brevier Franz Königs liegt heute noch ein kleines Stück Papier, auf dem folgender Meditationstext Kardinal Newmans in englischer Sprache steht: „Gott hat mich erschaffen, um ihm in einer ganz bestimmten Weise zu dienen. Er hat mir eine ganz bestimmte Aufgabe zugedacht, die er niemand anderem sonst übertragen hat. Ich habe meine Berufung – mag ich sie auch in diesem Leben nicht erkennen, ich werde sie im nächsten Leben erfahren." Das Abendgebet John Henry Newmans drückt aus, wie sehr auch Franz König damals mit sich ringen musste, um seine Berufung zu finden. Später meinte er dazu: „Je mehr ich in der Analyse meiner Berufung fortschritt, desto mehr verstand ich, dass er es war, dem ich sie letztlich verdankte."[2] Die Faszination hielt bis ans Ende seines Lebens: „Ich fühlte – und fühle immer noch – eine tiefe spirituelle Verbundenheit mit Newman."[5]

In den ersten Sommerferien fuhr Franz König nicht nach Hause, sondern blieb in Rom, wo er mit seinen Kollegen Handball spielte, Wanderungen in den Albaner Bergen machte und sich insgesamt sehr sportlich betätigte. Dennoch fühlte er sich unzufrieden. „Ich hatte ein geistiges Tohuwabohu in meinem Inneren"[2], erzählte er zuletzt zwei Wochen vor seinem Tod. Als Student hatte er Zweifel, Furcht, ja, sogar manchmal die Angst gehabt, in der geistlichen Welt nicht den richtigen Platz zu finden. Mit dem intellektuellen Fortschritt wuchs jedoch in der Folge auch seine geistliche Selbstsicherheit. „Mein Studium verhinderte, dass mein Geist unverständig und mein Herz von langsamer Fassungskraft wurden … Jesus erinnert uns mit seinen Worten nachdrücklich daran, dass unsere religiöse Bindung in Einklang mit unserer intellektuellen Entwicklung sein müsse."[2]

Damals kam ihm „zufällig" die „Metaphysik" von Aristoteles im griechischen Original in die Hände und parallel dazu ein Kommentar dieses Werkes von Thomas von Aquin. „Zwei verschiedene Welten, zwei verschiedene Männer."[1] Wochenlang verwendete er jeden Tag eine halbe, dreiviertel Stunde mit „Verbissenheit", wie er das später selbst bezeichnete, für das Studium dieser Texte.

Zu Ostern 1929 las Franz König Aristoteles' Schlusskapitel in seinem einfachen, aber geräumigen Zimmer, das mit einem Eisenbett, Schreibtisch, Schrank, Bücherregal und einem Betschemel eingerichtet war. Das Fenster stand offen, doch achtete er nicht auf die Geräusche von draußen, zu stark war er in die Lektüre der „Metaphysik" vertieft. Darin fasste Aristoteles zusammen, dass die letzte Ursache der „unbewegte Beweger" sei, und Thomas von Aquin, für den Aristoteles der bedeutendste Philosoph der griechischen Antike war, fügte hinzu: „Und das ist Gott in secula seculorum." Sein Kommentar endet mit der liturgischen Formel: „Gott – er sei gebenedeit in Ewigkeit, Amen!" Damit wurde die aristotelische Schlussfolgerung ins Christliche gewendet. „Und wie ich mir das durch den Kopf gehen lasse, höre ich irgendwo in der Nähe die Osterglocken läuten, es muss Karsamstag gewesen", erinnerte sich

Franz König viele Jahre später an die nächste wichtige Weichen-stellung auf seinem Weg zum Priester. „Das ist mir unvergesslich geblieben, wie hier eine tiefe innere Querung, die eingetreten ist im Laufe dieses Jahres, eine innere Befriedigung, eine innere Freude, wie die auf ein Mal jetzt ein Echo draußen fand in den Glocken, die ich in der Ferne gehört habe."[1] Er hatte seinen Weg gefunden. „Damals schlossen sich für mich die geistigen Brücken ... und ich verstand plötzlich: Es steckt ein Strukturprinzip im Weltall, eine große Ordnung, vom Mineral ausgehend bis hin zu Gott ... Und die griechische Philosophie, das war mir klar geworden, ende-te dort, wo sie der christliche Glaube überschreitet."[2] Diese tiefe Freude und Zufriedenheit sollten ihn bis zu seinem Tod begleiten. In Rekordzeit von nur drei Jahren beendete Franz König sein Stu-dium und promovierte 1930 zum Doktor der Philosophie. Ab November stand dann wieder das Studium an der Gregoriana im Mittelpunkt seines Interesses, denn an sein erstes Studium schloss er weitere Studienjahre an: Theologie an der Päpstlichen Univer-sität, altpersische Religionen und Sprachen an der Orientalischen Fakultät des Päpstlichen Bibelinstitutes sowie 1936/37 zwei Se-mester Rechtswissenschaft an der nordfranzösischen Universität Lille. Unterbrochen wurden seine Studien allerdings durch seine ersten Aufgaben als Seelsorger in Niederösterreich.

4. Hochwürden in Niederösterreich

Die Jahre 1933/34 standen ganz im Zeichen der nationalsozialistischen Machteroberung. Am 30. Januar 1933 wurde Adolf Hitler von Reichspräsident Paul von Hindenburg als Reichskanzler vereidigt. In seiner Regierungserklärung vom 28. März bezeichnete Hitler das Christentum als „unerschütterliches Fundament des sittlichen und moralischen Lebens unseres Volkes". Am 5. Juni 1933, sechs Wochen vor der Unterzeichnung des Vertrages mit dem Deutschen Reich, wurde das Konkordat zwischen dem Heiligen Stuhl in Rom und Österreich abgeschlossen. Mit diesem Staatskirchenvertrag wurde das Verhältnis zur römisch-katholischen Kirche, vertreten durch Papst Pius XI., und der Republik Österreich, vertreten durch Bundeskanzler Engelbert Dollfuß und den damaligen Justizminister und späteren Bundeskanzler Kurt Schuschnigg, geregelt.

In dieser Zeit der großen politischen Veränderungen wurde Franz König am 29. Oktober 1933 in der Kirche Pio Latino Americano vom damaligen Großvikar von Rom, Kardinal Francesco Marchetti-Selvaggiani, zum Priester geweiht. Zu Allerheiligen feierte er in der Basilika St. Peter seine Primiz. „Es gehörte zur Tradition des Germanicums, dass man normalerweise nicht in die Heimat zurückfährt, um zum Priester geweiht zu werden, sondern in Rom, und dass man dann auch die erste Messe in Rom zelebriert. Und so habe ich am Petrusgrab meine erste Messe gelesen."[3] Erwähnenswert ist das Zitat des heiligen Paulus auf der Rückseite seines Primizbildes: „Wir predigen Christus den Gekreuzigten: den Juden ein Ärgernis, den Heiden eine Torheit."

In Österreich schaltete Bundeskanzler Engelbert Dollfuß zu dieser Zeit das österreichische Parlament und das Verfassungsgericht aus und schuf so einen faschistischen Ständestaat nach dem Vorbild Italiens. Die Vaterländische Front wurde u. a. auch mit dem Ziel gegründet, die sozialistische und marxistische Arbeiterbewegung zu zerstören. Die Sozialistische Partei und die Gewerkschaften wurden verboten, was zu Wierstand und schließlich zum Bürgerkrieg führte, der zwischen dem 12. und 14. Februar 1934 mehr als 1600 Tote und Verletzte forderte. Am 1. Mai 1934 wurde der Ständestaat offiziell ausgerufen.

Im Sommer dieses ereignisreichen Jahres 1934 kehrte Franz König in seine Heimat zurück, wo er am 22. Juli in Kirchberg an der Pielach im Beisein seiner Eltern und Geschwister seine Nachprimiz feierte. Auf alten Fotos sitzt ihm zu Füßen seine Halbschwester Berta, welche als „Primizbraut" die Keuschheit und Reinheit der Kirche versinnbildlichte. Damals sagte das Dorfmädchen Leopoldine Schindlegger folgendes Gedicht auf: „Willkommen teurer, junger Priester, / so jubeln all die Deinen heut', ... / doch bleibt das Herz noch liebend offen / für Deiner Brüder Glück und Leid."[6] Leid gab es zu dieser Zeit wahrlich genug zu beklagen.

Schon damals war Franz König sorgfältig darauf bedacht, das Gleichgewicht zwischen seiner Schulgemeinde Kirchberg und seiner Taufgemeinde Rabenstein herzustellen, denn eine Woche später, am 29. Juli, feierte „das Rabensteiner Pfarrkind, ein Stiefsohn des Landtagsabgeordneten Kaiser, mit Namen Dr. Franz König in seinen Ferien hier im Ort" in der Kirche des hl. Laurentius eine weitere Nachprimiz, die allerdings vom Juliputsch 1934 überschattet war. Am 25. Juli hatten als Soldaten und Polizisten verkleidete Nationalsozialisten das Bundeskanzleramt und die Räume des Radiosenders RAVAG gestürmt und die Veröffentlichung der Falschmeldung erzwungen, Bundeskanzler Engelbert Dollfuß habe die Regierungsgeschäfte an den früheren steirischen Landeshauptmann Anton Rintelen übergeben. In der Folge kam es in der Steiermark, in Kärnten, Teilen Oberösterreichs und Salzburgs zwischen den Nationalsozialisten und den Streitkräften der Bundesregierung zu blutigen Kämpfen. Über 200 Menschen, unter ihnen auch Bundeskanzler Dollfuß, wurden getötet. Der Putsch wurde schließlich am 30. Juli, am Tag nach Franz Königs Nachprimiz in Rabenstein, niedergeschlagen. Richtige Freude konnte vor diesem Hintergrund nicht aufkommen.

Anstatt wieder nach Rom zu seinen Studien zurückzukehren, wurde Franz König im Juli 1934 überraschend mit seiner ersten pfarrlichen Aufgabe in Altpölla betraut. In der Chronik der Waldviertler Pfarre vermerkte damals Dechant Kulmann: „Im Juli wurde hochw. H. Dr. philos. Franz König als Kooperator hier angestellt, aber anfangs September beurlaubt, um in Rom das Doktorat der Theologie zu machen." Während dieser kurzen Zeit feierte er lediglich zwei Taufen, keine Hochzeit und auch kein Begräbnis. Die Beurlaubung hätte bis zum Studienende erfolgen sollen, doch bereits im Mai 1935 wurde er erneut als Kaplan nach Neuhofen an der Ybbs beordert. „Meinem Bischof gehorsam, fuhr ich mit der Eisenbahn über Amstetten nach Ulmerfeld und von dort ging ich auf einer sehr staubigen Straße mit meinem Köfferchen in der Hand in Richtung Neuhofen; drei Kilometer."[2] Mit jedem Schritt, den er näher kam, befiel ihn mehr Angst vor dieser neuen Aufgabe, vor allem aber vor dem sehr strengen und überaus korrekten Pfarrer Johann Leitner. Was er damals nicht wissen konnte, war, dass auch der Pfarrer wenig erfreut über den „hochstudierten" Kooperator war. Wie sollte ein einfacher Landpfarrer mit einem Mann auskommen, der in Rom studiert hatte? „Wie zwei Boxer, die einander noch unbekannt sind, tasteten wir einander ab. Doch schon bald merkten wir, dass diese Angst voreinander unbegründet war", erzählte Franz König 1995, als er die Ehrenbürgerschaft von Neuhofen an der Ybbs erhielt. „Der Herr Pfarrer war froh, durch mich seine Theologie wieder ein wenig auffrischen zu können, und ich bin heute noch froh darüber, damals einen echten Seelsorgerpfarrer erlebt zu haben, dem ich in Rom kaum begegnet wäre." Sein Aufenthalt in Neuhofen an der Ybbs dauerte nur vom 20. Mai bis Mitte Juli 1935, danach durfte er nach Rom zurückkehren. Mit

„Arbeit überschüttet" wurde er auch in Neuhofen nicht. „Nur drei Taufen hatte ich in den Monaten unseres Zusammenseins zu halten. Er legte mehr Wert darauf, die Menschen kennenzulernen, mit all ihren Fragen, Nöten und Freuden. Ein Erlebnis, das mir später wohl sehr viele Aufgaben, die mir gestellt worden sind, zu lösen geholfen hat."[6]

Später stellte sich auch der Hintergrund für die neuerliche Berufung in die Diözese St. Pölten heraus. Bischof Memelauer hatte die Information zugespielt bekommen, Franz König hätte sein Studium in Rom bereits beendet und „lasse es sich in Rom gut gehen". Neuhofen an der Ybbs sollte dagegen Abhilfe schaffen! „Schnell konnte ich den Bischof darüber aufklären, dass dies ein Irrtum sei. Ich hatte wohl einige wichtige und wesentliche Prüfungen abgelegt, aber mit dem Studium war ich noch keineswegs fertig."[6] Daraufhin antwortete Bischof Memelauer: „Nun, wenn Sie schon da sind, dann üben Sie sich gleich auch in der Seelsorge. Ich brauche zur Zeit einen Kaplan in Neuhofen/Ybbs, darum gehen Sie jetzt dorthin!" So war es zu diesem Intermezzo während seiner Studienzeit gekommen.

1936 nahte das Ende seines Studiums in Rom und Franz König promovierte als Doktor der Theologie. Er wusste, dass er damit der Ewigen Stadt den Rücken kehren musste. Die Weite der Weltkirche, die Universität, die hochgeistigen Diskussionen, die Reichtümer der wissenschaftlichen Arbeit musste er nun endgültig gegen die Aufgaben als Pfarrseelsorger tauschen. Er erinnerte sich vielleicht auch daran, was ihn zur Entscheidung für das Priesteramt geführt hatte: „Das christliche Welt- und Menschenbild: für andere da zu sein. Aber nicht als Seelsorger oder als Pfarrer, sondern vor allem in der Auseinandersetzung mit den großen Fragen, die immer die Menschen bewegen. Als Geistlicher habe ich natürlich Dinge anzubieten, die andere nicht anbieten können."[3] Der vermeintliche Abschied von der religionswissenschaftlichen Arbeit ließ ihn wohl mit etwas Schwermut zurückkehren und die Stelle als Kooperator von St. Valentin antreten, wo er bis September

1937 blieb. „Infolge der Größe des Pfarrgebietes erwiesen sich die Aufgaben auch als vielfältiger und vor allem umfangreicher, als das in den bisherigen Pfarreinsätzen der Fall war", schrieb der Rabensteiner Biograf Roman Daxböck anlässlich des 100. Geburtstages Franz Königs.

Freilich wurde diese Zeit durch Auslandsstudien unterbrochen. Vom 6. Juli bis 2. August 1936 übernahm er eine Urlaubsvertretung in Tours und widmete sich neben der Seelsorge auch der Verbesserung seiner Französischkenntnisse. Ein halbes Jahr später bekam er ein Stipendium am „Séminaire des Facultés Catholiques" in Lille. Von 20. März bis zum 6. Juli 1937 studierte er dort Rechtswissenschaft und beschäftigte sich auch mit den Grundlagen des Journalismus – und „so nebenbei" lernte er noch Russisch. Schon als Gymnasiast hatte er eine lebende Fremdsprache lernen wollen. In einer Buchhandlung fand er damals eine russische Grammatik, doch nach einiger Zeit musste er das Selbststudium aufgeben. „Das war so kompliziert, lauter Regeln." In Lille lernte er nun einen russischen Professor kennen, der nach Frankreich geflohen war. „Bei dem habe ich dann einigermaßen Russisch gelernt."[3]

Seine nächste und letzte Stelle als Kaplan führte Franz König im Herbst 1937 nach Scheibbs. In der Pfarrchronik ist dazu folgende Eintragung vermerkt: „Am 1. September schied Herr Kaplan Litsch von der Pfarre und wurde Kaplan in Stein a. D. Als neuer Kooperator kam Herr Dr. Franz König, bisher in St. Valentin." Dort begann der Stadtpfarrer von Scheibbs, Kanonikus Johann Kloiber, gemeinsam mit Franz König Anfang 1938 volksliturgische Abendkurse abzuhalten, um die religiöse Weiterbildung der Pfarrkinder zu fördern. Der Pfarrer sprach über religiöses Brauchtum und der Kaplan erklärte Schriftstellen aus der Bibel. Wenn man bedenkt, dass am 12. März des Jahres der „Anschluss" Österreichs ans nationalsozialistische Deutsche Reich stattfand, war die Gründung eines solchen Kreises zur Stärkung der Glaubensfestigkeit wenige Wochen zuvor ein mutiger Schritt der beiden Priester. In Scheibbs erlebte Franz König den Einmarsch der Nationalsozialisten und er erinnerte sich später an die Hakenkreuzfahne, die am Kirchturm wehte. Zum einen war er in dieser schweren Zeit mit der Ausstellung von Ariernachweisen beschäftigt, zum anderen widmete er sich als Katechet und Kinderseelsorger besonders der Jugendarbeit. „Durch seine große Schlichtheit, aber auch durch seelsorgische Fähigkeiten hat er bald die Hochschätzung der ganzen Bevölkerung erworben", steht in der Pfarrgeschichte, die im Jahre 1960 niedergeschrieben wurde. Der Kaplan verstand es aber auch, dem Stadtpfarrer Grenzen zu setzen. Dieser erwartete nämlich auch nicht-kirchliche Tätigkeiten, wie etwa das Auftragen des Essens beim Mittagstisch. „Mich hat das geärgert, denn ich bin mir dabei seltsam vorgekommen, und so habe ich eines Tages nicht ganz unabsichtlich die Suppenschüssel fallen lassen, was meinen damaligen Chef zu der Aussage veranlasste: Sie sind dafür nicht geeignet, Sie machen das in Zukunft nicht mehr!"

Obwohl er nur kurze Zeit in Scheibbs war, empfand die Bevölkerung „tiefe Trauer", als der „Herr Doktor" mit 1. September 1938 als Domkurator nach St. Pölten berufen wurde. Im Sommer davor hatte er noch die Stelle als Urlaubsvertretung in Godalming, Surrey, England, übernommen. Auch in Salzburg hatte man inzwischen schon vom St. Pöltner „Talent" gehört und ihn im Sommer 1937 eingeladen, als Repetitor an den Veranstaltungen des Salzburger Hochschulwerkes „schriftstellerisch" teilzunehmen. Im „Gedenkbuch bei der Pfarre Scheibbs" steht der Eintrag: „Der Pfarre fiel der Abschied vom Hochw. Herrn sehr schwer." Allgemein hieß es: „Ein König kommt nie mehr nach Scheibbs." Kardinal König kam jedoch immer wieder gerne zurück nach Scheibbs und anlässlich seines 70-jährigen Priesterjubiläums sagte er in seiner Ansprache: „Ich denke heute zurück, denke dankbar zurück, was ich als Kaplan von Scheibbs für meinen eigenen priesterlichen Weg gelernt und erkannt habe. Es war vor allem das Beispiel meines damaligen Chefs, Pfarrer Kloibers. Was ich damals hier gelernt und erfahren habe, war von nicht geringer Bedeutung für meinen späteren Lebensweg."[2]

Die Selbstlosigkeit, der Einsatz für die Gemeinde, die Pünktlichkeit beim Gottesdienst, die gewissenhafte Vorbereitung auf alle seelsorgischen Verpflichtungen prägten ihn damals sehr.

Anregungen für die Tätigkeit als Seelsorger erhielt Franz König aber auch durch ein kleines Büchlein, das am 10. Februar 1938 neu aufgelegt wurde: „Bemerkungen über die Seelsorge, besonders auf dem Lande". Geschrieben hatte es der Benediktinermönch Aegidius Jais bereits im Jahre 1817. Darin wurde Franz König in seinen Grundsätzen, in seiner Einstellung und Haltung als Seelsorger bestätigt. In späteren Jahren war ihm daher die Neuauflage ein Anliegen. Im Vorwort dazu schrieb er, dieses Werk sei „eines der schönsten Bücher, die je von einem Seelsorger und Pastoralprofessor für den Seelsorger und Priester geschrieben wurden".

Gehorsam hatte sich Franz König wiederholt dem Wunsch von Bischof Michael Memelauer ergeben und als Seelsorger in Gemeinden gearbeitet, obwohl es ihm anfangs schwerfiel, auf die Menschen zuzugehen, sich ihre täglichen Sorgen anzuhören. „Aber ich habe dann gespürt, das ist eigentlich Aufgabe des Geistlichen, auf die Menschen zuzugehen, für sie da zu sein"[3], erinnerte sich der Kardinal an den Wandel. Schon in den 1930er-Jahren wurde ihm klar, dass er nicht im Pfarrhof sitzen und auf die Leute warten dürfe, sondern auf die Menschen zugehen und Hausbesuche machen müsse. Der persönliche Kontakt helfe Priestern auch gegen die Einsamkeit. Später dann, als Kardinal, besuchte er alle über 600 Wiener Pfarren im Rahmen seiner Visitationen. Zwölf bis fünfzehn Pfarren bilden einen Dekanatsverband, die im Frühjahr oder Herbst nach und nach aufgesucht wurden. „Ich habe mir für jede Pfarre zurechtgelegt den Besuch der Pfarrgemeinde in der Kirche, den Pfarrgemeinderat, ein eigenes Gespräch mit der Jugend und alle Klassen der sich dort befindlichen Schulen zu besuchen." Am Ende seiner Amtszeit konnte er, nicht ohne Stolz, sagen, sechs- bis siebentausend Schulklassen besucht zu haben. „Ich habe mir in der Oberstufe immer eine halbe Stunde reserviert für ein Klassengespräch. Das war immer sehr interessant, da kamen sie mit allen möglichen Fragen, und ich hatte Gelegenheit, auch ein paar gute Worte zu sagen."[7]

Franz König wurde ein begeisterter, leidenschaftlicher Seelsorger, dem die Jugend besonders am Herzen lag. Die Basis dafür wurde in den ersten Jahren als Landpfarrer und später dann in St. Pölten gelegt. „Kein Buch und kein Studium hätten mich je das gelehrt, was ich nun durch die praktische Erfahrung lernte."[2] Als er am 1. September 1938 seinen Dienst als Domkurat und inoffizieller Jugendseelsorger in St. Pölten antrat, hatte das „Tausendjährige Reich" gerade begonnen und der Zweite Weltkrieg stand vor der Tür. „Ich kam an die Domkirche von St. Pölten als Kaplan, als der Krieg ausbrach. Damals ahnte ich schon, die katholische Kirche ist nicht nur in St. Pölten zu Hause, sondern ist Weltkirche."[3]

5. Kriegsjahre in St. Pölten

Die Arbeit Franz Königs in St. Pölten, vor allem aber die Zeit seines Wirkens danach, muss vor dem Hintergrund der politischen Rahmenbedingungen der Zeit vor und während des Zweiten Weltkrieges in Österreich und Deutschland betrachtet werden. Die katholische Kirche war in der Zwischenkriegszeit sehr aktiv ins politische Geschehen eingebunden. Prälat Ignaz Seipel war nicht nur Moraltheologe aus Salzburg, sondern auch Obmann der Christlichsozialen Partei und von 1922 bis 1924 sowie von 1926 bis 1929 Bundeskanzler. Gegen diese Verflechtung von Kirche und Staat protestierten damals jedoch der Freidenkerbund und die Sozialisten, woraufhin Seipel die Heimwehr stärkte, um die Sozialisten zu bekämpfen. Nachdem im burgenländischen Schattendorf ein Hilfsarbeiter und ein achtjähriges Mädchen erschossen und die Täter freigesprochen worden waren, eskalierte die Lage. Es kam zum Brand des Wiener Justizpalastes. Bei den heftigen Auseinandersetzungen wurden 84 Demonstranten und fünf Polizisten getötet, Hunderte Menschen wurden verletzt. „Prälat ohne Milde", „Prälat ohne Gnade", „Blutprälat" wurde Ignaz Seipel fortan genannt. Am 4. Mai 1929 legte dieser sein Amt als Bundeskanzler nieder, 1931 wollte er erneut das Kanzleramt übernehmen, konnte allerdings keine Regierung bilden. Vehement vertrat er die Ansicht, dass keine Politik ohne das Deutsche Reich möglich sei. Er wollte Präsident eines autoritären Staates werden, doch nach einer Reise nach Palästina erkrankte er an Tuberkulose und starb 1932.

Seit 1929 hatte Österreich keine stabile Regierung mehr. Am 18. März 1931 wurde der Jurist Engelbert Dollfuß Landwirtschaftsminister in der Regierung Ender, am 20. Juni 1931 erhielt er die gleiche Funktion in der Regierung Buresch. Die Nationalsozialisten gewannen am 24. April 1932 bei den Landtagswahlen in Niederösterreich und Salzburg deutlich Stimmen dazu, daraufhin beantragten die Sozialisten die Auflösung des Nationalrates. Dem kam die Regierung Buresch mit ihrem Rücktritt zuvor. Am 10. Mai 1932 wurde Dollfuß mit der Bildung einer neuen Regierung beauftragt.

Engelbert Dollfuß, geboren 1892 im niederösterreichischen Texing, konnte mit der Unterstützung durch die katholische Kirche rechnen. Um die in eine Wirtschaftskrise geratene Creditanstalt für Handel und Gewerbe zu sanieren, umging er das Parlament, Proteste der Großdeutschen und Sozialisten waren die Folge. Daraufhin wurden Aufmärsche der Sozialisten, Kommunisten und Nationalsozialisten verboten, im Parlament kam es zu wüsten Schimpfduellen zwischen Dollfuß und Otto Bauer (1881–1938), dem Obmann der Sozialistischen Partei.

Der Konflikt zwischen der Arbeiterbewegung und der Regierung Dollfuß spitzte sich zu. Am 11. September 1933 erklärte der Bundeskanzler im Rahmen des Deutsche Katholikentages, der unter dem Motto „Numquam retrorsum" (Niemals zurück) stand und am Wiener Trabrennplatz stattfand, er wolle einen sozialen, christlichen, deutschen Staat Österreich auf ständischer Grundlage und mit starker autoritärer Führung gründen. Bei der Gründung des geplanten Ständestaates berief er sich auf die von Papst Pius XI. verfasste Sozialenzyklika „Quadragesimo anno". Eine Missinterpretation, gegen die sich allerdings kein einziger österreichischer Bischof wehrte. Dollfuß fühlte sich durch die Enzyklika zum Ständestaat, aber auch zum Vorgehen gegen Kommunisten und Sozialisten legitimiert und sagte bei seiner Trabrennbahn-Rede: „Wie die Kreuzfahrer von dem gleichen Glauben durchdrungen waren, so wie hier vor Wien ein Marco d'Aviano gepredigt hat: ‚Gott will es' – so sehen auch wir mit starkem Vertrauen in die Zukunft, in der Überzeugung: ‚Gott will es!'" Im Namen Gottes wurde damals Politik betrieben und die österreichischen Bischöfe taten nichts dagegen, obwohl in der Enzyklika auch stand: „Jede Gesellschaftstätigkeit ist ihrem Wesen und Begriff nach subsidiär; sie soll die Glieder des Sozialkörpers unterstützen, darf sie aber niemals zerschlagen oder aufsaugen." Doch genau das hatte Dollfuß mit den Sozialisten und Kommunisten vor.

Die katholische Kirche schwieg dazu. Sie konnte zufrieden sein, denn durch den Erlass des sozialdemokratischen Politikers Otto Glöckel (1874–1935) vom 10. April 1919 waren Schüler und Lehrer nicht mehr gezwungen gewesen, an Religionsübungen teilzunehmen. Kirchenaustritte wurden durch den Staat genehmigt, Geschiedene durften ein zweites Mal heiraten. Dem setzte Unterrichtsminister Anton Rintelen am 10. April 1933 ein Ende, indem er den umstrittenen Glöckel-Erlass aufhob. Rintelen galt als skrupelloser Machtpolitiker, der selbst Bundeskanzler werden wollte. Noch im selben Jahr eliminierte ihn Dollfuß aus seiner Regierung und schob ihn auf den Posten des Gesandten in Rom. Dort konspirierte er mit den Nationalsozialisten, die beim Juliputsch 1934 in einer erzwungenen Rundfunkdurchsage verkündeten, Dollfuß habe die Amtsgeschäfte an Rintelen übergeben. Als man diesen nach dem misslungenen Putsch zur Vernehmung abführen wollte, unternahm er einen Selbstmordversuch durch einen Schuss in die linke Brustseite, der allerdings misslang, weil sein Herz „am rechten Fleck" schlug, was er wahrscheinlich auch wusste. Durch seine schwere Verletzung entzog er sich jedenfalls der strafrechtlichen Verfolgung – und kam mit dem Leben davon.

Am 10. Mai 1933 paraphierte Schuschnigg das Konkordat mit dem Heiligen Stuhl in Rom, welches das Verhältnis zwischen Staat und Kirche neu regelte. Damals fand Engelbert Dollfuß das erste Mal Erwähnung im Tagebuch Joseph Goebbels', der seit 13. März Reichsminister für Volksaufklärung und Propaganda war. Goebbels wollte Dollfuß stürzen. Am 27. Mai reiste er nach Rom und machte am 4. Juni bei seiner Rückfahrt in Kufstein und Innsbruck Zwischenstation, wo er von den Österreichern jubelnd empfangen wurde. Tags darauf unterzeichnete Dollfuß das Konkordat mit dem Heiligen Stuhl und erteilte danach den Nationalsozialisten Parteiverbot.

Das Verhältnis zu Deutschland wurde immer schlechter. Goebbels suchte ein Sondierungsgespräch und richtete gleichzeitig persönliche Angriffe gegen Dollfuß, den „kleinen Moritz". Der Bundeskanzler lehnt ein Treffen ab – er sitze noch auf dem hohen Ross, notierte Goebbels.

Die österreichischen Bischöfe müssen mit dem Konkordat zufrieden gewesen sein und schrieben daher in ihrem Weihnachtshirtenbrief: „Das heurige Jahr 1933 hat der ganzen Christenheit reichen Gnadensegen, unserem Vaterland Österreich überdies viele Freuden gebracht." Daran hatte auch Bundespräsident Wilhelm Miklas seinen Anteil, indem er es unterließ, für eine verfassungstreue Regierung zu sorgen. Papst Pius XI. war zufrieden und schrieb am 28. Oktober 1933: „Einen mächtigen Segen erteilen Wir den so vornehmen Männern, die Österreich in dieser Zeit, in diesen Tagen regieren, die Österreich so gut, so entschieden, so christlich regieren." Die Wiederverchristlichung, die Rekatholisierung, die Gegenreformation schien perfekt zu sein. Wer jetzt aus der Kirche austreten wollte, musste seinen Geistes- und Gemützustand überprüfen lassen. Die alte Ordnung schien wiederhergestellt zu sein.

Ahnten die österreichischen Bischöfe, auf welch sandigem Boden der Ständestaat gebaut war? Sie erfüllten jedenfalls die Vereinbarungen des Konkordats, denn am 6. Dezember 1933 forderte die Bischofskonferenz alle geistlichen politischen Funktionäre auf, ihre Mandate bis zum 15. Dezember niederzulegen.

Im Februar 1934 kam es zum Bürgerkrieg, am 25. Juli 1934 kam Engelbert Dollfuß beim Juliputsch ums Leben. Ihm folgte nicht Vizekanzler Fürst Ernst Rüdiger von Starhemberg als Bundeskanzler nach, sondern der bisherige Justizminister Kurt Schuschnigg – mit damals 36 Jahren der bislang jüngste Regierungschef. In seiner Gedenkansprache für den ermordeten Dollfuß bezeichnete Starhemberg am 27. Juli 1934 Österreich noch als „Barrikade Europas … gegen marktschreierische, verbrecherische Demagogie des Nationalismus". Und er versicherte, „niemals den geringsten Kompromiss mit dem Nationalsozialismus einzugehen, niemals Zugeständnisse zu machen, die unsere volle Unabhängigkeit und Freiheit, unsere Ehre und Würde beeinträchtigen könnten". Doch schon kurz danach traf Starhemberg in Györ mit Arthur Seyß-Inquart zusammen, um die Errichtung einer autoritären deutschnationalen Regierung in Österreich unter Einbeziehung „gemäßigter" Nationalsozialisten zu besprechen. Daraufhin löste Schuschnigg die Heimwehrbewegung offiziell auf und bildete die Regierung um.

In der Folge schien wieder etwas Stabilität in die österreichische Politik einzukehren, doch der nächste Konflikt bahnte sich schon bald an. Am 15. Dezember 1937 fand ein gemeinsames Mittagessen von Joseph Goebbels, Franz von Papen, dem deutschen Gesandten in Österreich, und Adolf Hitler statt, bei dem ein Plan zum Sturz Schuschniggs besprochen wurde.

Deutschland verschärfte den Kurs gegen Österreich. Am 5. Februar 1938 wurde die bevorstehende Abberufung Franz von Papens aus Wien bekanntgegeben, in der Folge erklärte sich Kurt Schuschnigg bereit, Adolf Hitler am 12. Februar auf dem Obersalzberg zu treffen. Der Führer ließ an der österreichischen Grenze militärische Scheinvorbereitungen durchführen und in seinem Vorzimmer paradierten zwei seiner am brutalsten aussehenden Generäle, Walter von Reichenau und Hugo Sperrle. Das muss auf den jungen Bundeskanzler gehörig Eindruck gemacht haben. Hitler ging von Anfang an in die Offensive: „Und das sage ich Ihnen, Herr Schuschnigg, ich bin fest dazu entschlossen, mit dem allen ein Ende zu machen. Das Deutsche Reich ist eine Großmacht, und es wird und kann niemand dreinreden wollen, wenn es an seinen Grenzen Ordnung macht." Zwei Stunden herrschte er Schuschnigg in einem Monolog an, am Schluss erklärte er, das Problem mit Gewalt zu lösen, wenn nicht alle Forderungen erfüllt würden. Schwer gezeichnet trat Schuschnigg die Heimreise an, begleitet von Papen, der sogar versuchte, ihn wieder aufzurichten, indem er meinte, der Führer könne auch ausgesprochen charmant sein.

Schuschnigg bat um zwei Tage Bedenkzeit, ließ sich jedoch, entgegen Goebbels' Befürchtungen, nicht wieder umstimmen, sondern sicherte Hitler die Ausrichtung der Außenpolitik auf die Interessen Deutschlands zu. Am Abend des 16. Februar 1938 wurde das Kommuniqué bekanntgegeben, die Reaktionen waren heftig, die Presse schrieb von einer Vergewaltigung, doch niemand unternehme etwas dagegen. Am 20. Februar übermittelte Adolf Hitler in seiner Reichstagsrede „der Welt die Versicherung von der aufrichtigen und tiefen Friedensliebe des deutschen Volkes", gleichzeitig drohte er, bei eventuellen Invasionen des Auslandes „blitzschnell" zu handeln.

Am 27. Februar 1938 hielt Kurt Schuschnigg im Bundesrat eine viel beachtete Brandrede auf Österreich. „Bis hierher und nicht weiter! Österreich ist lebensfähig und zum Leben gewillt. Freiwillig wird es nie abdizieren ... Maßgebend muss bleiben der feste Wille des österreichischen Volkes und die unabänderliche Überzeugung seiner Führung, dass unser Österreich Österreich bleiben muss! ... Rotweißrot bis in den Tod!" Davon war George Geday, Korrespondent der „New York Times", sehr beeindruckt und schrieb: „Die Rede eines Mannes, dessen persönlicher Mut ihn über sich selbst wachsen und alle Selbstbeschränkungen vergessen ließ."

Schuschnigg sah den letzten Versuch, die Unabhängigkeit Österreichs zu retten, in einer Volksabstimmung, die Goebbels als „Bubenstreich" bezeichnete. Er plante einen Aufruf zur Wahlenthaltung, wobei tausend Flugzeuge Flugblätter über Österreich abwerfen sollten. Goebbels rechnete mit militärischer Gegenwehr Österreichs, wenn der gewaltsame Vormarsch deutscher Truppen nach Wien erfolgen sollte. Dazu kam es allerdings nicht, denn am 12. März 1938 hielt Schuschnigg vor dem österreichischen Bundestag seine legendäre Rede: „Der Herr Bundespräsident beauftragt mich, dem österreichischen Volke mitzuteilen, dass wir der

Gewalt weichen ... So verabschiede ich mich in dieser Stunde vor dem österreichischen Volke mit einem deutschen Wort und einem Herzenswunsch: Gott schütze Österreich!"

Schuschnigg musste abdanken, wurde verhaftet, ins Gestapo-Hauptquartier am Wiener Morzinplatz und später ins Konzentrationslager nach Dachau gebracht, wo schon eine Reihe weiterer österreichischer Politiker war: Major Alexander Eifler, Stabschef des Schutzbundes, der steirische Arbeiterführer Hermann Lackner, die späteren Bundeskanzler Leopold Figl und Alfons Gorbach sowie der spätere Handelsminister Fritz Bock. Bereits im Sommer 1938 habe diese Gruppe auf der Dachauer Lagerstraße von nichts anderem geredet als davon, was sie machen würden – gemeinsam und nicht mehr gegeneinander –, wenn Österreich wieder einmal frei sein sollte. „Das war für die damalige Zeit bei Gott ein skuriles Gespräch", blickte Fritz Bock 1985 in einem TV-Gespräch zurück. „Es gab keinen einzigen realistischen Annahmegrund, wann und ob Österreich wieder frei werden sollte, und wir hatten schon so viel Lagererfahrung, dass wir gar nicht wussten, ob der oder jener von uns die Lagerzeit überleben würde." Dennoch besprachen diese Männer, wie sie ein wiedererstandenes Österreich rekonstruieren würden, und Bock hielt in seinen Erinnerungen den Sommer 1938 „für den ersten Geburtstag der Zweiten Republik".

In Österreich war man von solchen Spekulationen durch das „Tausendjährige Reich" getrennt. Arthur Seyß-Inquart trat Schuschniggs Nachfolge als Bundeskanzler an. Am 15. März hielt Adolf Hitler seine Rede am Wiener Heldenplatz, wo ihm rund 750.000 Österreicher begeistert zujubelten. Zuvor hatten eine halbe Million Wiener seinen Weg von Schönbrunn in die Innenstadt aus Neugier oder Begeisterung gesäumt.

Den Austrofaschismus, die politischen Spannungen und den Bürgerkrieg hatte Franz König als Kooperator in den verschiedenen Pfarreien der Diözese St. Pölten miterlebt, den „Anschluss" als Kaplan in Scheibbs. Überhaupt kann ihm der Austrofaschismus nicht verborgen geblieben sein, war doch sein Stiefvater Johann Kaiser aktiver Politiker der Christlichsozialen Partei (CSP) gewesen. Sein 1882 geborener Stiefvater war vom 20. September 1928 bis zum 30. Oktober 1934 Mitglied im Niederösterreichischen Landtag, zwischen 1934 und 1938 bekleidete er das Amt des Bürgermeisters in Warth. Just als er im Herbst 1938 sein politisches Amt niederlegte, wurde Franz König von Bischof Michael Memelauer als Domkaplan nach St. Pölten geholt. Dort hatte er u. a. die Aufgabe, den Religionsunterricht am „Staatsgymnasium für Jungen" zu gestalten. „Nach drei, vier Wochen kommt der Direktor des Gymnasiums zu mir und sagt: Wir sind ein nationalsozialistisches Gymnasium, bei uns gibt es keinen Religionsunterricht. Empfehlen Sie sich, wir sehen Sie dann nicht mehr an unserer Schule!"[3]

Dem neuen Jugendseelsorger König war es in dieser kurzen Zeit jedoch sehr gut gelungen, den Kontakt zu den Jugendlichen herzustellen. Er ging unbeschwert auf sie zu und zeigte sich sehr interessiert an der Welt, in der sie lebten. „Sie haben jedenfalls nachher erzählt, es hätte sie so wie ein frischer Wind berührt und es hätte sie angesprochen."[1] Einer der Schüler war der spätere Ministerialrat im Unterrichtsministerium, Karl „Johnny" Dillinger, der in seinen Erinnerungen, herausgegeben von Sepp Bauer, erzählte: „Es hatte sich herumgesprochen, dass dieser Priester in Rom und Frankreich studiert hatte und mehrere Sprachen beherrschte. Die wenigen Stunden, die er uns unterrichtete, unterschieden sich von Religionsstunden im herkömmlichen Sinn. Er lehrte nicht toten Wissensstoff, sondern warf sehr geschickt Fragen auf, die uns alle bewegten." In seiner Bescheidenheit relativierte Franz König später diese Anerkennung: „Das ist wohl kein Verdienst, sondern das liegt halt dem einem so und dem anderen so."[1] Ein anderer Schüler war Vinzenz Höfinger, der später Landesrat und Obmann des Wirtschaftsbundes in Niederösterreich wurde. Als 10-Jähriger lernte er Kaplan König 1938 kennen: „Er hat gewusst, wir sind auch alle bei der HJ, das hat er akzeptiert, ‚das kann man nicht vermeiden, da müsst ihr auch hingehen.' Aber daneben war im Dom auch das

Treffen der jungen Männer, auch jungen Frauen, die sich zur Kirche bekannt haben." Im Jahre 1938 wurde ein solches Bekenntnis zunehmend gefährlicher.

Die Vertreter der katholischen Kirche hatten jahrelang mit den Austrofaschisten sympathisiert und kollaboriert, hofften sie doch, durch die gesellschaftliche Neuordnung verlorengegangenes Ansehen und Macht zurückzuerhalten. Doch die Nationalsozialisten erkannten das Konkordat von 1933 nicht an. Unter der Führung von Erzbischof Theodor Innitzer – dieser hatte übrigens 1929/30 als Sozialminister dem Kabinett Schober III angehört und somit durchaus politische Erfahrungen sammeln können – strebte die österreichische Kirche nach einem Modus Vivendi, nach einer „erträglichen Übereinkunft" mit dem Deutschen Reich. Dafür stattete der Kardinal am 15. März 1938 gegen neun Uhr Adolf Hitler einen Höflichkeitsbesuch im Hotel Imperial ab, und am 18. März unterzeichnete er nicht nur die von NS-Gauleiter Josef Bürckel verfasste „Feierliche Erklärung", die den Anschluss Österreichs befürwortete, sondern er erklärte darin auch, dass die katholische Kirche bei der geplanten Volksabstimmung darüber mit „Ja" stimmen würde. Im Begleitschreiben Innitzers stand: „Sie ersehen daraus, dass wir Bischöfe freiwillig und ohne Zwang unsere nationale Pflicht erfüllt haben. Ich weiß, dass dieser Erklärung eine gute Zusammenarbeit folgen wird." Nach der Verabschiedung grüßte er „Mit dem Ausdruck ausgezeichneter Hochachtung", darunter setzte er seine Unterschrift. Dies war dem Unterhändler Josef Himmelreich jedoch zu wenig, weshalb er Innitzer offenbar zur handschriftlichen Ergänzung drängte: „Heil Hitler!" Dieses Schreiben wurde von der NS-Propaganda im gesamten Deutschen Reich auf Plakaten verbreitet, was den Eindruck erweckte, als hätten die österreichischen Bischöfe ihre Überzeugung preisgegeben.
Von dieser Aktion distanzierte sich der Heilige Stuhl. Papst Pius XI. reagierte mit Erstaunen und Entsetzen, wie ein Küken habe sich der Wiener Kardinal in die Krallen des Falken bege-

ben. Überhaupt meinte er: „Es hat in der Geschichte der Kirche nie ein beschämenderes Ereignis gegeben." Am 6. April musste Innitzer auf Befehl von Papst Pius XI. eine Klarstellung unterzeichnen, die im „L'Osservatore Romano" veröffentlicht und von Hitler als Affront empfunden wurde. Die Unterredung Kardinal Innitzers mit Adolf Hitler hatte ohne Zustimmung der deutschen Bischöfe und Roms stattgefunden. Kardinal Innitzer war aber nicht der Einzige, der sich dem nationalsozialistischen Druck beugte, für die evangelische Kirche unterzeichnete Superintendet Hans Eder am 9. April eine ähnliche Erklärung. Mittlerweile hatten sich aber nationalsozialistische katholische Laien und Priester – unter ihnen auch der Klosterneuburger Pius Parsch – als „Brückenbauer" zu einer „Arbeitsgemeinschaft für den religiösen Frieden" zusammengeschlossen. In einer Petition vom Schmerzensfreitag ersuchten sie Kardinal Innitzer, dieser möge zu „dieser Tat stehen", denn „die katholische Kirche hat sich in den vergangenen Jahren in Österreich weitgehend mit einem politischen Regime identifiziert, das unter der Flagge eines katholischen Regimes namenloses Leid über das Land gebracht hat ... Der Nationalsozialismus hat hier durch Einsatz grandioser Mittel dem grenzenlosen Elend gesteuert, das seine Vorgänger hinterlassen haben." Die Unterzeichner glaubten: „Wir österreichische Katholiken können einen tiefgläubigen Adolf Hitler unterstützen, der durch Taten christlicher Barmherzigkeit mehr Menschen mit Gott versöhnt hat, als in Frankreich mit Streik und Klassenhass dem Satan in die Hände getrieben werden." Diese Entwicklung konnte Kardinal Innitzer allerdings nicht mehr gutheißen und am 28. September 1938 verbot er allen katholischen Priestern die Mitgliedschaft in der „Arbeitsgemeinschaft für den religiösen Frieden". Kardinal Franz König las das Material über seinen Amtsvorgänger später in den erzbischöflichen Archiven und kam zum Schluss, „dass er vielleicht politisch ein wenig naiv war. Er war auch sehr impulsiv, aber er war sicher kein Sympathisant der Nationalsozialisten."[5] Erzbischof Jachym hatte König später davon erzählt, wie Kardinal

Innitzer beim Sturm des Palais durch die Nationalsozialisten am Dachboden versteckt worden war. Als der Pöbel wieder weg war und Innitzer aus seinem Versteck kam, sagte er: „Gott sei Dank, jetzt bin ich gerechtfertigt!"

Man könne das Verhalten der Kirchenführung beim „Anschluss" nicht schönreden und diesen Fleck auch nicht zudecken, kritisierte der Grazer Erzbischof Kapellari im März 2013 den von der österreichischen Kirche zunächst eingeschlagenen Weg. Auch wenn Historiker heute Gründe für dieses Verhalten nennen, „entschuldigen können sie das nicht". Sigismund Waitz war von 1934 bis 1941 Erzbischof in Salzburg gewesen und hatte als Mitglied der Bischofskonferenz später eingestanden: „Helden waren wir nicht." Als Regierungsvertreter im Austrofaschismus noch politischer Partner gewesen, wurde die katholische Kirche in der Folge immer stärker in die Opferrolle gedrängt. Das Blatt hatte sich gewendet. Katholische Vereine wurden verboten, kirchliches Vermögen wurde beschlagnahmt, die katholische Fakultät der Universität Salzburg geschlossen, an Schulen durfte nicht mehr unterrichtet werden. Anfang September brachen die Bischöfe die Verhandlungen mit den Nationalsozialisten ab, zum endgültigen Bruch kam es am 7. Oktober 1938. Kardinal Innitzer hatte die Jugend zum traditionellen Rosenkranzfest in den Stephansdom geladen. Wegen des Verbots kirchlicher Vereine erwartete man zwischen 300 und 2000 Jugendliche, tatsächlich kamen etwa 9000. Der Dom war bis auf den letzten Platz gefüllt. In seiner Predigt sagte dann der Kardinal – mittlerweile von Rom gerügt und in seiner Einstellung gewandelt –, jetzt müsse man sich umso standhafter zum Glauben bekennen, „zu Christus, unserem Führer!" Die Menge brach nach der Andacht in Begeisterungsstürme aus, zog zum Erzbischöflichen Palais und rief: „Wir wollen unseren Bischof sehen!" Tags darauf stürmten Trupps der Hitlerjugend das Palais, schlugen 1200 Fensterscheiben ein, warfen Möbel aus den Fenstern und zerstörten Gemälde. Erst eine Dreiviertelstunde später traf die Polizei ein, da waren die Randalierer schon längst verschwunden. Der Tag des Rosenkranzfestes wird von vielen Historikern als Beginn des katholischen Widerstandes in Österreich bezeichnet. Fortan wurden auch Katholiken verfolgt und mussten im Untergrund bzw. im Widerstand tätig sein.

Zu dieser Zeit wurde Kaplan Franz König das Unterrichten in St. Pölten untersagt. Die Schüler waren empört. „Die kamen dann zu mir und sagten: Was machen wir jetzt? Das ist doch ein starkes Stück! Wir kommen zu ihnen."[3] In der großen Sakristei der St. Pöltner Domkirche kamen sie zusammen und vereinbarten regelmäßige Treffen. So entstand ein „illegaler" Religionsunterricht unter der Leitung von Franz König. „Ich würde heute sagen, es waren einfach Gespräche über die Fragen, die junge Menschen bewegen."[1] Anfangs waren nur Burschen dabei, später dann auch Mädchen, Schülerinnen aus der Oberschule und Handelsschule, aber auch berufstätige Mädchen. Die ehemaligen St.-Georgs-Pfadfinder waren ebenfalls dabei und knüpften Kontakte zu den Arbeitern. Zu den Jugendgottesdiensten kamen auch Schüler von außerhalb. Die Verlässlichsten unter ihnen wurden vom Kreis der „Eingeweihten" aufgenommen. Alle waren verunsichert und durch die ideologischen Beeinflussungen irritiert. „Manche von uns lasen den ‚Kampf', Auszüge aus dem ‚Mythos des 20. Jahrhunderts' von Alfred Rosenberger, Schirachs ‚Hitlerjugend – Idee und Gestalt', Aufsätze aus dem ‚Reich', hörten und diskutierten Goebbels' Reden und Kommentare", erinnerte sich Karl Dillinger. „Das hat uns die Verwirrungen und Ungeheuerlichkeiten der NS-Ideologie weit deutlicher bewusst gemacht als alle vordergründige Kritik am System und seinen Bonzen." Ihr Jugendkaplan versuchte, ihnen hilfreiche Grundsätze für ein erfolgreiches Leben zu vermitteln. Dazu gehörte auch das Gebet, wie jenes von Kardinal Newman: „O Gott, die Zeit ist voller Bedrängnis. Die Sache Christi liegt wie im Todeskampf. Und doch: Nie schritt Christus mächtiger durch die Erdenzeit. Nie war sein Kommen deutlicher als jetzt ..."[2] „Das ging eine Zeit lang ganz gut, dann kam die Gestapo drauf, dass hier junge Menschen in Gruppen der Reihe nach daherkommen, und ich wurde also zur Gestapo gerufen."[1] Die Befragung Franz Königs kam nicht von ungefähr, hatte sich doch ein Spitzel in die Gruppe eingeschlichen, berichtet Vinzenz Höfinger: „Es hat einen gegeben, der war zugleich heimlich bei der Gestapo. Der hat das alles beobachtet." Beim Spitzel handelte es sich um einen damals sechzehnjährigen HJ-Führer, der wenige Jahre zuvor, als zwölfjähriger Hauptschüler, von Franz König betreut worden war, daher schöpfte anfangs niemand Verdacht. „Dann aber erhielt unsere Gruppe die vertrauliche Information, dass K. ein von der Gestapo eingeschleuster Spion sei", erzählt Karl Dillinger. So wussten auch die anderen in der Gruppe über den Verräter Bescheid und überlegten sich eine doppelte Strategie. Am Samstag um 16 Uhr wurde er zu einer Stunde mit dem Kaplan eingeladen, danach ging er nach Hause, doch um 18 Uhr trafen sich die „Illegalen", um über die eigentlichen Themen zu reden. „Der ist lange Zeit nicht draufgekommen, dann ist er einmal draufgekommen, und da ist der König auf die Gestapo gegangen und hat gesagt, das ist eigenartig, dass sie uns immer einen da herschicken", erzählt Höfinger. Auch Dillinger erinnert sich an diesen Vorfall: „Als Dr. König bei seiner nächsten Vorladung dem Gestapo-Beamten den Namen ihres Vertrauensmannes nennen konnte, brachen sie die Überwachung ab." K., der Spion, hatte ein tragisches Schicksal", weiß Dillinger. „Er rückte freiwillig zur Waffen-SS ein, war aber bereits beim Einmarsch der sowjetischen Truppen wieder in St. Pölten. Einige seiner HJ-Kameraden, die in den letzten Kriegswochen zu einem Sprenglehrgang einberufen wurden, denunzierte er beim sowjetischen Geheimdienst als Wolfsgruppe! Acht junge Leute, einige im Alter von 16 und 17 Jahren, wurden verhaftet, auf der Flucht erschossen, die übrigen zu zehnjähriger Haftstrafe verurteilt und zur Zwangsarbeit nach Sibirien deportiert. Mehrere starben in den Lagern, einige kehrten nach Stalins Tod in die Heimat zurück ... K. wurde in St. Pölten nie wieder gesehen."

Ab 1941 wurde Franz König wiederholt von der Gestapo vernommen, wo er sein Tun rechtfertigen musste: „Ich habe deren raffiniertes Spitzelsystem kennengelernt, mit dem ich fast täglich zu rechnen hatte. Ich war einmal einen ganzen Tag von früh bis abends zum Verhör in der Wiener Zentrale der Gestapo am Morzinplatz. Ich musste damals – wegen meiner Seelsorge unter den Jugendlichen – mit der Verschickung in ein Konzentrationslager rechnen."[8] Franz König staunte über die Fülle an Informationen, die gegen ihn vorlagen. „Das Risiko meiner seelsorgerischen Tätigkeit wurde sehr belastet durch die Sorge um die vielen jungen Menschen, die unter Umständen durch die Verbindung mit mir in ähnliche Schwierigkeiten kommen könnten."[8] Wiederholt wurden auch die Jugendlichen befragt. Die Gestapo widmete ihre Aufmerksamkeit besonders den Mädchen, behandelte diese zum Teil sehr freundlich, zum Teil bedrohte sie diese, um belastende Aussagen gegen den Kaplan zu sammeln. „Ich habe dann auf mehr Vorsicht geschaltet und ich erinnere mich noch, dass auch die jungen Leute sehr bald gespürt hatten, holla, hier heißt es vorsichtig sein"[1], blickte Franz König auf diese Erfahrungen zurück.

Eines Tages wurde er in die Gestapo-Zentrale am Morzin-Platz in Wien gebracht. „Ich war innerlich überzeugt, dass meine Chancen freizukommen diesmal ziemlich gering waren und dass man mich womöglich nach Dachau bringen würde." Den ganzen Tag wurde er verhört. Einmal, als der Beamte kurz den Raum verließ, entdeckte König auf dessen Schreibtisch eine Liste mit Namen von Menschen, die festgenommen werden sollten, die er ohne lange nachzudenken einsteckte. „Es war mehr eine automatische als eine ‚heroische' Reaktion." Spät am Abend durfte er wieder nach St. Pölten fahren, warum, das hat er nie erfahren. „Sobald ich wieder in St. Pölten war, schickte ich einige meiner Schüler zu den Menschen, die auf der Liste standen, die ich eingesteckt hatte, um sie zu warnen."[5]

Wie groß die Gefahr war, zeigen zwei Beispiele aus seinem Umfeld: Im Herbst 1942 tauchte das Gerücht auf, Toni Brunner, bis

1940 Mitglied der St. Pöltner Jugendgruppe Franz Königs und dann nach Wien übersiedelt, sei zum Tode verurteilt worden. Er war am 20. Januar 1942 von der Gestapo verhaftet und am 26. August wegen Hoch- und Landesverrats, Wehrkraftzersetzung, Herstellung und Verteilung von Flugblättern sowie Abhören von Auslandssendern verurteilt worden. In einem Wiederaufnahmeverfahren wurde das Urteil aufgehoben, doch am 15. März wurde die Anklage neuerlich verhandelt. Diesmal wurde er zu fünf Jahren schweren Kerker verurteilt und in die Jugendstrafanstalt Kaiserebersdorf eingeliefert. 1944 wurde er in eine Bewährungseinheit an die Front abgestellt und im Januar 1946 aus französischer Kriegsgefangenschaft entlassen. Toni Brunner wurde in späteren Jahren Gefängnisseelsorger in der Strafvollzugsanstalt Stein.

Weniger Glück hatte der Priester Roman Scholz aus Klosterneuburg. 1930 war er 18-jährig ins Augustiner Chorherrenstift Klosterneuburg eingetreten. Aus einer christlich-deutschen Jugendbewegung kommend, war er anfangs begeisterter Anhänger des Nationalsozialismus gewesen. Nach dem Besuch des Reichsparteitages in Nürnberg änderte er allerdings schlagartig seine Gesinnung und wurde Widerstandskämpfer. Als Religionslehrer rekrutierte er seine Anhänger auch unter den Schülern des Klosterneuburger Gymnasiums. In seiner Widerstandsgruppe war der Burgschauspieler Otto Hartmann, der vorschlug, Sabotage- und Terroranschläge zu unternehmen, was Scholz jedoch ablehnte. Daraufhin denunzierte Hartmann den Priester bei der Gestapo. Am 22. Juli 1940 wurde Roman Scholz verhaftet, fast vier Jahre später, am 23. Februar 1944, wurde er zum Tod verurteilt. Ein Begnadigungsansuchen Kardinal Innitzers an Adolf Hitler blieb unbeantwortet, am 10. Mai 1944 wurde Scholz hingerichtet. Seine letzten Worte waren: „Für Christus und Österreich!"

Franz König war umsichtiger, mahnte die Jugendlichen zu besonderer Vorsicht und schärfte ihnen ein, keine schriftlichen Aufzeichnungen zu machen. Im letzten Kriegsjahr wurde der Briefverkehr des Jugendseelsorgers überwacht, der Briefträger hatte von der Gestapo den Auftrag erhalten, verdächtige Briefe abzuliefern. Es wurde vermutet, dass auch Telefongespräche abgehört wurden, deshalb unterhielt König sich fortan mit seinen priesterlichen Kollegen in lateinischer Sprache. Trotzdem zog er das Interesse der Gestapo auf sich. „Ich erinnere mich, wir haben dann an einem Maisonntag vereinbart, wir machen eine große Maiandacht in der Domkirche von St. Pölten. Ihr ladet ein, ihr sagt das weiter. Und es kam dann der Tag, es kam die Stunde am Nachmittag, und die Domkirche von St. Pölten war gesteckt voll mit jungen Leuten."[1] Fünfhundert junge Menschen waren in den Dom gekommen, um seinen Worten zuzuhören. „King predigt begeisternd", schrieb einer in sein Tagebuch. Und auch sein Satz „Bange machen gilt nicht!" wurde auf Spruchkarten weitergereicht und an Kameraden an die Front geschickt. „Vielleicht habe ich ein bisschen Herzklopfen gehabt, ich weiß jedenfalls, dass die Domherren die Hände gerungen haben und gesagt haben: Um Gottes Willen, was wird da jetzt passieren?"[1] Seine Mitbrüder rechneten mit dem Schlimmsten, mit Verhaftung und noch mehr. „Das ist nicht geschehen, aber die Gestapo ist natürlich alarmiert worden von dem Ereignis, und ich wurde dann ständig beobachtet, zitiert und befragt."[1] Franz König wurde zur Zahlung einer Strafe von 1000 Mark verurteilt. Im Tagesbericht der Gestapo vom 21. bis 24. Mai 1943 steht darüber: „Über den katholischen Domkurator Dr. Franz König wurde Sicherungsgeld in Höhe von RM 1000,– festgesetzt. König war Organisator der katholischen Jugendbewegung in der Diözese St. Pölten und hat als solcher durch Veranstaltungen von Jugend-Treffs verbotene Freizeitgestaltung betrieben." Wie konnte er die 1000 Reichsmark bezahlen? „Die habe ich mir dann von der Diözese ausgeliehen."[1] Nicht nur in der Sakristei, sondern später auch in der Rosenkranzkapelle wurden Jugendstunden abgehalten und Schulschlussmessen gefeiert, an denen auch Bischof Memelauer teilnahm. Der Bischof habe ihnen nachher sichtlich beeindruckt die Hand gedrückt, erzählt Karl Dillinger. Es gab auch Ausflüge in die Umgebung zwischen Krems und St. Pölten. Im Dunkelsteiner Wald traf sich die

Gruppe mit ihren Fahrrädern und die Burschen brachten ihrem „King" SS-Stiefel und ein Parteiabzeichen mit. „Ich habe sehr herzlich gelacht zu dieser Idee, habe das Parteiabzeichen aufgesteckt und die SS-Stiefel angezogen und bin mit dem Rad hinaus."[1] Vinzenz Höfinger, damals Mitglied der Jugendgruppe, erinnert sich: „Er hat sich manchmal als Soldat verkleidet, hat die Stiefel angezogen und dadurch ausgeschaut wie ein SA-ler. Und wenn uns die Offiziellen angehalten haben, hat er freundlich gegrüßt, und die wussten nicht, wer er ist. So hat er sich ganz gut durchgebracht." Diese Zeit war für Franz König einerseits „romantisch", andererseits aber auch sehr gefährlich. „Vielleicht habe ich auf diese Weise mehr erreicht, als wenn ich in der Schule geblieben wäre, wo man doch ein bisschen durch den Stundenplan und das Schulgetriebe eingeengt ist", erinnerte er sich später zurück. „Ich muss sagen, es war eine sehr schöne Zeit für mich."[1]

Bevor sich falsche Idylle breit macht, sollten die Ereignisse in St. Pölten zu dieser Zeit betrachtet werden. Am 11. März 1938 gab es in St. Pölten noch eine große Kundgebung gegen den „Anschluss" und das Bundesheer rüstete sich gegen den Einmarsch der deutschen Truppen. Am Abend nach dem Rücktritt von Bundeskanzler Schuschnigg feierten jedoch schon Tausende St. Pöltner mit Hakenkreuzfahnen. Das Rathaus wurde von der NSDAP besetzt. Einen Tag später passierte die Wehrmacht auf ihrem Weg nach Wien den Reichsgau Niederdonau, dessen Hauptstadt Krems werden sollte. In St. Pölten hieß der Rathausplatz fortan „Adolf-Hitler-Platz" und der Neugebäudeplatz „Platz der SA". Überhaupt begann in der Stadt eine rege Bautätigkeit, sollte aus ihr doch wegen der geografischen Lage, der freien Fläche, der vorhandenen Industrie und der Bahnverbindung eine „Gauwirtschaftsstadt" werden. „Groß-St. Pölten" wurden zahlreiche Gemeinden eingegliedert, im benachbarten Markersdorf wurde ein Luftwaffenstützpunkt errichtet und das „Lager Spratzern", die spätere „Kopal-Kaserne", wurde erbaut. Auch die neue Autobahn in den Westen wurde errichtet, das Bahnnetz ausgebaut. Nicht zu vergessen die Wohnprojekte, wie etwa die zwischen 1938 und 1940 erbaute „Volkswohnanlage", auch Südtirolersiedlung genannt. Plötzlich gab es die „Vollbeschäftigung", der Aufschwung schien – trotz des Krieges – da zu sein. Es gab aber auch die radikalen „Säuberungsaktionen" in der jüdischen Kultusgemeinde, die damals aus 800 bis 1200 Menschen bestand (400 von ihnen lebten im Stadtgebiet). Zunächst wurden sie beschimpft, gedemütigt, mit Berufsverbot belegt, delogiert und verhaftet. In der Nacht vom 9. November 1938 wurde die Synagoge gestürmt, verwüstet und die Thorarolle verbrannt. Viele Juden haben die Gewaltakte und die Gefangenschaft nicht überlebt. Im Mai 1940 wohnten kaum noch Juden in St. Pölten, am 7. Oktober 1941 erklärte der Bürgermeister die Stadt für judenfrei. Diözesanbischof Michael Memelauer fasste allen Mut zusammen und sprach sich in seiner Silvesterrede 1941 gegen die NS-Euthanasie aus: „Vor unserem Herrgott gibt es kein unwertes Leben." Ab 1941 kam es zu Massenmorden in den Konzentrationslagern, nachweislich wurden 310 St. Pöltner Juden in solchen Einrichtungen ermordet. Nur drei Fälle sind bekannt, die sich in St. Pölten versteckten und so die Schoah überleben konnten. Fast keiner der Überlebenden kehrte nach dem Krieg nach St. Pölten zurück, heute leben nur mehr drei jüdische Mitbürger in der Stadt.

Die katholische Kirche erlebte damals ein mehrfaches Dilemma, denn durch die Lateranverträge hatte der Vatikan seine Souveränität zwar wiedererlangt, doch Gräueltaten des nationalsozialistischen Regimes in Deutschland und Österreich können dem Heiligen Stuhl nicht verborgen geblieben sein. Das Verhältnis zu Benito Mussolini sollte durch offene Kritik allerdings nicht gefährdet werden. Hinzu kam die Angst vor den Kommunisten, die größer war als vor den Nationalsozialisten. Der Papst hoffte, dass sich die beiden Parteien im Krieg gegenseitig aufreiben und schwächen würden. Nicht zu vergessen ist natürlich die Haltung der Kirche den „perfidis Judaeis" gegenüber, die seit 1570 in der Karfreitagsfürbitte als „treulose Juden" im Sinne von arglistig, bösartig, heimtückisch, hinterhältig … verstanden wurden. Deswegen war dem Klerus bei dieser Fürbitte die Kniebeuge untersagt.

Nur vor diesem Hintergrund kann das Zögern Papst Pius XI. verstanden werden, als ihn Mitte April 1933 Edith Stein, die deutsche Philosophin jüdischer Herkunft, auf die Judenverfolgung aufmerksam machte und Schlimmes für das Ansehen der Kirche befürchtete, wenn diese noch länger schweigen sollte. Es dauerte allerdings bis zum 21. März 1937, bis Pius XI. die Enzyklika „Ardente cura" („Mit brennender Sorge") veröffentlichte, in der er die nationalsozialistische Ideologie verurteilte. In seiner nächsten Enzyklika „Humani generis unitas" („Von der Einheit des Menschengeschlechts") plante er, die nationalsozialistische Rassenideologie noch stärker zu verurteilen, doch kam es nur zu einem Entwurf, denn am 10. Februar starb er in Rom.

Sein Nachfolger, Papst Pius XII., war zuvor schon Kardinalstaatssekretär gewesen und hatte der Enzyklika „Mit brennender Sorge" auch ihren Namen gegeben. Viele Hilferufe bedrängter Juden erreichten ihn ab 1933, doch er gab nur das Schreiben von Edith Stein an Papst Pius XI. weiter. Als Papst Pius XII. vernichtete er die bereits gedruckte Rede seines Vorgängers, weil er einen Konfrontationskurs mit Mussolini vermeiden wollte.

Kardinal König wurde oft gefragt, warum Papst Pius XII. nicht mehr für die Juden getan habe und weshalb sich die Kirchenführung in den Jahren zwischen 1933 und dem Ende des Zweiten Weltkrieges nicht mutiger geäußert habe. „Angst hat hier sicher eine Rolle gespielt. Erstens die Angst, dass die Nationalsozialisten gegen die Kirche, wenn sie sich zu vehement gegen Hitler und seine Helfer aussprach, Vergeltungsmaßnahmen ergreifen würden. Und dann war da die Angst vor dem Bolschewismus. Viele Katholiken, einschließlich Papst Pius XII., waren der Meinung, dass die Kirche mehr vom Bolschewismus als von Hitler zu fürchten hätte. Sie dachten, dass Hitler die Bolschewisten besiegen würde, und hofften, dass das Dritte Reich dann zusammenbrechen würde." Diese Erklärungsversuche können aber „in keiner Weise das Verhalten der Kirche entschuldigen".[5]

Eine Woche nach der Wahl Pius XII. waren die vier deutschen Bischöfe – Adolf Bertram aus Breslau, Michael von Faulhaber aus München, Karl Joseph Schulte aus Köln und Theodor Innitzer aus Wien – zu Gast beim neuen Papst. Dieser wollte dem Reichskanzler ein Grußschreiben schicken und diskutierte mit den deutschen Kollegen, ob er diesen mit „Hochzuverehrender" oder „Hochzuehrender" anreden sollte. Der Kölner Bischof meinte daraufhin: „Hochzuverehrender ist zu viel. Das verdient Hitler noch nicht." Und Kardinal Innitzer regte an, Hitler nicht zu duzen, sondern die Sie-Form zu wählen.

Innitzer war unter großen politischen Druck geraten, weil er die Wahlempfehlung für die Volksabstimmung eigenhändig mit „Heil Hitler" unterzeichnet hatte. War er arglos oder politisch einfältig gewesen? Als ehemaliger Sozialminister sollte er doch eine Ahnung gehabt haben, wie Politik funktioniert. Wahrscheinlicher ist, dass er zuerst an eine Kooperation glaubte, damit vielleicht auch das Konkordat wieder anerkannt würde. In seinem Tagebuch notierte der damalige Erzbischof von Salzburg, Sigismund Waitz: „Man glaubte, den Versuch machen zu sollen, in unwichtigen Sachen entgegenzukommen, um Größeres zu erwirken, mitzuhelfen, dass die Regelung des Verhältnisses zwischen Staat und Kirche im Frieden erfolge." Diese Versuche blieben ohne Erfolg, denn die Nazis erhöhten den Druck. Prälat Karl Rudolf erinnerte sich in seinem 1947 erschienenen Buch „Aufbau im Widerstand" an folgende Erklärung: „Wenn Kardinal Innitzer wenige Monate später in einer Priesterkonferenz es förmlich aus sich herausschreit: ‚Ich konnte doch nicht annehmen, dass mich der Mann so belügt!', zeugt das nicht von kurzsichtiger Schwäche, sondern für die Ehrlichkeit des Versuchs."

Annemarie Fenzl, Historikerin, Leiterin des Kardinal-König-Archivs und ehemalige Sekretärin Kardinal Königs betont: „Es ist das unbestrittene Verdienst Prof. Liebmanns, der damals mit ausdrücklicher Genehmigung von Kardinal König die in der Regel länger als die normale Frist gesperrten BIKO-Akten einsehen konnte, durch genaue Interpretation der Akten der Frühjahrskonferenz des Jahres 1938 klargestellt zu haben, dass es sich bei der später zu Recht viel geschmähten Feierlichen Erklärung der Bischöfe um kein Jubeldokument gehandelt hat, das unter der Führung des Sudetendeutschen Innitzer frohen Herzens zustande gekommen war, sondern dass es sich dabei um ein Dokument handelt, das den Bischöfen mit einer Mischung aus Drohung und Tücke abgetrotzt wurde."

Die österreichischen Bischöfe waren damals an einer friedlichen Regelung zwischen Kirche und Staat interessiert gewesen. Erzbischof Waitz musste die „Feierliche Erklärung" der österreichischen Bischöfe gemeinsam mit Kardinal Innitzer unterzeichnen, da die österreichische Kirche damals aus den Provinzen Wien und Salzburg bestand. Darin ist ein Beweis für das Diktat der Erklärung durch Gauleiter Bürckel zu erkennen, denn in der Erklärung steht: „Aus innerster Überzeugung und mit freiem Willen erklären wir unterzeichneten Bischöfe der österreichischen Kirchenprovinz …" Offenbar war die genaue Kirchenstruktur nicht bekannt, was den Einzahlfehler erklären würde. Dennoch darf die Gesinnung mancher ihrer Vertreter nicht vergessen werden. So warnte Sigismund Waitz etwa 1925 vor der „Weltgefahr des habgierigen, wucherischen, ungläubigen Judentums, dessen Macht unheimlich gestiegen" sei.

Nach den traumatischen Ereignissen als Reaktion auf die Rosenkranzandacht zog sich Kardinal Innitzer in die innere Emigration zurück, doch 1940 gründete er eine illegale erzbischöfliche Hilfestelle für nichtarische Katholiken, die von der Schwester der Caritas Socialis Verena Buben unter größten Gefahren koordiniert wurde. „Alles, was ich getan habe, war mir so selbstverständlich, dass man darüber gar kein Wort verlieren muss", meinte sie später darüber sehr bescheiden. Auf diese Weise retteten die beiden einigen Hundert Juden das Leben. Kardinal Innitzer habe die Hilfsmaßnahmen aus eigener Schatulle bezahlt, erzählte Verena Buben in späteren Jahren, doch offiziell sagte der Kardinal, wie auch Papst Pius XII., kein einziges Wort gegen die Verfolgung der Juden, obwohl er der Erste war, der den Heiligen Vater über Deportationen von Juden in den Osten informiert hatte. An Kardinal Innitzers Beisetzung im Oktober 1955 nahm auch der Präsident der Israelitischen Kultusgemeinde teil, was eine späte Würdigung darstellte. Als der Krieg am 15. März 1939 ausbrach, forderten Vertreter der Westmächte einen Protest aller Kirchen dagegen. Als dieser ausblieb, wurde in katholischen Zeitungen die Amtsführung Papst Pius XII. offen kritisiert. Ende August 1939 wurde er vom französischen Botschafter beim Vatikan drei Mal aufgefordert, den bevorstehenden Angriff auf das katholische Land Polen zu verdammen, doch Papst Pius XII. hielt an der politischen Neutralität fest. Am 31. August überlegte er, selbst nach Berlin und Warschau zu reisen, blieb dann jedoch in Rom, von wo aus er an die beiden Regierungen appellierte, keine Zwischenfälle zu provozieren. Seine mahnenden Worte kamen zu spät, denn am 1. September marschierten deutsche Truppen in den Westteil Polens ein, fünf Tage später kapitulierten die polnischen Truppen. Während bereits am 3. September Frankreich und Großbritannien im Rahmen der Beistandsverträge Deutschland den Krieg erklärten, schwieg der Vatikan. Erst am 14. September beklagte Papst Pius XII. den Kriegsausbruch.

Kriegsbeginn in St. Pölten. Nahezu die gesamte Produktion der Betriebe war auf die Rüstungsindustrie ausgerichtet. Nicht zuletzt auch durch die Deportation der Juden herrschte Arbeitskräftemangel. Frauen mussten ebenso arbeiten wie Zwangsarbeiter, die sich aus Sträflingen und Kriegsgefangenen zusammensetzten. Der Großteil der männlichen Bevölkerung wurde in die Wehrmacht eingezogen. Auch Franz König sollte eingezogen werden, was aber dann doch nicht geschah. „Warum, weiß ich heute noch nicht. Vielleicht war ich verdächtig ... in der Kategorie der Wehrunwilligen, glaube ich, habe ich mich befunden."[1] Daheim musste er sich für zivile Dienste zur Verfügung stellen. Luftschutzwart, heimlicher Organisator von Hilfsorganisationen für verfolgte Kommunisten, für Katholiken, für Juden. Später dann kümmerte er sich auch aufgrund seiner Sprachenkenntnisse um Kriegsgefangene verschiedener Länder im Spital. „Ich war einmal knapp dran eingezogen zu werden, aus verschiedenen Gründen kam es dann doch nicht dazu, und so war ich einer der wenigen, der den hilfesuchenden Frauen zur Seite stand"[3], beschrieb er später seine Aufgabe.

Immer stärker formierte sich der Widerstand auch in St. Pölten. Die katholische Kirche mit ihrem Kaplan Franz König veranstaltete illegalen Religionsunterricht, die Zeugen Jehovas verweigerten den Dienst mit der Waffe und 1945, gegen Kriegsende, formierte sich die „Widerstandsgruppe Kirchl-Trauttmansdorff", der sich rund vierhundert Verschwörer anschlossen, unter ihnen viele Arbeiter aus der Glanzstoff-Fabrik und Beamte der Ordnungspolizei. Das Komplott wurde allerdings vom Gestapo-Spitzel Franz Brandtner, der den Decknamen „Adam" trug, aufgedeckt. Am 11. April wurde Schloss Pottenbrunn umstellt, 14 Verschwörer wurden verhaftet und in der Folge brutal verhört. Zwei Tage später begann dann die standrechtliche Verhandlung, zu deren Beginn bereits ein Massengrab im Hammerpark ausgehoben war. Ein Gefangener hatte sich erhängt, einer kam mit dem Leben davon, die anderen wurden in drei Gruppen durch einen Genickschuss hingerichtet und verscharrt. Ein weiteres Mitglied wurde wenig später verhaftet und am selben Ort hingerichtet. Noch am selben Tag erreichten russische Panzer Pottenbrunn, am 15. April war St. Pölten von der Roten Armee eingenommen.

Auch während des Krieges war Franz König bemüht, den „intellektuellen Draht"[6] nicht abreißen zu lassen. Um kirchliche Beiträge in Wien und Salzburg publizieren zu dürfen, vor allem aber, um an seiner Habilitation arbeiten zu können, musste er zunächst bei der Reichsschrifttumskammer die Erlaubnis dafür einholen. Diese war eine Abteilung der von Joseph Goebbels 1933 gegründeten

Reichskulturkammer. Ab 1934 musste jeder, der publizieren wollte, bei der RSK Mitglied werden. Ohne Ariernachweis wurde er entweder nicht aufgenommen oder ausgeschlossen. So wurde auch Franz König Mitglied.

Am 18. Juni 1939 traute Franz König seine Schwester Frieda und Franz Grabner in Rabenstein. Zuständig dafür war zunächst der Ortspfarrer Wilhelm Zedinek, der die Aufgabe allerdings an den Domkurat von St. Pölten delegierte. Freundlich erinnerte sich Kardinal König 1998 an diesen Pfarrer, der später Abt von Stift Göttweig wurde: „Von den Leuten seiner Pfarre konnte ich wiederholt hören, dies geschah auch in meinem Elternhaus, dass der Pfarrer von Rabenstein ein tüchtiger Seelsorger sei, der in manchen Dingen von dem gewohnten Bild eines Pfarrers etwas abwich; denn im Umgang mit den Leuten seiner Pfarre war er nicht zimperlich, nannte die Dinge beim Namen, ohne Umschweife."[6] Auf den Kaplan Franz König machte die unkomplizierte, selbstverständliche Verbindung von Seelsorge und Anliegen der Pfarrmitglieder in den Familien, im Beruf und im Alltag großen Eindruck. Überhaupt bekam die Seelsorge in diesen schwierigen Zeiten eine immer größere Bedeutung, galt es doch, den Menschen in den Kriegsjahren, vor allem ab dem Zeitpunkt, als die Katastrophe am Ende immer deutlicher abzusehen war, einigermaßen Halt zu geben.

Auch die Familie König/Kaiser war von den Schrecken des Krieges unmittelbar betroffen. Bereits im ersten Kriegsjahr war Karl Kaiser mit dem Flugzeug abgestürzt, beim Russlandfeldzug fiel Ludwig König. „Ich weiß noch, wie mich meine Mutter – die im Pielachtal damals untergebracht war – im August das erste Mal gesehen hat, da war sie sehr erschrocken, denn sie hatte die Nachricht bekommen, ich sei erschossen worden."[9] Franz König war inzwischen sehr abgemagert. „Essen musste man halt, so gut es ging, und nächtlich und täglich die Unsicherheit, der Schreck und die Angst, die Sorge um die einem irgendwie Anvertrauten im Luftschutzkeller – und auf der anderen Seite hilflos, machtlos, dem Eingriff der Soldaten ausgeliefert zu sein, das hat einen natürlich hergenommen." Später sah er ein Foto aus dieser Zeit und dachte: „Es ist eigentlich schön, so schlank zu sein – aber ich war damals überschlank."[9]

Im Juni 1944 kam es zu den ersten Luftangriffen auf St. Pölten. Ziele waren die östliche Region und der Bahnhof. Die schwersten Bombenangriffe fanden zu Ostern 1945 statt. 591 Menschen kamen ums Leben, 3500 Personen waren obdachlos. Insgesamt wurden 39 Prozent der Bausubstanz durch die Kriegshandlungen vernichtet oder schwer beschädigt, ein Großteil der Gas- und Wasserversorgung wurde zerstört. Schutz vor den Angriffen fanden die Menschen entweder in den zahlreichen Bunkeranlagen der Stadt oder durch die Flucht auf das Land. Die Mauern des Doms zu St. Pölten waren zwar von Nazis mit Hetzparolen gegen Pfaffen und Juden beschmiert worden, blieben jedoch von den Bombenangriffen verschont. Kaplan Franz König brachte sich in dieser Zeit als ausgebildeter Luftschutzwart tatkräftig ein. Bereits im Februar 1945 hatte er angeregt, mehrere kleine Aufräumkommandos zu bilden, um nach einem Luftangriff unverzüglich helfen zu können. Ab dem 1. März waren diese dann im Dauereinsatz. Sobald die Sirene Entwarnung gab, kamen die Jugendlichen zur Einsatzzentrale, um Besen und Schaufeln auszufassen, beschädigte Wohnungen wieder herzurichten bzw. Möbel aus bombardierten Häusern zu retten.

Als die russischen Truppen immer näher rückten, setzten sich die deutschen Soldaten in den Dunkelsteiner Wald ab, die Parteifunktionäre und der Kreisleiter flohen ebenfalls Richtung Westen. „Es bleiben nur noch einige Reste da, die sich nicht gerade schön gegenüber der Zivilbevölkerung verhalten haben"[9], dachte König an diese schwierige Zeit zurück.„Man hat die Parole ausgegeben, man soll sich zurückziehen nach dem Westen. Nur wer dringende Verpflichtungen hat, soll an Ort und Stelle bleiben. So sind die Geistlichen unter dem Auftrag des Bischofs gestanden, sie sollen an Ort und Stelle bleiben in den Pfarren oder wo immer sie sind."[9] Er war damals der einzige Priester im Luftschutzkeller unter der Domkirche, wo viele Frauen und ältere Männer untergebracht waren. Am Sonntag, dem 15. April 1945, wurde der junge Kaplan gebeten, im Luftschutzkeller eine Messe zu zelebrieren, „obwohl man den Einschlag der Geschosse links und rechts gehört hat"[9]. Er stieg nach oben in die Domsakristei, um die Utensilien dafür zu holen. „Während der Zeit sind diese kleinen russischen Flugzeuge über St. Pölten und haben die Dächer beschossen. Das Dach des großen Domgebäudes hat zu rollen begonnen, die zerstörten Ziegeldächer sind also zum Teil heruntergekommen."[9]

Im Keller des Bistumsgebäudes, dort, wo der Kommandant noch vor Kurzem seine Befehlsstelle hatte, suchten jetzt immer mehr Menschen Zuflucht. Fortan schlief Franz König, mit seinem Luftschutz-Overall bekleidet, bei den verängstigten Menschen. Karl Dillinger meint im Buch von Sepp Bauer anerkennend: „Er stand mit beiden Beinen in der Realität wie kaum jemand anderer."

Im Zuge der Einnahme der Stadt am 15. April 1945 kamen 600 Zivilisten ums Leben, 24.000 flüchteten und nur ca. 8000 blieben in St. Pölten. Ziel der russischen Truppen war es, der Stadt so wenig Schaden wie möglich zuzufügen. Nach der Einnahme verlief die russische Front drei Wochen lang im Westen der Stadt, ehe am 8. Mai die bedingungslose Kapitulation der Wehrmacht in Kraft trat.

6. Vom Lehrer zum Bischof

Die Truppen der „Roten Armee" wurden einerseits mit Freude als Befreier empfangen, andererseits kam es zu Plünderungen der ohnehin spärlichen Lebensmittel und zu zahlreichen Vergewaltigungen. Franz König stand damals vor allem den Frauen zur Seite, um diesen „das Gefühl zu geben, es ist jemand da, es ist ein Mann da, der ein bisschen mit ihnen redet und sich für sie einsetzt".[1] Wochenlang versteckte er mehrere Mädchen in den engen, kastenförmigen Räumen unter den Orgelpfeifen, in die sie sich durch einen kleinen Zugang, der durch ein Gittertor verschlossen war, zwängen mussten. Dort waren sie vor den russischen Soldaten in Sicherheit, die immer wieder Frauen und Mädchen aus den anderen Kellern holten. In den ersten Nachkriegstagen kam ein russischer Soldat auf Franz König zu, in der Hand hielt er eine Pistole. „Hol mir eine Frau!", herrschte er ihn an. „Moment, sage ich, ja, bleiben Sie stehen, ich hole eine. Ich bin dann weg und nicht mehr gekommen."[3] Ein anderes Mal wollte sich ein Besatzungssoldat auf eine Krankenschwester stürzen, doch König fuhr diesen schroff auf Russisch an und erklärte, dass er seine Frau gefälligst in Ruhe lassen solle. „Daraufhin, es war ein sehr gutmütiger Soldat, sagt er: ‚Ah, schade.' – Und er hat sich entschuldigt und ist wieder davon. Die Schwester war mir dann außerordentlich dankbar, dass ich sie auf so einfache Weise schützen konnte."[9] Bei seinem Studienaufenthalt in Frankreich hatte König ja Russisch gelernt, und als die „Rote Armee" in St. Pölten einmarschierte, dachte er: „Jetzt bin ich ein gemachter Mann, jetzt kann ich Russisch sprechen. Und am ersten oder zweiten Tag sagte ein Russe zu mir: ‚Ah, du sprichst Russisch, du bist ein Spion!' Daraufhin habe ich mir gedacht, ich kann nicht mehr

Russisch. Ich habe gemerkt, das ist gefährlich, wenn man Russisch spricht."[3] Trotzdem unterstützte er die Bevölkerung als Übersetzer und beschwerte sich – mittlerweile trug er wieder seinen Talar – bei der russischen Kommandantur über Übergriffe.

Einige Tage nach dem Einmarsch der Sowjets bat Günther Benedikt, der interimistische Bürgermeister von St. Pölten, Kaplan König, ihn zu einigen Häuser zu begleiten, wo es Tote gab. Wodurch waren diese gestorben? „Das sind alles Leute, die in der Aufregung, der Angst und der Unsicherheit sich selbst erschossen haben." In der Nähe des Domplatzes, unmittelbar neben dem Luftschutzkeller, besuchten die beiden eine sehr bekannte Familie, wo der Vater, die Mutter und zwei Kinder tot lagen. „Offenbar hat der Vater in der Verzweiflung – er dürfte Nationalsozialist gewesen sein – sich und die Familie erschossen." Das war damals kein Einzelfall. „Die Leute hatten entweder Angst vor dem, was jetzt kommen wird, Angst vor Rache, die eventuell vor der Tür auf sie wartet, und so haben sehr viele Selbstmord begangen. Das hat uns dieser Rundgang mit dem Bürgermeister in sehr erschütternder Weise, muss ich sagen, gezeigt."[9]

Irgendwann in dieser Zeit brachte Franz König seine Stiefel nach Kirchberg an der Pielach zum Schuster Schindelegger, um sie reparieren zu lassen. Dieser hatte im Graben zur Andreaskirche hinauf seine kleine Werkstatt. „Die Sohle war schon ganz durchgetreten und hatte ein Loch", erzählt Ferdinand König die Geschichte, die er von seinem Onkel Franz gehört hat. „Eines Tages kommt ein Russ' daher, sieht die Stiefel und sagt: ,Gib mir die Stiefel!' – Der Schuster hat sieben Buben gehabt, der Reihe nach sind sie dagestanden. Da fängt der Russe mit den Fingern zu zählen an und sagt: ,Du bist armes Hund!' – Hat ihm die Stiefel dagelassen und ist gegangen."

In St. Pölten begleitete Kaplan König indes auch die Krankenschwestern von der Rotkreuz-Stelle zum Krankenhaus und er ging mit den Jugendlichen mit, die zu Schanzarbeiten an den Stadtrand oder zu Wiederaufbauarbeiten an der Eisenbahnbrücke über die

Traisen geholt wurden. Man sah ihn aber auch Kübel mit Wasser schleppen, die er, weil die Wasserleitungen zerstört waren, vom Hydranten am Domplatz holte.

Als sich die Lage in St. Pölten einigermaßen beruhigt hatte, holte Bischof Michael Memelauer seinen Kaplan zu sich und schickte ihn nach Krems an das Mädchen- und Bubengymnasium, um dort den Religionsunterricht wieder aufzunehmen. Im September 1945 gab es keine Bahnverbindung, kein Auto und auch kein anderes Motorfahrzeug, also musste Franz König zu Fuß gehen, um seine volle Lehrverpflichtung an der höheren Schule anzutreten. „Ich nehme also meinen Rucksack und marschiere zu Fuß nach Krems. Das waren fast 30 Kilometer."[3] In Krems angekommen, wohnte er als Hausgeistlicher im „Gartenstöckl" des Schülerheims der Englischen Fräulein, am Gymnasium hielt er seine ersten Unterrichtsstunden. „Für mich unvergesslich, denn alle diese Klassen hatten vorher nie einen Religionsunterricht, und sie haben mir nachher erzählt, wir konnten uns gar nicht vorstellen, was der Pfarrer da jetzt macht."[3] Wie schon in St. Pölten gelang es Franz König auch in Krems sehr rasch, den Kontakt zu den Schülern herzustellen. Anton Fellner, in späteren Jahren Leiter der Abteilung Religion des ORF, war einer seiner Schüler. Das Zimmer des Religionslehrers stand damals offen, Bücher lagen herum, eines hielt er meist in der Hand, und auch ein Marmeladeglas war da, daneben Brot oder „eine ganze Jause". Zum Essen gab es damals nur ganz einfache Speisen, überhaupt hatten die Menschen nur das Notwendigste. Im Winter wurde nicht geheizt, dafür trug man dicke Mäntel. Fotos aus dieser Zeit zeigen Franz König mit einem Rock, der viel zu kurz war. Zu Weihnachten 1945 ging auch Bundeskanzler Leopold Figl in seiner berühmten Weihnachtsansprache im Rundfunk auf die Not dieser Zeit ein: „Ich kann Euch zu Weihnachten nichts geben, ich kann Euch für den Christbaum, wenn ihr überhaupt einen habt, keine Kerzen geben, kein Stück Brot, keine Kohle, kein Glas zum Einschneiden. Wir haben nichts. Ich kann Euch nur bitten, glaubt an dieses Österreich!" In Krems schien sich dieser Wunsch zu erfüllen: „Wir hatten nichts anderes, aber das Klima an der Schule war ein hervorragendes."[3]

Einmal referierte der Religionslehrer König in einer achten Klasse über diese drei Themen: Gottesfragen, Christus, Kirche. Plötzlich stand eine Schülerin auf und fragte: „Herr Professor, sagen Sie mal, glauben Sie das, was Sie uns jetzt erzählen?" Darauf antwortete er: „Das ist eine sehr gute Frage, eine sehr gescheite Frage. Wenn ich das nicht glauben würde, wäre ich gar nicht da, wäre ich ganz woanders."[3] Ein anderes Mal hatte er Gangaufsicht, als eine Schülerin aus der fünften Klasse zu spät zur Schule kam. Franz König kannte sie bereits, denn zuvor schon hatte sie gefragt, ob sie, die ohne Konfession war, trotzdem am Religionsunterricht teilnehmen dürfe. „Sie ist da gesessen, hat manchmal Fragen gestellt – gescheite –, aber ich habe nie mit ihr persönlich gesprochen", erinnerte er sich später an sie. Eben diese Schülerin kam an diesem Tag zu spät und versuchte, die Gründe dafür aufzuzählen. Dazu meinte ihr Religionslehrer nur: „Schön, schön, geht in Ordnung", doch dann wollte er von ihr wissen: „Was halten Sie von dem, was Sie da hören in der Religionsstunde?" Daraufhin schaute sie Franz König an und antwortete: „Ja, ich höre oft wirklich interessiert zu." Kleine Pause, plötzlich stampfte sie mit dem Fuß auf den Boden und rief: „Aber das, was Sie sagen, das darf nicht wahr sein!" Dann lief sie in die Klasse und die beiden wechselten kein Wort mehr über das Thema, bis sie in der achten Klasse zu Franz König kam und bat: „Ich habe mir das überlegt, ich will mich taufen lassen."[3]

Eine andere Schülerin war Charlotte Weiß, die 1927 in Rabenstein geboren wurde und in Krems die Lehrerbildungsanstalt am Gymnasium besuchte. Sie meinte, die Noten in „Ethik" – so wurde Religion damals genannt – seien damals geschenkt worden. Gut funktionierte die Taktik der Schüler, ihren Lehrer abzulenken. „Herr Professor, erzählen Sie etwas! Und er ließ sich nicht lange bitten und streute immer wieder etwas von seinen Reiseerlebnissen ein. Das hat den Unterricht mächtig aufgelockert."

Franz König verband mit seiner ersten Maturaklasse folgende Anekdote. Eines Tages erzählten ihm die Schüler, sie hätten besondere Angst vor der Lateinmatura, weil sie wegen des Krieges kaum Unterricht in diesem Fach gehabt hatten und dementsprechend wenig konnten. Das wusste aber auch ihr Lateinlehrer, also ließ er sie ausgewählte Vokabeln lernen. Einer der Schüler war so schlau, im „Stowasser", dem Lateinwörterbuch, nicht nur die Vokabeln, sondern auch die dazugehörigen Textstellen herauszusuchen. Jetzt fehlte nur noch die richtige Übersetzung und so wurde Franz König zum „Retter in der Not". Gemeinsam übersetzten sie den lateinischen Text und am Ende mahnt der Religionslehrer: „Die schlechten Lateiner müssen schon ein paar Fehler hinein machen, sonst fällt es zu sehr auf. Da waren ein oder zwei dabei, die haben zu viele Fehler hinein gemacht und erst wieder einen Fleck drauf gehabt."[1]

Mit den Schülern der Oberstufe verstand sich Franz König besonders gut, obwohl diese Entwicklungsjahre allgemein als schwierige Zeit gelten. „Ich habe halt doch versucht, ihrem Alter entsprechend auf Lebensfragen einzugehen." Damals hatte er sich ausführlich mit Nietzsche beschäftigt, dem großen „Propheten des Dritten Reiches", den er auch im Unterricht behandelte. „Das hat sie natürlich interessiert, dass ich da selber mit Nietzsche komme." Karl Dillinger erinnert sich, dass Franz König „der ‚trivialisierten Predigt von der Kraft und strahlenden Amoralität des Übermenschen' die tragische Gottverlassenheit Nietzsches gegenüberstellte". Als Religionslehrer zeigte König auf, „wie Nietzsche selber an seinen Positionen im Grunde gescheitert ist". Er versuchte, seine Schüler „darüber hinaus zu führen und zu helfen". Den Worten Karl Dillingers nach ist das auch sehr gut gelungen: „So war der Paradephilosoph des Nationalsozialismus, der in der Schule, in Parteiversammlungen, im Radio und Presse immer wieder – meist missverstanden – zitiert wurde, zum aktuellen Ansatzpunkt für manches Glaubensgespräch geworden."[8]

Leicht war das Unterrichten allerdings nicht, denn nicht bei jedem stieß er auf Interesse. So steht etwa in der Maturazeitung der damaligen Zeit folgender Reim: „In der Religion hat uns Dr. König gelehrt / von großen Männern und der Ethik Wert ... / Stellte Fragen in solch einer Stunde, / blickte enttäuscht in die schweigende Runde."

Enttäuschungen hat Franz König nicht gezeigt, sondern lieber geduldig darüber diskutiert. „Mit dem King kannst net streiten", hieß es damals. Das war, so Anton Fellner in seiner TV-Dokumentation, das Geheimnis des Professor König: „Er zwang den jungen Menschen keine Meinung und schon gar keine Doktrin auf, hatte aber durchaus selbst eine Meinung und stand fest in seinem Glauben." Franz König respektierte andere Meinungen, Zweifel und sogar den Nicht-Glauben. „Er hielt viel, ja alles vom Dialog, bevor dieses Wort in Mode gekommen, abgenützt worden ist", wird der Religionslehrer beschrieben. Um mit dem Glauben vertraut zu werden, empfahl er in späteren Jahren immer wieder, die Bibel zu lesen und auch über die menschliche Weisheit zu staunen, die in den Psalmen stecke. Das Neue Testament solle man lesen und dort mit der Apostelgeschichte beginnen. „Hier finden sie dann doch ein bisschen ein Tor, um in diese Welt hineinzukommen." Man solle allerdings regelmäßig und langsam lesen: „Man kann es nicht wie einen Roman lesen, man darf immer nur stückeweise lesen. Man muss sich Zeit nehmen dafür, muss darüber nachdenken und muss selber dann mit Gott reden darüber, was man da gelesen hat."[1]

Franz König verbrachte in Krems „sehr schöne Jahre"[1], doch neben dem Unterrichten galt seine Leidenschaft der Wissenschaft. Bereits während des Krieges hatte er sich Kenntnisse der wichtigsten vorderasiatischen Sprachen angeeignet, darunter Sanskrit und die Keilschrift. „Ich habe mich vor allem bei Professor Schubert für semitische Sprachen interessiert und habe hier auch ein bisschen Religionsgeschichte mitgemacht."[1] Er arbeitete an seiner Habilitationsschrift, die er an der Universität Wien im Rahmen des Faches „Alttestamentliche Wissenschaften" einreichte. Mit der Arbeit „Der Jenseitsglaube im Alten Testament und seine Parallelen in der Religion des Zarathustra" habilitierte er sich als Privatdozent für Religionswissenschaften. Damit präsentierte er sich als kompetenter Kenner der philosophischen Welt der altiranischen Religion des Zarathustra. „Ich wollte wissen, was andere Religionen zu sagen haben über so fundamentale Fragen wie den Sinn des Lebens, den Tod und was nach dem Tod kommt, um meine eigenen Thesen auf Tatsachen zu stützen."

Am 20. Februar 1946 bestätigte das Bundesministerium für Unterricht und Kunst seine Lehrberechtigung – „Venia legendi" – für alttestamentliche Wissenschaft. Im folgenden Jahr erschien sein Buch „Das Alte Testament und die altorientalischen Religionen". Damals erwachte in ihm das Interesse, sich weiter mit anderen Religionen zu beschäftigen. Von einem namhaften Verlag wurde ihm vorgeschlagen, ein Buch über die großen Religionen der Welt im Vergleich zum Christentum zu schreiben. „Ich habe damals, heute würde ich sagen tollkühn, da zugegriffen, und das wurde dann ein dreiteiliges Werk, weit über die Vorstellungen am Anfang hinaus."[1] Das Buchprojekt beanspruchte ihn mehr als erwartet.

In der Zwischenzeit hatte Franz König seine Arbeit als Gymnasiallehrer in Krems beendet, um ab dem Wintersemester 1948 als außerordentlicher Professor für Moraltheologie an der Universität Salzburg zu arbeiten. Damit wechselte er von der russisch besetzten Zone Niederösterreich in die amerikanische. „Man hat versucht, Professoren zu finden. Ich war zum Glück schon habilitiert an der Wiener Universität."[3] Die Ernennung hatte allerdings weder mit Glück noch mit Zufall zu tun, denn schon vor dem Krieg hatte er an den seit 1931 stattfindenden „Salzburger Hochschulwochen" teilgenommen und sich als Kenner der Weltreligionen einen sehr guten Ruf verschafft. Seine Ernennung war somit logische Konsequenz daraus.

In Salzburg wohnte er als Hausgeistlicher im Oberhaus des Benediktinerstiftes Nonnberg, wo er sein Buch „Christus und die Religionen der Erde" abschließen konnte. „Es war eine sehr mühsame Arbeit, muss ich schon gestehen, denn ich hatte eine Riesen-Korrespondenz damit angefangen. Eine Klosterschwester vom Nonnberg, die die Hochschule absolviert hatte, die war zum Glück meine Sekretärin, und mit deren Hilfe konnte ich das dann alles machen."[1] Später riet er interessierten Zuhörern: „Ich würde niemandem empfehlen, das Buch zu lesen, es ist heute längst überholt, aber damals hat es Aufsehen gemacht."[3] Vergleichende Religionswissenschaft war damals ein Thema, mit dem sich Theologen normalerweise nicht beschäftigten. „Es war aber mein großes Lebensinteresse, fremde Sprachen und die große Frage von meiner frühen Jugendzeit an: Ich bin Christ, und was bedeuten für mich als Christen die anderen Religionen?"[3]

Fünfzig Jahre später verfasste der Religionswissenschaftler und Religionsphilosoph Johann Figl das Nachfolgewerk „Handbuch Religionswissenschaft. Religionen und ihre zentralen Themen", das Kardinal Franz König eineinhalb Jahre vor seinem Tod präsentierte. Figl beurteilt seinen Vorgänger als einen „Wissenschaftler, der nicht nur für die Gelehrtenstufe oder für den sogenannten Elfenbeinturm der Wissenschaft, sondern der für weite Kreise gearbeitet hat. Seine lexikalischen Editionen waren damals maßgebend. Und dieses dreibändige Werk ‚Christus und die Religionen der Erde' war eigentlich eines der meistgelesenen in den 50er-, 60er-Jahren. Und es war das repräsentative Werk für Religionswissenschaft damals."

Die Jahre als Wissenschaftler in Salzburg waren sicherlich die schaffensreichsten und kreativsten im Leben von Franz König. Als Professor fühlte er sich frei und publizierte innerhalb kürzester Zeit unglaublich viel, so 1948 „Das Rätsel des Alten Testaments" und 1951 „Schuld und Sühne im Alten Testament". Damit leistete er die Vorarbeit für das langjährige Standardwerk „Christus und die Religionen der Erde", das 1951 erschien. Ein Kapitel darin beschäftigt sich mit „Der Mensch und die Religion", einem Thema, das ihm zeit seines Lebens sehr wichtig war. „Es gibt viele heilige Bücher in den anderen Religionen, und ich lege das immer so dar, dass der Mensch von Natur aus ein religiöses Wesen ist."[1] Man könne Glaubensfragen eine Zeit lang wegschieben und versuchen, sie zu verdrängen, doch Franz König war davon überzeugt, dass man immer wieder darauf zurückkommt. Der Mensch könne nicht auf Dauer areligiös leben. „Alle Religionen der Erde zeigen uns, es gibt kein Volk ohne Religion. Je weiter wir in die Geschichte hinunter gehen, und wir wissen heute viel mehr über die Religionen der Völker und der Erde, desto mehr staunen wir über den Reichtum, den die Beschäftigung mit dem Religiösen in der Literatur und in der Überlieferung geschaffen hat."[1] Das Christentum gehe darüber hinaus. „Es ist nicht der Mensch, der hier letzte Antworten sucht, sondern es kommt uns Gott in Christus entgegen, um uns zu helfen, das, was die Menschen immer schon gefragt und gesucht haben, um uns eine letzte Sicherheit zu geben."[1] Dieser Aspekt war für Franz König das Wertvolle in der Beschäftigung mit den anderen Religionen. „Ich habe einen ganz neuen Zugang zum Christentum gewonnen. Daher lese ich auch die Bibel vielleicht mit anderen Augen."[1]

Nicht ganz vier Jahre arbeitete Franz König an der Universität in Salzburg, wo er nicht nur als Professor Anerkennung fand, sondern auch als Seelsorger bei den Studenten Vertrauen genoss. Aber auch mit seinen ehemaligen Schülern aus Krems blieb er in guter Verbindung. 1951 machte seine Klasse die Maturareise nach Salzburg. Kurz entschlossen informierten die Schüler ihren ehemaligen Religionslehrer darüber. „Das Wiedersehen kam tatsächlich zustande." Im Stieglbräu traf sich die Runde und feierte die bestandene Matura. „Was uns jedoch überraschte, war, dass er uns sogar zum Bahnhof begleitete und sich dort von uns verabschiedete."

Die Zeit in Salzburg bezeichnete Franz König immer wieder als die glücklichste seines Lebens. Endlich konnte er das tun, was seiner Leidenschaft entsprach: seine Neugier ausleben, lernen, forschen, nachdenken, vergleichen, die große Welt mit all ihren Möglichkeiten entdecken, kreativ und spirituell arbeiten. All das sollte später durch die Vielzahl an Tagesaufgaben und Sachzwängen kaum mehr möglich sein. Damals dachte er: „Ich bin jetzt hier Professor, werde wahrscheinlich einmal Ordinarius werden, bin am Ziel meines Weges."[3] Doch dann besuchte ihn der Wiener Nuntius, um mit ihm zu reden. Bischof Michael Memelauer war inzwischen 78 Jahre alt geworden und gesundheitlich nicht mehr in der Lage, sein Amt in vollem Umfang auszuüben. Also hatte er beim Papst um einen Koadjutor zur Unterstützung angesucht, und Franz König sollte dieses Amt mit Nachfolgerecht bekleiden. „Ich wurde durch einen Brief vom Nuntius in Wien eingeladen, ihn zu besuchen. Das war gerade der Tag, an dem die Pummerin in Wien Einzug hielt"[3], erinnerte sich Franz König an seinen nächsten großen Karriereschritt. Am 26. April 1952 traf er dann Nuntius Giovanni Dellepiane, der ihn bat, die Ernennung bis Dezember geheim zu halten. In den Monaten danach geschah Folgendes: „Ich hatte zufällig im selben Sommer, in dem das passiert ist, ein Angebot von der Universität Münster in Deutschland bekommen. Dort gab es einen Lehrstuhl für Religionswissenschaft."[3] Das war zu dieser Zeit ein besonderer, seltener Fall, da sich die Theologie mit religionsvergleichenden Studien nicht beschäftigte, doch Münster hatte einen solchen Lehrstuhl und Franz König dieses Angebot. „Gleichzeitig bekam ich ein Stipendienangebot in die USA. Jetzt saß ich da, was mache ich?"[3] Wie schon einige Male zuvor stand Franz König an einer Weggabelung. Er schrieb nach Münster und lehnte das Angebot ab. Von dort antwortete man ihm: „Lassen Sie sich als Weihbischof transferieren, dann können Sie bei uns Vorlesungen halten und nebenbei Bischof sein." Dieser Vorschlag wurde dem Nuntius unterbreitet, der ihn nach Rom weiterleitete. Dort sagte man jedoch Nein, das ginge nicht!

Franz König fügte sich dem päpstlichen Willen und wurde am 31. Mai 1952 zum Titularbischof von Livias und Koadjutor von St. Pölten ernannt und am 31. August geweiht. Bischof Michael Memelauer war sehr erfreut, seinen ehemaligen Kaplan wieder zur Seite zu haben, der „in allen Zweigen der Seelsorge in der Diözese gearbeitet hat". Und auch dem neuen Bischof war es von Anfang an wichtig, zu betonen: „Ich war zunächst insgesamt zehn Jahre Kaplan, das sage ich als Bischof ganz bewusst. Ich bin nicht auf Händen hinaufgetragen worden in das bischöfliche Amt."[3] In späteren Jahren wies er vielleicht auch deshalb darauf hin, weil ihm Kritiker manchmal vorwarfen, zu intellektuell und distanziert zu sein und an der Basisarbeit zu wenig Interesse zu zeigen.

Zum Bischofamt gehört auch ein Wahlspruch. Franz König wählte diesen aus dem Epheserbrief (Eph 4,15): „Veritati in caritate" – Der Wahrheit dienen in Liebe. Als Grund für diese Wahl nannte er: „Die Wahrheit, in deren Dienst ich noch ausschließlicher als bisher treten will, stammt nicht von gestern. Sie ist berücksichtigbar schon vorhanden in den Religionen des grauen Altertums; sie leuchtet hell aus den Propheten und großen Gestalten des Alten Bundes; sie strahlt als leuchtende Sonne in der Finsternis und in allen suchenden Menschenherzen seit jener weltgeschichtlichen Stunde, als das Wort Fleisch geworden."[2] Weniger akademisch als vielmehr menschlich ergänzte er: „Die Wahrheit in Liebe tun, heißt, Respekt haben vor dem Wort Gottes, vor Christus, dem Gotteswort in Menschengestalt, heißt es, unverfälscht und ohne bequeme Anpassung zu akzeptieren; es heißt aber auch, Respekt haben vor den Menschen, an die eine solche, oft unbequeme Einladung ergeht; Respekt vor den Menschen, die sich frei und ohne Zwang dafür entscheiden sollen."[2]

Am Tag nach seiner Weihe feierte Franz König seine erste Bischofsmesse in Kirchberg an der Pielach, zu Allerheiligen desselben Jahres stattete er seiner Taufgemeine Rabenstein einen Besuch ab, zu dem er damals anmerkte: „Ein offizieller Empfang ist, glaube ich, gar nicht notwendig. Ich werde mich gleich im Pfarrhof melden."[6] Mit seinen beiden Heimatgemeinden blieb er zeitlebens eng verbunden. In Rabenstein etwa fand am 4. Mai 1954 nach 17 Jahren auch die erste Firmung statt, die 59 Kindern gespendet wurde.

Im Herbst 1952 übertrug die Bischofskonferenz Franz König Aufgaben in Jugendfragen, später wurde er auch zum Pressebischof ernannt. Die Diözese St. Pölten ist verhältnismäßig klein und überschaubar. Der junge Bischof konnte hoffen, mit Einschränkungen doch noch wissenschaftlich arbeiten zu können. Das tat er und begann mit der Arbeit an seinem „Religionswissenschaftlichen Wörterbuch", das 1956 erschien. Dennoch bezeichnete er selbst die Bischofswürde manchmal als „Löschhorn des Geistes"[10].

Schon als für Jugendfragen zuständiger Professor war es ihm ein Anliegen gewesen, jungen Menschen den Glauben zu vermitteln. Doch die Zeiten hatten sich gewandelt, nicht mehr ideologische Orientierung, nicht mehr die Angst vor dem Krieg und der Einberufung in die Wehrmacht standen im Mittelpunkt des Interesses, sondern der Wiederaufbau, das Schaffen materieller Werte, die Arbeit. 1954 fand eine Wallfahrt nach Mariazell statt, die von der „Katholischen Arbeiterjugend (KAJ)" veranstaltet wurde. Zu dieser wurde auch Monsignore Josef Cardijn eingeladen, der die Bewegung bereits 1919 als Gewerkschaftsjugend gegründet hatte. Der katholischen Kirche in Brüssel, wo Cardijn 1882 in einem Arbeiterviertel geboren wurde, gefiel diese Initiative anfangs ganz und gar nicht, doch der junge Priester zog das Projekt konsequent durch und gab ihr 1924 den Namen KAJ. Junge Menschen, vor allem Frauen, sollten mit ihren Sorgen nicht allein gelassen werden. Nicht die theologische Theorie stand im Mittelpunkt, sondern Gespräche über das Alltagsleben als Christ, vor allem über das Arbeitsleben. 1947 hielt er in Wien eine viel beachtete Rede vor Jugendseelsorgern und Jugendarbeitern. Damals begann die KAJ auch in Österreich ihre Tätigkeit. 1949 begeisterte er erneut junge Menschen, fünf Jahre später fand dann die Wallfahrt nach Mariazell statt, an der siebentausend junge Arbeiter teilnahmen. 1954 formulierte die Katholische Arbeiterjugend ein Gebetsanliegen für jedes Land des „Ostblocks". Zuvor kam es zu einer großen Zusammenkunft am Domplatz von St. Pölten, an der nicht nur Bischof Michael Memelauer und Koadjutor Franz König, sondern auch Bundeskanzler Julius Raab und Außenminister Leopold Figl teilnahmen.

Das letzte Mal kam Josef Cardijn 1961 nach Österreich. Am 22. Februar 1965 wurde er von Papst Paul VI. in das Kardinalskollegium aufgenommen und im Herbst desselben Jahres eröffnete er beim Zweiten Vatikanischen Konzil die Diskussion über die Pastoralkonstitution. Dort kreuzten sich seine Wege wieder mit jenen von Kardinal König. Am 25. Juli 1967 starb Cardijn in Löwen. Seine letzten Worte waren: „Wir müssen anfangen ... Wir stehen erst am Anfang."

Am 15. Mai 1955 sagte Außenminister Leopold Figl den berühmt gewordenen Satz im Marmorsaal des Schlosses Belvedere und nicht bei der Präsentation des Staatsvertrages am Balkon: „Österreich ist frei!" Seit 1947 hatte die österreichische Nachkriegsregierung in London versucht, einen Friedensvertrag mit den vier alliierten Mächten auszuhandeln. Bruno Kreisky, damals Staatssekretär im Außenministerium, gelang es, seine Genossen davon zu überzeugen, dass eine antisowjetische Haltung erfolgreiche Verhandlungen behindere. Somit wurde ein Neubeginn möglich.
Koadjutor Franz König erlebte die Unterzeichnung des Staatsvertrages im Mai 1955 in St. Pölten. Am 10. Februar 1955 waren zahlreiche Eingemeindungen der NS-Zeit rückgängig gemacht worden. St. Pölten wurde so zur achtgrößten Stadt Österreichs und blieb die größte Stadt in Niederösterreich. Am 13. September verließ der letzte russische Soldat die Stadt. Zu dieser Zeit besuchte König Kirchenruinen auf dem verwüsteten Truppenübungsplatz in Groß-Poppen, Edelbach, Obendorf und Döllersheim. Überhaupt war er viel mit seinem schwarzen Volkswagen in den Pfarren seiner Diözese unterwegs, um mit den Mitbrüdern und der Pfarrgemeinde die anstehenden Fragen und Themen zu besprechen. Auch seinen Heimatort Warth besuchte er öfter. „Wie er Bischof war in St. Pölten, da hat er so einen schwarzen VW gehabt, das weiß ich noch gut. Und da ist er am Abend oft gekommen", erinnert sich sein Neffe Ferdinand, der damals ein Bub war und heute das Elternhaus Franz Königs bewirtschaftet. Unangemeldet sei der „Onkel Franz" auf Besuch gekommen und dabei selbst gefahren. „Und der Fahrschullehrer hat mir einmal erzählt,

der Herr Bischof hat auch nur das Gaspedal gekannt", was wohl bedeutet, dass dieser schnell unterwegs war. „Ich bin nie mitgefahren mit ihm, ich kann's nicht sagen." Später, als Erzbischof von Wien, fuhr Franz König nur noch mit Chauffeur. Die Verantwortung vor dem Amt hätte ihm dies geboten. So war der Fonds seines Mercedes Arbeitsplatz, Besprechungs- und Schlafzimmer, aber auch Kapelle.

7. Von der Provinz nach Wien

In Wien starb am 9. Oktober 1955 Kardinal Theodor Innitzer. Seit 19. Mai 1950 war diesem Bischof Franz Jachym als Koadjutor zur Seite gestanden. Die Besonderheit dieses Amtes war der, mittlerweile im Kirchenrecht abgeschaffte, Zusatz „sedi datus", was „dem (Bischofs-)Sitz beigegeben" bedeutete. Jachym war dem Kardinal allerdings nicht als designierter Nachfolger beigestellt worden, was bei der Nachfolge wesentlich werden sollte.

Franz Jachym wurde 1910 in Wien geboren und 1936 zum Priester geweiht. Danach war er in Purkersdorf als Kaplan tätig, bevor er im selben Jahr zum erzbischöflichen Zeremoniär ernannt wurde. Den Sturm auf das Erzbischöfliche Palais im Oktober 1938 erlebte er hautnah mit, er wurde dabei sogar verletzt. 1941 promovierte er als Doktor der Theologie, 1947 habilitierte er sich als Moraltheologe. Im Januar 1950 wurde er zum Koadjutor Kardinal Innitzers und Titularerzbischof von Maronea ernannt. Diese Entscheidung aus dem Vatikan, ihm einen Beistand zur Seite zu stellen, verbitterte Kardinal Innitzer sehr, sah er doch darin eine Entmündigung seiner Person, wie auch die Tageszeitung „Die Presse" 2008 in einem Artikel zu den damaligen Ereignissen festhält. Initiiert hatte diese Ernennung der päpstliche Nuntius Giovanni Dellepiane, der in Franz Jachym einen jungen, konsequenten Manager sah, der besser geeignet schien, den mühsamen Wiederaufbau vieler Kirchenbauten zu bewerkstelligen als der „Volksbischof" Innitzer. Am 23. April 1950 sollte Jachym im Rahmen eines feierlichen Gottesdienstes die Bischofsweihe durch Kardinal Innitzer erhalten, mit dem er sich eng verbunden fühlte und den er auch „Vater Kardinal" nannte. Die Ernennungsbulle war schon verlesen, 17 von 18 Fragen des Examen Electus hatte Jachym schon mit „Volo" oder „Credo" beantwortet, da kam es zum kirchengeschichtlich bislang einmaligen Eklat: Noch bevor er von Kardinal Innitzer Handschuhe und Hirtenstab überreicht bekam, wandte sich Jachym zunächst auf Lateinisch und danach auf Deutsch an die Versammlung und sagte: „Eminenz, hochwürdigster Herr Kardinal! Nach den Überlegungen der letzten durchwachten Nächte fühle ich mich für das hohe Bischofamt nicht würdig genug. Ich bitte daher, von meinem Vorsatz zurücktreten zu dürfen, und tue diese Bitte in aller Demut und Festigkeit. Ich empfehle mich der göttlichen Barmherzigkeit, die an diesem heutigen Sonntag besonders gefeiert wird, und bitte den Klerus und das Volk, meiner dauernd im Gebet zu gedenken. Eure Eminenz bitte ich aber, in der feierlichen Messe vom Alleluja-Vers fortzufahren."

Mit diesen Worten flüchtete er „mit wehendem Ornat", wie sich Zeitzeugen erinnern, durch das Adlertor aus dem Wiener Stephansdom. Dort wartete bereits sein Chauffeur Fritz Grassl, der ihn zu den Barmherzigen Schwestern in die Millergasse brachte, wo er für 9:30 Uhr die Sonntagsmesse angesetzt hatte. Die ganze Aktion scheint nicht spontan, sondern durchaus geplant abgelaufen zu sein, denn auch sein Birett, den violetten Talar und die Schuhe hatte er sich von den Domherren nur ausgeliehen.

Weil er sich der Ehre „nicht würdig" fühlte, so rechtfertigte Jachym sein Handeln. Das sorgte natürlich für Gerede und Mutmaßungen über ein Verhältnis mit einere Linzer Opernsängerin oder gar wilde Orgien im Mariazeller Land. Jachym selbst deutete an, dass er sich mit seiner Vorgehensweise von Intrigen gegen Kardinal Innitzer distanzieren wollte. Dem greisen Kardinal aus einer anderen Generation habe Rom seine Anbiederung an Adolf Hitler nie verziehen und daher auch Franz Jachym als schlagkräftigen jungen Mann als Koadjutor zur Seite gestellt. Der sah offenbar keinen anderen Weg, als durch die spektakuläre Aktion seinem „Ersatzvater" seine Loyalität zu beweisen. Weihbischof Helmut Krätzl vermutet allerdings einen Streit um eine Personalfrage als Hintergrund für die spektakuläre „Flucht" aus dem Stephansdom. Jachym war zum Koadjutor ernannt worden und hatte nach damaligem Kirchenrecht bereits mit der Ernennung die Jurisdiktion erhalten. Operativ hatte er das Amt bereits angenommen. Dadurch hätte Kardinal Innitzer keine wichtigen Entscheidungen mehr ohne ihn treffen dürfen. Ohne die Zustimmung Jachyms einzuholen, ernannte dieser seinen früheren Sekretär Jakob Weinbacher, den die Nazis beim Sturm auf das Erzbischöfliche Palais 1938 aus dem Fenster werfen wollten, zum Generalvikar in Wien. „Das war eine ganz wichtige politische Entscheidung, die offensichtlich ohne Jachym geschehen ist", zeigt Krätzl die Zusammenhänge auf. „Wir glauben nicht, dass Jachym dem zugestimmt hat, sodass sich Jachym bei der Weihe gedacht hat: Die nehmen mich ja gar nicht ernst." Demnach wäre die Flucht als politisches Statement gedacht gewesen.

Dem Papst war die Ernennung jedoch so wichtig, dass er Franz Jachym nicht aus der Verantwortung entließ. Es kam zu einer „Kopfwäsche" durch Pius XII. und am 19. Mai 1950 wurde er ohne weitere Zwischenfälle von Kardinal Innitzer in Rom zum Bischof geweiht und zum Koadjutor „sedi datus" der Erzdiözese Wien bestellt. Weihbischof Krätzl weist darauf hin, dass es „interessant" sei, „dass eine der ersten Tätigkeiten des Jachym nach seiner Weihe war, dass er zu den deutschen Bischöfen gegangen ist und gesagt hat, der Weinbacher soll Rektor in der Anima werden". So wurde Jakob Weinbacher 1952 Rektor des Collegio Teutonico di Santa Maria dell'Anima, kurz „Anima" genannt, und löste Alois Hudal ab, der seit 1923 dem Priesterseminar „für arme Leute der deutschen Nation" vorgestanden hatte. 1936 hatte dieser sein Hauptwerk „Die Grundlagen des Nationalsozialismus" verfasst, das er „dem Führer der deutschen Erhebung und Siegfried deutscher Hoffnung und Größe" widmete. Für Hudal stellte der Antibolschewismus die Gemeinsamkeit von Christentum und Nationalsozialismus dar. „Rückblickend ist es so", meint Weihbischof Krätzl, „die Kirche hat im Kommunismus immer den größeren Feind gesehen als im Faschismus." Nach dem Krieg betätigte sich Hudal als Fluchthelfer für verfolgte Nazi-Verbrecher über die „Rattenlinie" nach Südamerika und in den Nahen Osten – ein Engagement, zu dem er bis zuletzt stand. Auf Druck des Vatikans und auf Vorschlag Franz Jachyms wurde nun 1952 Bischof Hudal abgelöst und Jakob Weinbacher als Rektor bestellt. „Damit ist er den Weinbacher auf eine elegante Weise losgeworden", meint Helmut Krätzl, der diesen während seiner Studienjahre von 1961 bis 1964 als Rektor der „Anima" selbst erlebte. „Die Entscheidung war sehr gut, nicht nur, weil ein gewisser Streitpunkt weg war, sondern auch, weil der Weinbacher seine Aufgabe in der Anima hervorragend gemacht hat. Das war seine Glanzzeit."

Nach dem Tod Kardinal Innitzers im Oktober 1955 wurde Franz König erneut von Nuntius Dellepiane nach Wien eingeladen, der ihm das Angebot machte, die Nachfolge als Erzbischof anzutreten, doch der St. Pöltner Bischof antwortete: „Ich nehme das nicht an. Es war ein anderer da, Jachym, der war schon habilitiert in Wien, und von dem hat man angenommen, er kennt die Verhältnisse, er wird praktisch der Nachfolger Innitzers werden, und ich war auch dieser Meinung." Daraufhin schlug der Nuntius vor: „Gut, es ist Ihr gutes Recht. Vielleicht fahren Sie nach Rom, sagen Sie es dem Papst selber."[3] Warum nicht? Im Dezember 1955 begleitete König zwei Züge mit österreichischen Pilgern nach Rom. Am Rande dieser Reise traf er mit dem Staatssekretär des Papstes, Domenico Tardini, zusammen, um diesem die Gründe für seine Absage zu erläutern. Dieser rief den Papst an, „und ich teile es dem Papst mit. Und der Papst sagt: ‚Kommen Sie, ich höre mir den Mann an.'"[3]

So kam es zur ersten Sonderaudienz, in der der St. Pöltner Bischof nochmals seine Begründung darlegte. Während seiner Studienzeit in Rom hatte er Pius XII., damals noch Kardinalsstaatssekretär seines Vorgängers, öfter gesehen. Er war von seiner „eleganten, zart gebauten Gestalt"[1] sehr beeindruckt gewesen, aber auch, weil der Papst, ebenso wie Franz König, viele Sprachen sprach, darunter perfektes Deutsch, da er Nuntius in Deutschland gewesen war. Beim Treffen mit Bischof Franz König wirkte Pius XII. etwas müde und am Ende seiner Kräfte." „Warum?", wollte er von Franz König wissen. Dieser legte seine Gründe dar und der Papst antwortete: „Gut, fahren Sie nach Hause, aber wenn ich dann vielleicht mir die Sache überlege und vielleicht nochmals auf Ihren Namen zurückkomme, was machen Sie dann?" Daraufhin antwortete der St. Pöltner Bischof: „Ich hoffe nicht, aber wenn, dann werde ich doch annehmen müssen." Gemeinsam mit den Pilgern fuhr er wieder zurück nach Österreich und dachte: „Gut, werden wir mal sehen, wie das ausgeht."[3]

In St. Pölten freute sich Bischof Memelauer, seinen Koadjutor wiederzusehen, doch diese Freude währte nicht lange, denn „nach acht oder zehn Tagen kam der damalige Außenminister Figl nach St. Pölten und sagt: ‚Hurra, Sie werden der Erzbischof von Wien.' Habe ich gesagt: So, für Sie ist es hurra, für mich ist es nicht klar."[1]

In der Zwischenzeit war auch seitens der Regierung in Rom interveniert worden, Julius Raab, selbst 1891 in St. Pölten geboren, wollte den St. Pöltner Bischof als Nachfolger Kardinal Innitzers in Wien haben. „Der Papst kam noch einmal auf mich zurück, ich soll annehmen. So bin ich nach Wien gekommen."[3] Franz König hatte dieses Amt nicht angestrebt, jedoch dem Wunsch seines Vorgesetzten gehorcht, obwohl er wusste, dass sich dadurch sein Leben wesentlich ändern würde. „Ich musste mich innerlich umstellen"[1], beschrieb er später diese Zeit.

Die Wiener Bevölkerung hatte damit gerechnet, dass der für die Sedisvakanz einstimmig gewählte Kapitelvikar Dr. Jachym der Nachfolger des verstorbenen Kardinals Innitzer werden würde. „Er hat damit gerechnet, ich habe auch damit gerechnet."[1] Die Situation war also für beide nicht einfach, als Franz König am 10. Mai 1956 offiziell von Papst Pius XII. ernannt wurde. „Jetzt habe ich mir gedacht, na, das muss doch diesen Mann treffen, wenn er plötzlich hört, es kommt ganz ein anderer, von St. Pölten noch dazu."[1] Drei Tage später tat König etwas, worüber er später sehr froh sein sollte: Er machte sich am Nachmittag auf, um vor seinen ersten offiziellen Schritten ganz unbemerkt den Erzbischof-Koadjutor Jachym in der Gumpendorfer Straße zu besuchen. Er wollte diesem zeigen, wie sehr er dessen persönliche Betroffenheit verstehe, und ihm versichern, selbst alles getan zu haben, um diese Entscheidung zu verhindern. „Das hat er mir offenbar menschlich sehr wohl angerechnet. Wir sind dann gute Freunde geworden.“[1] Kardinal König musste viel reisen, man warf ihm auch vor, zu selten in Wien zu sein. Deshalb war für ihn wichtig, einen starken Stellvertreter zu haben. „Ich konnte mich wirklich ganz auf ihn verlassen. Er war ein sehr wertvoller Mensch, der großartige Kenntnisse der Diözese hatte, vor allem auch, was Bausachen angeht. Auch sonst ein äußerst tüchtiger Mann. Den an meiner Seite gehabt zu haben, dafür bin ich heute noch sehr froh.“[1]

Am 10. Mai 1956 wurde Franz König zum Erzbischof von Wien ernannt, am 17. Juni erfolgte die feierliche Inthronisation. Die „Austria Wochenschau“ berichtete darüber: „Es wird von der Turmspitze die lange Fahne in den päpstlichen Farben Weiß-Gelb entrollt. Im Inneren der Kirche erwarten der Herr Bundespräsident, der päpstliche Nuntius, der Präsident des Nationalrates und Mitglieder der Bundesregierung den neuen Kirchenfürsten von Wien. Bischofsmütze und Bischofsstab sind die äußeren Zeichen der neuen Würde des hochwürdigsten Herrn Erzbischofs.“ Nach den offiziellen Grußworten wandte dieser sich an seine zukünftigen Mitarbeiter, „die Mitbrüder im Priestertum, seien es Welt-, seien es Ordenspriester. Ihr tragt die Last und Hitze des Tages in der Seelsorgearbeit. Ich komme nicht als euer Herr, sondern als euer Mitbruder. Ich bin selber zehn Jahre Kaplan gewesen und kenne die ermüdende Last der vielen Schulstunden, des langen Dienstes im Beichtstuhle, der Vorbereitung auf Vorträge und Predigten und die Mühe der administrativen Verwaltung. Euch gilt in erster Linie mein Dienst im Bischofsamt.“[2] Die inneren Werte seiner Bischofswürde fasste er so zusammen: „Wenn ich den Blick über die Grenzen der Diözese nach Osten und Süden richte, dann wird mir klar, dass der Bischof bereit sein muss, seinen Gläubigen in den Kerker und in das Martyrium voranzugehen.“[7]

Trotz dieses Bekenntnisses hatten die Wiener zunächst Probleme mit dem „zuagroasten" Bischof aus St. Pölten. „Am Anfang habe ich natürlich schon gespürt, dass ich ein bisschen ein Ausländer war, denn gerade in Wien hat man gesagt, na ja ausgerechnet aus St. Pölten muss der kommen."[7] Richard Barta, damals erst seit Kurzem Chef der Kathpress (Katholische Presseagentur), nahm die Reserviertheit der Wiener auch wahr, wie er in seinem Buch „Kardinal Franz König" (1965) festhielt: „Der Gelehrte, der Professor, der St. Pöltner Koadjutor war der breiten Masse der Wiener kein Begriff. Außerdem fühlten sie sich etwas in ihrer hauptstädtischen Eitelkeit gekränkt, dass der ‚Provinzler', ein Niederösterreicher, ein St. Pöltner und nicht ein Wiener Erzbischof von Wien geworden war." Von den neun Diözesen ist Wien heute mit Abstand die größte. Während in St. Pölten rund 10 Prozent der österreichischen Katholiken leben, sind es in Wien etwas über 23 Prozent. Sie umfasst die Bundeshauptstadt Wien und das gesamte östliche Niederösterreich. Dementsprechend groß war das Selbstbewusstsein der Wiener.

Ein sozialistischer Politiker hatte früher einmal gesagt: „De St. Pöltibus nihil nisi bene", doch der ÖVP-Bundeskanzler Julius Raab meinte zu Franz König in seiner trockenen und humorigen Art: „Ja, wissen S', Herr Erzbischof: Wülst du wos gölten, musst du kommen aus St. Pölten!" Das tröstete den neuen Erzbischof zwar wenig, aber er versuchte es mit den Wienern. Anlässlich seines 80. Geburtstages resümierte er: „Ich bin jetzt in Wien, bin Erzbischof von Wien, und glaube, nach nicht sehr langer Zeit in meine Aufgabe so hineingewachsen (zu sein), dass ich ganz zu Hause war und mich heute als Wiener fühle, der wahrscheinlich länger in Wien gelebt hat wie andere Wiener."[7]

Die Meisterschaft

1. Die Kirche im Wandel

„Uns und unseren Eltern war die Kirche als Verbündete des christlichen Ständestaates als machtvolle Institution erschienen. Bischöfe, Äbte, Prälaten waren in unseren Augen Autoritäten, denen man wie der staatlichen Obrigkeit bedingungslos zu gehorchen hatte. Das Bündnis zwischen Thron und Altar, Politik und Kirche war für uns Jugendliche eine Selbstverständlichkeit gewesen", erinnert sich im Buch von Sepp Bauer Karl Dillinger, 1938 Anführer der Jugendgruppe rund um Franz König in St. Pölten. Die Kirche hatte im Ständestaat klar Stellung gegen Sozialdemokraten und Kommunisten bezogen, mit den Christlichsozialen wurde kollaboriert, den Nationalsozialisten biederte sie sich an, bevor sie von Hitler völlig entmachtet, ihrer Besitztümer beraubt und den Machthabern ohnmächtig ausgeliefert wurde. „Aber wie waren diese Jahre angefüllt mit leidvollstem Geschehen, wie war Österreich und mit dem Land die Kirche verstrickt gewesen in Wirrsal, Schicksal und Schuld!", blickte Richard Barta in seinem Buch zurück. Durch das selbst erfahrene Leid änderte sich auch die kirchliche Einstellung zu den Juden, die seit dem ersten Jahrhundert als Feinde galten, weil sie Christus getötet und Jesus nicht als den Messias anerkannt hatten.

Der Zweite Weltkrieg zählt wohl zu den schlimmsten Krisen der katholischen Kirche, viele Geistliche wurden in Konzentrationslager gesteckt oder verloren im Kampf gegen das Hitler-Regime sogar ihr Leben. Durch die Gräueltaten ringsumher, aber auch durch die eigene Verfolgung besann sich die Kirche jedoch auch wieder auf ihre Werte: Menschlichkeit, Hilfsbereitschaft, Glaube, Hoffnung, Liebe und die Seelsorge. „Gerade in den Jahren der Verfolgung aber hatte die Kirche erkannt, dass ihre Sicherheit, ihre Kraft und ihr Bestand nicht in einem Arrangement mit den politischen Mächten der Zeit zu suchen sei, sondern nur in der Erneuerung des religiösen Lebens", beschrieb Richard Barta Mitte der 1960er-Jahre die Veränderung. Widerstand wurde geleistet, etwa durch das von Franz König 1938 neu aufgelegte Handbuch „Bemerkungen über die Seelsorge, besonders auf dem Lande" von Pater Aegidius Jais. „Jeder Seelsorger, der wirklich Dauerndes leistet, muss in seinem Herzen das Bild seines Meisters tragen", hatte König im Vorwort geschrieben und dieses, wenige Wochen vor Kriegsbeginn, mit folgendem Satz abgeschlossen: „So wolle der erfahrene Meister der Seelsorge, der schlichte, fromme Aegidius Jais, wieder mithelfen, an der Verinnerlichung der Seelsorge im harten Ringen um ihre Neugestaltung in unseren Tagen." Viele Beschreibungen des Geistlichen, der am 17. März 1750 in Mittenwald an der Isar geboren worden war, zeigen große Ähnlichkeiten mit der Haltung Franz Königs, vielleicht auch diese: „Sein [Jais'] Witz war treffend und schneidend, oft auch scherzend; er brauchte ihn nur zur Wehre, zur Beschämung und Züchtigung der Torheit."[18] Vielleicht stimmte König zur damaligen Zeit auch den kritischen Worten zu, die Aegidius Jais einem Herrn von Brandes in den Mund legte: „Kein Stand hat so sehr gegen sich selbst gewütet, seine hohe Bestimmung so ganz und gar verkannt, das heilige Geschäft, dem er bestimmt war, so entweiht und verraten wie der Stand der Geistlichen."

Nach Kriegsende begann der Wiederaufbau, bei dem nicht nur baulicher, sondern auch gesellschaftlicher Neubeginn geleistet werden musste. Für die Kirche bedeutete das, sich selbst wiederzufinden und ihr Verhältnis zu den verschiedenen Parteien und Machthabern, aber auch zu anderen Religionen und zur Gesellschaft neu zu regeln. „Nach 1945 waren einerseits noch beträchtliche Reste der gegenseitigen Vorbehalte zwischen Amtskirche und Sozialdemokratie vorhanden", beschreibt Bundespräsident Heinz Fischer die Verhältnisse der Anfangsjahre der Zweiten Republik.

„Andererseits hat die Megakatastrophe des Nationalsozialismus die politische Landschaft stark und nachhaltig verändert. Es hat sich herausgestellt, dass es gemeinsame Gegner gibt, nämlich: totalitäre Systeme, zum Beispiel Nationalsozialismus und Stalinismus, es hat sich aber auch herausgestellt, dass es verschiedene gemeinsame Werte gibt."

Großes gemeinsames, Parteien überschreitendes und Versöhnung stiftendes Ziel war zunächst ein Friedensvertrag mit den alliierten Mächten, später dann der Staatsvertrag, der am 15. Mai 1955 unterzeichnet wurde. Damals war Julius Raab (ÖVP) Bundeskanzler, Adolf Schärf (SPÖ) Vizekanzler. Ihnen standen fünf Minister der ÖVP und vier der SPÖ sowie jeweils zwei Staatssekretäre zur Seite. Von 1945 bis 1947 war auch die KPÖ mit Karl Altmann als Minister für Energiewirtschaft in der Regierung vertreten gewesen, doch 1947, mit Beginn des Kalten Krieges zwischen den USA und der Sowjetunion, hatte er sein Amt zurückgelegt und die SPÖ ein sechstes Ministeramt dazubekommen. Fortan wurde die politische Macht in Österreich bis zur Alleinregierung Josef Klaus II, beginnend mit 19. April 1966, zwischen der ÖVP und der SPÖ ausgewogen aufgeteilt. „Die Große Koalition war sicher kein Idealgebilde, aber wir haben gesagt, wir waren zur Zeit des Bürgerkrieges gegeneinander und wir müssen lernen, miteinander auszukommen", erzählte Gewerkschaftsführer Franz Olah über die Zeit der gegenseitigen Annäherung.

Doch wieder zurück in die Mitte der 1950er-Jahre: Im Oktober 1955 starb Kardinal Innitzer. Sein von vielen erwarteter Nachfolger hatte wegen seiner „Kritik an der Wohnungspolitik" – so die „Arbeiterzeitung" am 17. Januar 1956 – den Groll der ÖVP-Politiker auf sich gezogen, denn „er hat damit auch – in Gegenwart des Bundeskanzlers Raab – ein vernichtendes Urteil über die ÖVP gefällt". Dem behagte ganz und gar nicht, was er bei dieser Kundgebung des Katholischen Familienverbandes im Musikvereinssaal vom Kapitelvikar Erzbischof Jachym zu hören bekam. „Jetzt haben Sie's vom Erzbischof gehört", titulierte die „AZ" ihren Leitartikel, in dem sie auch den Originalwortlaut zitierte: „Das Ablaufen des Wohnungsanforderungsgesetzes hat die Wohnungssuchenden völlig der Verzweiflung ausgeliefert. Jene Hausherren, die es in dieser Situation verstanden, ihr Geschäft zu machen, haben dem Prinzip der Freiheit und dem Bestreben, die staatlichen Belange einzuschränken, einen schlechten Dienst erwiesen. Ich selbst habe einer Familie 5000 Schilling für den Ankauf eines Wohnraumes von 13 Quadratmetern zur Verfügung gestellt, aber die Kirche kann nicht in allen Notfällen helfen." Raab strafte Erzbischof Jachym ab und entsandte seinen Unterrichtsminister Heinrich Drimmel mit den Worten in den Vatikan: „Fahr nach Rom und sog, der Jachym is net tragbar." Am 8. Mai 1956 las dann der in Ungnade gefallene Kapitelvikar im „Kurier": „Entscheidung über den Wiener Erzbischof – Die Wahl ist auf den Bischofs-Koadjutor von St. Pölten, Dr. König, gefallen."

Das Wirken Franz Königs in dieser Zeit muss vor all diesen Hintergründen betrachtet werden: Die ÖVP übte massiv politischen Einfluss aus, die katholische Kirche musste wieder ihren gesellschaftlichen Stellenwert erlangen und ihre traditionelle Position neu überdenken, das Verhältnis zur Politik sollte verändert werden, der traditionelle Konflikt mit den Juden sollte beigelegt, aber auch die Beziehungen zur Ostkirche mussten überdacht werden. Hinzu kam das Verhältnis zu Polen, wo die katholische Kirche seit 1956 von Władysław Gomułka, Generalsekretär der Polnischen Vereinigten Arbeiterpartei PVAP, mehr Freiheit zugesichert bekommen hatte. Aufgrund der topografischen Lage mitten in Europa, aber auch als Nachbar von Ungarn, der Tschechoslowakei und Jugoslawiens kam Österreich eine wichtige Rolle als Brücke zwischen Ost und West zu – das galt für die Politik ebenso wie für die Kirche. Weit über die Grenzen des Landes hinaus gewann Franz König in diesen Jahren mehr und mehr Einfluss. Bei seiner Begrüßungsansprache am 7. Juni 1956 meinte er als frisch ernannter Erzbischof von Wien, alles getan zu haben, um an diesem Tag nicht an dieser Stelle zu stehen: „Ich bin nicht jener Valde Idoneus, jener vorzüglich Geeignete, von dem die päpstliche Bulle spricht. Ich kenne die Grenzen meiner Fähigkeiten. Ich kann von mir nicht sagen, dass ich die hohen Führerqualitäten mitbringe, die das hohe Amt eines Wiener Erzbischofs erfordern ... Ich bringe aber viel guten Willen mit und vor allem eine große Liebe zur Seelsorge." Seine besondere Befähigung für dieses hohe Kirchenamt sollte er wiederholt eindrucksvoll unter Beweis stellen.

Normalerweise ist das Amt des Erzbischofs von Wien automatisch mit jenem des Kardinals verbunden, doch Papst Pius XII. wollte keinen österreichischen Kardinal ernennen, solange die Bundesregierung nicht das 1933 von der Dollfuß-Regierung abgeschlossene Konkordat mit dem Heiligen Stuhl anerkannte. Doch am 9. Oktober 1958, auf den Tag genau drei Jahre nach Kardinal Innitzer, starb Papst Pius XII. im Alter von 82 Jahren. 17 Tage später wurde Angelo Giuseppe Roncalli zum 261. Papst gewählt, der als Johannes XXIII. in seinem knapp fünfjährigen Pontifikat die katholische Kirche grundlegend reformieren sollte. „Ich ernenne den Erzbischof erst zum Kardinal, dann geht das andere auch leichter", erklärte der Heilige Vater seine Entscheidung und hoffte damit auf die Anerkennung des Konkordates. Mit der Ernennung bewies Johannes XXIII. einmal mehr großen Weitblick, denn Kardinal Franz König sollte nicht nur 29 Jahre die Geschicke der Kirche in Österreich lenken, sondern auch innerhalb der Weltkirche unauslöschliche Spuren hinterlassen.

2. Eiserner Vorhang und Kalter Krieg

Kaum war der Zweite Weltkrieg zu Ende, bahnte sich ein neuer Konflikt an, der die Welt bis 1989 in Atem halten sollte: der Kalte Krieg. In diesem Zeitraum kam es zu zahlreichen Ereignissen, die den ohnehin erst sehr jungen Weltfrieden massiv gefährdeten, etwa bereits 1948/49 die Blockade West-Berlins durch die Sowjetunion. Auch Wien war von den Spannungen des Kalten Krieges betroffen, wie auch die Verfilmung des britischen Thrillers „Der Dritte Mann" (1949) zeigt. Graham Greene wählte Wien für sein Buch nicht grundlos als Ort der Handlung, blühte doch damals der Schwarzmarkt in der Stadt. Für Spione war Wien ein beliebter Ort für den Austausch von Informationen – im Roman wie in der Realität, in der Politik, aber auch in der Kirche. 75 Jahre später, im Juli 2014, schrieb der „Kurier" unter Berufung auf den Grazer Universitätsprofessor Siegfried Beer: „In Österreich residieren 8.000 Spione."

Beim XX. Parteitag der KPdSU im Februar 1956 hielt Nikita Chruschtschow eine Geheimrede über die Verbrechen Josef Stalins – ein weiterer einschneidender Moment. Denn durch eine Indiskretion gelangte das Manuskript nach Polen, wo es vervielfältigt und an alle Parteigremien verteilt wurde. Die Veröffentlichung erschütterte das Volk, in der Folge kam es am 25. Juni 1956 zu einem Aufstand der Lokomotivwerke, der viele Tote forderte. Am 19. Oktober begann die 8. Plenarsitzung der PVAP und am Vortag reiste unerwartet Chruschtschow nach Warschau. Gleichzeitig rückten militärische Einheiten der UdSSR Richtung polnische Hauptstadt vor. Am 21. Oktober wurde Władysław Gomułka zum neuen 1. Sekretär gewählt. Vom 16. bis 18. November reiste er nach Moskau, von wo aus er als Nationalheld mit vielen sowjetischen Zugeständnissen nach Polen zurückkam. Die Freude darüber wurde allerdings von den Ereignissen im Nachbarland Ungarn getrübt. Dort war es nämlich am 23. Oktober 1956 zum Ungarischen Volksaufstand gekommen, der mit der Invasion der Sowjetarmee endete und blutig niedergeschlagen wurde. Rund 180.000 Ungarn flohen daraufhin über die Grenze nach Österreich, wo sie auf große humanitäre Hilfe bei der österreichischen Bevölkerung trafen. Franz König, erst fünf Monate als Wiener Erzbischof im Amt, unterstütze die Hilfsaktion, in der sich die Caritas besonders hervortat. So fanden die Flüchtlinge Unterkunft in Pfarren des Burgenlandes, Niederösterreichs und Wiens.

Auch die Polen wollten den Ungarn helfen und spendeten für die Opfer des Volksaufstandes Blut. Während in Ungarn Tausende Menschen starben und Hunderttausende nach Österreich flohen, wurden der katholischen Kirche Polens Zugeständnisse zugesichert, Kardinal Stefan Wyszyński wurde aus der Internierung befreit und vom Volk stürmisch begrüßt. Wyszyński, geboren 1901, hatte ab 1931 katholische Sozialökonomie am Priesterseminar von Włocławek unterrichtet und begonnen, sich in der Bildungsarbeit bei christlichen Gewerkschaften zu engagieren; ab 1937 war er Mitglied des Sozialrates beim Primas von Polen.

Während des Zweiten Weltkriegs und der deutschen Besatzung war die Lage auch für die katholische Kirche in Polen äußerst schwierig gewesen. Bereits 1939 besetzten die Sowjets den Ostteil Polens. 1944 wurde das „Polnische Komitee der nationalen Befreiung" gegründet, das nach der Überschreitung der Curzon-Linie am 22. Juli 1944 die Macht übernahm. Im Frühjahr 1945 besetzte die Rote Armee ganz Polen, im Anschluss wurde eine „Regierung der nationalen Einheit" gebildet, die sich aus Sozialisten und Kommunisten zusammensetzte und sich 1948 zur „Vereinigten Arbeiterpartei" zusammenschloss. Inmitten dieser schwierigen Zeit des politischen Umbruchs in Polen ernannte Papst Pius XII. am 25. März 1946 Stefan Wyszyński zum Bischof von Lublin. 1948 wurde er Erzbischof von Gniezno und Warschau, Primas von Polen und Vorsitzender der Polnischen Bischofskonferenz. Am 12. Januar 1953 wurde er zum Kardinal ernannt, doch konnte er sein Amt nicht antreten, da er von 25. September 1953 bis 26. Oktober 1956 von den kommunistischen Behörden inhaftiert wurde.

Inzwischen wuchs Stalins Druck auf Polen immer mehr. Er forderte den forcierten Aufbau der Schwerindustrie, führte das zentrale Planungssystem ein und verlangte eine rasche Kollektivierung der Landwirtschaft. Drei Jahre nach dem Tod Stalins (1953) kam es zum sog. „Polnischen Oktober" 1956, bei dem Władysław Gomułka Zugeständnisse aus Moskau nach Polen brachte, u. a. größere Freiräume für die katholische Kirche und die Freilassung Kardinal Wyszyńskis. Dieser konnte allerdings erst am 18. Mai 1957 offiziell in das Kardinalskollegium aufgenommen werden.

In dieser Zeit musste Franz König sein diplomatisches Feingefühl unter Beweis stellen, galt es doch, die Verbindung zu Kardinal Wyszyński herzustellen und der katholischen Kirche in Polen zu helfen. Hatte das polnische Volk so lange vergeblich auf Unterstützung von Rom gewartet, so lag es am Wiener Erzbischof, die Beziehungen zu Polen trotz Eisernem Vorhang zu pflegen. Doch wie sollte er Kontakt aufnehmen?

Durch Lonny Glaser, die er als Mitarbeiterin für die Caritas kennengelernt hatte und die am 18. Januar 1925 in Bielsko-Biała in Galizien geboren worden war. Die ersten Jahre war sie allerdings in Wiener Neustadt aufgewachsen. Ab ihrem achten Lebensjahr ging sie bei den Notre-Dame-Schwestern in Polen (Makov) in die Schule, wo sie die Erzieherin Janina Wizor kennenlernte, die ihr späteres Werk entscheidend beeinflussen sollte. Mit zwanzig Jahren floh Glaser aus Polen und kehrte nach Österreich zurück. Über ihre Familie und Freunde hatte sie sehr gute Kontakte, u. a. auch zu Kardinal Bolesław Kominek in Breslau und Kardinal Stefan Wyszyński in Warschau. Diesen besuchte sie im Winter 1956 das erste Mal seit ihrer Flucht in Polen, wenige Wochen nachdem der dreijährige Hausarrest gegen ihn aufgehoben worden war. „Lasst uns nicht allein. Wenn ihr könnt, dann helft, dass unsere christliche Kultur, unsere Intelligenz nicht isoliert wird vom westlichen Kulturkreis, zu dem wir gehören", bat Wyszyński die junge Frau. Zurück in Wien wandte sie sich sogleich an Franz König. Bei ihrer ersten Begegnung war sie von seiner großen Ruhe und seinem großen Wissen sehr angetan. „Das strahlte irgendwo durch ihn durch. Und dabei seine Bescheidenheit, sein liebevolles Lächeln – obwohl ich gar niemand war. Das hat mich sehr fasziniert." König wollte der polnischen Kirche helfen und war von Glasers Idee sehr angetan, ausgesuchten polnischen Persönlichkeiten durch Stipendien zeitlich befristete Aufenthalte in Österreich zu ermöglichen.

Am 7. Mai 1957 durfte Wyszyński erstmalig aus Polen ausreisen. In Wien traf er König, bevor er weiter nach Rom reiste. Zuvor war der polnische Primas von General Gomulka für die Audienz bei Papst Pius XII. stundenlang „vorrbereitet" worden – „allerdings gänzlich ohne Erfolg".[5] Daraufhin durfte Wyszyński nicht aus Polen ausreisen und König wurde die Einreise verweigert, doch Lonny Glaser konnte ihre Familie besuchen und auf diesem Weg Nachrichten übermitteln: „Da hat Kardinal König mich gebeten, als sein Kurier da und dort hinzufahren. Er konnte sich ja mit denen noch nicht treffen." Auch die einfachste Konversation war damals mit Gefahren verbunden, in Polen musste man aufpassen, nicht abgehört zu werden. „Ich weiß noch, Kardinal Wyszyński hat mich in so ein obskures Kämmerchen gezogen und hat gesagt, das sei die einzige Stelle, wo das Abhören nicht funktioniert", erinnert sich Glaser.

In den überbrachten Nachrichten ging es stets um die Situation der Kirche in Polen und um Möglichkeiten, diese zu unterstützen. Schriftliche Unterlagen gab es keine, die Botschaften der Kardinäle mussten auswendig gelernt werden. Einmal traf sich Lonny Glaser mit dem Sekretär Kardinal Komineks am Meer in Jugoslawien. Beide schwammen über die mit Bojen markierte Badezone hinaus, dort erst tauschten sie ihre Nachrichten mündlich aus, während ein großer Fisch unter den beiden durchschwamm, der die junge Frau „fürchterlich erschreckte".

Kurz vor dem ersten Polenbesuch Kardinal Königs fragte ein polnischer Diplomat Richard Barta, den Leiter der Kathpress: „Geben Sie uns Ihren Kardinal König und wir geben Ihnen Kardinal Wyszyński dafür. Die katholische Kirche ist doch international, könnte man da nicht auch Bischöfe austauschen?" Die polnische Regierung hoffte, der Wiener Erzbischof könnte einen mäßigenden und korrigierenden Einfluss auf den polnischen Primas ausüben und diesen zu einer nachgiebigeren Haltung gegenüber dem kommunistischen Regime bewegen. „Man war überzeugt, dass der Wiener Erzbischof ein ,liberaler' Mann und der Erzbischof von Warschau und Gnesen ein ,herrschsüchtiger, mittelalterlicher Kirchenfürst' sei, der sich noch immer als polnischer ,Interrex' fühle", beschrieb Barta in seinem Buch die heikle Situation, der so begegnet wurde: „Es sei ungewiss, ob der polnischen Regierung mit einem solchen Tausch gedient wäre, schließlich würden der Regierung immer jene Bischöfe unangenehm sein, mit denen sie zu tun hätte. Das Problem liege ja weniger in der Natur der Person als in der Natur der Beziehung zwischen Staat und Kirche in Polen." Kardinal König war sorgsam bedacht, nichts zu unternehmen, das schlecht für Polen wäre oder dem Land schaden könnte. Er wollte den kulturellen Dialog fördern, doch wie sollte das geschehen? Da schlug Lonny Glaser vor: „Man muss die Leute hierher einladen." Darauf der Kardinal: „Machen Sie das." „Aber wo?", fragte Lonny Glaser. „Ich habe eine ganz kleine Wohnung. Na, und da wurde eine Wohnung geschaffen und ich habe dann Leute, die ich kannte, zuerst eingeladen auf ein Stipendium an die Universität Wien und so einen Wohnraum geschaffen." Einer der ersten Gäste aus Polen war Professor Józef Tischner, Theologe und Philosoph, der später, im Oktober 1980, mit seiner Predigt vor den Führern der oppositionellen Solidarność am Krakauer Wawel berühmt werden sollte. Auf diese Weise entstand 1957 das „Janineum", eine Hilfsorganisation für zunächst polnische Studenten, benannt nach Mutter Janina Wizor, der Klosterfrau und Erzieherin Lonny Glasers bei den Notre-Dame-Schwestern in Bielsko-Biała. Zweck dieser Einrichtung war es, mit Christen aus osteuropäischen Ländern den interfakultären Dialog zu fördern, die Weiterbildung und das weiterführende Studium der deutschen Sprache zu ermöglichen, Veranstaltungen, Arbeitskreise und Diskussionen zu organisieren, wissenschaftliche Werke zu veröffentlichen und Studenten durch Stipendien und Wohnraum in Wien zu unterstützen. Aus dem Janineum heraus wurde 1982 das „Institut für die Wissenschaften vom Menschen" gegründet, dessen langjähriger Präsident Józef Tischner war. Mit Beschluss der österreichischen Bischofskonferenz wurde 2009 die Arbeit des Janineums beendet, da sich die politische Lage in Polen seit der Wende verändert hatte und Polen nunmehr der Europäischen Union angehört. Die Bilanz kann sich allerdings sehen lassen: Über 6000 Menschen wurden in Laufe von 52 Jahren durch das Janineum gefördert und unterstützt, so auch Karol Wojtyła, der spätere Papst Johannes Paul II., der selbst zahlreiche Stipendiaten vorschlug.

3. Dem Tod knapp entronnen

Februar 1960: Der Chauffeur Martin Stadler war mit dem schwarzen Mercedes-Dienstwagen von Wien nach Zagreb unterwegs, im Fond saßen Kardinal Franz König und sein junger Zeremoniär Helmut Krätzl. Kardinal Alojzije Stepinac, ein Studienkollege des Kardinals in Rom und nunmehr von Tito verurteilter Primas der kroatischen Kirche, war nach längerer Krankheit gestorben. Beim Erhalt der Nachricht hatte König gedacht: „Der Wiener Erzbischof würde normalerweise zum Begräbnis fahren, aber der Eiserne Vorhang ist unüberschreitbar. Aber ich mache eines, ich reiche formell das Visum ein, und dann werde ich sagen, bitte sehr, ich wollte. Und am nächsten Tag kommt die Antwort: Ja, Sie können fahren. Ich war damals sehr überrascht.“[3]
Am nächsten Tag – es war Freitagnachmittag – trat Franz König mit seinem Sekretär und dem Chauffeur die Reise nach Jugoslawien an. Das Wetter war schlecht, die Temperatur lag um die null Grad. Die drei übernachteten in Graz und fuhren am nächsten Tag, dem 13. Februar, ausgeruht weiter. An der österreichisch-jugoslawischen Grenze bei Spielfeld fragte Martin Stadler, „ein sehr bewährter, großartiger Fahrer“[3], wie ihn Kardinal König später beschrieb, sogar noch, ob mit Glatteis zu rechnen sei. „Nein, bei uns Kommunisten, da ist kein Eis“, scherzten die Zöllner. Sicherheitshalber machte der Fahrer aber immer wieder Bremsproben, um zu sehen, ob die Straße glatt war. Der Mercedes mit dem Kennzeichen W 25 passierte Varaždin – in Kroatien, nicht in Ungarn –, und Kardinal König dachte: „Schönes Städtchen, wenn ich zurückfahre, schaue ich es mir an.“[3] Kurz danach fuhren sie in ein Waldstück, in dem die schlechte Fahrbahn plötzlich mit einer

dicken Eisschicht überzogen war, was der Fahrer allerdings erst bemerkte, als er einem Radfahrer ausweichen musste. Der Wagen begann zu schleudern und sich zu drehen. Auf der Gegenfahrbahn kam ihnen ein großer Kühlwagen entgegen. Martin Stadler wollte diesem ausweichen und links in den Graben fahren, doch der Lkw-Fahrer wich rechts aus und so stießen die beiden Fahrzeuge frontal zusammen. Lautes Krachen von Blech, danach Stille – Todesstille. Der Fahrer saß zusammengesunken in seinem Sitz, der Motorblock war in den Fahrgastraum gedrückt worden und hatte ihm die Brust zerquetscht. Er war auf der Stelle tot.

Helmut Krätzl saß hinter dem Fahrer und wurde beim Aufprall über den Sitz gehebelt, doch seine Füße waren unter den Fahrersitz gerutscht, was einen schweren Trümmerbruch und eine gebrochene Nase zur Folge hatte. Heute erinnert noch ein leichtes Hinken an den tragischen Unfall, er selbst kann sich an das Geschehen nicht mehr erinnern: „Das ist diese retrograde Amnesie, sagen die Ärzte." Kardinal König saß rechts hinten im Wagen und wurde über den Beifahrersitz nach vorne geschleudert, wo er mit dem Gesicht auf dem Armaturenbrett landete. Nach dem Unfall stieg er noch aus und wunderte sich über das warme Gefühl, das er plötzlich im Gesicht hatte, dann sah er Blut und verlor das Bewusstsein. „Der Chauffeur des Lastwagens blieb unverletzt. Er hat dann sofort Hilfe geholt", berichtet Richard Barta, der damalige Pressesprecher des Kardinals.

„Die erste Meldung, die im Radio gekommen ist, war: Kardinal König ist verunglückt, er ist tot. Das höre ich heute noch", erinnert sich Robert Györy, der ab 1969 der Chauffeur von Kardinal König war. „Die APA hat damals als erste Meldung sogar gebracht, dass ich auch tot bin", bestätigt Helmut Krätzl die Falschmeldung. Sein Bruder war damals Kaplan in Hainburg und kannte den Chef der „Austria Presseagentur" gut. Nach seinem Anruf wurde die Geschichte rasch in den Medien revidiert.

Kardinal König und sein Sekretär wachten im kleinen Krankenhaus von Varaždin auf. Helmut Krätzl fragte eine Schwester, wo denn der Chauffeur sei. In gebrochenem Deutsch antwortete diese: „Der ist schon im Sarg." Da wurde ihm klar, wie knapp sie beide dem Tod entronnen waren. Ein Chirurg hatte die Priester im Nachtdienst erstversorgt. „Das muss ein Kommunist gewesen sein", erzählte der Kardinal später, „weil der ist gar nicht zart mit mir umgegangen."[10] Seine Ablöse war ein junger Chirurg, der Franz König erklärte, wenn er gleich dabeigewesen wäre, hätte man später von den Verletzungen nichts mehr bemerkt. Der Kardinal hatte sieben Kieferbrüche mit Lähmungen am Hals erlitten, fast wäre er erstickt. Mühsam musste er wieder sprechen lernen.

Die beiden Priester lagen nebeneinander in ihren Betten. Franz König dachte viel über die Chance des neu geschenkten Lebens nach. Vor ihm an der Wand hing ein Bild von Josip Broz Tito. Ihm ins Angesicht blickend kam dem Kardinal der Gedanke, „der Wiener Erzbischof muss sich um das kümmern, was jenseits des Eisernen Vorhangs im Bereich der katholischen Kirche vor sich geht".[3] Nach zehn Tagen wurden Kardinal König und sein Zeremoniär mit zwei Militärhubschraubern ins Allgemeine Krankenhaus nach Wien geflogen. Trotz Eisernem Vorhang war dies möglich, weil König seit 21. Februar 1959 gleichzeitig auch der erste Militärvikar des österreichischen Bundesheeres war. Dieses Amt hatte er zehn Jahre inne, erst seit 1986 gibt es in Österreich ein Militärordinariat. Helmut Krätzl musste ein halbes Jahr im Spital bleiben, Kardinal König etwas kürzer, obwohl seine Verletzungen zunächst dramatischer waren. Im AKH bekam er täglich Sauerstoffspülungen, um die Heilung des Kiefers zu beschleunigen. Dazu wurde er in einen Behandlungsraum gebracht, wo die Betten durch Vorhänge getrennt waren. Zur selben Zeit lag in einem Nebenbett ein 16-jähriger Bursche, der bei einem Unfall ebenfalls mehrere Kieferbrüche erlitten hatte. Eines Tages fragte der junge Mann die Schwester, weshalb seine Behandlung nur fünf Minuten und die gleiche Behandlung bei dem Patienten hinter dem Vorhang zwanzig Minuten dauere. Weil es sich um Kardinal König handle, wurde ihm gesagt. „Irgendwann bin ich ihm begegnet und habe ihm auch diese Frage gestellt, und ab der nächsten

Sitzung hatte ich auch zwanzig Minuten." Der junge Bursche war Peter Patzak, der später als Regisseur große Erfolge feiern sollte.

Martin Stadler, der 43-jährige Chauffeur, hinterließ eine Frau und Kinder, denen der Kardinal den Besuch einer höheren Schule ermöglichte. In ihrem Schmerz erhob die Witwe anfangs den Vorwurf, ihr Mann sei vom Kardinal gedrängt worden, zu schnell zu fahren. Dazu erzählte Helmut Krätzl dem späteren Chauffeur Robert Györy einmal: „Davon kann überhaupt keine Rede sein, der Fahrer hätte vielleicht den Fehler gemacht, dass er während dem Fahren einen Apfel aß und vielleicht dadurch ein bisschen abgelenkt war."

Noch vom Krankenhaus aus schrieb Kardinal König am 23. März 1960 an den damaligen Außenminister Bruno Kreisky: „Es wurde nun von verschiedenen Stellen nachgefragt, für jene Personen des Krankenhauses von Varaždin, die nach dem Unfall meines Zeremoniärs und mir wichtig als Ärzte oder Schwestern zur Seite standen, eine kirchliche Auszeichnung in Rom zu beantragen. Nun sind aber unter den Personen, die man in eine solche Auszeichnung einbeziehen muss, einige offizielle Mitglieder der Kommunistischen Partei. Aus dem Grund habe ich keine Aussicht, die vatikanische Auszeichnung zu erreichen. Ich erlaube mir die hilfreiche Anfrage, ob Sie, Herr Bundesminister, ein Ansuchen an den Herrn Bundespräsidenten um eine österreichische Auszeichnung befürworten wollten."[16a] Drei Tage später leitete Kreisky das Schreiben an Bundespräsident Adolf Schärf mit der Bemerkung weiter, „dass ich es für eine sehr gute Idee halte, wenn alle in Betracht kommenden Personen Auszeichnungen durch Dich, natürlich im Rahmen der gegebenen Möglichkeiten, erhalten". Dann fügte er den bemerkenswerten Zusatz an: „Jedenfalls würden manche darüber explodieren." Und auch dem Bundespräsidenten schien die Idee gefallen zu haben, denn am 30. März antwortete er: „Ich bin gerne bereit, den Antrag wegen Dekorierung jugoslawischer Staatsbürger, welche sich bei der Betreuung des Wiener Kirchenfürsten verdient gemacht haben, aufrecht zu erledigen." Diese positive Erledigung teilte Kreisky noch am selben Tag Kardinal König mit.

Die Mutter: Maria

Der Vater: Franz König

Am Stiftsgymnasium in Melk

Nachprimiz, 1934. Links neben Franz König sein Stiefvater Johann Kaiser.

Gruppenbild mit Frauen, Krems 1947

Mit Dechant Johann Hiebl, Kirchberg 1952

Bischofsweihe durch Michael Memelauer im St. Pöltner Dom, 1952

Mit Papst Pius XII.

Wappen mit Wahl-
spruch „Die Wahrheit
in Liebe tun" aus dem
Epheserbrief (Eph 4,15)

Kardinalskreierung durch Papst Johannes XXIII.,
1958

Der neu ernannte Kardinal Franz König auf dem Weg zu seinem ersten
Tedeum im Stephansdom, rechts sein Zeremoniär Helmut Krätzl

Die Unfallstelle und das Unfallauto, 1960

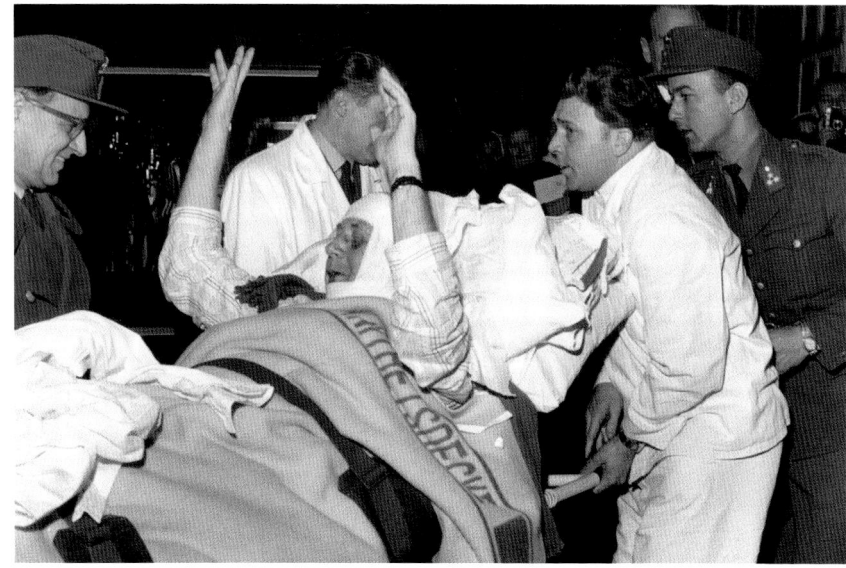

Überführung nach dem Autounfall

Zweites Vatikanisches Konzil: die Konzilsaula

Mit Papst Paul VI.

4. Der Fall Mindszenty

Ein Jahr nach dem schweren Verkehrsunfall war Kardinal König gesundheitlich wieder einigermaßen hergestellt, da sagte Papst Johannes XXIII. zu ihm: „Warum besuchen Sie nicht den Kardinal Mindszenty in der amerikanischen Botschaft?" König antwortete: „Heiliger Vater, gerne, aber der Eiserne Vorhang ist unüberschreitbar." „Na, dann gehen Sie auf den Bahnhof und kaufen Sie sich eine Fahrkarte."[3)] Es sollte jedoch noch bis zum 18. April 1963 dauern, bis Kardinal König seinen ungarischen Amtskollegen in der amerikanischen Botschaft in Budapest besuchen konnte, in die dieser 1956 geflohen war und wo er Asyl erhalten hatte.

József Kardinal Mindszenty, geboren am 29. März 1892 als József Pehm in Csehimindszent in der alten k. u. k. Monarchie Österreich-Ungarn, war 1915 zum Priester geweiht worden, danach arbeitete er als Religionslehrer, aber auch als Redakteur für das Wochenblatt „Vas". Nach dem Ende der Doppelmonarchie kritisierte Phem die linksgerichtete Regierung und übernahm 1919 im Wahlkampf die Führung der neu gegründeten Christlichen Partei, woraufhin er am 9. Februar verhaftet und im Bischöflichen Palais in Szombathely festgehalten wurde. 1941 legte er seinen deutschstämmigen Familiennamen ab und nannte sich fortan nach seinem Geburtsort Mindszenty, wobei sich sein angenommener Name aus den ungarischen Wörtern „minden" (allumfassend) und „szent" (heilig) zusammensetzt. 1944 wurde er zum Bischof von Veszprém ernannt. Er verkaufte Teile des kirchlichen Großgrundbesitzes und errichtete in seiner Diözese 34 neue Pfarren und elf katholische Schulen. Während der NS-Besatzung protestierte Mindszenty gemeinsam mit den anderen ungarischen

Bischöfen gegen die Verhaftung und Deportierung ungarischer Juden in Vernichtungslager. Nach dem Einmarsch der Rote Armee in Ostungarn forderte er die Regierung auf, „Westungarn nicht zum Schlachtfeld der Rückzugskämpfe werden zu lassen", worauf er am 26. November mit anderen Priestern und Theologiestudenten verhaftet wurde. Nachdem die Rote Armee auch Westungarn erobert hatte, durfte er am 20. April wieder nach Veszprém zurückkehren. Er lehnte den Kommunismus ab, weil er in ihm die Verbreitung der Gottlosigkeit sah. Am 15. September 1945 wurde er von Papst Pius XII. zum Erzbischof von Esztergom ernannt und am 7. Oktober als Kardinalspriester mit der Titelkirche Santo Stefano al Monte Celio in das Kardinalskollegium aufgenommen. Formal war Ungarn damals noch eine Monarchie und der Primas von Ungarn stellte die erste Autorität nach dem König dar, deshalb forderte er von der Regierung auch die Einhaltung der Verfassungsbestimmungen: „Der erste staatsrechtliche Würdenträger des Landes steht seiner Heimat zu Diensten." Konflikte mit der kommunistischen Partei der Ungarischen Werktätigen waren die Folge. Er beschwerte sich über die Unterdrückung der Kirche durch die Kommunisten und suchte Unterstützung bei den Exilungarn in den USA. Am 1. Februar 1946 protestierte er dagegen, dass Ungarn wohl mit Parlamentsbeschluss, aber ohne Volksabstimmung eine Republik geworden sei. Im Sommer 1946 löste die Regierung die kirchlichen Vereine auf und schaffte den Religionsunterricht ab, woraufhin Mindszenty westliche Journalisten darüber informierte und am 26. Dezember verhaftet wurde. Er gab später an, unter Folter zu Geständnissen gezwungen worden zu sein. Von 3. bis 5. Februar 1949 fand ein Schauprozess gegen ihn statt, bei dem er wegen Devisenvergehen, Spionage und Umsturzes angeklagt und in der Folge zu lebenslanger Haft verurteilt wurde. Im Zuge des Ungarischen Volksaufstandes wurde der Kardinal am 30. Oktober 1956 aus dem Gefängnis befreit und in einem Triumphzug nach Budapest gebracht. Am 3. November unterstützte er in einer Rundfunkansprache die neue Regierung von Imre Nágy, doch als die Rote Armee in Budapest einmarschierte, musste er in die amerikanische Botschaft fliehen. „Man hat später das Verhalten Mindszentys in den wenigen Tagen seiner Freiheit oft kritisiert. Er hätte zu sehr noch in der Vergangenheit gelebt, er hätte die tatsächliche Lage nicht realistisch genug eingeschätzt", blickte Richard Barta in seinem Buch zurück. „Kann man einem Menschen, der viele Jahre in Gefangenschaft gelebt hat, einen Vorwurf daraus machen, dass er vielleicht noch in Vorstellungen der Vergangenheit befangen war? Kann man von jemandem, der sich unter dramatischen Umständen befreit und im Triumph nach Budapest geführt sieht, dem Zehntausende zujubeln, von dem Hunderte sofort Rat, Hilfe und Weisung erwarten, kann man von einem Menschen in dieser Situation annehmen, dass er die Realität abschätzen kann?"

„Er ist dort im Asyl und vollständig isoliert, aber sehr gut von den Amerikanern behandelt gewesen"[3], erinnerte sich Kardinal König an seine erste Begegnung mit Kardinal Mindszenty am 18. April 1963. Wenige Wochen zuvor, bei seiner Rückkunft von einer Reise nach Rom, hatte der Wiener Erzbischof angekündigt, er würde möglicherweise in nächster Zeit nach Ungarn fahren. Für die Presse war das damals eine Sensation, täglich wurde über die Reise spekuliert, die ungarischen Grenzübergänge wurden von Journalisten beobachtet. „Die bevorstehende Reise Kardinal Königs nach Ungarn war damals eine ‚heiße' Nachricht, und jeder wollte sie als erster haben", beschrieb Richard Barta, der auch Pressesprecher Kardinal Königs war, die Spannung dieser Tage.

Nur fünf Menschen waren letztlich über die tatsächliche Reise informiert. Seine Sekretäre fanden am Morgen nur einen Zettel des Kardinals auf dessen Schreibtisch vor, auf dem dieser schrieb, er würde den Tag außerhalb Wiens verbringen und am späten Abend wieder zurückkehren. Um sechs Uhr früh war der Wagen des österreichischen Gesandten in Ungarn bei einem Seiteneingang des Erzbischöflichen Palais vorgefahren, Franz König stieg allein ein. An der österreichischen Grenze bei Hegyeshalom wurde der Wagen nicht aufgehalten, auch an der ungarischen gab es keine Probleme. Die ungarischen Behörden hatten das Visum erteilt, dieses jedoch nicht in den Reisepass eingetragen. Überhaupt blieb der Diplomatenpass in der Schreibtischlade des Kardinals in Wien. Zu Mittag erfuhr die Presse von der Ungarnreise: „Kardinal König bei Kardinal Mindszenty in Budapest!" Genaueres wussten auch die Sekretäre nicht. „Als sie von den Journalisten bestürmt wurden, konnten sie nicht anders antworten, als dass der Wagen des Kardinals in der Garage stehe und sein Pass in seinem Schreibtisch sei", erzählte Richard Barta.

Rasch und ohne Probleme war Kardinal König mit dem österreichischen Botschafter nach Budapest zur amerikanischen Botschaft gefahren. Dort wollte zunächst der Portier den Mann im schlichten Priesterrock nicht in die Botschaft lassen, zumal sich dieser weigerte, seinen Namen zu nennen. Ein höherer Beamter wurde gerufen, dieser erkannte den Kardinal und brachte diesen in den dritten Stock zu Kardinal Mindszenty. „Ich betrete sein Zimmer, Radio auf volle Lautstärke, damit man damals nichts mithören könne. Wie weit das funktioniert hat, weiß ich nicht."[3] Kardinal König begrüßte den ungarischen Primas: „Laudatur Jesus Christus."[10] Dieser antwortet auf Lateinisch: „Eminentissime, reverendissime Frater!" Kardinal König war erfreut, seinen Amtskollegen in guter Gesundheit anzutreffen. „Quod desiderat summus pontifex a me? – Was will der Heilige Vater von mir?", wollte Mindszenty sogleich wissen. Der Papst schickte bloß seinen Segen und Grüße. Die Unterhaltung war für den ungarischen Kardinal schwierig. „Latein ist ihm nicht ganz geläufig, jedenfalls etwas weniger geläufig als mir"[9], merkte König nach den ersten Sätzen und schlug daher vor, Englisch zu reden. „Er spricht dann Englisch, spricht es aber mit einem stark ungarischen Akzent und ich spürte, das ist ein Englisch, das er aus dem Buch gelernt hat. Aber es war beides ein Verständigungsweg, aber nicht ganz leicht für mich, vor allem auch wegen des Krachs."[9] Mindszenty war nicht mehr zu halten. „Ich merke, der Mann will sprechen, sprechen, sprechen."[3] Nach drei Stunden fuhr Kardinal König wieder nach Wien zurück.

Inzwischen suchte die Presse den Kardinal in Ungarn. „Hatte Kardinal König nicht gesagt, er werde Erzbischof Hamvas, den Vorsitzenden der ungarischen Bischofskonferenz, besuchen?", erinnerte sich Richard Barta an die Spekulationen. „So wurde gemeldet, der Kardinal König befinde sich schon auf dem Weg nach Csanád zu Erzbischof Hamvas. Als die Presse ihn suchte, hatte König schon längst wieder die Heimreise angetreten. Zuvor besuchte er allerdings noch den österreichischen Botschafter in Budapest, der ihm ein Glas Sekt reichte. „Ich merke jetzt, wie ich zittere mit dem Glas in der Hand. Also von der Anspannung der drei Stunden in diesem Geräusch mit dieser nicht ganz leichten Verständigung."[9]

Zurück in Wien rief er Richard Barta zu sich, um diesem von der Fahrt, von der amerikanischen Gesandtschaft in Budapest und von einigen anderen Dingen rund um die Reise zu berichten. „Und das Gespräch mit Mindszenty?", wollte Barta wissen. „Darüber möchte ich Ihnen jetzt lieber gar nichts sagen. Sie haben es dann leichter, wenn sie gefragt werden. Es wird schon noch einmal Gelegenheit sein, darüber zu reden."[10] In seinem Buch stellte Barta später fest: „Diese Gelegenheit ist nie gekommen." Jahre danach erzählte Kardinal König: „Ich war aber tief beeindruckt, die Situation hier zu sehen. Ich war natürlich unter der Kontrolle der Staatspolizei, aber ich merkte, ja, die Leute sind verzagt, der Westen hat uns abgeschrieben, die kümmern sich praktisch nicht um uns. Also, ich konnte nicht viel machen, aber ich merkte, der Besuch allein, rein einmal ein bisschen reden, war für sie wichtig: Ach, sie kommen, wir sind nicht vergessen, nicht abgeschrieben."[3]

Von da an besuchte Kardinal König seinen ungarischen Amtskollegen regelmäßig, das nächste Mal im Frühjahr 1965, später dann bis zu dreimal pro Jahr. „Ich wurde natürlich von der Geheimpolizei auf Schritt und Tritt beobachtet. Am Schluss kannte ich die Gesichter der Geheimpolizisten, die um die Botschaft herum aufgestellt waren, schon. Ich hab' sie freundlich angelächelt und bekam dasselbe Echo zurück."[9]

Immer wieder wurde über ultimative Botschaften des Papstes an Mindszenty spekuliert. Für Barta gab es keine Veranlassung anzunehmen, „Kardinal Mindszenty solle unter irgendeinen Druck gesetzt werden, so wenig allerdings, wie es einen Grund gibt, anzunehmen, dass Mindszenty sich einem konkret ausgesprochenen Wunsch des Heiligen Vaters widersetzen würde, wenn nicht eine letzte persönliche Gewissensentscheidung und die Verantwortung Gott gegenüber dagegensprächen."

Für Walter Kirchschläger, von 1970 bis 1973 Kardinal Königs Sekretär, ist völlig klar: „Wenn der Heilige Vater sagt: ‚Geh!‘, dann geht er, auch wenn er sagt, geh hinaus auf die Straße und lass dich wieder verhaften, aber so weit ist es nicht gekommen." Mindszenty hätte sich gebeugt, ist er überzeugt. Das scheint nicht so sicher gewesen zu sein, denn Mindszenty verstand sich als Primas von Ungarn in der Staatshierarchie gleich nach dem König. Sein Volk konnte und wollte er nicht allein lassen, vom Asyl aus forderte er, die Kirche müsse ihre Güter und Ländereien wieder erhalten und es müssen frühere Zustände in der Eigentumsverteilung wiederhergestellt werden. „Ich kann mich nicht erinnern, dass er sich in irgendeiner Weise zu den Äußerungen des Kardinal Mindszenty aus der amerikanischen Botschaft in Budapest einmal kritisch geäußert hätte", meint der Journalist Hubert Feichtlbauer, der annimmt, dass Kardinal König nicht mit allen Aussagen Mindszentys einverstanden war, doch würde er auch verstehen, „dass er sich gedacht hat, wenn ich da als Vermittler gebraucht werde, kann ich nicht mit Kritik an einer der zu vermittelnden Parteien auftreten". Walter Kirchschläger weiß noch: „König hat nach jedem Besuch ein lateinisches Protokoll verfasst und über die Nuntiatur nach Rom geschickt, aber da ging es vielfach um die körperliche Konstitution, die medizinische und wie es ihm geht."

Zwei Jahre nach dem ersten Besuch Kardinal Königs bei Mindszenty wollte dieser aus Protest die Botschaft verlassen, weil die

Amerikaner mit den Russen und den Ungarn über den weiteren Verbleib des Asylanten verhandeln wollten. König war damals in Rom und wurde vom aufgeregten Staatssekretär des Papstes darüber informiert. Mit der nächsten Maschine flog er nach Budapest und eilte zu Mindszenty in die US-Botschaft. „Ich überzeuge ihn: Schauen Sie, wenn Sie auf die Straße gehen, werden Sie verhaftet, sind im Gefängnis – wem ist damit gedient? – Er hat's auch dann aufgegeben und blieb."[9]

Mindszenty lehnte angeblich das Angebot Papst Pauls VI. ab, Budapest zu verlassen und in Rom ein Kurienamt zu übernehmen. „Der Vatikan hatte eher gedrängt, ihn nach Rom zu bringen und ich habe mich da schwer getan. Ich habe gesagt: Er will seine Heimat nicht verlassen. Und daher hat dann ein ungarischer Prälat aus Rom die Aufgabe übernommen, ihm sozusagen ein bisschen so zuzureden, dass er wirklich dann bereit war, Ungarn zu verlassen und sich nach Rom zu begeben."[9] Am 25. Juni 1971 überbrachte daher Prälat József Zágon den Wunsch des Vatikans, Kardinal Mindszenty solle unter folgenden Bedingungen ausreisen: Er solle weiterhin Primas bleiben; er solle Ungarn ohne Abgabe einer mündlichen oder schriftlichen Erklärung verlassen; auch im Ausland solle er keine Erklärungen abgeben; seine Memoiren sollen geheim bleiben. Mindszenty äußerte Bedenken, doch als auch US-Präsident Richard Nixon zur Ausreise riet, verließ Mindszenty am 23. Oktober 1971 die amerikanische Botschaft in Budapest und reiste zunächst nach Rom. „Das war für Mindszenty schon ein sehr, sehr großes Opfer", denkt Weihbischof Johann Weber daran zurück. „Er hat dann in diesem berühmten Turm von Johannes XXIII. gewohnt"[9], erzählte Kardinal König und meinte damit den Torre San Giovanni an der westlichen Spitze der Vatikanstadt, in der sich päpstliche Gemächer befinden. Nach wenigen Tagen ergriff er allerdings die Flucht nach Wien. Kardinal König war an diesem Samstag bei der Bischofssynode in Rom. Der Apostolische Nuntius, Opilio Rossi, hatte – natürlich streng geheim und vertraulich – beim Bundesminister für auswärtige Angelegenheiten angefragt, ob die österreichische Bundesregierung ein Problem hätte, wenn Kardinal Mindszenty nach Österreich ausreise. „Die österreichische Regierung hat gesagt, wir haben keine Vorbehalte, aber wir wollen wissen, wann er kommt, und da hat der Apostolische Nuntius informiert, dass der Mindszenty an jenem Samstag ankommt", erzählt Walter Kirchschläger, der Sohn des damaligen Außenministers und späteren Bundespräsidenten Rudolf Kirchschläger. Damals wusste er allerdings noch nichts von der beabsichtigten Ausreise Kardinal Mindszentys. „Es war ein Samstag und mein Vater und ich haben telefoniert. Er fragt: ‚Wie geht es dir? Wie war die Woche?' Plötzlich fragt er: ‚Wieso bist du eigentlich zu Hause?' ‚Wieso?' ‚Wenn ich nachdenke, müsstest du eigentlich am Flughafen sein.' ‚Was soll ich am Flughafen machen?' Da hat er erst gemerkt: Hoppla! ‚Wisst ihr nicht, der Mindszenty kommt heute?' Daraufhin war unser Gespräch schnell abgeschlossen." Walter Kirchschläger rief seinen Chef sogleich in Rom an und berichtete: „Eminenz, der Mindszenty kommt heute nach Wien, bitte um Weisungen." Der Kardinal war daraufhin „etwas aus den Socken", beschreibt Kirchschläger die Situation. Zunächst Stille, dann sagte er: „Das ist überraschend für mich." Der Sekretär musste daraufhin Erzbischof Jachym kontaktieren und diesen ersuchen, Mindszenty abzuholen. „Der hatte keine große Freude, weil das war nicht sein Ding." Beim Empfang trafen sie natürlich auf Nuntius Rossi. „Den Blick des Nuntius, den werde ich nie vergessen", schildert Kirchschläger. „Der war etwas überrascht. Aber ich habe nichts gesagt, er hat nichts gesagt." Dann kam Mindszenty in Wien-Schwechat an, wo ihn Erzbischof Jachym und Walter Kirchschläger in Empfang nahmen. „Ich habe eine tiefe Verbeugung gemacht und habe ihm die Hand gegeben", berichtet Kirchschläger, „dann entschwand er mit dem Wagen des Nuntius." Ob in die Nuntiatur oder direkt ins Collegium Pazmaneum, ist nicht ganz klar, vermutlich aber ins Priesterseminar in der Boltzmanngasse, neben der US-Botschaft. Dort spielte sich, erzählt Robert Györy, Kardinal Königs Chauffeur, das nächste Drama ab, denn Kardinal Mindszenty wollte mit dem Wagen in den Hof fahren und nicht vor dem Gebäude aussteigen. Das Tor war allerdings seit vor dem Krieg nicht mehr aufgesperrt worden, deshalb musste eilig ein Schlosser geholt werden, um es zu öffnen. Mindszenty saß während dieser Zeit im Wagen und stieg erst aus, als er im Priesterseminar Pazmaneum war. Zu groß war offenbar seine Angst vor einer Entführung, einem Attentat oder einer Verhaftung.

Papst Paul VI. hatte die Bedingung gestellt, Kardinal Mindszenty solle keine Memoiren veröffentlichen. Doch diese waren damals heiß begehrt. „Der Kirchenfürst, der 15 Jahre lang Asyl in Budapests US-Botschaft gefunden hatte und erst kürzlich via Rom nach Wien ausreisen durfte, hielt bislang Buch-Macher hin, die seine Memoiren blind ankaufen wollten – und treibt damit die Preise hoch", schrieb das Nachrichtenmagazin „Der Spiegel" am 22. November 1971. „Obgleich niemand Näheres über das Erinnerungswerk weiß, reiste der Wiener Verlagsherr Fritz Molden ..., der sechsstellig mitbietet, vorletzte Woche in die USA, um die Markt-Chancen für die Weltrechte zu erkunden. Auf Fragen von Journalisten, wie viel Seiten er bereits geschrieben habe, pflegt der Kardinal nur mit einer Geste zu antworten: Er nimmt die Hände etwa 20 Zentimeter auseinander." 1973 legte Kardinal Mindszenty Papst Paul VI. seine Memoiren vor, die den Titel „Erinnerungen" trugen. Der Papst äußerte Bedenken gegen eine Veröffentlichung, verbot diese aber auch nicht. Verwundert weist Walter Kirchschläger darauf hin, dass Kardinal König zehn Jahre lang der einzige Kontakt Kardinal Mindszentys in den Westen war, „er war der einzige Besucher, doch in den Memoiren vom Mindszenty kommt König ein einziges Mal vor, und zwar aus der späten Zeit, als Mindszenty in Wien war und König ihn eingeladen hat, zu irgendeinem Feiertag das Pontifikalamt in St. Stephan zu feiern".

Am 1. November 1973 lehnte Mindszenty die Aufforderung des Papstes ab, sein Amt niederzulegen, woraufhin er am 5. Februar 1974 aus „pastoralen Gründen" seines Amtes enthoben wurde.

Nach seinem Tod am 6. Mai 1975 wurde er in der Wallfahrtskirche von Mariazell beigesetzt. In seinem Testament verfügte er, seine sterblichen Überreste sollten erst dann nach Esztergom übergeführt werden, wenn „der Stern der Moskauer Gottlosigkeit vom Himmel Mariens und des hl. Stephans fällt". Dies fand nach dem Abzug der sowjetischen Besatzungsmacht am 4. Mai 1991 statt. Posthum wurde er rehabilitiert, die Urteile gegen ihn wurden aufgehoben. Auf seinem Grab steht: „Das Leben hat ihn erniedrigt, der Tod hat ihn erhöht."

5. Eine polnische Freundschaft

Den Primas von Polen lernte der Erzbischof von Wien am 7. Mai 1957 kennen. Damals wurde er von der österreichsichen Grenzpolizei darüber informiert, dass Kardinal Wyszyński mit der Bahn nach Wien unterwegs sei, um von dort weiter nach Rom zu einer Audienz bei Papst Pius XII. zu reisen und seine Aufnahme ins Kardinalskollegium zu besprechen. Seine Ausreiseerlaubnis war damals eine Weltsensation. Binnen Kurzem versammelten sich Neugierige, aber auch Journalisten vor dem Erzbischöflichen Palais in Wien und am Südbahnhof. Diesen Rummel wollte Kardinal König seinem Amtskollegen ersparen und fuhr ihm daher mit dem Auto entgegen. Im Bahnhof Gänserndorf stieg er in den Zug und lud Wyszyński ein, mit ihm im Wagen weiter nach Wien zu fahren. „Die drei Bischöfe, die ihn begleiteten, sollten, so meinte ich, per Zug nach Wien weiterreisen." Der Pole nahm dass Angebot dankbar an. „Sein Gesicht war blass und seine großen, fragenden Augen blickten mich aufmerksam an."[5] Im Auto unterhielten sich die beiden anfangs nur wenig auf Italienisch. Plötzlich fragte Wyszyński: „Was, meinen Sie, hat wohl der liebe Gott mit mir vor?" Wie sieht er die Zukunft in den kommunistischen Ländern? Wohin führt der Weg, und werden wir das Licht am Ende des Tunnels sehen können?" Diese erste Begegnung beeindruckte Kardinal König zutiefst. „In den Jahren danach wurden wir enge Freunde."[5]

Ende April 1963 kam es zur ersten Polenreise Franz Königs, die sechs Tage dauerte und für großes diplomatisches Aufsehen sorgte. Sie sollte nur privaten Charakter und keine offizielle oder gar politische Mission haben. Der Wiener Kardinal sollte bloß seinen „Freund" Stefan Wyszyński „privat" treffen, mehr nicht. Dieser Besuch beschäftigte die österreichische Botschaft, die wiederum in engem Kontakt mit Außenminister Bruno Kreisky stand.

An der tschechischen Grenze wurde der Wagen Kardinal Königs zunächst nicht abgefertigt. Stundenlang ließ man ihn warten, doch er gab sich gelassen, packte sein Brevier aus und wanderte betend geduldig auf und ab, bis sich der Grenzbalken dann doch noch öffnete und er weiterfahren durfte, wobei er sich zuvor ausdrücklich bei den Grenzsoldaten bedankte. Die Reise ging weiter nach Polen, wo Kardinal König an der Grenze trotz des privaten Charakters des Besuches vom Vizepräsidenten der Wojdwodschaft Krakau begrüßt wurde. An der Seite von Erzbischof Bolesław Kominek war damals ein Priester. Der junge Mann war Karol Józef Wojtyła, der im Juni 1939 als 19-Jähriger seine erste Zwischenprüfung als Student der Philologie abgelegt und einen Monat später seine militärische Ausbildung an der Akademischen Legion beendet hatte – am 1. September begann der Zweite Weltkrieg mit dem Blitzkrieg der Deutschen gegen Polen. Wojtyła, Sohn ungarischer Juden, schloss sich den beiden Untergrundorganisationen „Studio 39" und dem Gebetszirkel „Lebendiger Rosenkranz" von Jan Tyraniowski an. Vermutlich um der Deportation in ein Zwangsarbeitslager der Nazis zu entgehen, meldete sich Karol Wojtyła als Hilfsarbeiter in der deutschen Chemiefabrik Solvay, wo er zwischen 1942 und 1945 arbeitete. Solvay kooperierte damals mit der I.G. Farben, jenem Unternehmen, das Zyklon-B-Giftgas für die Nazis produzierte. 1942 eröffnete Wojtyła dem Krakauer Kardinal Sapieha seine Absicht, Priester werden zu wollen. Das Erzbistum stimmte dem Wunsch zu, Wojtyła durfte heimlich Philosophie studieren und am 1. November 1946 wurde er zum Priester geweiht. Nach drei Studienjahren in Rom promovierte er und ging danach als Pfarrer zurück nach Krakau, wo er sich – ähnlich wie Franz König – um die Jugendlichen seiner Gemeinde kümmerte, die ihn liebevoll „Wujek" nannten. 1953 habilitierte sich Wojtyła mit der Arbeit „Beurteilung der Rekonstruktionsmöglichkeiten einer christlichen Ethik auf der Basis der Voraussetzungen des ethischen Systems", ab 1954 unterrichtete er Philosophie und Sozialethik in Lublin. Am 28. September 1958 wurde er zum Kapitelvikar von Krakau ernannt – und in dieser Funktion gehörte er als 42-Jähriger dem Empfangskomitee für Kardinal König bei dessen erster Polenreise an.

Beim Zweiten Vatikanischen Konzil (1962–1965) brachte sich Karol Wojtyła aktiv bei den Themen Religionsfreiheit und zeitgemäße Verkündigung der kirchlichen Lehre ein. 1997 erinnerte sich Kardinal König an seinen jungen polnischen Kollegen. „Der hatte damals beim Konzil teilgenommen und ist bekannt geworden. Er hat sehr viel geredet." Bei seinen Reisen nach Rom machte Wojtyła wiederholt Station in Wien. „Das war wegen der österreichischen Neutralität", erklärt Erich Leitenberger, langjähriger Pressesprecher Kardinal Königs. „Man konnte einen katholischen Bischof in das neutrale Österreich ausreisen lassen, aber nicht in einen NATO-Staat." Als die polnischen Bischöfe in den 1970er-Jahren nach Rom fuhren, reisten sie immer über Wien, weiß auch Walter Kirchschläger, damals Sekretär des Kardinals. „Die sind mit dem Chopin-Express von Warschau nach Wien gefahren, sind am Abend hier angekommen, haben in Wien übernachtet und sind normalerweise am nächsten oder übernächsten Tag nach Rom weitergereist mit dem Romulus, so hat der Zug geheißen." Die Reisenden vom Bahnhof abzuholen und sie wieder hinzubringen, war für die Mitarbeiter des Kardinals Routine. „Im konkreten Ablauf hat das geheißen, dass Kardinal Wyszyński Kardinal König am Bahnhof begrüßt hat, mit dem Nuntius in die Apostolische Nuntiatur gefahren ist und dort übernachtet hat. Der Erzbischof von Breslau, Kardinal Kominek, ist immer ins Erzbischöfliche Palais gefahren, hat dort mit dem Kardinal noch ein spätes Nachtmahl gegessen und im Palais übernachtet. Und der Erzbischof von Krakau, Kardinal Wojtyła, hat sich einmal dem Nuntius und einmal dem Kardinal angeschlossen. Das kann man jetzt deuten, wie man möchte." Ende April/Anfang Mai 1963 wurden also Kurt Enderl, der österreichische Botschafter in Warschau, Richard Barta und Kardinal König in Polnisch-Teschen/Cieszyn begrüßt. Der Wiener Kardinal wurde als hoch angesehene Persönlichkeit aus einem befreundeten Land empfangen. Zur großen Überraschung war auch ein polnisches Fernsehteam dabei, das von der späteren Kranzniederlegung an der Todesmauer im Konzentrationslager Auschwitz berichtete. Am zweiten Tag wurde Kardinal König vom polnischen Staatsoberhaupt ins Schloss Belvedere in Warschau eingeladen. Damals bildete ein zehnköpfiger Staatsrat die politische Spitze Polens. Der Vorsitzende erkrankte allerdings kurzfristig, und Kardinal König wurde nicht von Wojciech Zawiejski, dem einzigen Katholiken des Staatsrates, sondern von Bolesław Podedworny, dem Vertreter der Bauernpartei, empfangen. In diesem Gespräch würdigte Kardinal König die polnische Aufbauleistung, er selbst wurde nach seinen Reiseeindrücken gefragt und gemeinsam sprach man über die Erhaltung und Vertiefung des Friedens auf der Welt. Über das Verhältnis zwischen Staat und Kirche wurde kein einziges Wort gewechselt.

Die Reise führte von Krakau über Warschau nach Łowicz, Łódź und weiter nach Częstochowa, wo die österreichischen Gäste am späten Abend die Klosterburg auf dem „Jasna Góra", dem „Hellen Berg", erreichten. Für den nächsten Abend war eine Andacht für Maria, die „Königin Polens", geplant. Trotz strömenden Regens kamen hunderttausend Menschen oder sogar mehr, beteten und sangen die polnische Nationalhymne „Maria, krolowa Polski". Kardinal Wyszyński schloss seine Ansprache mit den Worten: „Es lebe Kardinal König, es lebe das katholische Österreich."

In Łowicz hatte Kardinal König auf Deutsch zu den Polen gesprochen. „Die Polen hatten ihm deswegen nicht weniger zugejubelt, wenngleich diese Sprache für Millionen von Polen mit den Erinnerungen an den Krieg belastet ist", stellte Richard Barta später fest. In Tschenstochau antworte Kardinal König mit einer lateinischen Ansprache. Der Erzbischof von Posen pries daraufhin den Wiener Kardinal auf Deutsch als besonderen Freund Polens, worauf sich König auf Polnisch bedankte und die Aufbauleistung würdigte, die nur durch den starken Glauben des polnischen Volkes geschaffen werden konnte. „Da kannte der Jubel kein Ende", erinnerte sich Barta. „König hat in der Öffentlichkeit selten Polnisch gesprochen. Wohl hatte er auch Kenntnisse in dieser Sprache, aber das Russische war ihm viel geläufiger."

Nach sechs Tagen endete der Besuch wieder an der Grenzbrücke in Polnisch-Teschen. Hunderte Menschen waren dorthin gekommen, Blumen, Hochrufe und Umarmungen begleiteten den Abschied. „Als Freunde waren wir gekommen, Freunde ließen wir zurück", fasste Barta den Besuch zusammen. Die Grenzposten seien sehr korrekt und höflich gewesen.

Kardinal König war wiederholt in Polen unterwegs, so 1966 anlässlich der 1000-Jahr-Feier Polens, aber auch 1973, als er sich auf die Spuren von Kopernikus begab und dabei von Karol Wojtyła begleitet wurde. „Im Osten war es immer so, dass die Bischöfe mit unserem Auto mitgefahren sind, weil sie gewusst haben, in diesem Auto gibt es keine Abhörgeräte", erinnert sich der Chauffeur Robert Györy. Kardinal König ging mit den Kardinälen des Ostblocks stets höflich und korrekt um, doch begegnete er vielen mit einer gesunden Portion Vorsicht. „Es liegt daran, dass viele natürlich mit dem Staat, mit den Kommunisten kooperiert haben", erklärt Györy die Zurückhaltung. „Es war nicht immer die beste Auswahl, weil die Kommunisten bei der Auswahl der Bischöfe beteiligt waren." Der Papst konnte damals nur Bischöfe ernennen, die mit der kommunistischen Regierung in langen Diskussionen ausverhandelt worden waren.

Im Dienstwagen des Kardinals wurden dann die wichtigen Themen besprochen. „Ein Thema war die Frage, was kann man tun, um den Katholiken in den kommunistisch beherrschten Ländern mehr Atemluft zu verschaffen", zählt Erich Leitenberger auf. „Ein anderes großes Thema war natürlich der Dialog mit den anderen Christen, der Dialog mit den anderen Religionen und der Dialog mit den Nichtglaubenden – auch der Dialog mit der Wissenschaft. Und dann war da eben auch die Frage des Lebensschutzes im weitesten Sinn." Als Chauffeur bekam Robert Györy sehr viel von den

Anliegen der Vertreter des Ostens mit: „Es hat auch Kardinäle gegeben, denen es bewusst war, wie schwierig die Situation war, die dann auch geklagt und manche sogar fast geweint haben über die Situation. Wie weit kann ich gehen? Wie weit kann ich mit den Behörden zusammenarbeiten? Die Schwierigkeit war, wenn ich alles ablehne, bekomme ich nicht einmal einen Sack Zement, mit dem ich was herrichten kann."

Bei diesen Fahrten wandte sich auch Karol Wojtyła – mittlerweile Erzbischof von Krakau – mit seinen Bitten an den Wiener Kardinal, so etwa, als er 1964 in Nowa Huta, einer neuen Arbeiterstadt, die Kirche Arka Pana gegen den Widerstand der Kommunisten, aber mithilfe der VOEST errichten wollte und seinen Willen beharrlich durchsetzte. Für dieses Projekt wurden Lebensmittel, Medikamente und auch Baumaterial über verschlungene Wege nach Polen gebracht. „Die Pläne habe ich geschmuggelt", erinnert sich Lonny Glaser an ihr Abenteuer zurück. „Sie waren in einer Schokolade-Bonbonniere versteckt. Ich mache auf, da waren die Pläne von der Kirche drin."

Ein Jahr später, am 18. November 1965, veröffentlichten die polnischen Bischöfe einen Hirtenbrief an die deutschen Amtsbrüder, mit dem sie um Versöhnung zwischen den beiden Ländern baten und den Satz formulierten: „Wir vergeben und bitten um Vergebung." Verfasser war der Breslauer Kardinal Kominek, der erst Primas Wyszyński überzeugen musste und in Erzbischof Wojtyła einen wertvollen Befürworter fand. Entschieden gegen dieses Schreiben wandte sich Władysław Gomułka, der als Parteichef mit allen Mitteln eine Annäherung an die Bundesrepublik Deutschland verhindern wollte. In der Folge durfte Kardinal Wyszyński eine Reise nach Rom nicht antreten und auch der geplante Besuch Papst Pauls VI. anlässlich der 1000-Jahr-Feier Polens wurde von der kommunistischen Führung zweimal abgesagt.

Am 26. Juni 1967 wurde Karol Wojtyła von Papst Paul VI. zum Kardinalspriester mit der Titelkirche San Cesareo in Palatio erhoben. Viele Jahre schien das Verhältnis zwischen Karol Wojtyła und

seinem Wiener Amtskollegen Franz König nach außen hin freundschaftlich und herzlich zu sein, doch waren damals schon erste Differenzen erkennbar. „Die Herzlichkeit, die lief über Kominek, er war ein unglaublich herzlicher Mensch", erinnert sich Walter Kirchschläger. „König hat Wyszyński unglaublich geschätzt." Doch wie war die Beziehung zu Karol Wojtyła? „Ich würde von einem geordneten Verhältnis sprechen, das Stichwort Freundschaft, ich weiß es nicht." Nach einem großen Pontifikalamt Anfang der 1970er-Jahre gab es ein gemeinsames Essen mit dem polnischen Episkopat, an dem Kardinal Wojtyła, ohne sich zuvor verabschiedet zu haben, nicht teilnahm, erinnert sich Johannes Huber, von 1973 bis 1983 Sekretär Kardinal Königs. War das unentschuldigte Fernbleiben eine Brüskierung oder gehörte ein solches Verhalten zu seiner Persönlichkeit? Der Theologe Hans Küng schreibt im ersten Band seiner „Erinnerungen" von einem ähnlichen Erlebnis, das der deutsche Bundeskanzler Helmut Schmidt hatte, der 1977 auf Anraten Kardinal Königs nach Krakau gereist war, um dort Kardinal Wojtyła zu treffen: „Tief enttäuscht ist der Bundeskanzler, dass sich Wojtyła dort mit der wenig glaubwürdigen Entschuldigung verleugnen lässt, er sei in ‚Exerzitien' gegangen. Zu allem Überfluss lässt er dem Kanzler durch den Domdekan ein schweres Buch über den Krakauer Dom überreichen." Küng gegenüber meinte Helmut Schmidt dazu: „Der Mutigste ist er auch nicht gerade."
„Zwischen Wojtyła und König bestand eine große ideologische Reserviertheit", schätzt Johannes Huber das Verhältnis der beiden ein. Ein Grund könnte in der Einschätzung der künstlichen Empfängnisverhütung liegen und auch damit zusammenhängen, dass Kardinal König die Straffreiheit der Abtreibung in Österreich nicht verhindern konnte. Am 29. November 1973 war die „Fristenlösung" vom österreichischen Nationalrat mit 93 SPÖ-Stimmen gegen 88 Stimmen von ÖVP und FPÖ beschlossen worden, was sicherlich für Kardinal Wojtyła, den späteren Papst Johannes Paul II., ein Tabuthema war, das er Österreich und seinen Kirchenvertretern nachhaltig übel nahm.

Ein anderer Grund für das spätere Zerwürfnis zwischen Wojtyła und König könnte die unterschiedliche Haltung dem Kommunismus gegenüber gewesen sein. Bereits 1965 hatte Kardinal König dazu gesagt: „Ich denke an keine restaurative, sondern an eine progressive Entwicklung. Der Dialog soll nicht das Lehrgebäude des Marxismus zum Einsturz bringen. Ja, ich glaube an die Macht des Wortes, an die Macht des Gespräches, an die Macht der Argumente. Ich glaube daran, dass die Wahrheit schließlich stärker sein wird, als alle Versuche, sie zu manipulieren. Vor allem aber glaube ich daran, dass stärker als Worte das Beispiel ist, das Beispiel christlicher Existenz, das Beispiel christlichen Lebens. Wo alle Worte versagen, wo jedes Gespräch, jeder Dialog versagt, da gibt es nur noch ein Wort, und dieses Wort heißt Liebe."[11]

Als einer, der das kommunistische Regime hautnah miterleben musste, hatte Karol Wojtyła eine andere Einstellung dazu. Er war strikter Antikommunist, sprach sich für die Religionsfreiheit in Polen aus und stellte Forderungen. Die kommunistische Regierung wusste, dass sie mit der katholischen Kirche kooperieren musste, um gleichzeitig die Loyalität für die Partei zu fördern. „Wenn man mit Vertretern des Regimes spricht, so hat man allerdings eher den Eindruck, als befände sich der Staat in einem verzweifelten Kampf um Positionen gegen eine übermächtige Kirche", beurteilte Richard Barta 1965 die politische Situation. „Die Schicht jener überzeugten Kommunisten, die das Regime tragen, ist verhältnismäßig dünn." Vor dieser Sichtweise machte Kardinal Königs geduldige Haltung durchaus Sinn. „Die Identität zwischen Polentum und katholischem Glauben ist so stark, dass der Staat die Kirche niemals überwältigen kann, die außenpolitischen Gegebenheiten sind auf der anderen Seite aber so zwingend, dass auch die Kirche ihnen schließlich Rechnung tragen muss", machte Barta das Dilemma deutlich.

Immer mehr Zugeständnisse musste die polnische Regierung der Kirche machen, wie etwa die Erlaubnis zur Errichtung von Kirchen, zum katechetischen Unterricht und zur karitativen Tätigkeit. Ein Pole sagte damals, die Ketten seien zwar verschwunden, aber an ihre Stelle wäre ein Spinnennetz getreten – weniger drückend, aber umso lästiger. „Es ist klar, dass natürlich der polnische Papst – wie viele polnische Katholiken – der Meinung war, mit den Kommunisten kann man nicht reden, das sind einfach unsere natürlichen Feinde. Man kann nur hoffen und den lieben Gott bitten, dass das Ganze zusammenkracht", analysiert die Journalistin Barbara Coudenhove-Kalergi. „Das ist natürlich von Österreich anders gesehen worden, weil man ja auch die Neutralität hatte und sich auch sicher an Willy Brandt orientiert hat mit: Es wächst zusammen, was zusammengehört." Weder der Mauerfall noch der Fall des Eisernen Vorhangs wurden von westlichen Politikern vorausgesagt. „Besonders auf der Linken, aber eigentlich auch bis weit in bürgerliche Kreise hinein hat man eher gedacht: Wandel durch Annäherung, also man muss hoffen, dass sich das kommunistische System im Ostblock ein bisschen demokratisiert", fasst die ehemalige ORF-Korrespondentin die damalige Meinung zusammen. „Wojtyła stand damals auf dem sicher nicht unrichtigen Standpunkt, man soll mit dem Kommunismus gar nicht reden, denn der Kommunismus bricht in sich zusammen. Der hat keine Zukunft mehr und daher hat es auch keinen Sinn, viel Ostpolitik zu betreiben", teilt Johannes Huber diese Sichtweise. „König tat das im Auftrag von Paul VI., und das war der Beginn des Zerwürfnisses zwischen den beiden."

Zuckerbrot und Peitsche gab die polnische Regierung der katholischen Kirche. Auf der einen Seite gab es Zugeständnisse, gleichzeitig gab es aber auch viele Schikanen, Repressalien und Gewaltakte, wie z. B. die Ermordung des polnischen Priesters Jerzy Popiełuszko, der 1980 als Seelsorger für die Warschauer Stahlarbeiter arbeitete und sich spätestens nach dem Verbot der Gewerkschaftsbewegung Solidarność 1981 den Ärger der Regierung durch seine monatliche „Messe für das Vaterland" zugezogen hatte. 1983 wurde er verhaftet, doch konnte Bischof Bronisław Dąbrowski seine Freilassung bewirken. Nach einem Anschlag auf seinen Wagen am 13. Oktober 1984 bot Józef Glemp, Nachfolger Kardinal Wyszyńskis als Primas von Polen, dem gefährdeten Priester einen Studienaufenthalt in Rom an, was dieser jedoch ablehnte. Drei Tage später wurde er von drei Offizieren des kommunistischen Staatssicherheitsdienstes entführt, geschlagen und anschließend im Weichsel-Stausee bei Włocławek ertränkt. Seine Leiche wurde am 30. Oktober gefunden. Vor diesem Hintergrund vertraute Karol Wojtyła vermutlich der Tat mehr als dem Dialog.

Jahre vor diesem dramatischen Ereignis war das Kardinalskollegium nach dem plötzlichen Tod Papst Johannes Pauls I. 1978 in Rom zum Konklave zusammengekommen. Auf seiner Fahrt nach Rom machte Karol Wojtyła noch einmal Station in Wien und besuchte das Erzbischöfliche Palais. „Er ist hier in den Hof hineingefahren und ich bin unten gestanden", erinnert sich der Chauffeur Robert Györy an diese Begegnung. „Da steigt er aus, wir kannten uns ja schon, kommt zu mir und klopft mir auf die Schulter: ‚Ah, das ist der Herr Robert, den man in ganz Polen kennt.' Er war immer sehr, sehr freundlich zu mir."

Damals wurde noch ein wichtiger Grundstein gelegt, der die Nachfolge Kardinal Königs massiv beeinflussen sollte. In Rom hatte sich Hans Hermann Groër als umtriebiger Benediktinerpater einen Namen gemacht, der, so Weihbischof Helmut Krätzl, „Maria Roggendorf – einen alten Wallfahrtsort, der geistig verfallen war – aufgebaut hat. Und er hat an jedem 13. des Monats in Erinnerung an Fatima einen Bischof eingeladen, darunter auch die polnischen Bischöfe." Weihbischof Krätzl erinnert sich: „Karol Wojtyła ist auch eingeladen gewesen, nur ist er dann Papst geworden." Als Kardinal von Krakau hatte er Groër einen Besuch versprochen, als Papst ernannte er ihn 1986 zum Erzbischof und 1988 zum Kardinal von Wien. Walter Kirchschläger versucht, diese Entscheidung aus der Perspektive Johannes Pauls II. und dessen Vorliebe für Ordensleute zu betrachten: „Er hat ja kein Hehl daraus gemacht, dass er Ordensleute für noch bessere Priester oder Bischöfe hält als normale Bischöfe." Zur Untermauerung zitiert er die Ernennungsurkunde Groërs, in der steht: „„Da Du lange Zeit Priester in

der Erzdiözese warst und dann zur Vollkommenheit des Ordens-
standes emporgestiegen bist ...' – Diese Wendung offenbart ja eine
Denkweise." Wenn man dazu noch die marianische Frömmigkeit
Johannes Pauls II. berücksichtigt, kann Kirchschläger die Entscheidung zumindest nachvollziehen. Hinzu kommt, „dass dieser
Ordenspriester noch dazu einen Marienwallfahrtsort revitalisiert
hat, erfolgreich, wie man ja aus gewisser Sicht sagen musste".

Doch zuvor musste Karol Wojtyła 1978 beim Konklave zum
Pontifex Maximus gewählt werden. In Rom hatte der Bischof von
Chicago, so erzählt Johannes Huber die Anekdote, ein Empfehlungsschreiben des amerikanischen Präsidenten mit sich, in dem
dieser anregte, man möge jemanden aus einem kommunistischen
Ostblockstaat wählen, denn „das würde den Kommunismus auf-
weichen". Zwei Tage vor der Wahl fragten Kardinal König und
sein US-Kollege den polnischen Kardinal Wyszyński, „ob es nicht
sinnvoll oder denkbar wäre, wenn man einen Kardinal aus Polen
zum Papst wählen würde". Wyszyński bezog die Anfrage auf sich
und lehnte mit dem Verweis ab, er sei für dieses Amt viel zu alt, an
Karol Wojtyła dachte er damals keinen Augenblick.

Kardinal König erinnerte sich an das Konklave 1978 folgendermaßen: „Es war damals die große Frage, soll ein Italiener wiederge-
wählt werden, wie früher, oder soll es ein Nichtitaliener werden?"[3]
Er selbst zählte sich zu jenen, die der Meinung waren, die Kirche
sei eine Weltkirche. Deshalb setzte er sich auch für einen Nicht-
italiener ein, um die Internationalität dadurch sichtbar zu machen.
„Und so ergab sich dann die Frage, da wäre ein junger Mann aus
dem Ostblock."[3] Franz König hatte Karol Wojtyła ja bei seinen
Reisen nach Polen kennengelernt, „und daher lag mir nahe, aufmerksam zu machen: Warum nicht?"[3] Seine Intervention wurde
sehr unterschiedlich aufgenommen, weil die Kardinäle befürchte-
ten, der polnische Kollege sei unfrei und in den Händen der Kommunisten. „Er wurde sicher nicht im ersten Wahlgang zum Papst
gewählt, aber nach – ich weiß nicht, wie viele Abstimmungen es
waren – kam Johannes Paul II. als gewählter Papst heraus."[3] So

geschah es, dass Franz Königs Favorit für das Amt am 16. Oktober 1978 zum Papst gewählt wurde und sein Pontifikat über 26 Jahre ausüben sollte.

Im Laufe seiner Amtszeit besuchte Papst Johannes Paul II. auf 104 Reisen 127 Länder. Seine spektakulärste Reise führte ihn vom 2. bis 10. Juni 1979 das erste Mal nach Polen, wo über zwei Millionen begeisterte Menschen zu den offiziellen Veranstaltungen kamen. Sein Besuch war wiederum mit ein Anstoß für die Entstehung der Gewerkschaftsbewegung Solidarność. Damit wurde eine politische Kettenreaktion ausgelöst, die letztlich den Ostblock zusammenbrechen ließ. Nach dem Ende sagte General Wojciech Jaruzelski, von 1985 bis 1990 Staatsoberhaupt Polens: „Bei seinem Polenbesuch im Sommer 1979 verminte der Papst das Sowjetimperium, 1989 flog es dann in die Luft." Zu jener Zeit war Barbara Coudenhove-Kalergi ORF-Korrespondentin in Polen. „Der Papstbesuch 1979 war ja eigentlich indirekt der Auslöser für alles, was später gekommen ist, weil die Leute auf einmal gemerkt haben, dass sie viele sind." Die polnische Regierung hatte den Besuch zwar erlaubt, aber nicht propagiert. Es gab keine Sonderzüge, die Menschen organisierten sich selbst. „Und da sind wirklich Millionen unterwegs gewesen, zu Fuß und mit allen möglichen Fahrzeugen, um zu den Papstmessen zu kommen. Und die Leute haben plötzlich gesehen, wir sind die überwältigende Mehrheit. Also dieser Eindruck war es sicher, der dann auch die Entstehung der Solidarność beeinflusst hat und alles, was nachher gekommen ist. Sicher war Kardinal König in diesem Prozess auch involviert, weil er ja auch viele der handelnden Personen und nicht zuletzt den Papst gekannt hat", ist Coudenhove-Kalergi überzeugt.

1980 entstand aus einer Streikbewegung Solidarność („Solidarität") die erste freie und unabhängige polnische Gewerkschaft unter dem Vorsitz von Lech Wałęsa, der eine gemäßigte Konfrontation mit den kommunistischen Machthabern verfolgte. Daraufhin internierte die Regierung führende Vertreter der Gewerkschaft und rief am 13. Dezember 1981 das Kriegsrecht aus. Diese Entwicklung beschäftigte auch den österreichischen Bundeskanzler Bruno Kreisky, der am 13. Januar 1982 in seiner Rede vor dem Seniorenrat dazu erklärte: „Und nun erleben wir in Polen millionenfach etwas sehr Merkwürdiges, wie da aus den armen Menschen in den Dörfern draußen plötzlich das polnische Proletariat wurde, das in seinem ganzen Bewusstsein natürlich alles das mitgebracht hat, was man in den Dörfern hochgehalten hat." Dem folgte ein erster Seitenhieb: „Dazu nun natürlich die römisch-katholische Kirche mit ihrem gewaltigen geistigen Einfluss auf die Menschen im polnischen Dorf, seit eh und je. Und das erklärt, warum diese neue Gewerkschaftsbewegung in Polen unter so dominantem katholischem Einfluss stand, und das erklärt auch, warum der Papst in Rom, der ja Pole ist, ein so eminentes Interesse auch an der Entwicklung in Polen genommen hat und warum die römisch-katholische Kirche so eine Stellung in Polen hat." Und dann ein sehr beachtenswerter Satz: „Das erklärt aber auch, liebe Genossinnen und Genossen, und ich unternehme einen kühnen Versuch, das zu sagen und darzustellen, das erklärt aber auch das Scheitern dieser Bewegung." In ihrer Hilflosigkeit sei die Masse der polnischen Arbeiter darauf angewiesen, welchen Rat ihr die römisch-katholische Kirche gebe. „Und man kann es der römisch-katholischen Kirche nicht verübeln, dass sie in solchen Situationen nicht den besten Rat zu geben wusste, weil sie ja eigentlich nicht dazu da ist."

Diesen Angriff ließ Kardinal Franz König nicht auf sich sitzen, und am 20. Januar 1982 antwortete er als Vorsitzender der österreichischen Bischofskonferenz, die Bischöfe hätten den Eindruck, „dass Sie am Beispiel Polens der katholischen Kirche unterschieben, ihr Wirken setzte menschliche und gesellschaftliche Primitivität voraus und daher konnte sie in Polen den Aufgaben in dieser schwierigen Situation nicht gerecht werden". Die Bischofskonferenz hielt fest: „Sie haben mit Ihren Ausführungen klar und deutlich der Kirche in Polen die Schuld am Scheitern der dortigen Gewerkschaftsbewegung gegeben." Dadurch sei der Eindruck entstanden, die Kirche hätte noch einen dominierenden Platz in der auslaufenden agrarischen, kaum aber in einer industrialisierten und verstärkt urbanen Gesellschaft. „Aber gerade in Polen hat sich jetzt gezeigt, dass die Kirche nicht vorwiegend aus bäuerlicher Bevölkerung, sondern in hohem Maße aus Bergwerksleuten und Industriearbeitern zusammengesetzt ist." Dann wird er persönlich: „Sie, Herr Bundeskanzler, sind der Meinung, das Scheitern dieser Bewegung vorausgesehen zu haben, weil die Kirche ‚in solchen Situationen nicht den besten Rat zu geben' weiß. Dabei haben Sie die Tätigkeit der Bischöfe in abwertender Form geschildert: ‚Wie sie hin und her gewandert sind' und ‚Verantwortung übernommen haben und doch keine Verantwortung übernommen haben' und dass die Kirche keine ‚besonderen Voraussetzungen hätte, eine große Arbeiterbewegung zu führen'." König stellte klar: „Eine Arbeiterbewegung zu führen, hat sich die Kirche in Polen nie angemaßt. Das haben die polnischen Bischöfe in allen Phasen der Entwicklung mehrmals gesagt, das hat auch der Papst bestätigt." Nicht an der Kirche, sondern am System drohe die Arbeiterbewegung zu scheitern, die Kirche wolle die Menschen nur „geistig unterstützen". Zur Mäßigung habe die Kirche mit Nachdruck aufgerufen und vor Blutvergießen gewarnt. Kardinal König wies auch auf eine Aussage Helmut Schmidts vor dem Deutschen Bundestag hin: „Die katholische Kirche und der Papst haben ein besseres Bild von den dortigen Vorgängen und Entwicklungen. Wir werden, wie schon seit Wochen, auch in Zukunft daraus eigene Orientierung gewinnen." Zuletzt bedauerte die Bischofskonferenz Kreiskys Aussagen, „weil sie darin einen ungerechtfertigten Angriff auf die so verdienstvolle Kirche in Polen sieht".[16b]

In seiner Replik vom 2. Februar 1982 schrieb Bundeskanzler Kreisky zunächst über sich selbst: „Jawohl, Eminenz, ich bin noch immer ein sehr kritischer Sozialdemokrat, auch Erscheinungen in meiner eigenen Partei gegenüber, wofür ich ja Beweise genug geliefert habe." Danach ging er auf Polen ein: „Wenn man sich auf eine Konfrontation mit der Staatsmacht in Polen orientiert, hätte man konsequenterweise auf die neu eingetretene Entwicklung von dem

Tag an vorbereitet sein müssen, an dem ein General die obersten Staatsgeschäfte übernommen hat. Man hätte sich für den Fall eines Militärputsches konsequenterweise auf einen Kampf um jede Fabrik, um jedes Bergwerk einstellen müssen, hätte eine Untergrundorganisation einrichten müssen und manches mehr." Erneut hob Kreisky seine persönliche Kompetenz hervor: „Hier rede ich von Dingen, die ich kenne und verstehe, und nicht als Theoretiker." All diese Maßnahmen hätten ein furchtbares Blutbad ausgelöst. „Hätte die Kirche ein solches Maß an Verantwortung übernehmen können? Ein Beweis mehr für die Richtigkeit meiner Behauptung, dass die Kirche für den Tageskampf nicht die entsprechende Voraussetzung besitzt." Kreisky hatte schon eingangs angemerkt, zur Bereinigung dieser Angelegenheit sei eine Aussprache notwendig, und ans Ende seines Antwortbriefes setzte er: „Hochverehrter Herr Kardinal, ich weiß nicht, ob diese beiden Briefe, der Ihre und der meine, im gegenwärtigen Augenblick veröffentlicht werden sollten." Allein der Tonfall der Anrede ist überaus versöhnlich, dann noch letzte persönliche Worte: „Ich bitte Sie daher, nicht nur meiner großen persönlichen Sympathie sicher zu sein, sondern auch des Umstandes, dass ich in einem höheren Sinn für eine gesellschaftliche Ordnung eintrete, die es erlauben muss, den Menschen auf seine Facon selig werden zu lassen. Entschuldigen Sie mir diese salopp-historische Formulierung, sie ist eine, wie ich glaube, dennoch zutiefst österreichische. Ich verbleibe mit dem Ausdruck meiner großen Ergebenheit, Ihr Bruno Kreisky."

Kreisky hatte sich jedoch geirrt. Trotz des Verbotes der Solidarność, trotz der Ermordung des katholischen Priesters Jerzy Popieluszko 1984 kam es zu Gründungen von Exilbüros der Solidarność im Ausland. Ab August 1988 gab es Gespräche zwischen der Gewerkschaft und der Regierung, am 5. April 1989 wurde die Solidarność wieder offiziell anerkannt. Am 4. Juni desselben Jahres kam es zu freien Wahlen, bei denen die Gewerkschaftspartei – die oppositionelle Bürgerpartei – überlegen gewann. Mit Tadeusz Mazowiecki stellte die Solidarność den ersten nichtkommunistischen

Ministerpräsidenten, im Dezember 1990 wurde Lech Wałęsa zum Staatspräsidenten gewählt. Bestärkt durch Glasnost und Perestroika, aber auch durch drei Reisen Johannes Pauls II. nach Polen – 1979, 1983 und 1987 – kam es schließlich zur Lösung Polens aus dem von der UdSSR dominierten Ostblock.

Fünf Jahre nach seiner Wahl, im September 1983, besuchte Johannes Paul II. das erste Mal Österreich. Das war der erste Papstbesuch seit 200 Jahren. Im Frühjahr 1782 war zuletzt Pius VI. Gast in Österreich gewesen, der mit Kaiser Joseph II. ergebnislos über dessen Reformpolitik verhandelt und am Ostersonntag vom Fassadenaltan der Kirche Am Hof den Ostersegen erteilt hatte. 1983 war das 300-Jahr-Jubiläum der Befreiung Wiens aus der osmanischen Belagerung durch den polnischen König Jan Sobieski der Anlass für den Besuch des polnischen Papstes. Dieser sollte für Kardinal König der Höhepunkt seines bischöflichen Wirkens werden. Aber auch die Bevölkerung war von der Faszination des ersten slawischen Papstes überwältigt. „Hoffnung leben – Hoffnung geben" lautete das Motto des fünftägigen Papstbesuches. 150.000 Menschen nahmen an einer Europavesper am Wiener Heldenplatz teil, wo der Papst sagte: „Unter dieses Kreuz stellen wir Österreich. Unter dieses Kreuz stellen wir Europa." Auch Kardinal König nahm in seiner Rede Bezug auf das Thema: „Die geschichtliche und geografische Offenheit unseres Landes zwischen West und Ost will uns in dieser Stunde noch einmal sagen, wir sind noch immer ein Land, wo man von Europa sprechen kann und sprechen soll."[7]

Am nächsten Tag kamen 70.000 junge Menschen ins Praterstadion, tags darauf ließen sich 300.000 Österreicher auch vom strömenden Regen nicht davon abhalten, im Donaupark eine Messe mit dem Papst zu feiern. Es regnete so stark, dass die mit Karton verstärkten Mitren der Bischöfe mit Wasser vollgesogen zusammensackten. Dennoch war die Stimmung leicht, fröhlich und positiv. Auch die Priester und Ordensleute waren vom katholischen Kirchenoberhaupt begeistert. In Mariazell trafen rund 7000 Kirchenvertreter mit ihrem Papst zusammen. Am Ende seines Besuches verabschiedete sich Johannes Paul II. mit den Worten: „Ich danke Ihnen von ganzem Herzen, Grüß Gott!" Bei der Verabschiedung am Flughafen Wien-Schwechat war auch Robert Györy dabei, der den Kardinal und den Papst dorthin gebracht hatte. Nach dem offiziellen Programm rief man nach dem Chauffeur: „Robert, du sollst zum Papst hingehen!" Dort erwartete ihn ein Prälat, der ihm im Auftrag des Papstes eine Medaille überreichte.

Zum schweren Bruch zwischen Kardinal Franz König und Papst Johannes Paul II. kam es im Juli 1986, als dieser Hans Hermann Groër zum Erzbischof von Wien ernannte, ohne die Frage der Nachfolge mit dem Vorgänger zu besprechen. Ein Jahr zuvor, anlässlich seines 85. Geburtstages, hatte König über den Papst noch gesagt: „Das Papstamt ändert natürlich auch in irgendeiner Weise den Papst jedes Mal, jeden Papst." Trotz aller in der Öffentlichkeit niemals vernehmbaren Differenz stand der Kardinal loyal zum Papst und hielt ihn trotz aller Kritik „für einen ganz großen Mann" im Papstamt. Wertschätzung zeichnete seine Worte über Johannes Paul II. aus: „Er hat etwas getan, was ich ihm ganz hoch anrechne, er hat diese Reisen in die große Welt begonnen. Nach einem Grundsatz geht er dabei vor: Die Einheit, so weit wie notwendig, aber die Vielfalt so weit als möglich. Also, er spricht immer wieder von zwei Dingen, er spricht von der Inkulturation – das Christentum, die Kirche muss sich in den Kontinenten den Traditionen und Kulturen anpassen, sozusagen vermählen, ohne seine Substanz aufgeben – und das Zweite, er beruft sich immer wieder auf das Konzil. Er ist ohne Zweifel ein Mann des Konzils, da bin ich ganz überzeugt."[7] Schwierigkeiten sah König im immer größer werdenden internationalen Verwaltungsapparat, den über tausend Diözesen, den großen Mengen Post, denn „da drüberzustehen, das alles zu überblicken, das alles richtig zu beurteilen, ist nicht ganz leicht". Der Papst sei eben auf viele andere Menschen angewiesen, „aber ich habe keine wirkliche Sorge für die Zukunft, denn man kann doch auch mit ihm reden. Er hat natürlich seine bestimmten Vorstellungen und so weiter, aber man kann ihm auch etwas sagen.“[7] Der Papst hatte Kardinal König versprochen, mit ihm ein Gespräch über seine Nachfolge zu führen, doch dazu war es nie gekommen.

Fünf Jahre nach seinem ersten Besuch und zwei Jahre nach der Ernennung Erzbischof Groërs kam Papst Johannes Paul II. erneut nach Österreich. Unter dem Motto „Ja zum Glauben – ja zum Leben“ besuchte er die Bundesländer. Im Juni 1988 betete er im Konzentrationslager Mauthausen mit ehemaligen Insassen und deren Angehörigen für die Opfer des Nationalsozialismus. Danach feierte er in Gurk und Trausdorf den Abschluss seiner Drei-Länder-Wallfahrt mit Gottesdiensten, an denen 50.000 Ungarn sowie 15.000 Kroaten, Tschechen, Slowaken und Polen teilnahmen. In Salzburg zelebriert er eine Messe auf dem Residenzplatz, in Innsbruck kamen 45.000 Menschen ins Berg-Isel-Stadion. Die Kritik an der Kirche und an ihm blieb ihm allerdings nicht verborgen, denn der Papst warnte vor einer „aggressiven Kritik in der Kirche“ und vor einer „verbitterten Konfrontation unter den Christen“. Er ging auch auf die Bischofsernennungen ein und meinte, diese seien „durch göttliche Vorsehung“ bestellt worden.

Am 6. und 7. September 1996 stattete der Heilige Vater Ungarn eine Pastoralbesuch ab. Dort besuchte er die 996 von König Stephan I. gestiftete Erzabtei Panonhalma. In die Benediktinerabtei war auch der mittlerweile emeritierte Kardinal König als Gast eingeladen worden. Der stand zu Mittag gemeinsam mit seiner Sekretärin Annemarie Fenzl im Hof und wartete im Regen auf den Papst. Franz König war sehr nervös und fühlte sich offensichtlich unbehaglich. Dann fuhr der Wagen des Papstes vor. Johannes Paul II. stieg aus, hielt kurz inne – „den Blick werde ich nie vergessen“, meint Annemarie Fenzl. Der Papst sah seinen einstmaligen Wiener „Freund“ abseits stehen und ging auf diesen zu. Die beiden wechselten ein paar leise Worte, dann umarmten sie sich. Zeugen sprechen von einer herzlichen Begegnung. Etwas später kam es in der Kapelle zu einem weiteren kurzen Gespräch unter vier Augen. War das die Versöhnung nach der Verstimmung im Zusammenhang mit der Nachfolge in Wien? „Natürlich war er dann erleichtert", erinnert sich der Chauffeur Robert Györy an die Heimfahrt, „aber der Kardinal war ein Diplomat, der hat sich nie etwas anmerken lassen. Doch für ihn war es eine Genugtuung – aber die beiden waren damals schon alte Männer."

Beim dritten und letzten Besuch Johannes Pauls II. vom 19. bis 23. Juni 1998 befand sich die österreichische Kirche nach dem Groër-Skandal in einer tiefen Krise. Gegen den Wiener Kardinal wurden Vorwürfe erhoben, er habe während seiner Zeit als Religionslehrer am Knabenseminar Hollabrunn Minderjährige sexuell belästigt oder gar missbraucht. Zu diesen Anschuldigungen, die erstmals im März 1995 vorgebracht wurden, schwieg Groër bis zu seinem Tod 2003 hartnäckig.

Auch die umstrittene Ernennung von Kurt Krenn zum Wiener Weihbischof 1987 und Bischof von St. Pölten 1991 hatte für heftige Unruhe innerhalb der katholischen Kirche gesorgt. Als „Vertreter der Wahrheit Gottes" gab sich Krenn in der Öffentlichkeit stets sehr streitbar. Dennoch oder gerade deshalb wollte der körperlich schon sehr schwache und von seiner Parkinson-Krankheit gezeichnete Papst bei seinem Besuch 1998 in St. Pölten diesem den Rücken stärken, indem er sagte: „An dieser Stelle grüße ich Herrn Bischof Kurt Krenn." Am 29. September 2004 trat Krenn allerdings auf Wunsch des Papstes von seinem Amt zurück. Grund dafür waren Vorwürfe wegen homosexueller Beziehungen und kinderpornografischer Fotos im Priesterseminar St. Pölten, die der Bischof als „Bubendummheiten" bezeichnet hatte.

Bei seinem letzten Österreichbesuch hielt Papst Johannes Paul II. in der Hofburg eine Rede, in der er sich für die Osterweiterung einsetzte und den „Baumeistern Europas" noch große Aufgaben prophezeite. Am Wiener Heldenplatz sprach er die drei Ordensleute Jakob Franz Alexander Kern und Anton Maria Schwartz sowie Schwester Maria Restituta Kafka selig. An diesem Festakt nahmen nur noch 40.000 Menschen teil. Der Vertrauensverlust der Österreicher in die katholische Kirche war unübersehbar.

6. Das Konkordat

Im ersten Gespräch Franz Königs mit Papst Johannes XXIII. nach dessen Amtsübernahme im Oktober 1958 sagte ihm dieser: „Sie sind der junge Erzbischof von Wien und Sie haben Probleme mit Ihrem Konkordat und der Regierung." Damals galt noch das sog. „Dollfuß-Konkordat", das die rot-schwarze Regierung jedoch ablehnte. Ein solcher Staatskirchenvertrag wird grundsätzlich zwischen einem Staat und einer Religionsgemeinschaft abgeschlossen, in der römisch-katholischen Kirche wird dieser Vertrag mit einem katholischen Staatsoberhaupt als Konkordat bezeichnet. Der Papst meinte, das Konkordat sei ein internationaler Vertrag, den man nicht so einfach wegschieben könne. Deshalb rieten ihm seine Mitarbeiter auch davon ab, Franz König zum Kardinal zu ernennen. Doch Johannes XXIII. entschied anders: „Ich mache es umgekehrt, ich mache Sie zum Kardinal, dann bringen Sie das in Ordnung." Am 15. Dezember 1958 wurde König in das Kardinalskollegium aufgenommen, als Kardinal suchte er erste Kontakte zu den Sozialisten „und es hat sich langsam, langsam relativ gut entwickelt".[3] Das diesbezügliche diplomatische Wirken des Kardinals würdigt Bundespräsident Heinz Fischer rückblickend: „Eine ganz konkrete internationale Auswirkung liegt wohl in der Tatsache, dass das äußerst umstrittene Konkordat aus der Zeit des Ständestaates in der Zweiten Republik während der Amtszeit von Kardinal König einer einvernehmlichen und zufriedenstellenden Lösung zugeführt werden konnte, die sowohl für die Kirche als auch für die SPÖ akzeptabel war."

Am 5. Juni 1933 hatten, wie bereits erwähnt, die damalige österreichische Bundesregierung unter Engelbert Dollfuß und der

„Heilige Stuhl" das im Wesentlichen bis heute geltende Konkordat in Rom unterzeichnet, das der römisch-katholischen Kirche eine öffentlich-rechtliche Stellung zuerkannte. Darin wird der Kirche eine „freie Ausübung ihrer geistlichen Macht und die freie und öffentliche Ausübung des Kultus" sowie das Recht, „im Rahmen ihrer Zuständigkeit Gesetze, Dekrete und Anordnungen zu erlassen", garantiert. Dem „Heilige Stuhl" wird im Gegenzug das Recht eingeräumt, Bischöfe auszuwählen, wobei die Bundesregierung der gewählten Person zustimmen muss, außer sie kann „Gründe allgemein politischer Natur gegen die Ernennung" geltend machen. Zudem werden die Finanzierung kirchlicher Bildungseinrichtungen durch den Staat, der Religionsunterricht an den Schulen sowie die Personalauswahl an katholischen Fakultäten geregelt, wobei die Zulassung von Professoren und Dozenten an den katholisch-theologischen Fakultäten nur mit Zustimmung der Kirche erfolgen kann. Das Konkordat hat allerdings keinen Verfassungsrang. Einige Paragrafen wurden 1934 in einen solchen erhoben, doch mit dem „Anschluss" Österreichs an das Deutsche Reich existierten der österreichische Staat und somit auch seine Verfassung nicht mehr.

Doch weniger der Inhalt als vielmehr die Entstehungsgeschichte dieses Konkordates sorgte anfangs für Widerstände bei der SPÖ. Die Inhalte wurden bereits 1931 verhandelt. „Das geht aber in der Initiative nicht auf Dollfuß und Schuschnigg zurück, sondern auf Bundeskanzler Schober. Ja, das wird vielfach falsch gesehen", betont Herbert Schambeck, Professor für öffentliches Recht und langjähriger Präsident des Österreichischen Bundesrates. „Der Dollfuß und der Schuschnigg haben diese Konkordatsverhandlungen zu Ende geführt, die der Schober schon früher begonnen hat. Der war aber kein Christlichsozialer wie Dollfuß und Schuschnigg. Der hatte auch nicht an dem Staat teil, der in verfassungswidriger Weise zustande gekommen ist, unter Ausschaltung des Parlaments. Und die katholische Kirche hat sich vereinnahmen lassen, was meiner Ansicht nach falsch war. Der Heilige Stuhl wollte nicht, dass das Konkordat gleich als Nummer zwei im Staatsgesetzblatt veröffentlicht wurde."

Unterzeichnet wurde das Konkordat 1934 von Kardinalstaatssekretär Eugenio Pacelli, dem späteren Papst Pius XII., sowie Bundeskanzler Engelbert Dollfuß und Justizminister Kurt Schuschnigg. In Kraft trat es am 1. Mai 1934, zeitgleich mit der autoritären Ständestaat-Verfassung. Dollfuß fügte dieser aus ideologischen Gründen eine Präambel hinzu, nach der er „im Namen Gottes" handelte. „Das darf man nicht schreiben", kritisiert Herbert Schambeck. „Man muss – wenn schon eine ,Invocatio Dei', dann in Verantwortung vor Gott, aber nicht im Namen Gottes. Das hat er gemacht, um die Kirche für sich zu vereinnahmen. Er hat dafür dann einen hohen Blutzoll gezahlt unter den Nationalsozialisten."

Nach Kriegsende schlossen sich alle politischen Parteien der Verfassung von 1920 an. Auch das Konkordat sollte anerkannt werden, doch die SPÖ unter Adolf Schärf weigerte sich, weil es in der Dollfuß-Zeit unterzeichnet und von den Christlichsozialen für sich beansprucht worden war. Damals beschäftigte sich Herbert Schambeck in seiner ersten rechtswissenschaftlichen Arbeit mit diesem Thema: „Pius XII. war tief gekränkt, ja beleidigt, dass das Konkordat, das er als Staatssekretär 1934 unterzeichnet hat – dass dieses Konkordat in seiner Zeit als Petrus-Nachfolger, als Pius XII., nicht Anerkennung gefunden hat. Und er hat daher den Erzbischof König nach seiner Ernennung zum Erzbischof in Wien nicht sogleich kreiert ..."

Wegen der Vorbehalte der SPÖ dauerte es zwölf Jahre, bis die Bundesregierung das Konkordat wieder prinzipiell anerkannte. Details mussten allerdings noch verhandelt werden, veraltete Bestimmungen wurden durch neue ersetzt. So wurden die vermögensrechtlichen Beziehungen erst 1960 endgültig geregelt. Im selben Jahr wurde die Apostolische Administratur zur Diözese Eisenstadt erhoben, aus der Apostolischen Administratur Innsbruck-Feldkirch gingen 1964 die Diözese Innsbruck und 1968 die Diözese Feldkirch hervor. Ab 1962 übernahm der Staat 60 Prozent der Personalkosten an katholischen Schulen, seit 1971 werden die Kosten zur Gänze vom österreichischen Staat getragen. „Die Übernahme von Kosten zur Sicherung dieses Schulwesens war ein sehr klares Entgegenkommen in der Frage der katholischen Privatschulen", erinnert sich Karl Blecha, von 1970 bis 1983 SPÖ-Abgeordneter im Nationalrat und enger Vertrauter Bruno Kreiskys, „aber das entsprang nicht einem Deal, sondern der zu diesem Zeitpunkt schon voll funktionierenden Gesprächsbasis von SPÖ und Kirche."

„Das erste Mal habe ich Kardinal König wirklich getroffen und nicht nur bei irgendwelchen flüchtigen Begegnungen, als er mich einlud – das muss so 1973/74 gewesen sein –, zu einem Mittagessen ins Erzbischöfliche Palais zu kommen", erinnert sich Hannes Androsch, damals jüngster Finanzminister Österreichs. „Es war ein Samstag zu Mittag und er stellte mir die Frage oder den Wunsch, ob wir nicht den Kirchenbeitrag von den staatlichen Steuerbehörden einheben lassen könnten. Daraufhin habe ich gesagt: Eminenz, das kann ich mir beim besten Willen nicht vorstellen. Der Nächste, der kommt, ist dann der ÖGB. Das müsst ihr euch selber ausmachen." Kardinal König blieb hartnäckig und lud Androsch noch einmal zum Essen ein. „Da haben sie ihn halt geschickt, die Kämmerer." Das Argument des Kardinals war, die Kirche habe doch einen riesigen Kulturauftrag, der sie jährlich eine Milliarde Schilling koste. „Ja, das sehe ich auch so", antwortete der Finanzminister. „Aber den Wunsch auf staatliche Einhebung des Kirchenbeitrages habe ich trotzdem nicht erfüllt." In der Zwischenzeit war jedoch der Absetzbetrag für Kirchensteuer ins Einkommensteuerrecht eingeführt worden, was eine indirekte Unterstützung oder Subventionierung darstellte. Und noch einen Vorschlag machte Androsch: „Jedes Jahr 500 Millionen Schilling für die Kirche." Doch niemand kam mehr auf ihn zu. „Stellen Sie sich vor, was das bedeutet hätte, weil das hätte dann niemand mehr abgeschafft." Warum die Kirche nicht mehr reagierte, kann sich Androsch bis heute nicht erklären. „Entweder hat er's nicht weitergegeben oder er hat es weitergegeben und die haben das nicht verstanden, was das für ein Angebot war."

7. Das Zweite Vatikanische Konzil

„Zum Unterschied von nationalen oder regionalen Konzilen in der Kirche werden zu einem allgemeinen, ökumenischen Konzil – ökumenisch im Sinne der griechischen Ökumene allgemein – alle regierenden Bischöfe der ganzen Welt eingeladen, um unter dem Vorsitz des Bischofs von Rom, des Papstes, wichtige Fragen für die Gesamtkirche zu beraten, Beschlüsse zu fassen, Gesetze zu verabschieden"[12], erklärte Kardinal König Art und Aufgabe einer solchen Versammlung.

Das erste Konzil wurde im Jahre 325 in die kleine türkische Stadt Nicäa von Kaiser Konstantin I. einberufen, der das Christentum als stabilisierenden Faktor des römischen Kaiserreiches verwenden wollte, doch stand dem der Streit zwischen dem Arianismus (Vater allein ist Gott) und der Trinität (Dreifaltigkeit: Gott Vater, Sohn und Heiliger Geist) entgegen. Der Kaiser beendete den Disput durch sein Machtwort, dass „der Sohn eines Wesens mit dem Vater" sei. Fortan bezeichnete sich Konstantin auch als „Bischof der Bischöfe".

Am 29. Juni 1868 hatte Papst Pius IX. das Erste Vatikanische Konzil einberufen – es war das 20. ökumenische Konzil, das am 8. Dezember 1869 eröffnet wurde und als Ziele verfolgte, moderne Irrtümer abzuwehren und eine zeitgemäße Anpassung der kirchlichen Gesetzgebung vorzunehmen. Zentrales Thema der Debatten war allerdings die Frage nach der Unfehlbarkeit des Papstes. Ungefähr ein Fünftel der Bischöfe sprach sich gegen eine solche Unfehlbarkeitserklärung aus, darunter der ganze deutsch-österreichische Episkopat und Teile des französischen Bischofskollegiums. Am 18. Juli 1870 fand die endgültige Abstimmung in Abwesenheit des Papstes statt. Um nicht gegen das Dokument stimmen zu müssen, verließen 60 Bischöfe zuvor die Stadt, 533 stimmten der Unfehlbarkeit zu und nur zwei sprachen sich dagegen aus. In der Konstitution steht: „Der Papst übt als Nachfolger Petri, Stellvertreter Christi und oberstes Haupt der Kirche die volle ordentliche, unmittelbare bischöfliche Gewalt über die Gesamtkirche und über die einzelnen Bistümer aus. Diese erstreckt sich sowohl auf Sachen des Glaubens und der Sitten als auch auf die Disziplin und Kirchenleitung." Aufgrund dieses Dogmas kam es in der Folge zur Abspaltung der altkatholischen Kirche. Nach dem Votum verordnete der Papst eine Sitzungspause bis 11. November, doch nachdem Frankreich Preußen den Krieg erklärt hatte, zog es auch seine Schutztruppen aus dem Kirchenstaat ab. Diese Gelegenheit nutzten die Italiener, um den Vatikan zu besetzen und in der Folge den Kirchenstaat aufzulösen. Die Kirche hatte ihre staatliche Souveränität verloren. Einen Monat später vertagte Papst Pius IX. das Konzil „sine die" – auf unbestimmte Zeit. Es wurde nicht wieder aufgenommen.

In der zweiten Januarhälfte 1959, im Rahmen der Weltgebets-Oktave, war dem neu gewählten Papst Johannes XXIII. plötzlich der Gedanke gekommen, ein allgemeines Konzil einzuberufen: „Ich habe das damals als eine Eingebung des bösen Geistes angesehen, denn mir schien ein Weltkonzil in der heutigen Zeit etwas ganz Schwieriges und Großes zu sein", rätselte der Papst selbst über diese Inspiration. Die darauffolgende Woche betete er. „Der Gedanke kam dann immer intensiver und klarer auf mich zu, sodass ich mir zum Schluss gesagt habe: das kann doch nicht der böse Feind sein, der mir diesen Gedanken eingegeben hat." Kurz darauf, am 25. Januar, teilte er beim Fest der Bekehrung des hl. Apostels Paul in der St.-Pauls-Basilika an der Via Ostia den dort versammelten Kardinälen, aber auch der ganzen Welt seinen Entschluss mit, das Zweite Vatikanische Konzil einzuberufen. Wie reagierte Kardinal König darauf? „Große Überraschung, Skepsis. Ja geht das? Wie macht man das? Schafft man das?"[3] Johannes XXIII. hatte diesen

Augenblick ein wenig anders in Erinnerung: „Sogleich wurden die Anwesenden durch eine plötzliche Bewegung des Geistes, wie vom Strahl eines überirdischen Lichtes, berührt, und alle waren freudig betroffen, wie ihre Augen und Mienen zeigten."

Nach dem Tod von Papst Pius XII. war Kardinal Angelo Giuseppe Roncalli überraschend am vierten Tag und nach dem elften Wahlgang als neuer Papst aus dem Konklave hervorgegangen. 38 der 51 Mitglieder des Kardinalskollegiums hatten für ihn gestimmt. Als er die Nachricht von dieser Wahl das erste Mal hörte, dachte der junge Erzbischof von Wien: „Das ist ein unbekannter Name, und mit 71 Jahren ein bereits fortgeschrittener Mann. Das könnte wohl ... nur eine Verlegenheitslösung sein, das heißt, nach einigen Jahren des Überganges kommt ein neuer, jüngerer Mann, der menschlich betrachtet die notwendigen dynamischen Voraussetzungen für die großen Anforderungen des päpstlichen Amtes mit sich bringen wird."[10] Nach einer langen Reihe von Pius-Päpsten stand plötzlich Johannes XXIII. – den Namen hatte er sich aus persönlichen Gründen gegeben – an der Spitze der katholischen Kirche, „ein schlichter, einfacher Mann, ein Bauernsohn, dessen Wunsch es war, als Priester einmal Hirte einer kleinen Gemeinde zu sein ... Er war Nuntius gewesen in Bulgarien, der Türkei und Griechenland, wo er übrigens vielen Juden das Leben gerettet hatte; für einige Jahre war er Nuntius in Frankreich, wo er auch Arbeiterpriester war und den Priestermangel in weiten Teilen Frankreichs kennenlernte. Zum Kardinal ernannt übernahm er schließlich die Diözese Venedig mit dem Titel eines Patriarchen von Venedig."[10] Am 4. November 1958 fand seine Krönung in Rom statt, wo er, in Bezugnahme auf seinen Taufnamen Giuseppe, der Weltöffentlichkeit sagte: „Ich bin Josef, euer Bruder." An diesem Gottesdienst nahm auch Franz König teil, der am Nachmittag desselben Tages in der deutschen Nationalstiftung der Anima neugierig Beamte des päpstlichen Hofes fragte, wie denn die erste Audienz für seine Landsleute gewesen sei. „Es war ganz merkwürdig; stellen Sie sich vor, der neue Papst hat bei der Audienz Witze erzählt und die vielen Teilnehmer haben dazu herzlich gelacht." Witze hätte es bei seinem Vorgänger wohl nicht gegeben – „als ob Frömmigkeit und Humor nicht gut zusammenpassten".[10] Einen Tag später wurde dem Wiener Erzbischof vom neuen Papst mitgeteilt, dass ihn dieser trotz Widerstände seiner Mitarbeiter auf die Liste der neu zu ernennenden Kardinäle setzen wolle, um damit, wie bereits erwähnt, die Anerkennung des Konkordates in Österreich voranzutreiben.

Johannes XXIII. zeigte sehr deutlich auf, dass er sich als Bischof von Rom verstand, weshalb er auch von der Lateranbasilika Besitz nahm. Die Basilika San Giovanni in Laterano ist die Kathedrale des Bistums Roms und eine der sieben römischen Pilgerkirchen. Der neue Papst ging auf die Menschen zu, besuchte Pfarrgemeinden, Krankenhäuser und auch, wenige Tage vor Weihnachten, das Gefängnis von Aracoeli, wo er den Häftlingen sagte: „Weil ihr mich nicht besuchen könnt, deswegen bin ich zu euch gekommen, um euch zu besuchen."

Gerade dieser von vielen anfangs auch belächelte „Übergangspapst" kündigte also Anfang 1959 das Zweite Vatikanische Konzil an. „Die Überraschung innerhalb und außerhalb der Kirche war sehr groß und der Widerstand in der Kurie selbst regte sich"[10], beschrieb Franz König die damalige Stimmung, die zwischen schlimmsten Befürchtungen und Hoffnung schwankte. Am 20. Januar 1960 wandte sich der Kardinal an katholische Journalisten in Österreich: „Was aus dem Konzil wird, liegt letztlich in Gottes Hand. Der Katholik weiß aber, dass das Vertrauen in Gottes Führung ihn nicht davon entbindet, selbst tätig zu sein und selber seine Mitarbeit zu leisten."[1] Das Konzil sei nicht bloß Sache des Papstes und der Bischöfe, sondern Angelegenheit aller Gläubigen. „Dass es dies wird und dass es von den Gläubigen, den Christen, als solches empfunden wird, auch von denen, die keine theologische Zeitschrift lesen, wird in einem sehr wesentlichen Maße von Ihnen, von den katholischen Journalisten abhängen." Mit Medienarbeit war Franz König vertraut, hatte ihm doch schon in St. Pölten die Bischofskonferenz die Aufgabe des Pressebischofs übertragen. Ihm zur Seite stand Richard Barta, der seit 1955 Leiter der Kathpress und gleichzeitig Presseberater war. „Kardinal König hat immer bewiesen, dass er für die Bedürfnisse der Journalisten großes Verständnis hat. Die Journalisten haben ihm dafür immer gedankt und auch ihrerseits dafür Verständnis gezeigt, dass sich auch in der Kirche nicht alles in voller Öffentlichkeit abspielen kann", beschrieb Barta die Medienpolitik des Kardinals. Vor Beginn des Konzils wollte der Wiener Erzbischof die Medien als Partner gewinnen: „Wenn Sie etwas über das Konzil zu sagen haben, dann warten Sie nicht auf den Bischof, nicht auf eine Nachricht aus Rom, mahnen Sie, wo Sie glauben, mahnen zu müssen, drängen Sie, wo Sie glauben, drängen zu müssen, informieren Sie, wo immer sich eine Gelegenheit bietet, die Welt und die Katholiken über das Konzil zu informieren."[2]

Die Öffentlichkeit fieberte diesem kirchlichen Großereignis entgegen. Am 13. Juli 1962 fragte Kardinal König: „Was kann nun die Welt, die Christenheit, was können die Katholiken von diesem Konzil erwarten? Wie sollen wir uns auf das kommende Konzil einstellen?" Seine Antwort war ein Wortspiel: „Mit realistischem Vertrauen und mit vertrauensvollem Realismus."[2] Die Österreicher sollten überschwängliche Erwartungen ebenso wie große Zaghaftigkeit meiden und sich auf die Wirklichkeit stützen, so wie sie sei. „Eine Illusion wäre es, vom Konzil die Lösung aller Fragen zu erwarten, fertige Konzepte und Gebrauchsanweisungen zu schaffen, mit denen plötzlich alle Not der Welt, alle Bedrängnisse der Kirche beseitigt werden könnten. Das Konzil wird Weichen stellen für neue Entwicklungen, für die Entfaltung neuer, bisher ungeahnter und ungenützter Kräfte zum Wohle der Kirche und zum Heile der Welt. Die Ziele aber, zu denen eine solche Weichenstellung führt, wird das Konzil selber nicht unmittelbar erreichen können."[2]

Papst Johannes XXIII. hatte das Konzil mit dem Ziel der pastoralen und ökumenischen „instauratio" (Erneuerung, italienisch

„aggiornamento") einberufen, die Kirche wollte sich allen Fragen stellen, die sie sich selbst und die ihr die Welt stellte. In Rom wurden über 70 vorkonziliare Dekrete vorbereitet, aus denen 16 Themen ausgewählt wurden. Auf diese Vorbereitungszeit ging Johannes XXIII. in seiner Eröffnungsrede ein: „Inzwischen ist in drei Jahren ein arbeitsreiches Werk zur Vorbereitung des Konzils bewältigt worden. Es führte dazu, dass genau und ausgiebig erforscht wurde, in welchem Ansehen heute der Glaube, das religiöse Leben und die Kraft des christlichen, vor allem des katholischen Volkes stehen." Zuvor musste allerdings noch das Erste Vatikanische Konzil zu einem Abschluss gebracht werden. „Ein spannendes Thema ... war die Frage nach der Kollegialität der Bischöfe. Im ersten Vatikanum war die Stellung des Papstes als Zeichen und Garant der Einheit einer Weltkirche in klare Sätze gefasst worden, aber die Absicht, das jetzt fortzusetzen, wie hängt das mit dem Bischofskollegium zusammen, das war nicht mehr möglich, weil das Konzil unterbrochen wurde durch den Einmarsch der Truppen in Norditalien und in Rom. Daher hat das Zweite Vatikanum dieses Thema ganz bewusst aufgegriffen ... Der Papst ist nicht allein der Chef der Kirche und alle anderen sind seine Beamten, sondern das Apostelkollegium mit Petrus an der Spitze soll in irgendeiner Weise Zeit entsprechend nachgebildet, nachgeformt sein auch in der Gegenwart. Der Papst ist sozusagen mit seinem Amt mitten drinnen im Kollegium der Bischöfe, und da hat man da auch, glaube ich, sehr schöne Texte gefunden, die Papst und Kollegium der Bischöfe zusammenhängen", fasste Kardinal König in einem bei Fenzl nachzulesenden Vortrag Jahre später, am 22. Mai 1997, diese wichtige Aufgabe zusammen.

Am Vorabend des Konzils wandte sich Kardinal König in einer Rundfunkansprache an die österreichische Bevölkerung: „Morgen wird das Zweite Vatikanische Konzil in feierlicher Weise eröffnet werden ... Die Kirche kann zu den Menschen des 20. Jahrhunderts nicht reden wie zu den Menschen des 10. Jahrhunderts, zu den Naturvölkern in Afrika nicht so wie zu den Menschen asiatischer

Hochkulturen. Aber alle haben den Wunsch und das Recht, von der Kirche in ihrer Sprache angesprochen zu werden. Jede Zeit erwartet sich eine Antwort von der Kirche auf ihre Sorgen, Nöte und Probleme. Denn jede Zeit, auch die unsere, die ganz verstrickt in die vergänglichen Dinge dieser Welt und Gott fern zu sein scheint, ruht in Gottes Hand."[2]

Spätestens am Tag seiner Abreise hatte sich die Aussöhnung und die gute Zusammenarbeit mit Bischof Franz Jachym bewährt gemacht, dem Franz König ruhigen Gewissens für die nächsten drei Jahre die operativen Geschäfte in Österreich anvertrauen konnte. In der Ewigen Stadt bezog er im dritten Stock des „Internationalen Hospitals", das von Salvatorianern geleitet wurde, eine Zweizimmerwohnung. Das Appartement befand sich auf dem Gianicolo, einem Hügel in Rom, der sich von Trastevere entlang des rechten Tiberufers bis zur Vatikanstadt zieht. Hierhin nahm er einige Talare, Bücher und Dinge des täglichen Gebrauchs mit. Seine Studienzeit in Rom hatte er genossen, jetzt war er wieder dort, um seine „hohe Zeit" zu erleben.

„Als Teilnehmer vergesse ich den 11. Oktober 1962 nicht, es war der erste offizielle Eröffnungstag", blickte Kardinal König auf diesen großen Tag zurück. Im Cortile, dem historischen Hof, hatten sich die Bischöfe versammelt. „Ich war überrascht zu sehen, so viele Bischöfe gibt es. Alle Teilnehmer des Konzils trugen ihre bischöfliche Mitra auf dem Kopf. Da hört man alle möglichen Sprachen und da gibt es Schwarze und da gibt es Braune und da gibt es Weiße."[3] Keiner der Bischöfe war beim Ersten Vatikanischen Konzil dabei gewesen, alle waren neugierig: „Ja, wie wird denn das gehen? Was kann man sich erwarten?" Die Aufregung und Begeisterung Erzbischof Königs ist in seinen Worten spürbar. „Unvergesslich bleibt mir das hier zum ersten Mal deutlich gewordene Bild einer weltumspannenden Kirche."[3] Hatten am Konzil von Nicäa rund 300 Konzilsväter teilgenommen, so waren es beim Ersten Vatikanischen Konzil 769, nun waren es 2.850 stimmberechtigte Teilnehmer – die Zahl hatte sich vervierfacht. Akribisch stellte

Franz König die Statistik des Konzils zusammen: „Beim Ersten Vatikanum kamen 488 Bischöfe aus Europa, das waren damals 70 Prozent der Gesamtzahl. Beim Zweiten Vatikanum kamen 1.175 Teilnehmer aus Europa, das heißt, nur mehr 40 Prozent der Konzilsväter kamen aus unserem Kontinent. – Aus Afrika kamen zum Ersten Vatikanum 14 Bischöfe, das waren damals knapp zwei Prozent der Gesamtzahl, und davon war keiner ein geborener Afrikaner. Diesmal waren aus Afrika 279 Teilnehmer oder zehn Prozent gekommen, 135 davon waren eingeborene Afrikaner. Ähnliches gilt für die Bischöfe aus Asien, deren Zahl bei diesem Konzil gegenüber dem Ersten Vatikanum von 83 auf 384 empor schnellte. Aus Nord- und Südamerika kamen zum Ersten Vatikanum 111 Bischöfe, das waren damals 15 Prozent; diesmal stammten aus diesem Kontinent 956 Teilnehmer oder 39 Prozent der Gesamtzahl.“[1]

Dann war es endlich so weit, die Konzilsväter marschierten über die breite Stiege „Scala Regia" hinunter zum Eingang der Peterskirche. Johannes XXIII. wurde auf der „Sedia gestatoria", seinem reich verzierten Tragesessel, zum Portal getragen, wo er abstieg. „Zu Fuß, mit einer einfachen bischöflichen Mitra, ist er mit uns durch die Peterskirche marschiert bis nach vorne zum Petrusgrab, wo er Platz genommen hat.“[3] Ohne seine Tiara zeigte er deutlich, dass der Papst als Hirte inmitten des Kollegiums ging.

Links und rechts des 90 Meter langen und 27,5 Meter breiten Hauptschiffs des Petersdoms waren Tribünen „wie in einem großen Zirkus"[3] für die Konzilsväter errichtet worden. Vorne, im Mittelschiff, nahm das Präsidium Platz, das anfangs aus zehn Kardinälen bestand. Später gab es vier Moderatoren, die Wortmeldungen entgegennahmen und die Sitzungen leitete. In dieser Aula sollten sie die nächsten Jahre verbringen. „Das war für uns jedenfalls etwas ganz Neues, das hatte niemand in St. Peter gesehen.“[3] In der Mitte der Konzilsaula stand ein kleiner Tisch, auf dem die Heilige Schrift, eine kostbare Ausgabe aus den ersten christlichen Jahrhunderten, ein Exponat der Vatikanischen Bibliothek, lag.

„Ehrwürdige Brüder!", begrüßte der Papst die Konzilsväter. „Es jubelt die Mutter Kirche, weil durch besondere Gnade der göttlichen Vorsehung dieser hoch ersehnte Tag angebrochen ist, an dem hier am Grabe des heiligen Petrus unter dem Schutz der jungfräulichen Gottesmutter, deren Mutterwürde heute festlich begangen wird, das Zweite Vatikanische Ökumenische Konzil seinen Anfang nimmt."

„Johannes XXIII. hat damals in seiner Eröffnungsrede, die großen Eindruck in der Weltöffentlichkeit gemacht hat, davon gesprochen, man sollte nicht nur die Vergangenheit beschwören und sagen, ja, welch schlechte Zeiten da auf uns zukommen, die Konzilsväter sollten nicht Unglückspropheten sein, sondern voll Gottvertrauen in die Zukunft blicken"[3], hob Kardinal König aus der Rede des Papstes hervor. Die konkreten Worte Johannes XXIII. waren: „In der täglichen Ausübung Unseres Apostolischen Hirtenamtes geschieht es oft, dass bisweilen Stimmen solcher Personen unser Ohr betrüben, die zwar von religiösem Eifer brennen, aber nicht genügend Sinn für die rechte Beurteilung der Dinge noch ein kluges Urteil walten lassen. Sie meinen nämlich, in den heutigen Verhältnissen der menschlichen Gesellschaft nur Untergang und Unheil zu erkennen. Sie reden unablässig davon, dass unsere Zeit im Vergleich zur Vergangenheit dauernd zum Schlechteren abgeglitten sei ... Wir aber sind völlig anderer Meinung als diese Unglückspropheten, die immer das Unheil voraussagen, als ob die Welt vor dem Untergange stünde ... Die Menschen werden von diesen Sorgen so erfüllt, dass sie keine Zeit mehr haben, sich um religiöse Fragen zu kümmern, mit denen sich das heilige Lehramt der Kirche beschäftigt. Ein solches Verhalten ist sicher nicht frei von Bösem, und es ist füglich zu verurteilen ..."

„Das war also der Paukenschlag, mit dem das Konzil begonnen hat. Das hat tatsächlich eine zuversichtliche Stimmung erzeugt und hat dann das Interesse des Konzils doch auch über die Reihen der Katholischen Kirche hinaus dringen lassen", beurteilte Kardinal König die Worte des Papstes. „Diese Stimmung, die da geweckt wurde, hat innerhalb der Kirche und vor allem außerhalb der katholischen Kirche fast elektrisierend gewirkt."[3]

Das Konzil wurde zum bisher nie dagewesenen Medienereignis. „Die von überall, aus der ganzen Welt in Rom zusammengeströmten Journalisten haben die Zuversicht und den Mut aus diesen Worten herausgehört und darüber einer interessierten Welt auch so berichtet."[1] Fast tausend internationale Berichterstatter nahmen teil, denen in der Folge eigene Büroräumlichkeiten zur Verfügung gestellt wurden. Diese wurden täglich von den Konzilsvätern besucht, um in den Hauptsprachen über die Vorgänge beim Konzil zu berichten und Fragen zu beantworten. Auf diese Weise sollte verhindert werden, „dass in der großen Berichterstattung zu viele Missverständnisse oder Missdeutungen erschienen".[1]

Nach der Eröffnungsfeier stellte sich der Alltag ein, der jeden Morgen mit einem Gottesdienst in den verschiedenen Riten der katholischen Kirche begann. „Wir Europäer haben zur Überraschung erst feststellen müssen, ja, da drüben im Libanon, in Syrien, da gibt es eine Reihe katholischer Ostkirchengemeinden, die eine lange Tradition aus den ersten Jahrhunderten haben, die eine eigene liturgische Sprache haben, die einen eigenen Ritus haben, bis nach Äthiopien hinunter."[3] Viele europäische Konzilsteilnehmer staunten darüber, was alles „katholisch" war. Tag für Tag erfuhren die Bischöfe, dass Kirche nicht nur eine lateinisch-römisch-europäische Kirche ist, sondern viel weiter geht. „Ich werde nie vergessen, wie ein Vertreter meiner Ostkirche im Libanon gesagt hat: Ihr Lateiner glaubt immer, Ihr seid die Katholische Kirche. Wir sind auch da!"[3]

Nach der heiligen Messe gab der Generalsekretär, Pericle Felici, auf Lateinisch die Tagesordnung und die vorgemerkten Wortmeldungen bekannt. „Das war der einzige Mann, der wirklich gut Latein gesprochen hat."[3] Am Beginn des Konzils war, wie beim Ersten Vatikanum, Latein als offizielle Sprache festgelegt worden. Römische Theologiestudenten waren als lateinische Stenografen ausgebildet worden, um die Diskussion aufzuzeichnen, wobei man auch ein Wörterbuch mit modernen Ausdrücken wie Flugzeug oder Automobil erstellt hatte. Einer der Stenografen war der spätere Weihbischof Helmut Krätzl, der von 1956 bis zum schweren Verkehrsunfall im Februar 1960 Zeremoniär von Kardinal König gewesen war. Als er körperlich wieder einigermaßen hergestellt gewesen war, war er nach Rom gegangen, wo er 1964 zum Doktor des Kirchenrechts promovierte. Als das Konzil begann, wohnte er in der „Anima", dem deutschen Priesterseminar. „Die haben damals junge Priester gesucht für Schreiberdienste und ich habe mich gemeldet und war dann sozusagen in Eigenregie ein Schreiberling." Im selben Haus hatte auch der damals schon 75-jährige Kölner Kardinal Joseph Frings seine Unterkunft, dessen theologischer Berater und Redenschreiber der junge Joseph Ratzinger war. „Frings hat den Ratzinger gehabt und König hat den Rahner gehabt", erzählt Bischof Krätzl. Karl Rahner war ein herausragender deutscher Theologe. 1904 geboren, war er 1922 in den Jesuitenorden eingetreten und nach langer ordensüblicher Ausbildungszeit 1932 zum Priester geweiht worden. In den 1930er-Jahren besuchte er Seminare bei Martin Heidegger, über den er später sagte, dass er zwar viele gute Schulmeister des mündlichen Wortes hatte, aber nur einen, den er als seinen Lehrer verehren konnte, eben Heidegger. Dieser ist heute allerdings nicht unumstritten, hatte er doch auch nach 1945 noch von der „Rachsucht" des „Weltjudentums" gewarnt. Während des Krieges ging Rahner nach Wien, wo er unter dem Schutz Kardinal Innitzers als Dozent tätig war. Nach dem Krieg lehrte er Dogmatik in München, 1949 kehrte er nach Innsbruck zurück.

Kurz nach der Konzilseröffnung hatten die Teilnehmer erfahren, dass sie einen theologischen Berater, „peritus" genannt, beiziehen durften. Kardinal König erzählte: „Kurz entschlossen griff ich gleich zum Telefon und rief Pater Karl Rahner an, einen Jesuiten und Dogmatikprofessor, den ich gut kannte, und bat ihn, mich nach Rom zu begleiten. Ich wollte einen Theologen an meiner Seite haben, der mir helfen würde, einerseits die großen Zusammenhänge zu erkennen, und andererseits die Glaubenslehre, die christliche Weltanschauung, so darzustellen, dass sie vor allem die Menschen von heute trifft und nicht an ihnen vorbeigeht."[5] Daraufhin antwortete Rahner: „Wie stellen Sie sich das denn vor, ich habe doch einen Prozess vor der Glaubenskongregation." Grund dafür war seine offene Lehr- und Schreibweise. Zuerst lehnte er ab, doch nach einem zweiten Anruf Königs sagte er: „Also gut, in Gottes Namen, aber Sie müssen die Verantwortung übernehmen!" Bischof Krätzl erzählt: „Das hat den Kardinal nicht gestört und über Rahner ist natürlich sehr viel in das Konzil eingeflossen." Immer wieder stellte Kardinal König seine ausgezeichneten Personalentscheidungen unter Beweis, so auch bei der Auswahl Rahners für die Aufgabe des Konzilsexperten. Einerseits dürfte sich König mit diesem intellektuell verbunden gefühlt haben, andererseits war Rahner mit Attributen ausgestattet, die für ihn eine wertvolle Ergänzung waren: „Die Klarheit, die notwendige Härte und die Kompromisslosigkeit der Kritik in manchen Dingen", führt Annemarie Fenzl an. „Diese waren Rahner sehr wohl zu eigen und haben ihm nicht nur Freunde gebracht."

Schon nach kurzer Zeit zeigte sich, dass Latein nicht mehr als Konzilssprache fungieren konnte, sondern die lebenden Sprachen Englisch, Französisch, Italienisch, Spanisch und Deutsch besser geeignet waren. Als die Liturgie im Konzil diskutiert wurde, war der lateinische Ritus natürlich auch ein Thema: „Die Konzilsväter sind zu der Feststellung gekommen, dass nicht Latein die Kirchensprache ist, sondern dass man in der Liturgie ebenso die Muttersprache verwenden kann, hat aber Latein nicht abservieren wollen, sondern nur erklärt, neben Latein ebenso die Muttersprache", versuchte Kardinal König den Sachverhalt richtigzustellen. „In Wirklichkeit ist die Geschichte dann umgekippt und Latein wurde sozusagen verbannt aus der Liturgie. Das ist zu weit gegangen. Aber es kommt jetzt langsam doch auch die Erkenntnis zurück, Latein kann man nicht einfach abservieren."[3] Dennoch räumte König die Vorteile der Muttersprache ein, denn junge Leute hätten dadurch erst die Möglichkeit, die Messe richtig zu verstehen.

Um die lebenden Sprachen in der Völkervielfalt des Zweiten Vatikanischen Konzils zu verstehen, wurde es notwendig, Tonanlagen und Übersetzungskabinen im Petersdom zu errichten. „Das Schwierige war allerdings, Dolmetscher zu finden, denn die theologische Begriffswelt ist ja nicht für jeden, der ein hervorragender Dolmetscher ist, leicht zu handhaben. Und daher hat man Geistliche, Theologen suchen müssen, die dann gedolmetscht haben"[3], erinnerte sich Kardinal König an den Einzug der Technik und die damit verbundenen Aufgaben, die es zu lösen galt.

Die Teilnahme am Ersten Vatikanum war nervenaufreibend gewesen, da die Bischöfe damals unbegrenzte Redezeit hatten. Um die damit einhergehenden Probleme zu vermeiden, hatte beim Zweiten Vatikanum jeder Konzilsvater maximal acht Minuten Redezeit. „Ich kann mich noch gut erinnern, wie ein römischer Kardinal sich gedacht hat, no, ich werde schon sehen, wie lange ich spreche, und hat ruhig weitergeredet, und dann kam vom Vorsitzenden der Ruf: Satis! Und aus war es, abgeschaltet. Es wäre sonst gar nicht zu bewältigen gewesen", erzählte Kardinal König diese Anekdote mit einem Schmunzeln. „Es ist so viel mit Humor, Gott sei Dank, zugegangen."[3]

Dass die Kurie in Rom – die Gesamtheit der päpstlichen Behörden – über das Zweite Vatikanische Konzil nicht glücklich war, wurde bereits erwähnt. Da es nicht zu verhindern gewesen war, sollten zumindest die „Spielregeln" des Konzils durch die Kurie festgelegt werden. Also wurden im Vorfeld von einer Zentralkommission unter dem Vorsitz von Kardinal Eugène Tisserant Texte vorbereitet, die dann den Kirchenvätern vorgelegt wurden. Kardinal König sprach später von 60 bis 80 solchen Dokumenten. „Ich war selbst Mitglied dieser Zentralkommission."[9] Hintergedanke war, auf diese Weise Thema für Thema rasch und in gewünschter Form abzuarbeiten. Dieses Vorhaben sollte allerdings nicht gelingen, denn Kardinal Achille Liénart schlug am 13. Oktober 1962, dem ersten Tag der Generalkongregation, zunächst vor, die erste Abstimmung über die personelle Zusammensetzung der Kommissionen zu verschieben, da sich die Konzilsväter untereinander zu wenig kannten. Dem schlossen sich auch der deutsche Erzbischof Joseph Frings in seiner frei in lateinischer Sprache vorgetragenen Rede sowie der Kardinal von Breslau, Bolesław Kominek, an. Sie forderten eine Zeit des Kennenlernens der Konzilsväter, bevor es zur Beschlussfassung über die Zusammensetzung der Konzilskommissionen komme. Damit sorgte er für einen Eklat, denn die Geschäftsordnung der Kurie wurde dadurch verworfen. Frings forderte, so Kardinal König in seinen Erinnerungen, „das Konzil ist selbstständig, und daher lassen wir uns nicht von irgendwelchen Kommissionen erzählen, welche Themen wir wählen sollen, sondern wir machen das selber".[3] Seiner Meinung schlossen sich viele andere Konzilsväter an, „die gesagt haben, wir wollen nicht diese alten Texte behandeln, sondern wir möchten wirklich ganz neu ansetzen in diesem Zweiten Vatikanischen Konzil und nachdenken, wie steht es um die Welt und welche Gestalt der Kirche braucht es in dieser Welt?"[10] Im offiziellen Protokoll der Konzilsakte steht: „Kardinal Joseph Frings, Erzbischof von Köln, hat dem, was Kardinal Liénart eingebracht hat, im Namen seiner selbst und von Julius Döpfner, Erzbischof von München und Freising, bzw. Kardinal Franz König, Erzbischof von Wien, zugestimmt."

Kardinal König war jemand, der sich selbst nicht in den Vordergrund drängte, doch auch er gehörte zu jenen, die sich gegen die Geschäftsordnung gestellt hatten. Denn schon am 4. Januar 1962 hatte Karl Rahner, wie bei Fenzl zu lesen ist, über die vorbereiteten Texte angemerkt: „Die Verfasser sind meilenfern von der wirklichen Not der Geister von heute ... Nein, diese Schemata sind die Elaborate der gemächlich Selbstsicheren, die ihre Selbstsicherheit mit der Festigkeit des Glaubens verwechseln ... es sind die Elaborate von Professoren, die sich weigern, die Glaubensnot der Menschen von heute zu teilen ... es sind die Elaborate von guten, braven, anständigen, frommen Professoren (Eminenz, Sie kennen sie von Rom her): bieder, fromm, für sich persönlich bescheiden, selbstlos, aber einfach der Situation von heute nicht gewachsen, von einer Mentalität, die meint, Gott einen Dienst zu erweisen, wenn sie diese innere Unbedrohtheit und diesen Geist des Ghettos als die wahre Klarheit des katholischen Glaubens verteidigen." Diese Kritik saß, mit dem Wissen um die Qualität der vorbereiteten Texte war Kardinal König zum Konzil nach Rom gereist. Und dieser Schlusssatz Karl Rahners hat ihn begleitet: „Erlauben Sie mir, Eminenz, aufrichtig zu sagen: Ich beneide die Bischöfe des Konzils nicht um die Verantwortung, die sie vor Gott und der Menschheit von heute haben." Kardinal König erlaubte ihm diese Aufrichtigkeit und verwendete die Kritik zum richtigen Zeitpunkt im Konzil.

„Die Größe von Johannes XXIII. war, dass nicht er seine konservative Erziehung und Theologie jetzt dem Konzil aufgesetzt hat, sondern dass er sich verlassen hat darauf, dass die Bischöfe durch den Heiligen Geist den Weg selber finden. Das war eigentlich die Sensation", fasste der Theologe Paul M. Zulehner anlässlich dessen Heiligsprechung das Verdienst des ersten Konzilspapstes zusammen. Erst indem Erzbischof Frings die Freiheit der Diskussion forderte, sich Kardinal König der Forderung anschloss und Papst Johannes XXIII. diese gewährte, wurde ein dynamischer Prozess ausgelöst, der dem Geist des Zweiten Vatikanums so eigen war. „Wie von selbst konzentrierten sich die Bemühungen auf Kardinal König", stellte Richard Barta 1965 fest und lieferte auch eine Begründung nach: „Man wusste, Papst Johannes war ihm immer besonders gewogen, er war der Kardinal eines kleinen, neutralen Staates, der außerhalb aller politischen Kombinationen stand, der hatte in Rom studiert, aber auch in Frankreich und England, er war ein Wissenschaftler von internationalem Rang, er hatte Freunde in aller Welt. Schließlich konnte er sich mit nahezu jedem in dessen Muttersprache verständigen." Als Vorreiter beim Vatikanischen Konzil war sicherlich auch diplomatisches Geschick gefragt, doch überzeugte Kardinal König besonders durch seine Menschlichkeit. „Vor allem aber war es sein ruhiges, ausgeglichenes Wesen", beschrieb ihn Barta. „Er war kein Eiferer, er war, um in der Sprache der politischen Terminologie zu reden, gewiss kein ausgesprochener Konservativer, aber doch auch kein radikaler Neuerer, er stürzte nicht mit der Tür ins Haus, er ließ reden, er war ein großartiger Zuhörer, der seinem Gesprächspartner immer das Gefühl vemittelte, ganz verstanden worden zu sein. Er konnte daher auch mit wenigen Worten die Zustimmung der anderen erhalten."

Kardinal Christoph Schönborn kann das Gefühl nachvollziehen, das Kardinalskollegium, die Weltkirche in Rom in ihrem vollen Umfang zu erleben: „Es ist ja ein faszinierendes Erlebnis, wenn man merkt, die Kirche lebt einfach in allen Teilen der Welt." Wie beurteilt der heutige Wiener Erzbischof den Aufstieg seines Vorgängers zu einem der führenden Vertreter des Zweiten Vatikanischen Konzils? „Ihm haben sicher sein großes Interesse und seine Sprachenkenntnisse geholfen, er war doch sehr polyglott. Aber auch sein Interesse für die Religionswissenschaft, damit hatte er eine Offenheit für das, was ihm über asiatische und afrikanische Bischöfe an Kontakten möglich geworden ist." Hinzu kam Karl Rahner, den er sich als Berater auswählte, für Schönborn „einer der bekanntesten Konzilstheologen". Großen Eindruck machte sicher auch Kardinal Königs Persönlichkeit, „dieses sehr Souveräne, aber Bescheidene, Zurückhaltende, aber Kluge, und dieses echte Interesse an den Menschen, an dem, was sie bewegt. Ich glaube, es war schon sehr stark seine Persönlichkeit, die ihn dazu befähigt hat, im Konzil dann diese entscheidende Rolle zu spielen."

Die Kirchenväter lernten einander kennen, tauschten sich aus und führten einen offenen Dialog. „Es gab gespannte Situationen, Auseinandersetzungen, Vorschläge, das Thema abzusetzen", berichtete Kardinal König in späteren Jahren. „Dann haben andere gesagt: Um Gottes Willen, das dürfen wir nicht! Das ist zu diffizil, das ist zu schwierig, tun wir uns das nicht an, legen wir das zurück!"[3] Sechzehn Themen wurden schließlich ausgewählt und zunächst in der „Congregation generalis" von der Generallinie her beleuchtet. Danach wurden die einzelnen Paragrafen in den Vormittagssitzungen diskutiert. Von der Konzilskommission wurden die Texte revidiert und so lange wieder mit Verbesserungsvorschlägen vor-

gelegt, bis eine Textfassung entstand, die nicht bloß von einer parlamentarischen Zweidrittelmehrheit, sondern vom Großteil der
Konzilsväter akzeptiert und angenommen wurde. Drei Möglichkeiten abzustimmen gab es: „placet", „non placet" und „placet iux-
ta modum", was ein Ja mit Vorbehalt bedeutete. Der Großteil der
Konzilstexte wurde mit überwältigender Mehrheit angenommen,
nur bei drei Texten gab es mehrere Gegenstimmen. Beim Thema
„Religionsfreiheit" stimmten 2.306 mit Ja und 70 mit Nein; beim
Thema „Kirche und Welt" votierten 2.309 dafür und 75 dagegen;
beim „Verhältnis zu den nichtchristlichen Religionen" stimmten
2.221 mit Ja und 88 mit Nein.

Wichtig für die Meinungsbildung waren allerdings die inoffiziellen
Gespräche abseits des Plenums, die oft in der Cafeteria stattfanden. „Hier ergeben sich zwanglos viele fruchtbare Kontakte."[1] Es
gab aber auch Treffen in der Sakristei, z. B. als es um den Text
„Nostra aetate" ging, der sich mit den nicht-christlichen Religionen – „Araber, Muslime, Juden" – beschäftigte. Neben Johannes
Österreicher war der Jesuitenpater Josef Neuner einer der entscheidenden Mitverfasser dieses Textes. In seinen Lebenserinnerungen,
die den Titel „Der indische Joseph" tragen, beschreibt Neuner die
Rolle Kardinal Königs bei der Entscheidungsfindung: „Der Text
war sorgfältig vorbereitet und im Konzil diskutiert worden und
hatte große Zustimmung gefunden. Aber das Staatssekretariat des
Vatikans – der politische Arm der Kurie – erhob Einspruch und
machte schwerwiegende Einwände geltend." Da erhielt Neuner eines Abends eine kurze Notiz von Franz König mit der Bitte, am
nächsten Tag vor Beginn der Messfeier in die Sakristei zu kommen. Dort trafen sich auch noch einige andere Theologen, dann
erschien der Wiener Kardinal und sagte: „Sie haben ja gesehen,
dass die Erklärung über das Verhältnis der Kirche zum Judentum
auf Widerstand stößt. Es scheint nur eine Möglichkeit zu geben,
den Text zu retten, wenn er in einen universellen Zusammenhang
gestellt wird: Wir bedenken nicht nur das Verhältnis der Kirche zu
den Juden, sondern zu allen nicht-christlichen Religionen."[1] Alle

stimmten dem Vorschlag zu und begannen ihre Arbeit. „Wachsam, klug, vermittelnd hatte Kardinal König eingegriffen", beschrieb sein Presseberater Richard Barta das Engagement. „Sein Name wurde mit einem Schlag allen Konzilsvätern ein Begriff." Dem schließt sich auch der Tübinger Theologe Hans Küng an: „Kardinal König war eine außerordentliche Gestalt im Kardinalskollegium. Er verband seine priesterliche Aufgabe mit einem hohen Ausmaß an Gelehrsamkeit in Sachen Weltreligionen und diplomatischem Geschick."

Später, in der Festschrift „30 Jahre Pro Oriente", würdigte der damalige theologische Berater Joseph Ratzinger und spätere Papst Benedikt XVI. das Engagement des Wiener Kardinals: „Wer die religionswissenschaftlichen Arbeiten studiert, für die Franz König als Herausgeber zeichnete, kann sehen, dass in der Tat die Erklärung ‚Nostra aetate' nicht vom Himmel gefallen ist, sondern durch das sorgfältige Mühen von Religionswissenschaftlern und Theologen vorbereitet wurde, die über den relativistischen Religionsvergleich der liberalen Epoche hinausführen wollten zu einem tieferen Verständnis der Einheit und Verschiedenheit der Religionen und dabei Wesen und Unwesen des Religiösen zu unterscheiden sich mühten." Mit dem Dialog der Weltreligionen wurde auch ein wertvoller Beitrag zur Erhaltung des Weltfriedens geleistet. Abschließend meinte Joseph Ratzinger: „So bin ich Kardinal König bei den Dialogen zu dieser Frage, in die ich hineingeworfen bin, bleibend dankbar, dass er mir und gewiss vielen anderen die Türe zu einer sachgerechten Behandlung dieses großen Themas aufgestoßen hat."

Trotz des großen öffentlichen Interesses blieb die Welt in den Jahren vor und während des Konzils nicht stehen. Johannes XXIII. ging als Staatsmann neue Wege, ging auf die Menschen zu und traf mehr Staatsoberhäupter und Politiker als seine Vorgänger. Am 25. November 1961 erhielt er vom sowjetischen Staatschef Nikita Chruschtschow ein Geburtstagstelegramm, das für großes Aufsehen sorgte, unterhielt der Vatikan doch bislang keine diplomatischen Beziehungen mit der UdSSR. Johannes XXIII. hatte sich durch sein positives Herangehen an die Dinge auch den Respekt des Kreml-Chefs verschafft, was im Oktober 1962, just, als das Konzil begann, wichtig werden sollte: im Rahmen der „Kubakrise" zwischen den USA und der UdSSR.

Inmitten dieser gefährlichen Krise im Oktober 1962 ließ Papst Johannes XXIII. in der amerikanischen und in der sowjetischen Botschaft seinen Friedensappell abgeben, den er Tags darauf über „Radio Vatikan" veröffentlichte: „Wir flehen alle Regierenden an, gegenüber diesem Schrei der Menschheit nicht taub zu bleiben. Mögen sie alles tun, was in ihrer Macht steht, um den Frieden zu retten. Sie werden der Welt so die Schrecken eines Krieges ersparen, von dem niemand vorauszusagen wüsste, welche furchtbaren Folgen genau er haben würde." Chruschtschow sagte später, diese Botschaft Johannes XXIII. sei „der einzige Hoffnungsschimmer" gewesen.

Unter dem Eindruck der Kubakrise und am Höhepunkt des Kalten Krieges veröffentlichte Johannes XXIII. – damals schon todkrank – am 11. April 1963 die Enzyklika „Pacem in terris" („Über den Frieden aller Völker") an „alle Menschen guten Willens". Die Anfangsworte nehmen auf das Lukasevangelium (Lk 2,14) Bezug: „Der Friede auf Erden, nach dem alle Menschen zu allen Zeiten sehnlichst verlangten, kann nur dann begründet und gesichert werden, wenn die von Gott gesetzte Ordnung gewissenhaft beobachtet wird." In dieser Enzyklika forderte der Papst internationale Abrüstungsverhandlungen, er sprach nicht mehr von einem „gerechten Krieg", sondern von der Unmöglichkeit „im Atomzeitalter den Krieg als Mittel der Gerechtigkeit zu nutzen". „Wegen ihrer unpolemischen, allgemein verständlichen und trotz allem optimistischen Sprache fand sie große Zustimmung aus den unterschiedlichen Lagern"[10], kommentierte Kardinal König die Botschaft des Papstes.

Zu Ostern 1963 erteilte Johannes XXIII. das letzte Mal den Ostersegen. Die Welt wusste, der Papst war sehr krank, er hatte

Krebs, doch trug er die Krankheit mit Fassung und meinte, seine Koffer seien gepackt, er könne jederzeit abreisen. Kardinal König hatte einen guten persönlichen Kontakt zu ihm und wollte ihn noch einmal besuchen, „da war er schon auf seiner ganz letzten Wegstrecke, sehr krank". Das war aber nicht mehr möglich, denn „dann kam der Staatssekretär und sagte, wissen Sie, der Papst hat gedacht, er ist doch zu müde. Aber da hat er mir sein Brustkreuz gegeben, er schenkt Ihnen das. Ich war zutiefst gerührt und trage das heute noch als ‚das' Brustkreuz von Johannes XXIII."[3] Nach vier Jahren und sieben Monaten Amtszeit starb der „Papa buono", der gute Papst, am 3. Juni 1963. „Fernsehen, Rundfunk und Presse hatten in jenen Junitagen des Jahres 1963 – die Erinnerung daran ist in meinem Herzen noch ganz lebendig – nicht nur für die große Menschenmenge am Petersplatz, sondern für die ganze Welt – so auch für Wien – die schmerzlichen Phasen seines Todeskampfes so miterleben lassen, als handle es sich um ein Mitglied der eigenen Familie. Noch nie, so hört man überall, gab es eine solche Einmütigkeit der Teilnahme. Der Tod dieses Mannes war für die ganze Welt kostbar."[10]

Mit dem Tod Johannes XXIII. erfuhr das Konzil eine Unterbrechung. „Gleich nachher erhob sich die bange Frage: Wie wird es weitergehen? Wer wird der Nachfolger und wird er, wer immer es sein wird, das Konzil fortsetzen oder wird er es abbrechen? Das war eine Sorge, die alle Konzilsväter geteilt haben und – wie ich glaube – mit ihnen die ganze Kirche."[1] Am 19. Juni 1963 trat das Kardinalskollegium zum Konklave zusammen. Ein Name tauchte damals das erste Mal auf der kolportierten Liste möglicher Nachfolger auf: Franz König. „Als daher nach dem Tode des Papstes Johannes XXIII. die Kirche vor der bangen Frage stand, wer das Werk dieses großen säkularen Papstes fortsetzen solle, wer am ehesten befähigt sei, in seinem Geist, wenn auch notwendiger- und wünschenswerterweise in anderen Formen, die Erneuerung der Kirche weiterzuführen, da kam neben dem Namen anderer Kardinäle auch der Name König ins Gespräch", bestätigte Richard

Barta 1965. Wie reagierte der Wiener Kardinal darauf? „Er hat nicht verschämt überrascht getan, nicht laut dementiert, nicht überbescheiden abgewinkt, er hat nur einmal vor Wiener Journalisten in einem Anflug trockenen Humors gesagt, es könne schon sein, dass es Leute gäbe, die ihn lieber als Papst in Rom denn als Erzbischof in Wien sähen. Seine Freunde allerdings, fügte er lächelnd hinzu, wolle er nicht zu jenen Leuten zählen." Als Kardinal König nach dem Konklave nach Wien zurückkehrte und zu seinen Chancen bei der Papstwahl gefragt wurde, erklärte er, dass die katholische Kirche noch nicht so weit sei, einen Nichtitaliener zum Papst zu wählen. Dazu werde es aber sicherlich einmal kommen.

Nachfolger von Johannes XXIII. wurde wie vorhergesagt ein Italiener. Bereits im fünften Wahlgang wurde der 1897 geborene Giovanni Battista Montini, Kardinal von Mailand, am 21. Juni 1963 mit 65 von 80 Stimmen zum Papst gewählt, „der – wohl zögernd, aber doch – ‚Ja' gesagt hatte"[1], wie sich Kardinal König erinnerte. Er nahm den Namen Paul VI. an und wurde am 30. Juni am Petersplatz gekrönt – als letzter Papst mit der Tiara. 1964 legte er diese ab und führte sie fortan nur noch in seinem Wappen. „Als Papst Paul VI. erklärte er, dass das Konzil fortgesetzt würde, und zwar so fortgesetzt, wie es Johannes XXIII. – in großen Zügen – geplant hatte"[1], erinnerte sich Kardinal König an diese Zeit. Beim ersten Teil des Konzils war Kardinal Montini ruhig und zurückhaltend gewesen, doch hatte er angedeutet, auf der Seite der großen, neuen Entwicklung zu stehen. „So ist das Konzil durch den neuen Papst Paul VI. am 27. Juni 1963 offiziell wieder einberufen und im Herbst 1963 fortgesetzt worden."[1]

Paul VI. war weder so volksnah wie sein Vorgänger noch so charismatisch wie seine Nachfolger. Auch durch seine kleine, schmächtige und später durch Krankheit geschwächte Gestalt bot er in der Öffentlichkeit ein Bild der Hilflosigkeit. Drei Wochen vor seinem Tod schrieb Kardinal Franz König im „L'Osservatore Romano" über ihn: „Die Liebe, die Verehrung, die Bewunderung sammelten sich in Johannes und werden auch noch in kommende Jahrzehnte hinüberstrahlen. Aber kommende Generationen werden auch einen gerechteren Blick auf seinen Nachfolger haben. Er trägt ohne Zweifel die schwerere Last mit schwächeren Schultern."[2] Große Verdienste erwarb sich Paul VI. mit der Fortsetzung des Konzils und der Umsetzung der Beschlüsse, aber auch, indem er auf Statussymbole seines Amtes – Baldachin, Pfauenwedel, Thronassistenten, Nobelgarde – verzichtete und die Menschen mit den Problemen ihrer Zeit ernst nahm. So sagte er am 8. Dezember 1965, drei Monate nach dem Ende des Konzils, in seiner Predigt beim Hochfest der unbefleckten Empfängnis der Allerseligsten Jungfrau Maria: „Von diesem römisch-katholischen Zentrum aus ist niemand von Prinzips wegen unerreichbar; auf der Linie dieses Prinzips können und müssen alle erreicht werden. Für die katholische Kirche ist niemand fremd, niemand ausgeschlossen, niemand fern. Diesen Unseren universellen Gruß richten Wir auch an Euch, Menschen, die Ihr Uns nicht kennt; Menschen, die Ihr Uns nicht versteht; Menschen die Ihr Uns nicht für Euch nützlich, notwendig und freundlich glaubt; und auch an Euch, Menschen, die Ihr, für Euch denkend, auf diese Weise Gutes zu tun, Uns anfeindet! Ein aufrichtiger Gruß, ein besonderer Gruß, aber voll von Hoffnung; und heute, glaubt es, voller Wertschätzung und Liebe."

Kardinal König verglich die beiden Konzilspäpste in seinem Festvortrag an der Universität Wien am 22. Mai 1997: „Wenn man sich die beiden Päpste des Konzils nochmals vor Augen hält, Johannes XXIII., Paul VI., dann würde ich heute sagen, den Glanz des Konzils, den Mut gehabt zu haben, es einzuberufen, denn viele haben damals gesagt, auch ich: Wie kann man in der heutigen Weltsituation so etwas wagen, ein Weltkonzil einzuberufen? – Also, der Glanz des Konzils ist mit Johannes XXIII. verbunden. Die Last trug Paul VI., den ich persönlich sehr schätze und verehre. Er hat gelitten unter dem Konzil, denn es gab vor Beginn des Konzils eine internationale Vorbereitungskommission ... und es war damals die Tradition, wie wir es halt immer gemacht haben, so machen wir es jetzt auch."[3]

Nachdem im ersten Teil des Konzils die Regeln der Zusammenarbeit neu definiert worden waren und Machtspiele mit der Kurie – allen voran der konservative Kurienkardinal Alfredo Ottaviani, der ab 1960 die theologische Vorbereitungskommission für das Zweite Vatikanische Konzil geleitet hatte sowie die Glaubenskongregation – zugunsten jener Kardinäle ausgingen, die neue Wege beschreiten wollten, wurden im zweiten Teil des Konzils 16 Dokumente ausgearbeitet. Karl Rahner, der theologische Berater Kardinal Königs, bereitete dessen Wortmeldungen vor und ärgerte sich mitunter darüber, dass so manche Vorbereitungsarbeit nicht vorgetragen wurde, weil Franz König die Sitzung einfach schwänzte. Offensichtlich hatte der Kardinal allerdings ein besonderes Gespür, wenn es um ein besonderes Thema ging, denn dann war er da, dann vertrat er seine Meinung, im entscheidenden Augenblick war er mutig. „Kardinal König gehörte nicht zu den Vielrednern des Konzils, vielleicht gehörte er auch nicht zu den Dauersitzern bei den Kommissionen, oft konnte man ihn am Nachmittag in der Bibliothek des Bibelinstitutes in Rom finden", erinnerte sich Richard Barta in seinem Buch. „Wenn er aber redete, in den Generalkongregationen oder in den Kommissionen, dann findet er immer aufmerksame Zuhörer." So meldete er sich zur Frage der Kollegialität der Bischöfe, zum Schema über die Gottesmutter, zu Fragen des Verhältnisses zu den anderen christlichen Konfessionen, zur Frage der Religionsfreiheit und zur Judendeklaration zu Wort. Seine Standpunkte waren klar und in die Zukunft gerichtet. „Man hat den Kardinal oftmals als das Haupt oder zumindest als einen der Führer der fortschrittlichen Konzilsmehrheit bezeichnet", bestätigte Barta. Das stimmte nur teilweise, denn auch wenn er der aufgeschlossenen Konzilsmehrheit angehört habe, sei er kein „Gruppenmanager", kein „Stürmer und Dränger" gewesen.
Der Jesuitenpater Georg Sporschill lernte Kardinal König 1977 bei einem Interview kennen und führte mit ihm in der Folge ausführliche Gespräche, auch über das Konzil. Er erinnert sich: „Diese Art von Mensch, die hat das Konzil möglich gemacht. Er ging un-

voreingenommen, neugierig, mit dem Blick auf die gesamte Welt –
das war für ihn besonders wichtig, der Blick auf die verschiedenen
Religionen. Das war ja sein Beruf, mit dem Horizont ging er ins
Konzil ... Er hat einfach das Gespräch im Konzil und in seiner
unmittelbaren Umgebung ermöglicht, weit hinaus, bis die Schwierigkeiten vielleicht zu groß geworden sind, aber sein Radius und
sein Blick war schon sehr weit. Man hat sich wohl gefühlt bei ihm."
Diese Offenheit des Konzils würdigte umgekehrt auch der Kardinal selbst: „Von großer Wichtigkeit war, dass Johannes XXIII.
nicht-katholische Christen als Beobachter eingeladen hatte. Die
saßen ganz vorne, hatten nicht das Recht mitzudiskutieren, hatten aber in allen sonstigen Begegnungen und Gesprächskreisen die
Möglichkeit, ihre Meinungen zu sagen. Das waren oft sehr interes-
sante Gespräche, sehr wertvolle Beiträge, die da gekommen sind."
Die Teilnahme dieser Beobachter ermöglichte Paul VI. und beim
Abschluss des Konzils am 8. September 1965 kam es zu einer
historischen Geste der Versöhnung. Für Kardinal König war der
päpstliche Gottesdienst am Tag davor ein besonderes Schlüssele-
reignis, denn an seinem Ende bat Paul VI. den Vertreter des Ökumenischen Patriarchen Athenagoras von Konstantinopel, Metropolit Meliton, in seiner prächtigen orientalischen Liturgiekleidung
zum Papstaltar hinaufzusteigen. Franz König stand nur wenige
Meter entfernt, als der Papst verkündete: „Zu dieser Stunde ver-
kündet der Patriarch von Konstantinopel und verkünde ich jetzt
als Inhaber des Petrusamtes, dass jene Bulle, die das Schisma von
1054 ausgelöst hat, welche die Kirche in eine abendländische und
eine morgenländische getrennt hatte, dass diese Bulle und ihr Inhalt ab heute für nichtig erklärt werde." Damit war der Riss, der die
Christen getrennt hatte, zumindest rechtlich wieder geheilt, woran sich auch Kardinal König erinnerte: „Damals ging ein Brausen
des Beifalls durch die ganze Kirche. Nachher sagte mir einer der
Anwesenden, ein Professor der Kirchengeschichte an einer Universität: Wissen Sie, mir sind die Tränen in den Augen gestanden
während dieses Vorganges, denn mir wurde bewusst – nicht als

Kirchenhistoriker, sondern als Historiker allgemein – welche Bedeutung dieser Moment für die gesamte geschichtliche Entwicklung der Welt hat ... Damit kann man die Geschichte nicht ändern, das ist ganz klar, aber es war ein Gestus, mit dem wurde ein Schritt getan, auf dem man weiter aufbauen kann."[2]

Für Kardinal König war das Zweite Vatikanische Konzil „ein Impuls am Beginn des dritten Millenniums und für das Schicksal der Kirche und damit auch für unser Schicksal von ganz großer Bedeutung ... Ich selber bin durch das Konzil, als Geistlicher und als Bischof, entscheidend geprägt worden und bin der Meinung, dass es mehr war als ein Weltereignis und ein großes Kirchenereignis."[3]

8. Impulse des Konzils

„Es reden viele über das Konzil, ohne die Texte zu kennen"[7], kritisierte Kardinal König in späteren Jahren wiederholt. „In der nach dem Konzil einsetzenden Diskussion zwischen einer so genannten ‚konservativen' und einer so genannten ‚progressiven' Richtung – ich denke dabei an den westeuropäischen und mitteleuropäischen Raum – ging es nicht immer nur um die Bewertung verschiedener Konzilsaussagen. Die dabei in Erscheinung getretenen Fronten kreisten und kreisen vor allem um das rechte Kirchenbild in der Welt von heute. Ohne sich immer auf die Konzilstexte selbst zu beziehen, legen die einen den Akzent auf Uniformität, Einheitlichkeit, im Gegensatz zu legitimer Vielfalt. Die anderen bringen ihre Sorgen zum Ausdruck, dass fundamentalistische Unterströmungen das Bild der Kirche für die Zukunft einengen und verzerren könnten. Niemand will dem anderen von vornherein den guten Willen absprechen. Wie aber, so frage ich Sie, zeigt man zukunftsweisende Wege aus dieser vorhandenen Verunsicherung?"[12]

Die Dokumente des Zweiten Vatikanums sind umfangreich. Wiederholt wurden sie publiziert und von Experten kommentiert. Für einen kurzen Überblick sind jene Impulse hilfreich, die Kardinal König als wesentlich auswählte: das Verhältnis zu nichtchristlichen Religionen, die Frage der Religionsfreiheit, die König als „schwierig" bezechete, oder das Thema Liturgie. Zudem ging es um das Verhältnis zwischen dem Papst und den Bischöfen: „Der Papst ist wohl die Spitze, aber er ist eingebunden in das Kollegium der Bischöfe, und das hat dann dazu geführt, dass man das fortsetzen wollte, denn es war ja leicht, beim Konzil waren alle da, aber wie ist das, hat man sich gefragt, wenn die wieder in der ganzen Welt verstreut sind, von Australien bis nach Island, was ist dann mit dem Kollegium der Bischöfe? Und da kam man auf den Gedanken, einen Synodalrat, eine Auslese aus dem Kollegium, in Abständen von zwei, drei Jahren immer wieder zusammenzurufen und darin also einen Ersatz zu sehen. Aber das ist auch heute noch nicht ganz gelöst das Problem. Der Papst ist die vertikale Linie, das Bischofskollegium ist das waagrecht ausgebreitete Gremium. Wie greifen die zusammen? Wie kommen die immer zu gewissen Formen einer fruchtbaren Zusammenarbeit? Bis jetzt sieht es so aus, als ob der Papst mit seinen Gremien, mit der Kurie allein die Kirche führen würde, was ja auch nicht so ganz im Sinne des Konzils und der kirchlichen Struktur ist.["7)] Eine Lösung zu finden, sei eine schwierige Aufgabe, glaubte der emeritierte Kardinal auch noch 1985. „Ich weiß selber jetzt auch nicht, wie man zu dieser Lösung kommen wird, dass also die Kollegialität, das Kolleg der Bischöfe zu einer besseren Form der Zusammenarbeit mit dem Papst und mit dem Oberhaupt der Kirche dann kommt.["7)] Vielleicht hat Papst Franziskus mit der Ernennung eines achtköpfigen Beratungsgremiums einen Schritt genau in diese Richtung getan? Welche Impulse gingen vom Konzil aus? Welche wirkten in das nächste Millennium hinein? Kardinal König nannte als ersten Impuls die Weltkirche – die „Dogmatische Konstitution über die Kirche" im „Lumen Gentium". Dieses Dokument wollte, so Kardinal König, die Frage beantworten: „Kirche, was sagst du von dir selbst?"[1)] Während des Konzils sei ihm bewusst geworden, „die Katholische Kirche ist Weltkirche, dass wir nicht nur eine westlicheuropäische Kirche sind. Das muss aber auch im Vatikan spürbar werden. Dieser große, bürokratische Apparat des Vatikans, das Instrument des Papstes für die Weltkirche, das kann man nicht nur mit Italienern, Franzosen, Deutschen, Belgiern besetzen, sondern das muss international werden."[3)] Es ging auf die Initiative Papst Pauls VI. zurück, dass sich die Ressortchefs im Vatikan aus Vertretern aller Nationen zusammensetzten. „Daher musste die Kirche das europäische Kleid ablegen und zeigen, dass sie in Afrika zu

Hause ist, in Indien zu Hause ist, in Korea zu Hause ist, auch jetzt in Japan ein wenig zu Hause ist."[3) Kardinal König bezog sich in diesem Rückblick auf das Zweite Vatikanum auch auf Papst Johannes Paul II., der in diesem Zusammenhang immer wieder von der „Inkulturation" gesprochen habe und dessen Interesse wesentlich dazu beigetragen habe, das „europäische Kleid der Kirche" zu entfernen.

Als zweiten Impuls nannte Franz König das Dekret „Unitatis redintegratio", das die Bereitschaft der katholischen Kirche zur ökumenischen Zusammenarbeit deutlich macht. „Das Stichwort Ökumenismus, das ist zwar durch das Zweite Vatikanische Konzil sehr bekannt geworden, aber das ist eine Sache, die schon zu Beginn dieses Jahrhunderts den Anfang genommen hat. Vor allem die evangelischen Kirchen, die protestantischen Kirchen Europas, denen das ein besonderes Anliegen war, der Versuch, einander näher zu kommen, das Gemeinsame wieder zu sehen und sich nicht nur gegenseitig zu erinnern, was man falsch gemacht hat. Diese ökumenische Bewegung war zunächst außerhalb der Katholischen Kirche, das Konzil hat dann gesagt, das interessiert uns sehr. Es ist auch ein großes Konzilsanliegen, ein eigenes Dokument über den Ökumenismus."[3) Im Zusammenhang mit der Ökumene erinnerte Kardinal König an den ersten Bruch in der Einheit der Christenheit, an das „Morgenländische Schisma" im Jahr 1054, in dem es zur Trennung in eine Ost- und eine Westkirche, zu einer Trennung Byzanz–Rom gekommen war. Auch die Ökumene sei ein zentrales Anliegen von Johannes Paul II., „um das Gemeinsame wieder mehr zu sehen als das Trennende"[3). Im diesem Zusammenhang verwies Kardinal König auf dessen Enzyklika mit dem Titel „Ut unum sint" („Dass sie eins seien" – „Über den Einsatz für die Ökumene"). „Wenn Sie dieses Dokument ein bisschen anschauen, dann werden Sie spüren, was für ein großes Anliegen gerade vom jetzigen Papst dieses ökumenische Thema ist." Johannes Paul II. hatte darin geschrieben: „Der Aufruf zur Einheit der Christen, den das II. Vatikanische Konzil mit so großer Eindringlichkeit vorgebracht hat, findet im Herzen der Gläubigen immer stärkeren Widerhall, besonders beim Näherrücken des Jahres Zweitausend." Danach folgt das Bekenntnis: „Mit dem II. Vatikanischen Konzil hat sich die katholische Kirche unumkehrbar dazu verpflichtet, den Weg der Suche nach der Ökumene einzuschlagen und damit auf den Geist des Herrn zu hören, der uns lehrt, aufmerksam die ‚Zeichen der Zeit' zu lesen."

Noch während des Zweiten Vatikanischen Konzils und vor Verabschiedung von „Unitatis redintegratio" wurde am 4. November 1964 in Österreich die Stiftung „Pro Oriente" gegründet. Otto Mauer, „Presse"-Chefredakteur Otto Schulmeister, Franz Curt Fetzer, Generalsekretär der Industriellenvereinigung, und der spätere Böhler-Generaldirektor Adolf Bayer kamen auf die Idee, „aufgrund der geografischen, historischen und kulturellen Position Wiens einen Beitrag zum ökumenischen Gespräch mit den Kirchen des Ostens zu leisten". Kardinal Franz König hatte ja nach seinem schweren Verkehrsunfall den Entschluss gefasst, sich verstärkt um die Kirchen jenseits des Eisernen Vorhangs kümmern zu wollen, deshalb unterstützte er „Pro Oriente" von Beginn an. „Wir sagten dem Kardinal, wir vier sind bereit, im Vorstand mitzuarbeiten, wenn er die Präsidentschaft des Kuratorius übernimmt", erinnert sich Adolf Bayer, letzter Überlebender der Gründungsmitglieder.

Mitglied des Kuratoriums war auch Margarethe Ottilinger, einzige Frau im vierköpfigen Vorstand der Österreichischen Mineralölverwaltung (ÖMV). Diese hatte sich bereits 1959 für die Gründung des Afro-Asiatischen Institutes eingesetzt und enorme finanzielle Mittel für dieses Projekt bei Persönlichkeiten aus Politik, Wirtschaft und Wissenschaft aufgetrieben. „Über jede eingegangene Spende informierte sie Kardinal König genauestens", schrieb die Journalistin Ingeborg Schödl in ihrer Biografie. „Bis zu ihrer Pensionierung im Jahr 1982 erhielt ‚Pro Oriente' über ihre Intervention von der Österreichischen Mineralölverwaltung jährlich eine ansehliche Spende überwiesen", berichtet Schödl weiter. Nach ihrer unfreiwilligen Pensionierung als ÖMV-Vorstandsdirektorin teilte sie 1982 Kardinal König enttäuscht, frustriert, aber auch von Depressionen geplagt mit, dass sie auch ihr Amt im Kuratorium der Stiftung „Pro Oriente" zurücklege, „da ich nicht mehr in der Lage bin, irgendetwas Nützliches für die Institution zu leisten". Damit meinte sie die Spendengelder, die nach ihrem Ausscheiden nicht mehr überwiesen wurden.

„Pro Oriente" hat als Stiftung das Ziel, die Beziehungen zwischen der römisch-katholischen Kirche und den orthodoxen sowie orientalisch-orthodoxen Kirchen zu fördern. „Der Auftrag lässt sich in drei Richtungen ausfalten", definiert die Stiftung ihre Aufgaben: „Pflege und Förderung der Beziehungen zwischen den Kirchen, Vertiefung der ökumenischen Gesinnung unter den Gläubigen, Unterstützung ökumenischer Initiativen." Die operative Tätigkeit erstreckt sich auf Forschungsprojekte, Tagungen, Symposien, Vorträge, Publikationen und theologische Konsultationen. Zum Beziehungsaufbau gehören Einladungen der Patriarchen nach Wien ebenso wie Besuche der verschiedenen Ostkirchen. „Bei der Gründung von ,Pro Oriente' hatte das Kuratorium die Funktion gehabt, vor allem die Finanzen zu sichern", erinnert sich Adolf Bayer. So fanden sich auf der ersten Liste des Kuratoriums die Generaldirektoren der Erste Bank, der Creditanstalt, der VOEST und von Böhler, aber auch der Präsident der Industriellenvereinigung usw. „Heute sind es lauter Pensionisten", moniert Bayer. „Das Kuratorium besteht heute aus 70 Leuten, damals waren es vielleicht zehn oder zwölf." Bis vor wenigen Jahren wurden noch Reisen zu Metropoliten und Patriarchen veranstaltet. Damit gelang es, Geldgeber aus der Wirtschaft zu beeindrucken. „Da war der Kardinal König immer dabei. Wir waren mehrfach in Israel, am Berg Athos, in Kreta, in Moskau ..."

Auch Papst Paul VI. lud den Vorstand von „Pro Oriente" in den Vatikan ein, um sich über die Aktivitäten berichten zu lassen. In Rom trafen Mauer, Schulmeister, Fetzer und Bayer am Vortag des Empfangs mit Kardinal König zusammen, um die Inhalte zu koordinieren. Otto Mauer trug damals leger nur einen Anzug, worauf ihn Kardinal König fragte: „Monsignore, so werden Sie morgen aber nicht zum Heiligen Vater gehen?" Daraufhin erwiderte Mauer: „Warum nicht?" „Das kommt überhaupt nicht infrage! Sie werden, bitteschön, einen Talar bei der Vorstellung tragen!" „Ich habe gar keinen Talar mit." „In der Stadt gibt es einen Schneider, da lasse ich auch hie und da was für mich machen. Der soll für Sie einen Talar machen, das dauert zwei Stunden." Adolf Bayer erinnert sich: „Wutschnaubend ging der Mauer zum Schneider, hat sich den Talar machen lassen – und hat dann dem Kardinal die Rechnung geschickt."

Einer der letzten Besucher am Sterbebett Kardinal Königs war im März 2004 der griechisch-orthodoxe Metropolit Michael Staikos – hier zeigte sich ein letztes Mal, welch großes Anliegen ihm die Ökumene war. Denn ihm legte Franz König ans Herz: „Die Ökumene muss weitergehen!"[1] Nach seinem Tod hielt Staikos am aufgebahrten Sarg eine „Panichida", so wird das orthodoxe Totengedenken genannt, das wahrscheinlich das erste Mal für einen verstorbenen katholischen Bischof abgehalten wurde.

Als dritten Impuls nannte Kardinal König das Thema Laien, mit denen sich das Dekret „Apostolicam actuositatem" („Über das Laienapostolat") beschäftigt: „Gerade durch das Stichwort Laien ist in der Kirche auf einmal der Vorwurf zum Bewusstsein gekommen, die Katholische Kirche ist eine klerikale Kirche, nur die Geistlichen haben das Sagen, und die anderen müssen schweigen oder zuhören. Das hat sich vollständig gedreht jetzt, denn rein zahlenmäßig sind die Geistlichen in der Katholischen Kirche ein Bruchteil von einem Prozent[3], relativierte Kardinal König und zitierte einen Satz aus dem offiziellen Konzilstext: „Die Laien sind besonders dazu berufen, die Kirche an jenen Stellen und in den Verhältnissen anwesend wirksam zu machen, wo die Kirche nur durch sie Salz der Erde werden kann." Deutlich formulierte er: „Ja, wir müssen von einer klerikal gesehenen Kirche wegkommen, wir müssen uns bewusst sein, wir alle sind Kirche."[3]

Bei einem Betriebsbesuch

Kundgebung gegen die sog. Fristenlösung, 1973

Mit Johannes Paul I.

Helmut Schmidt zu Besuch in Wien, 1981

Letztes Treffen mit Bruno Kreisky

Mit Papst Johannes Paul II. beim Betreten des Wiener Stephansdoms, 1983

Bischofsweihe von Hans Hermann Groër, 1986

Mit Rudolf Kirchschläger, 1991

Mit Bundeskanzler Franz Vranitzky

Mit dem damaligen Nationalratspräsidenten Heinz Fischer

Sommerbesuch seiner vietnamesischen Familie, 1981

*Mit den Kindern seiner vietnamesischen Familie im Krankenhaus der
Barmherzigen Schwestern, 2003*

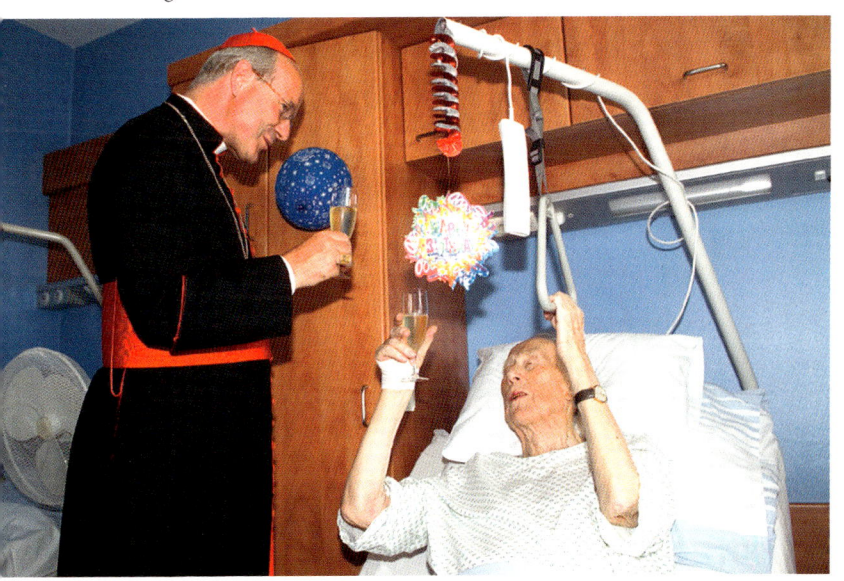

*Geburtstagsbesuch von Kardinal Christoph Schönborn am Krankenbett,
3. 8. 2003*

Ausschnitt aus dem Testament von Kardinal Franz König

Zum Thema Liturgie und somit zum Dokument „Sacrosanctum Concilium" („Konstituion über die heilige Liturgie") merkte Kardinal König als vierten Impuls an: „Schwieriges Thema ... das, was uns die Erneuerung der Liturgie gebracht hat, also das Verstehen der Texte, die Trennung oder die Zweiteilung in Wortgottesdienst und die Eucharistiefeier, wollte uns die Heilige Schrift wieder näher bringen, das Verständnis bringen, Erinnerung, aber auch Vergegenwärtigung bringen, was beim letzten Abendmahl geschehen ist."[3] Durch die Liturgiereform kam es sicherlich anfänglich zu Irritationen, so habe etwa der Lektorendienst von Frauen „verständlicherweise" zu Beginn Schwierigkeiten gemacht. Franz König gestand aber auch intern begangene Fehler bei der Umsetzung ein: „Es haben aber leider auch, muss ich sagen, eine ganze Reihe von geistlichen Mitbrüdern den Fehler gemacht, dass sie einfach ihrer Gemeinde gesagt haben: So, ab morgen ist das anders. Sie haben sich nicht der Mühe unterzogen, die Gemeinde vorzubereiten, warum denn der Priester zum Volk gewendet spricht, um den Sinn der Messe besser zu verstehen. Warum Muttersprache ebenso möglich ist wie das Latein und andere Sprachen. Das ist natürlich in diesen ersten Missverständnissen alles möglich gewesen, aber es hat sich alles beruhigt."[3] Dennoch war sich Kardinal König der Wirkung der lateinischen Sprache stets bewusst geblieben. Bei einem Vortrag 1995 in Prag erzählte er, er habe einige Wochen zuvor im Grazer Dom am Eröffnungsgottesdienst des Weltkongresses katholischer Journalisten teilgenommen, bei dem Bischof Johann Weber die Eucharistiefeier in Latein gefeiert habe: „Es hat mich sehr bewegt festzustellen, welche verbindende Funktion die lateinische Sprache auch heute noch beim Gottesdienst als Ausdruck der Weltkirche haben kann."[3]

Fünfter Impuls: Christen und Juden, Antisemitismus, Antijudaismus. „Nostra aetate" („Über das Verhältnis der Kirche zu den nicht-christlichen Religionen") – dieses Dokument sorgte für das größte Aufsehen innerhalb und außerhalb des Konzils. Erst durch den Vorschlag Kardinal Königs, „nicht nur das Verhältnis der Kirche zu den Juden, sondern zu allen nicht-christlichen Religionen" zu bedenken, konnte die Erklärung über das Verhältnis der Kirche zu den nicht-christlichen Religionen die Zustimmung von 2.221 Konzilsvätern bei 88 Nein-Stimmen und drei Enthaltungen verabschiedet werden.

„Katholische Kirche, Israel, Juden, das war ein schreckliches, leidvolles Thema. Die Geschichte, gerade aus unserer Sicht, ist schwer belastet", gestand Kardinal König ein. „Johannes XXIII., der als päpstlicher Legat im Osten sehr viel tun konnte, um Juden heraus zu bringen aus der Gefahrenzone, dem war es ein Anliegen, ... das Thema wirklich einmal zu klären und in Ordnung zu bringen."[3] Aber auch Kardinal König war das Thema wohl schon seit seiner Zeit in St. Pölten ein Anliegen, denn als Text auf seinem Primizbild hatte er ausgewählt: „Wir predigen Christus den Gekreuzigten: den Juden ein Ärgernis, den Heiden eine Torheit."

Ein neues, besseres Verhältnis zum Judentum war ein Ziel des Pontifikats von Johannes XXIII. Dazu musste zunächst die Karfreitagsfürbitte für die Juden abgeändert werden, die ihre Wurzeln im ersten Jahrhundert nach Christi hatte und 1570 von Papst Pius V. autorisiert worden war. In der Einleitung hieß es damals: „Lasset uns auch beten für die treulosen Juden, dass Gott, unser Herr, wegnehme den Schleier von ihren Herzen, auf dass auch sie erkennen unsern Herrn Jesus Christus." Danach galt die Anweisung für den Vorbeter: „Hier unterlässt der Diakon die Aufforderung zur Kniebeugung, um nicht das Andenken an die Schmach zu erneuern, mit der die Juden um diese Stunde den Heiland durch Kniebeugungen verhöhnten." Darauf folgte das eigentliche Gebet: „Allmächtiger ewiger Gott, du schließest sogar die treulosen Juden von deiner Erbarmung nicht aus; erhöre unsere Gebete, die wir ob der Verblendung jenes Volkes vor dich bringen: Möchten sie das Licht deiner Wahrheit, welches Christus ist, erkennen und ihrer Finsternis entrissen werden. Durch ihn, unseren Herrn."

Bei seinem Karfreitagsgebet am 18. März 1959 ließ Papst Johannes XXIII. zum ersten Mal die Wörter „treulos" („perfidis") und

„treulosen Juden" („judaicam perfidiam") weg und beugte die Knie.
1959 ordnete die Ritenkongregation an, künftig die beiden Wörter
offiziell wegzulassen. 1964 veranlasste Papst Paul VI. die Straffung
der Fürbitte und die Änderung des Wortlautes: „Lasset uns auch
beten für die Juden. Unser Gott und Herr lasse über sie leuchten
sein Angesicht, damit auch sie erkennen den Erlöser aller Menschen, unsern Herrn Jesus Christus." Danach wird angeordnet:
„Beuget die Knie. – Erhebet euch", bevor das eigentliche Gebet
folgt: „Allmächtiger ewiger Gott, dem Abraham und seiner Nachkommenschaft hast du deine Verheißungen gegeben; erhöre in
Güte die Bitten deiner Kirche; und jenes Volk, das du in alter Zeit
angenommen als eigen, lass gelangen zur Fülle des Heils: Durch
unsern Herrn."

Im Konzil war es dann der Kurienkardinal Augustin Bea, ein
laut Kardinal König „sehr gescheiter Mann"[7], der sich mit einem
Memorandum persönlich an Papst Johannes XXIII. wandte und
darin die Gründe darlegte, warum man im Konzil eine Judenerklä-
rung nicht übersehen dürfe. Ein weiterer Wegbegleiter von „Nostra aetate" war der 1904 geborene Prälat Johannes Österreicher.
„Ich bin Jude und Katholik", bezeichnete er sich selbst wiederholt.
„Österreicher, aus unserer Diözese stammend, war jüdischer Ab-
stammung, hat Medizin studiert, ist katholischer Priester geworden, ist dann geflohen natürlich. Er hat beim Konzil bei diesem
Thema eine ganz große Rolle gespielt"[7], charakterisierte ihn Kardinal König, der auch darauf hinweist, dass es hier viel Hin und
Her gegeben habe, denn man hatte „von arabischen Staaten und
auch von verschiedenen Gruppierungen in Europa Texte bekommen, Briefe bekommen, Broschüren bekommen. Lasst die Finger
weg von diesem Thema! Das ist so ein kritisches Thema, und vor
allem die muslimische Welt ..., die arabische Welt, die ist daran interessiert, das Thema soll nicht behandelt werden!"[3] So beschrieb
Franz König den Druck, unter dem die Konzilsväter damals standen. Dass es trotz aller Widerstände zu diesem Dekret kam, war
ein Verdienst Papst Pauls VI. „Nostra aetate" ist mit nur fünf

Seiten von allen 16 Texten das kürzeste Dokument des Konzils, „aber aus meiner Sicht vielleicht das wichtigste, denn man hat sich dann aus der Schwierigkeit dadurch herausarbeiten können, dass man gesagt hat: Gut, wir behandeln nicht Juden und Christen, also ein Spezialthema, sondern die nicht-christlichen Religionen, und darunter fällt auch das Verhältnis zu den Juden." Durch den geschickten Winkelzug Kardinal Königs konnte das Problem gelöst werden. Das Dekret beginnt mit einem kurzen Hinweis auf die Religionen im Allgemeinen. „Das war das erste Mal, dass sich die Weltkirche offiziell mit nicht-christlichen Religionen beschäftigt hat." Danach ging man kurz auf das Verhältnis Moslems und Christen ein, bevor man auf zwei Seiten die Judenfrage behandelte. „Sehr knapp, aber sehr wirkungsvoll."

In seiner Antrittsenzyklika „Ecclesiam Suam" („Für seine Kirche") hatte Papst Paul VI. drei konzentrische Kreise des Dialogs genannt, die Richard Barta in seinem Buch sehr anschaulich beschrieb: „In der Mitte die Kirche, um sie der Kreis der anderen christlichen Konfessionen, dann die nicht-christlichen Religionen und schließlich als letzter und am weitesten entfernter Ring die Nichtgläubigen." Daraus entstanden drei päpstliche Räte. Das „Sekretariat für die Einheit der Christen" wurde von Kardinal Bea geleitet, für die nicht-christlichen Religionen war Kardinal Marellas zuständig und das „Sekretariat für die Nichtglaubenden" stand von 1965 bis 1981 unter der Leitung Kardinal Königs. Als ihn Papst Paul VI. in Rom über seine Absichten informierte, ihm den Vorsitz zu übertragen, fragte ihn Franz König: „Ja, was soll ich da machen? Ich weiß ein bisschen was von den Religionen und von der Religionsgeschichte, aber die Welt der Nicht-Glaubenden?" Daraufhin antwortete der Papst: „Usus docebit – Na, fangen Sie an, dann werden Sie schon sehen, wie es geht."[3]

Kardinal König befand sich zu diesem Zeitpunkt anlässlich der alljährlichen Frühjahrskonferenz der österreichischen Bischöfe in der Apostolischen Nuntiatur, oberhalb der Gärten des Theresianums, des einstigen kaiserlichen Lustschlosses Favorita gelegen, als ihm der Chauffeur des Nuntius eine Nachricht der Kathpress überreichte: „Das Vatikanische Presseamt gibt die Errichtung eines Sekretariates für die Nichtgläubigen bekannt. Zum Präsidenten dieses Sekretariates hat der Heilige Vater Kardinal König ernannt." Kardinal König gab die Nachricht an den Nuntius weiter, der las sie und schaute Franz König fragend an: „Ich bleibe in Wien"[10], antwortete dieser leise. Diese große Aufgabe wollte er von Wien und nicht von Rom aus erledigen, denn die politischen Zustände im Vatikan mit der Kurie und den administrativen Verpflichtungen waren nicht seine Sache.

1965 führte Richard Barta mit Kardinal König ein Gespräch und fragte diesen: „Sie haben bei jedem der drei Sekretariate die Basis erwähnt, auf der Gespräche stattfinden können. Beim Sekretariat für nicht-katholischen Christen ist es der gemeinsame Glaube an Christus. Beim Sekretariat für die nicht-christlichen Religionen, der gemeinsame Glaube an Gott. Wo aber ist die gemeinsame Basis eines Gespräches mit jenen Menschen, die nicht an Christus, die nicht an Gott glauben, die überhaupt keinen religiösen Glauben kennen? Wohin soll ein Gespräch mit ihnen führen?" Die Basis eines Gespräches mit den Nichtgläubigen war für Kardinal König die letzte, die allgemeinste, aber auch die tiefste Basis, die ein Gespräch unter Menschen nur haben kann: „Es ist die menschliche Basis. Auch sie sind Menschen wie wir. Sie werden geboren und sterben. Sie erleben Schmerz und Freude, Glück und Leid, Angst und Not. Sie haben die gleichen Sorgen wie wir. Die Sorgen um den Frieden, sie kämpfen wie wir für den Frieden. Sie wollen wie wir die Welt frei von Hunger, Krieg und Elend wissen. Sie wollen wie wir, dass die Welt menschenwürdiger, dass sie menschlicher werde."[11] Annemarie Fenzl, Kardinal Königs langjährige Sekretärin, ist noch heute davon überzeugt: „Mit jemandem, der nicht glaubt, kann man nur menschlich reden. Dadurch hat Kardinal König seine prophetischen Fähigkeiten gezeigt."

9. Der „rote Kardinal"

Ständestaat, Austrofaschismus, „Anschluss", Verfolgung, Inhaftierung – all das hatte das politische Bewusstsein in Österreich nach dem Krieg massiv verändert. Vor allem das bürgerlich-konservative Lager war gefordert. Einerseits sollten christlich-soziale Werte Platz finden, andererseits war die liberale Öffnung gefragt. So wurde am 17. April 1945 im Wiener Schottenstift die Österreichische Volkspartei (ÖVP) von Leopold Kunschak (Obmann), Hans Pernter (geschäftsführender Obmann), Lois Weinberger, Leopold Figl, Julius Raab und Felix Hurdes (Generalsekretär) gegründet. Dabei distanzierte man sich von Ständestaat und Vaterländischer Front – auch wenn im ÖVP-Club des Parlaments heute noch das Porträt von Engelbert Dollfuß hängt.

Auch die katholische Amtskirche Österreichs hatte aus ihren Fehlern während des Ständestaates gelernt und sich 1945 für eine Trennung von Kirche und Politik ausgesprochen, wodurch Priestern die Annahme eines politischen Amtes untersagt wurde. Im Juni 1950 zeigte der fünfte Steirische Katholikentag, dass sich das kirchlich-religiöse Leben sehr positiv entwickelt hatte. „Man hatte radikal mit allem aufgeräumt, was bisher zu den Katholikentagen gehört hatte: Vereine, Referate, Diskussionen, Resolutionen, politische Forderungen", beschrieb Maximilian Liebmann, emeritierter Professor für Kirchengeschichte der Karl-Franzens-Universität Graz, diese Entwicklung. Nach dem Krieg schlug „die Stunde der Katholischen Aktion", formulierte deren erster Präsident Rudolf Heinz. 1950 verfasste Generalsekretär Otto Mauer das „heimliche" Programm: „Die Katholische Aktion kann nicht an den öffentlichen Einrichtungen desinteressiert sein, mit denen sie durch gleichartige Wesenselemente verbunden ist, und mit denen gemeinsam sie das menschliche Zusammenleben organisatorisch integriert ... Von hier aus wird klar, warum die Kirche, und vollends die Katholische Aktion, mit Politik zu tun hat ... Das heißt, sie muss einen Platz in der öffentlichen Meinung innehaben, oder anstreben, oder verteidigen." Der machtbewusste Otto Mauer setzte sich vehement für einen politischen Katholizismus ein: „Die Kirche wird so viel Freiheit haben, als sie Macht hat ... Macht in den Seelen, Macht über die Entschlüsse der Gläubigen, die in unzertrennlicher Personal- und Realunion auch Staatsbürger sind, und ihre Entscheidungen aus dieser Einheit heraus zu fällen haben. Solche Macht ist nicht weltlich-politischer Art, denn sie erstreckt sich wesensgerecht nur auf die ethisch und religiös relevanten Willensbestimmungen – aber sie kann, da die Politik nicht ‚wertfrei‘ und von der Herrschaft des religiös Wahren und des sittlich Guten nicht ausgenommen ist, politische Wirkungen haben." Karl Blecha, ehemaliger Innenminister und ideologisches Urgestein der SPÖ, war bekannt, dass die ÖVP damals versuchte, „über die Laienorganisation an die Kirche ranzukommen, nachdem die Amtskirche keinerlei Verbindung mehr wünschte".

Im Rahmen der Vorbereitung des 1. Österreichischen Katholikentages nach dem Krieg, der vom 1. bis 4. Mai 1952 stattfand, wurde in Mariazell ein Studientag abgehalten, in dessen Rahmen Richard Barta, der spätere Kathpress-Leiter und Pressesprecher Kardinal Königs, das später so genannte „Mariazeller Manifest" formulierte. Eine „freie Kirche in einer freien Gesellschaft" wird darin als Anliegen und Ergebnis genannt. Weiter stand darin zu lesen: „Eine freie Kirche, das soll heißen, die Kirche ist auf sich selbst gestellt und nur auf sich selbst. Jede geschichtliche Epoche hat ihre eigenen Notwendigkeiten und ihre eigenen Möglichkeiten. Heute aber hat die Kirche keinen Kaiser und keine Regierung, keine Partei und keine Klasse ..." Eine freie Kirche bedeute demnach: „Keine Rückkehr zum Staatskirchentum vergangener Jahrhunderte ... Keine Rückkehr zu einem Bündnis von Thron und Altar ... Keine Rückkehr zum Protektorat einer Partei über die Kirche ... Keine Rückkehr zu jenen gewaltsamen Versuchen, auf rein organisatorischer und staatsrechtlicher Basis christliche Grundsätze verwirklichen zu wollen ..."

Dem stand allerdings die Praxis der Katholischen Aktion gegenüber, wie es Maximilian Liebmann beschrieb: „Otto Mauer war praktisch gleichzeitig in parteipolitische Gespräche mit der ÖVP über Kandidatennominierungen aus dem Lager der Katholischen Aktion für die Nationalrats- und Landtagswahlen, die im Oktober 1949 stattfanden, involviert." Über seine Gespräche mit der ÖVP berichtete Mauer, „dass die uns nahestehenden Politiker unseren Forderungen gegenüber aufgeschlossen sind und der Einflussnahme auf die Aufstellung der Kandidaten sowohl für die Nationalrats- als auch für die Landtags- (bzw. Gemeinderats-)Wahlen 1949 durchaus Verständnis entgegenbringen". Und so geschah es, dass die Katholische Aktion weiterhin entgegen dem „Mariazeller Manifest" mit der ÖVP über die Nominierung von KA-Kandidaten auf der Liste zur Nationalratswahl 1953 verhandelte. Eine solche Doppelstrategie war damals offenbar „selbstverständlich". Heinrich Schneider, der jahrelang führende Positionen in der Katholischen Aktion innehatte, schrieb, „es war üblich, dass die ÖVP bei der Aufstellung der Kandidatenlisten für Nationalratswahlen bestimmte Listenplätze für Exponenten der Katholischen Aktion ‚reservierte'". Maximilian Liebmanns Schlussfolgerung war, dass die KA schließlich zur „Kaderschmiede der ÖVP" geworden sei.

Der Einfluss der ÖVP auf die Kirche und umgekehrt war damals offenbar noch immer sehr groß. Wie groß, ist anhand der Umstände zu erkennen, die zur Ernennung Franz Königs als Erzbischof von Wien führten. Nach dem Tod Kardinal Innitzers rechnete man in Österreich ja damit, dass ihm sein Erzbischof-Koadjutor Franz Jachym nachfolgen würde. Doch zu dieser Zeit wurde Papst Pius XII. vom Nuntius Giovanni Battista Dellepiane mitgeteilt, dass ÖVP-Bundeskanzler Julius Raab Bedenken darüber geäußert hätte. „Denn der Jachym hatte die Courage, sich bei einer Veranstaltung kritisch über Hausbesitzer zu äußern, die nach seiner Meinung zu wenig Verständnis aufgebracht haben für Mieter. Und das war nach dem Weltbild des Ing. Raab was Negatives, und er hat das zum Tragen gebracht", erzählt der langjährige ÖVP-Präsident des Bundesrates, Professor Herbert Schambeck. „Also die Tatsache, dass hier interveniert worden ist vom Raab nach Rom, ist wirklich wahr", bestätigt Erich Leitenberger, Nachfolger Richard Bartas als Kathpress-Leiter. „Der Hohn der Geschichte war ja dann der, dass sie dann dem König vorgeworfen haben, dass er der ‚rote Kardinal‘ ist, der eben mit dem Kreisky so gut war." Auch durch die massive Intervention seitens der ÖVP wurde also Franz König, jedenfalls zur Überraschung der Bevölkerung, aber auch zu seiner eigenen, am 17. Juni 1956 Erzbischof von Wien.

Am 1. Januar 1957 wurde der „Sozialhirtenbrief der österreichischen Bischöfe" veröffentlicht, der von Paulus Rusch, Bischof der Diözese Innsbruck, verfasst worden war. Darin wurde festgestellt: „Was ist nun vom Sozialismus zu halten? Der gemäßigte Sozialismus von heute strebt eine sozialere Gesellschaftsordnung an. Das ist gut. Doch sprechen seine ersten Vertreter immer noch von einer österreichischen sozialistischen Weltanschauung im Gegensatz zur christlichen und katholischen Weltanschauung ... Was man vom Sozialismus erwarten müsste, wäre die Anerkennung einer selbständigen geistigen Welt. Solange das nicht geschehen ist, ist der Sozialismus nicht der richtige Weg." Trotz aller Vorbehalte kann man hier eine erste, vorsichtige Annäherung herauslesen.

Am 28. Mai 1957 wurde durch einen Ministerratsbeschluss die Konkordatsfrage wieder behandelt, denn „die neue Regierung nach Kriegsende wollte aber dieses Konkordat nicht zur Kenntnis nehmen, obwohl Pius XII. wiederholt feierlich erklärt hatte, auf internationaler Ebene gelte der Satz, unabhängig von politischen Veränderungen: Pacta sunt servanda", fasste Kardinal König die Problematik zusammen. „Seitens des Vatikans wurde dies als eine Missachtung des Apostolischen Stuhles als Vertragspartner verstanden."[10] Schon bald kam es bei den Verhandlungen allerdings wieder zu Differenzen über vermögensrechtliche Fragen, die Verhandlungen wurden bis zum Tod Pius XII. nicht wieder aufgenommen. Konsequenz des Disputes war, dass Franz König von Papst Pius XII. nicht zum Kardinal ernannt wurde, das wäre aus Sicht des Vatikans „nicht opportun" gewesen. Erst nach der Inthronisation von Johannes XXIII. 1958 und seiner Ernennung zum Kardinal „gab es diese Kontakte mit den Sozialisten, und es hat sich langsam relativ gut entwickelt"[3]. König erlebte die politische Stimmung damals so: „Man hat gemeint, christlichsozial und katholische Kirche ist das Selbe. Die Spannung war sehr groß und zum Teil doch große Bitterkeit festzustellen."[14]

1956 starb Adolf Schärfs Gattin Hilda und der Erzbischof kondolierte. „Ich bin in die Familie gegangen. Man hat große Augen gemacht und das mit Skepsis beobachtet"[9], erinnerte sich Franz König an die erste Begegnung. Am 5. Mai 1957 gewann Schärf die Präsidentenwahl, 17 Tage später trat er sein Amt an. In seiner Angelobungsrede versprach der neue Bundespräsident, „dass eine Regelung des Verhältnisses zwischen dem Staat und der römisch-katholischen Kirche erfolgt, ohne dass dabei Sentimentalitäten von einst geweckt werden". Von Kardinal König erhielt er ein Glückwunschtelegramm. „Ich habe heute noch ein bisschen das Entsetzen in politischen Kreisen in den Ohren: Um Gottes willen, der Erzbischof gratuliert, wie wenn nichts geschehen wäre, einem sozialistischen Kandidaten, der Bundespräsident geworden ist!"[9] In späteren Jahren soll der Bundespräsident zum Kardinal gesagt haben: „Wenn ich das gewusst hätte, hätte ich aus der Kirche gar nicht auszutreten brauchen." In einem Gespräch mit dem Nachrichtenmagazin „profil" erzählte Schärfs Tochter, Martha Kyrle: „Mein Vater hat als Jugendlicher aus politischen Gründen die Kirche verlassen. Wir Kinder sind jedoch evangelisch erzogen worden."

Auch im Rückblick wird diese Entwicklung von unterschiedlichen Seiten positiv bewertet: Schärfs späterer Amtsnachfolger Heinz Fischer (SPÖ) ist der Meinung, diese Annäherung sei zunächst nicht an einzelne Personen gebunden, sondern eine atmosphärische Annäherung gewesen. „Feindschaft und Unversöhnlichkeit sind schrittweise abgebaut worden, so wie der Wasserstand nach Überschwemmungskatastrophen allmählich wieder zurückgeht, Gesprächsfähigkeit und guter Wille sind parallel dazu angewachsen." Karl Blecha geht auf die Voraussetzungen für eine Annäherung ein: „Es war schon sehr hilfreich, dass die Bischöfe nach 1945 in Österreich die Lehren aus dieser unheilvollen Verquickung gezogen und ganz deutlich gemacht haben, die österreichische Kirche ist mit keiner politischen Partei verbunden, das darf es nicht sein!" „Diese Aussöhnung kam ja von beiden Seiten", erinnert sich auch Hannes Androsch, von 1970 bis 1981 österreichischer Finanzminister. „Es war das Bestreben, diese Feindseligkeit, die auf die Monarchie, also die ‚Ehe' von Thron und Altar, ... bis zur ‚Ehe' des politischen Katholizismus unter Innitzer mit dem Austrofaschismus zurückging, zu überwinden. Diese Bereitschaft war da, aber es ist in meinen Augen das ganz besondere Verdienst – neben vielen anderen, die Kardinal König hatte –, dass er das möglich gemacht hat. Dumme Kritiker haben das dann versucht abzuqualifizieren, er sei der rote Kardinal."

„Aufseiten der SPÖ waren es vor allem Bruno Kreisky und Franz Olah, die diese Entwicklung gefördert haben", blickt Heinz Fischer zurück, „aber auch Bruno Pittermann, der ja ein Jahrgangskollege von Franz König war, hat diese Annäherung begrüßt." Olah selbst erzählte 1985, sein Bestreben in der Zweiten Republik sei nicht nur der Dialog mit den Sozialpartnern gewesen, sondern auch der Ausgleich mit der katholischen Kirche. „Wir haben in Kardinal König einen verständnisvollen Gesprächspartner gefunden, mit dem wir auch die Konkordatsfrage bereinigt haben ... und Dr. Schärf war derjenige, der das auch in seiner ersten Antrittsrede, bei der Vereidigung in der Bundesversammlung, gesagt hat, das Wesentliche und sein Bestreben werde der Ausgleich mit der katholischen Kirche sein." Der frühere SPÖ-Bundeskanzler Franz Vranitzky beschreibt den Gewerkschaftsfunktionär Olah, dessen

Sympathien für Kardinal König schon lange vor Bruno Kreisky entfacht wurden, so: „Olah hat im Feilen an seiner eigenen politischen Zukunft seine Linie nicht verlassen. Wenn Olah gesagt hat: ‚Ich will das so, ich halte das für richtig, ich trete dafür ein‘, hat er's auch gemacht." Androsch teilt diese Sichtweise: „Es haben vor dem Kreisky auch andere diesen Weg gesucht, da muss man den Slavik, den Pittermann erwähnen, man muss den Olah, den Benya erwähnen." Auf die beiden Gewerkschafter Anton Benya und Fritz Klenner verweist auch Heinz Fischer, ebenso auf seinen „Uraltfreund Karl Blecha". Der wiederum erzählt: „Der Kardinal hatte einen wirklich genialen Mitarbeiter in der Person des Richard Barta, der eine enge Freundschaft zu mir entwickelt hat."

All diese politischen Zeitzeugen blicken auf die Annäherung ab Mitte der 1960er-Jahre zurück, doch war es eine Frau, die Franz König ab seiner Ernennung zum Erzbischof von Wien wichtige Vertraute und später Bindeglied zum Österreichischen Gewerkschaftsbund werden sollte: die in Zusammenhang mit „Pro Oriente" bereits erwähnte Margarethe Ottilinger. „Sie war ebenso einsam wie er; sie war hochintelligent und er konnte mit ihr über viele seiner Interessen reden, für die er in seiner nächsten Umgebung keine Gesprächspartner fand", beschreibt Ingeborg Schödl das Verhältnis zwischen den beiden. Nach Kriegsende war die damalige Fachverbandssekretärin der Fachgruppe Erdölindustrie und Stahlwerke in einen aufsehenerregenden Spionagefall mit dem ÖVP-Minister Peter Krauland verwickelt worden. Dieser hatte Hilfsgelder in Millionenhöhe unterschlagen, aber auch in die Kassen des ÖGB und der Wirtschaftskammer wandern lassen. 1948 wurde Ottilinger von sowjetischen Besatzern verhaftet, wegen Spionage verurteilt und in einen Gulag in Sibirien gebracht. Im Zuge des Staatsvertrages wurde sie 1955 aus der Gefangenschaft entlassen und beteuerte, nie als Spionin tätig gewesen zu sein. Zurück in Österreich ersuchte sie Nikita Chruschtschow um Aufrollung ihres Falles und erhielt überraschenderweise auch Antwort: „Wir bringen Ihnen zur Kenntnis, dass nach den uns von kompetenten sowjetischen Regierungsstellen zugegangenen Nachrichten Ihre Verurteilung durch Beschluss des Obersten Sowjets vom 15. Juli 1956 aufgehoben wurde." Damit war ihr beruflicher Weg frei, um ab Dezember 1957 als erste Frau in den Vorstand der Österreichischen Mineralölverwaltung (ÖMV) einzuziehen.

Bereits während ihrer Haft hatten Raab und Figl ihrem Vater in einem „Gnadenakt" einen außerordentlichen Versorgungsgenuss von 2552,50 Schilling monatlich zuerkannt, nach ihrer Rückkehr aus der Gefangenschaft erhielt sie ab 1. Mai 1956 monatlich 8000 Schilling. Mit diesem Geld finanzierte sie fortan kirchliche Projekte, so auch die sog. „Wotruba-Kirche" (1974–1976). Als sie 1982 nicht ganz freiwillig aus der Vorstandsetage in Pension ging, warf sie ÖVP-Bundesparteiobmann Alois Mock vor, dass dies „unfassbar und nicht gerechtfertigt gegenüber einem Menschen sei, der seit 1946 in der Partei war und in Russland sein Leben eingesetzt hat, um eine Fülle von Menschen zu schützen, die wahrlich nicht würdig waren, sie zu schonen".

Schon bald nach ihrer Rückkehr aus der russischen Gefangenschaft lernte Ottilinger Kardinal König kennen. Die beiden sprachen Russisch miteinander, er ließ sich von ihr auch in Ostfragen beraten. So meinte sie laut ihrer Biografin Ingeborg Schödl: „Der Westen kann nicht seine Vorstellungen von Freiheit in diesem riesigen Land verwirklicht sehen. Hier fehlt das Begreifen noch. In Russland muss man sich die Freiheit erst erarbeiten. Der Gedanke der Leibeigenschaft ist bei den einfachen Menschen noch immer eingewurzelt. Die Veränderungen benötigen viel Zeit." Aufgrund ihrer eigensinnigen Persönlichkeit kam es immer wieder zu Spannungen – auch mit Kardinal König. „Margarethe Ottilinger hatte stets Ideen, die sie sofort und unter allen Umständen verwirklichen wollte", schildert Schödl in ihrem Buch die Ursachen dafür. Besonderes Talent hatte sie – wie bereits in Zusammenhang mit „Pro Oriente" erwähnt –, Gelder für kirchliche Zwecke zu akquirieren. Am 25. September 1959 schrieb ihr Franz König: „In meiner Eigenschaft als Erzbischof möchte ich Ihnen recht herzlich Dank sagen und gleichzeitig die Bitte anfügen, uns bei ähnlichen Aktionen wieder so breiten Herzens zu unterstützen."[13] Bei all ihren Stärken und Fähigkeiten war Margarethe Ottilinger laut Zeitzeugen eine sehr besitzergreifende Frau, gegen deren erdrückende Vereinnahmung man sich wehren musste, so auch Kardinal König, der auf Distanz ging, „die Leute hätten zu reden begonnen"[13], Ottilinger konnte dies nicht nachvollziehen, fühlte sich laut Ingeborg Schödl missverstanden und ausgenützt.

Für Kardinal König war Ottilinger als Gesprächspartnerin und „Fundraiserin" interessant, sie hatte aber auch hervorragende Kontakte zur „linken Reichshälfte", unter ihnen Anton Benya und der leitende Sekretär des ÖGB, Alfred Ströer. Bereits 1957 fanden auf ihre Vermittlung die ersten Kontakte mit der SPÖ und deren Gewerkschaftern statt. In seinen Erinnerungen beschrieb der ehemalige ÖGB-Präsident und Innenminister Franz Olah die Ereignisse so: „Wir versuchten also zunächst, einen Kontakt zum neuen Erzbischof von Wien, Dr. Franz König, herzustellen, der erst seit Mai 1956 als Nachfolger Innitzers im Amt war." Josef Taus, in der Regierung Klaus Staatssekretär für Verkehr und verstaatlichte Industrie und von 1975 bis 1979 ÖVP-Bundesparteiobmann, erinnert sich, dass dieser Kontakt durch den Generalsekretär der Bischofskonferenz und späteren Militärbischof Alfred Kostelecky hergestellt wurde. „Er war ein außerordentlich intelligenter Mann, mit dem war ich eng befreundet, das war auch der Taufpriester meiner Tochter", beschreibt Taus sein persönliches Naheverhältnis. „Der hat den Kontakt mit dem damaligen ÖGB-Präsidenten Olah hergestellt – sehr gut hergestellt. Die Mutter vom Olah war eine fromme Frau, daher ging das." Am 28. März 1957 kam es zum ersten Gespräch mit dem Kardinal, berichtete Franz Olah. „Unsere Gruppe wartete ab, bis es dunkel war, und ging dann so unauffällig wie möglich ins Erzbischöfliche Palais." Kardinal König bestätigte, dass ihm bei den ersten Begegnungen führende Vertreter der SPÖ gesagt hätten: „Wir kommen, aber erst nach Einbruch der Dunkelheit."[15] Die Gruppe bestand aus dem SPÖ-Vorsitzenden

Bruno Pittermann, Justizminister Otto Tschadek, dem niederösterreichischen Landeshauptmannstellvertreter Franz Popp, dem
Wiener Vizebürgermeister Felix Slavik und Franz Olah. „Wir
bekräftigten gegenüber König und seinem Weihbischof, damals
noch Dr. Josef Streidt, dass auch wir an einer dauernden, für beide
Seiten zufriedenstellenden Regelung des Verhältnisses von Kirche
und Staat interessiert seien." Man wolle das Konkordat anerken-
nen, wenn gewisse „Retuschen" vorgenommen würden. In weiteren Einzelgesprächen wurde auch die nächste Wahl angesprochen.
„Wenn die Sozialisten eine Gewähr dafür hätten, dass die Kirche
sich neutral verhielte, dann fiele es ihnen auch leichter, der Kirche
jenen Respekt zukommen zu lassen, den sie verlangte und der ihr
zustehe." Kardinal König versicherte daraufhin: „Für den letzten
Kaplan oder das letzte Mitglied der Katholischen Aktion kann
auch ich nicht garantieren. Aber wir Bischöfe werden dafür sorgen, dass kein aktives oder gar aggressives Eingreifen in den Wahlkampf stattfindet."[15]
Durch die Kardinalsernennung Franz Königs kam Bewegung in
die Konkordatsverhandlungen, um die Jahreswende 1959/60 wurden die Vorgespräche abgeschlossen und 1960 wurde der Staatskirchenvertrag von Nuntius Dellepiane, Außenminister Kreisky
und Unterrichtsminister Heinrich Drimmel unterzeichnet. Die
erste große Mission von Johannes XXIII. hatte Kardinal König
erfolgreich erfüllt.
König hatte es sich außerdem zum Ziel gesetzt, möglichst viele
Pfarren, Schulen etc. zu besuchen. Er wollte nicht darauf warten,
dass die Menschen zu ihm in die Kirche kommen, die Kirche sollte
auf die Menschen zugehen. Damals kam ihm auch der Gedanke,
im Pfarrgebiet von Wien Fabriken zu besuchen, die für ihn auch
zu besonderen Mittelpunkten des Pfarrbereiches zählten. Seine
Außenseiterrolle war ihm wohl bewusst gewesen, doch er wollte
versuchen, „ob man da nicht hinein kommt"[7]. Dazu bediente er
sich Menschen, die im Lager der Sozialdemokratie Kontakte hatten. „Da war einer der große Vertreter der Zentralsekretär der Ka-

tholischen Arbeiterbewegung, Steirer aus Linz", erinnert sich Karl Blecha. „Der ist vom Kardinal damals eingesetzt worden, Kontakte auf der unteren Ebene im Gewerkschaftsbund zu sichern. Ihn hat der Kardinal einmal gebeten, ein bisschen nachzufragen, ob er Betriebsbesuche machen kann. Die Antwort war, das wird begrüßt, er soll nur kommen." Die Anmeldung des Kardinals für einen Betriebsbesuch war stets mit der Bitte verbunden, seinen Besuch nicht anzukündigen, denn er wollte als Unbekannter erscheinen. Er wusste, wie solche Besuche üblicherweise von Politikern abgewickelt wurden: „Die Gruppe wurde durch die Halle geführt und bekam die Maschinen erklärt, und die Menschen, die diese bedienten, wurden in der Regel nicht besonders beachtet. Ich habe mir gedacht, ich mache es genau umgekehrt."[2]

„Ich weiß noch, dass der erste derartige Besuch in der Lokomotivfabrik in Floridsdorf war, einer roten Hochburg, wo der Kardinal reingegangen ist und mit den Arbeitern geredet hat an den Werkbänken. Das war schon ein besonderer Hinweis, und dem folgten Hunderte solche Besuche", schätzt Blecha das Engagement des Kardinals. Dieser beschrieb seine Besuche im Rückblick: „Und so war es für mich außerordentlich interessant, bei meinem Gang durch die Fabrikshallen zu sehen, wie die Leute die Köpfe zusammengesteckt haben, neugierig geschaut haben. Und ich bin zu möglichst vielen Arbeitern gegangen, habe die Hand gegeben. Wo sind Sie zu Hause? Wie geht es Ihrer Familie? Haben Sie besondere Probleme? – So ein paar Worte geredet. Und dann nach zehn Minuten hat man dann natürlich schon gemerkt, sind sie aus den Hallen zusammengelaufen, haben die Köpfe zusammengesteckt. Aha, jetzt hat es sich schon herumgesprochen. So bin ich nirgendwo auf eine Ablehnung gestoßen, sondern ich hatte den Eindruck, ich würde mit Interesse, mit einem gewissen Wohlwollen empfangen."[7] Nach einer solchen Besichtigung im 20. Bezirk sagte ihm ein Gewerkschaftsvertreter: „Wissen Sie, wenn ich ehrlich bin, wir haben uns gedacht, wie wird das gehen? Wir wollten Sie eigentlich gar nicht hereinlassen. Aber dann haben wir gesagt, probieren kann man es doch einmal, und jetzt, am Schluss, muss ich eigentlich sagen, das war eine gute Idee, dass Sie uns besucht haben. Wir sind sehr überrascht, dass das in dieser Weise alles vor sich gegangen ist."[7]

„Da wurde gezeigt, das ist ein echtes, starkes Bedürfnis", würdigt Blecha Kardinal Königs Volksnähe. „Und auf der anderen Seite war es ebenso ein echtes und starkes Bedürfnis bei Bruno Kreisky, die Zusammenarbeit des Außenpolitikers mit dem sich um die Kirchen in den kommunistischen Diktaturen sorgenden Kardinal zu nützen, um ein anderes Verhältnis zwischen Kirche und Sozialdemokratie herzustellen."

Mit der bereits erwähnten Aufforderung Johannes XXIII., Kardinal König solle doch Kardinal Mindszenty in der amerikanischen Botschaft in Budapest besuchen, wurde dieser in die Ostpolitik des Vatikans „hineingezogen". „Als Erzbischof von Wien war ich lange Zeit der dem Osten nächste Bischof des Westens. Ich betrachtete es daher als meine Aufgabe, so weit wie möglich Kontakt zu halten mit den Bischöfen des Ostens, jenseits des Eisernen Vorhangs, ebenso mit den Katholiken in diesem getrennten Teil des Kontinents." Kardinal König sah sich weder als Ostdiplomat noch als ein Weltreisender der Kirche, für den ihn viele hielten, sondern: „Ich bin der Erzbischof von Wien. Vieles, ja das meiste, das mir die Weltöffentlichkeit an Missionen und Aufgaben zuschreibt, entspringt meiner Stellung als Erzbischof von Wien, so wie ich sie sehe."[10] Formal war er allerdings Diplomat, ausgestattet mit entsprechendem Pass: „Im Namen der Republik Österreich werden die inländischen und ausländischen Behörden geziemend ersucht, Seine Eminenz Dr. Franz König, Kardinal Erzbischof von Wien, allerorts frei und ungehindert passieren und ihm nötigenfalls allen Schutz und Beistand angedeihen zu lassen." Ausgestellt wurde der Diplomatenpass am 29. Mai 1959 vom Bundeskanzleramt, auswärtige Angelegenheiten, wo Bruno Kreisky Staatssekretär war. Die Ostpolitik des Kardinals traf sich wunderbar mit den Interessen Kreiskys – von 1953 bis 1959 Staatssekretär für auswärtige

Angelegenheiten und von 1959 bis 1966 Außenminister –, der, so Karl Blecha, „immer wieder versucht hat, den Dialog mit den Diktaturen in Osteuropa zu begründen, um den Durchbruch der Anliegen der Menschenrechte zu ermöglichen. Da trafen sich also die beiden und hatten Kontakte."

Ende der 1950er- und am Beginn der 1960er-Jahre steckte die SPÖ in der Krise. Nach der Wahlniederlage der SPÖ wurde Bruno Kreisky 1966 Landesvorsitzender der niederösterreichischen Partei und Karl Blecha begleitete ihn: „In Niederösterreich wollten wir der Partei, aber auch der Öffentlichkeit zeigen, was eine österreichische Sozialistische Partei in dieser Zeit tun muss. Und wir haben in Niederösterreich in einer unglaublich kurzen Zeit – es sind nicht viel mehr als zwölf Monate gewesen, in der er Vorsitzender war – auf allen Gebieten gezeigt, was eigentlich in dieser Zeit der von der Bevölkerung nicht sehr begrüßten Alleinregierung der Österreichischen Volkspartei geschehen kann." Eine Diskussion über eine moderne Wirtschaft wurde geführt, eine große Wirtschaftkonferenz fand statt. Niederösterreich war das erste Land, in dem man einen Niederösterreich-Plan entwickelte, um zu zeigen, was Regionalpolitik bedeuten könnte, die es bislang noch nicht gab. „Es war innerhalb weniger Monate, dass hier Hunderte und Aberhunderte Wissenschaftler – auch nicht der SPÖ nahestehend – mobilisiert worden sind, um Raumplanung, Regionalpolitik plötzlich zu diskutieren und Konzepte auf den Tisch zu legen", ist Blecha heute noch begeistert, „und dann war es auch, dass man gesagt hat, hier in Niederösterreich müsse man ein Zeichen setzen, dass die Sozialdemokratie mit der Kirche diskutiert." Karl Blecha wurde von Bruno Kreisky entsandt, um mit Richard Barta eine große Veranstaltung in St. Pölten zu organisieren. „Wir haben St. Pölten genommen, weil von dort kam der Kardinal her, dort war er Bischof gewesen." Titel der Veranstaltung, die 1967 stattfand, war „Kirche und Sozialismus". Kardinal König wurde darüber informiert und hat, so Blecha, „von seiner Seite aus grünes Licht gegeben". Für diese Aktion wollte Blecha unbedingt auch die

Katholische Aktion als Partner gewinnen: „Diese Einladung an die Katholische Aktion hat dort sehr große Diskussionen ausgelöst, und aufgrund der positiven Haltung des Kardinals ist dann herausgekommen, ja, an der Konferenz kann man teilnehmen, aber nicht offiziell als Vertreter der Katholischen Aktion."

Nach den Erfolgen in Niederösterreich wurde Bruno Kreisky im darauffolgenden Jahre Bundesvorsitzender der Sozialistischen Partei Österreichs. Bei der Nationalratswahl 1970 gewann er die relative Mehrheit und bildete eine SPÖ-Minderheitenregierung mit Duldung der FPÖ. „Da haben wir das, was wir in Niederösterreich erprobt haben, auf das Bundesgebiet übertragen ... bis hin zu den Kontakten zur Kirche und zu kirchlichen Organisationen", skizziert Karl Blecha die damalige Strategie. Nach der Bildung einer sozialdemokratischen Alleinregierung am 10. Oktober 1971 suchte Blecha den Kardinal wiederholt im Erzbischöflichen Palais auf. „Meine Kontakte – die nicht zuletzt durch Richard Barta gefördert wurden, der ja eine Vertrauensstellung beim Kardinal hatte, ähnlich meiner Vertrauensstellung bei Bruno Kreisky – waren natürlich nicht verschwiegen und nicht zu nächtlicher Stunde" wie jene Franz Olahs in den Anfangstagen der Annäherung.

Die Kontakte zur Gewerkschaft standen für Kardinal König „in dem großen Rahmen, über parteiliche Bindungen der Kirche hinaus zu gehen, als Erzbischof für alle getauften Christen und Wiener da zu sein. Es waren damals an die 90 Prozent, also fast alle Wiener getauft, gehörten also rechtlich zur katholischen Kirche, und daher habe ich gesagt, ich bin für alle da, ihre anderen Interessen sind für mich nicht maßgebend."[7] Bereits 1963 hatte Franz König bei einer Tagung im Haus der Industrie eine Rede gehalten, Anfang der 1970er-Jahre wollte er zu den Gewerkschaftern sprechen. Sein Pressesprecher Richard Barta nahm Kontakt mit Karl Blecha auf, der die Bitte wiederum an Alfred Ströer weitergab, der damals leitender Sekretär des Österreichischen Gewerkschaftsbundes war und der Anfrage sehr positiv gegenüberstand. So kam es zur legendären Rede Kardinal Königs vor dem Präsidium des Österreichischen Gewerkschaftsbundes am 27. Februar 1973.

Walter Kirchschläger, Sohn des späteren Bundespräsidenten, war zu dieser Zeit der Sekretär Kardinal Königs und an diesem besonderen Tag dabei: „Der ganze Tag war gesperrt für Termine, was wirklich selten passierte. Der Kardinal war unglaublich konzentriert." Normalerweise gab der Chauffeur den Abfahrtstermin bekannt, doch an diesem Tag wollte der Kardinal früher wegfahren. „Die Spannung ist in der Luft gelegen." Natürlich traf der Wagen zu früh ein und musste sich in der Nähe der Hohenstaufengasse einparken, denn zu früh kommen durfte man auch nicht. „Der Kardinal war unglaublich – ich kann nicht sagen nervös – gesammelt, konzentriert." Dann fuhr der Wagen weiter. Beim ÖGB angekommen sagte der Kardinal positiv überrascht: „Der Benya steht da." Kirchschläger meint: „Auch der Präsident Benya, der ein Sensorium, ein unglaubliches Gespür hatte, hat Zeichen gesetzt, denn an einem Februar-Tag stellt sich der nicht vor die Tür seines Gebäudes, wenn er damit nicht etwas ausdrücken möchte." Die Begrüßung war höflich, die Atmosphäre knisternd, alle warteten, was der Kardinal wohl sagen würde, dann seine großen Worte: „Ich bin kein Bischof der ÖVP und kein Bischof der SPÖ, kein Bischof der Unternehmer und keiner der Gewerkschafter, nicht ein Bischof der Bauern und nicht einer der Städter: Ich bin der Bischof aller Katholiken. Die Kirche ist für alle da, sie fühlt sich verantwortlich für alle Menschen, auch für jene, die ihr formell nicht zugehören."[2] Die Rede kam bei den Zuhörern zweifellos an. „Große positive Erleichterung, Applaus, hintennach Empfang, dann war es locker", beschreibt Kirchschläger diesen historischen Abend. „Nach der Rede war klar, vom ÖGB kommen sicher keine Kampfmaßnahmen oder offene Gegnerschaft, das wird es von denen nicht geben." Später erzählte Gewerkschaftspräsident Anton Benya Bundespräsident Rudolf Kirchschläger, dass dieser Auftritt des Kardinals für ihn ein Schlüsselerlebnis für seine Stellung der katholischen Kirche gegenüber gewesen sei.

„Er hat nicht vor der SPÖ-Fraktion geredet, sondern vor dem Österreichischen Gewerkschaftsbund", betont der ehemalige ÖVP-Bundesratspräsident Herbert Schambeck rückblickend. Josef Taus, der, obwohl er Unternehmer und Industrieller ist, auch Mitglied des ÖGB ist, erinnert sich: „Ich habe natürlich eine Fraktionserklärung für die christliche Fraktion unterschrieben und bin an sich – das hat ja eigentlich schon eher Seltenheitswert – ich bin noch das, was man einen Christlichsozialen nennt. Also ich habe gegen Kontakte und so gar nichts gehabt, aber natürlich – einfach war das für uns nicht, also für die Volkspartei." Der ehemalige ÖVP-Bundesobmann wusste von den Bemühungen Kardinal Königs, mit den Sozialdemokraten ins Gespräch zu kommen. „Ich habe es verstanden, aber die ÖVP war ja in keiner leichten Lage damals, sodass das nicht ganz so lustig war, obwohl ich im Prinzip nichts dagegen hatte."

Die Aussöhnung mit den Gewerkschaftern und die Gespräche mit der SPÖ sorgten innerhalb der ÖVP für Irritationen. „Die ÖVP war zunächst einmal konsterniert", erzählt Karl Blecha nicht ohne Schadenfreude, „aber, da darf ich sagen, 1967, nicht in den 70er-Jahren. Die waren in höchstem Maße irritiert." Andreas Khol, von 1974 bis 1993 Leiter der Politischen Akademie der ÖVP und später Klubobmann der ÖVP, hat die Annäherung zur SPÖ jedoch in keiner guten Erinnerung. „Am besten hat das der Erhard Busek zum Ausdruck gebracht, der das auch mit Bitterkeit gesehen hat und sich wahrscheinlich nicht mehr daran erinnert, aber der Erhard Busek hat gesagt, der ÖVP geht es wie mit dem verlorenen Sohn. Sie ist der daheimgebliebene Sohn, für den kein Mastkalb geschlachtet wird und der in den Wald geschickt wird, das Holz zu sammeln, damit ein Freudenfeuer für den verlorenen Sohn gemacht wird. Das ist wohl für den daheimgebliebenen, braven Sohn ein schweres Schicksal." Annemarie Fenzl, Leiterin des Kardinal-König-Archivs, findet dieses Gleichnis aber unpassend, „denn der verlorene Sohn hat bereut und eingesehen. Die ÖVP hat nichts eingesehen!"

Erhard Busek hatte seine politische Karriere 1964 als zweiter Klubsekretär der ÖVP begonnen und war dadurch schon früh in die Partei eingebunden. „Eigentlich war es gar nicht so dramatisch, wie alle getan haben", erzählt der spätere Parteiobmann heute, „das lag aber vielleicht daran, dass ich in einer Arbeiterpfarre groß geworden bin, Lichtental im neunten Bezirk, eine Eisenbahnerpfarre durch den Franz-Josefs-Bahnhof, das ist heute ganz anders". Dort gab es entsprechend viele Menschen aus dem Arbeiter- und Eisenbahnermilieu. „Ich habe das eigentlich wohltuend empfunden." Nicht begeistert war er damals schon von der Deckungsgleichheit, „also Kirchenbesucher ist gleich ÖVPler, weil auch die ÖVPler, die ich in dieser Pfarre erlebt habe, mich nicht beeindruckt haben – ich bin dann aber trotzdem für die ÖVP in die Politik gegangen". Als Busek zwischen 1978 und 1987 Wiener Vizebürgermeister war, ging er einmal gemeinsam mit Bürgermeister Leopold Gratz bei der Fronleichnamsprozession hinter dem „Himmel" des Kardinals her. „Da hat es eine furchtbare Aufregung gegeben und irgendwelche schlichten ÖVPler haben sich darüber aufgeregt, worauf ich gesagt habe: Mir können nicht genug Rote hinter dem Himmel hergehen, es können ruhig noch mehr werden." Danach, gegen 23 Uhr, rief der Kardinal bei Erhard Busek an und bedankte sich für seine Äußerung.

Leopold Gratz wurde sogar vom Vatikan ausgezeichnet. „Er war sehr stolz auf den päpstlichen Orden", erzählt Karl Blecha mit einem Schmunzeln. „Der Kardinal war ja Ehrenbürger der Stadt Wien und hat natürlich Wien als Erzbischof eine ganz besondere Bedeutung für seine eigene Tätigkeit zugemessen. Ich glaube, das wurde auch in Rom so gesehen. Daher ist letztendlich auch die Wahl des Präsidenten eines neu eingerichteten Sekretariates für den Kontakt zu den Nicht-Gläubigen auf Kardinal König gefallen. Ich glaube, dass alle Tätigkeiten Richtung Osten ganz besonders von der Stadt Wien gefördert worden sind."

Andreas Khol, heute Obmann des ÖVP-Seniorenbundes und gemeinsam mit Karl Blecha, dem Obmann des SPÖ-Pensionistenverbandes, Mitstreiter für die Interessen der älteren Bevölkerung im Seniorenrat, spricht von einem großen Misstrauen, das Kardinal König vonseiten der ÖVP damals entgegengebracht wurde: „Eigentlich hat es dann ein Drittel Kardinal-König-Freunde gegeben und zwei Drittel, die ihn abgelehnt haben und die gesagt haben: ‚Wir wollen hier keinen Hirtenbrief von der Kanzel: Wählt ÖVP!' Aber dass man hineinfällt auf den Karl Blecha, der sagt: ‚Auch ich bin ein katholischer Abgeordneter' – wenn man das in die historische Perspektive einreiht, dann versteht man die Bitterkeit der ÖVP." Für Khol steht zweifelsfrei fest: „In diesen sozialsolidarischen Anliegen, gerechter Lohn etc., ist der Kardinal König sicher auf sozialdemokratischer Seite gestanden. Die Ablehnung des Marktes zieht sich ja voll durch alle Enzykliken."

„Ich bin weder ein Eigentlicher noch eigentlich keiner", sagte Heinrich Böll am 10. Dezember 1972 in seiner legendären Nobelpreis-Rede. Kann man diesen Satz auch auf Kardinal Königs politische Ausrichtung anwenden? „Ich sehe es aber als nicht richtig an, wenn man den Kardinal König einfach links einfärbt. Wenn der Kardinal König beim Benya einen Vortrag gehalten hat, ist es völlig falsch von der Kirchengeschichtsschreibung, wenn man dann bringt, er ist den Sozialisten so nahe gewesen, weil er beim ÖGB gesprochen hat", kritisiert Ex-ÖVP-Bundesratspräsident Herbert Schambeck die rote Vereinnahmung.

Josef Staribacher, von 1970 bis 1983 in allen vier Regierungen Bruno Kreiskys Handelsminister, schrieb am 4. Juni 1981 in sein Tagebuch: „Ich konnte an der Aussprache Kardinal Königs mit dem Bundesvorstand nicht teilnehmen, weil wir Gewerkschaftstag haben. Am Abend im Radio, als ich nach Hause fuhr, war ich erstaunt, im Nachtjournal König persönlich zu hören, wie er über die Vollbeschäftigungspolitik denkt. Dort erklärte er wörtlich, diese müsse man gegebenenfalls auf Kosten der Geldwertstabilität weiterführen. Das muss für die Konservativen ein furchtbarer Schlag sein ... Ob er ein Sozialist ist, getraue ich mir nicht zu behaupten, aber sicher ist seine Kardinalsfarbe rot."

Richard Barta war einer der wichtigen „Architekten" bei der Annäherung zur SPÖ. „Die Haltung der Kirche, die viele Katholiken als eine politische Abstinenz der Kirche und der Katholiken missverstanden, durfte nicht zu einem Verstummen der Kirche führen", stellte er 1965, zwei Jahre vor seinen Gesprächen mit Karl Blecha, fest. „Umgeben von Ländern, in denen sie gewaltsam zu einer schweigenden Kirche gemacht worden war, musste die Kirche in Österreich reden: zum Tag, zur Zeit und zu den Dingen, die über dem Tag und über der Zeit stehen."

Heute ist der Theologe Paul M. Zulehner davon überzeugt, dass Kardinal König niemals die Lehre von der Äquidistanz verteten habe. „Er hat immer gesagt, wir positionieren uns unabhängig von den Parteien und die Parteien sollen dann die Nähe oder Entfernung zur Kirche feststellen. So ist die Kirche eine freie Kirche geworden, die eine freie Kirche im freien Staat geworden ist." Für den Pastoraltheologen war es eine historische und kirchenpolitische Meisterleistung, „dass er die Kirche befreit hat von der Allianz mit einer Seite und verbindliche Gesprächssituationen mit allen politischen Lagen hergestellt hat".

Auch wenn das Verhältnis zur SPÖ als gut zu bezeichnen war, kam es im Laufe der Jahre immer wieder zu sachlichen Differenzen, so am 1. Mai 1981, als in der „Wiener Kirchenzeitung" die Schlagzeile „Pfarrerkritik: Bonzen lassen Arbeiter allein" erschien. Darin stand über Judenburg, einen Arbeiterstandort in der Steiermark, zu lesen: „Angesichts der wirtschaftlichen Situation scheint es in manchen Gebieten angebrachter, von einem Tag der Arbeitslosen zu sprechen. Die Pfarren in Gebieten, wo Betriebe zusperren, fühlen sich mit den dort Beschäftigten solidarisch ..." Bruno Kreisky, ansonsten in seinen schriftlichen Anreden an den Kardinal sehr höflich und wertschätzend, fühlte sich durch diesen Artikel, der seine Wirtschaftspolitik kritisierte, offensichtlich provoziert und schrieb in seinem persönlichen Brief nur kurz: „Eminenz", um sogleich mit eine Rüge fortzusetzen: „Der Geist dieser Zeilen steht in krassem Widerspruch zu dem Klima, das nach meiner Meinung

zwischen Kirche und Staat herrschen sollte." Danach relativierte
er: „Obgleich ich überzeugt bin, dass der Inhalt des oben genannten Artikels nicht der offizielle Standpunkt der katholische Kirche
Österreichs ist, wäre ich Ihnen doch für eine gelegentliche Mittei-
lung Ihrer persönlichen Ansicht dankbar." Die Antwort des Kardinals kam unverzüglich: „Ich habe den verantwortlichen Redakteur
zu einem Gespräch vorgeladen, der selbst ausgesagt hat, dass vor
allem die Titelüberschrift des genannten Aufsatzes verletzend ist.
Andere Überlegungen in dem Zusammenhang sind im Gange. Indem ich meinerseits mein Bedauern zu diesem Missgriff zum Ausdruck bringe, bin ich mit ergebenen Grüßen Kardinal König."[16]
Ein anderes Mal, am 13. Januar 1982, sorgte Bruno Kreisky für
Missstimmung unter den österreichischen Bischöfen. Grund dafür war seine Rede vor dem Seniorenrat, in der die politischen
Ereignisse in Polen mit jenen der 1930er-Jahre in Österreich in
Zusammenhang brachte und sagte: „Denn selbst in der Frühzeit
der Bewegung hat es nicht so schwere Tage gegeben, wie in den
30er Jahren damals, als unsere Bewegung vom Austrofaschismus
niedergerungen wurde ... Das, was in Polen geschieht, das abzulehnen, das zu bekämpfen, haben wir wahrscheinlich das moralische Recht. Aber wer sich erinnert und weiß, was der österreichischen Arbeiterbewegung in den 30er Jahren widerfahren ist, der
muss sich heute auch daran erinnern, dass damals für die legale
österreichische Arbeiterbewegung nicht die gleiche Sympathie in
der römisch-katholischen Kirche mobilisiert werden konnte." Auf
diese Rede reagierte Kardinal König am 20. Januar „im Namen
und auf Wunsch der österreichischen Bischöfe" und schrieb: „Es
steht Ihnen gewiss zu, Bischöfe oder die katholische Kirche in politischen Zusammenhängen zu kritisieren ..." Bruno Kreisky habe
allerdings „die in unserem demokratischen Staatswesen übliche
Toleranzgrenze – gegen Ihre sonstige Gewohnheit – überschrit-
ten. Die Bischöfe haben den Eindruck, dass Sie durch den Hinweis
auf die dreißiger Jahre sowie auf ein Fehlverhalten der römisch-katholischen Kirche in dieser Zeit alte Wunden aufreißen wollten."

Die Bischöfe zeigten sich in dem vierseitigen Schreiben bestürzt: „Einerseits, weil sich das Klima zwischen SPÖ und Kirche neuerdings verschlechtern könnte; andererseits, weil sich jene Funktionärskreise in der SPÖ, die die Entwicklung der letzten Jahre zwischen der Kirche und den politischen Parteien in Österreich noch nicht nachvollzogen haben, vielleicht bestätigt fühlen."[16b]

Aufgrund einer Erkrankung antwortete Bruno Kreisky erst am 2. Februar 1982 und schrieb einleitend: „Sicher wird diese ganze Angelegenheit – wenn überhaupt – endgültig nur durch eine Aussprache bereinigt werden können." Danach wurde Kreisky sehr persönlich: „Die Reaktion ist erstaunlich heftig ausgefallen, was mich umso mehr verwundert, als das einem Mann gegenüber geschieht, der einen nicht unmaßgeblichen Anteil an der Versöhnung im staatspolitischen und parteipolitischen Bereich für sich in Anspruch nehmen darf, und das, obwohl er fast die Hälfte der Dauer des christlichen Ständestaates wegen seiner Gesinnung im Gefängnis verbringen musste, vier Jahre lang von allen Hochschulen ausgeschlossen war, verhindert war, das Land zu verlassen, um auf ausländischen Universitäten zu studieren, bis er schließlich – worüber ich nie geklagt habe – zum wehrlosen Opfer der Gestapo nach der Machtergreifung Hitlers in Österreich wurde." Angesichts seines persönlichen Schicksals sei das, was er zum ersten Mal öffentlich gesagt habe, doch wahrlich bescheiden. „Ich muss es Ihnen überlassen, hochwürdiger Herr Kardinal, für den ich immer unbegrenzte Bewunderung empfunden habe, die Proportionen zu beurteilen." Noch am selben Tag traf im Bundeskanzleramt eine Antwort ein, die Margit Schmidt, Kreiskys Sekretärin, als Aktennotiz dokumentierte: „Dr. Huber, Sekretär des Kardinals, hat am 2.2.1982 um 17:15 Uhr angerufen und im Auftrag des Herrn Kardinals mitgeteilt, dass er den Brief des Herrn Bundeskanzlers erhalten und auch gleich geantwortet (Brief ist um 16:15 Uhr eingelangt) habe. Der Kardinal sei „sehr froh, dass sich die Angelegenheit in gütlicher Weise" behandeln lässt, wo er „das nie katastrophiert hat" und er hofft, dass man in einer Aussprache endgültig bereinigen kann". In einem persönlichen Brief an Bruno Kreisky merkte Kardinal König noch an: „Außerdem möchte ich den Vorschlag machen, dass ich bei einer solchen Gelegenheit auf den Inhalt Ihres mir jetzt vorliegenden Schreibens – soweit das notwenig sein sollte – zurückkommen will."[16b) Zwischen den beiden schien die Angelegenheit damit beigelegt gewesen zu sein, doch am 3. Februar legte Kreisky in einem Interview in der „Süddeutschen Zeitung", das in „präsent" zitiert wurde, nach: „Einige der kirchlichen Würdenträger haben auf diese Art zum Ausdruck gebracht, dass ihnen das zum großen Teil durch mich hergestellte gute Verhältnis zwischen Kirche und Regierungspartei eigentlich in der Seele zuwider ist."

Die Gemüter beruhigten sich wieder und anlässlich des 80. Geburtstages schrieb Bruno Kreisky an „Eminenz, hochverehrter Kardinal!" einen Brief, den man fast schon als „Liebesbrief" bezeichnen könnte: „In den vielen Jahrzehnten, die ich Gelegenheit hatte, mit Ihnen zusammenzutreffen und zusammenzuwirken, habe ich immer wieder aufs Neue Ihre Persönlichkeit zu schätzen gelernt. Sie sind geprägt durch Weisheit und einen einzigartigen Sinn für gesellschaftliche Probleme, die für uns alle, die wir im gesellschaftlichen Leben wirken, vorbildlich war. Dazu kommt ein hohes Maß an Güte, die jeder von uns verspüren konnte. Sie sind – wenn ich mir erlauben darf zu sagen –, eine der ganz großen Persönlichkeiten Österreichs und Ihr Wirken hat unschätzbare Bedeutung für den inneren Frieden der Zweiten Republik gehabt. Einer, der so wie ich in beiden Republiken politisch tätig war, weiß das in besonderem Maß zu schätzen. Liebe, Zuneigung, Respekt und Verehrung des ganzen österreichischen Volkes sind Ihnen gewiss. Und wenn ich auch kein offizielles Amt mehr bekleide, so möchte ich doch nicht unterlassen, in Aufrichtigkeit Ihnen das alles zu sagen. Ich möchte die Gelegenheit auch benutzen, um Sie, Eminenz, meiner warmen persönlichen Verbundenheit zu versichern."

Im Antwortschreiben kommt deutlich zum Ausdruck, wie schwer sich der Kardinal mit Emotionen und mit Wertschätzung tat, was wohl auch durch die Erlebnisse mit seinem Stiefvater zu erklären ist: „Auf diesem Weg danke ich Ihnen für die Glückwünsche zu meinem 80. Geburtstag und für die ehrenden Worte, mit denen Sie meine Person und mein Schaffen bedachten. Ich schätze diese Zeilen Ihrer persönlichen Verbundenheit sehr, verbunden mit den besten Wünschen meinerseits und dem Wunsch für einen erholsamen Sommer."[16c]

Ebenfalls zu seinem 80. Geburtstag wurde Kardinal König von Anton Fellner, seinem ehemaligen Schüler in Krems, der inzwischen Leiter der ORF-Abteilung für Religion war, in einem Fernsehporträt auf seine Brückenbauerfunktion zwischen SPÖ und Kirche angesprochen, die er in seiner typisch bescheidenen Art zurückwies: „Das war ein etwas waghalsiges Beginnen, es ist gut ausgegangen. Und es ist dann in der öffentlichen Meinung vielleicht ein bisschen überbewertet worden. Ich bin so, wenn ich das selber so nachlese, der große Brückenbauer und Friedensstifter und was weiß ich alles geworden, und denke mir dann, no, ich würde das etwas bescheidener sagen."

10. Empfängnisverhütung, Strafrechtsreform, Scheidung und Wiederverheiratung

Bis zu seinem Tod bezeichnete Kardinal Franz König die „Fristenregelung" als „offene Wunde". „Das hat ihn bis zum Schluss bewegt, und da hat er gewusst, dass das nicht so gelaufen ist, wie er es eigentlich erhofft hat", ist ÖVP-Seniorenbundobmann Andreas Khol überzeugt.

Gesellschaftliche Entwicklungen – darunter auch die Baby-Boomer-Generation – stellten Politik und Kirche vor die Frage, wie man mit den ab Mitte der 1950er-Jahren ständig steigenden Geburtenraten richtig umgehen sollte. Bereits beim Zweiten Vatikanischen Konzil hatten sich die Bischöfe im Dokument „Gaudium et Spes" im Kapitel 50 mit der „Fruchtbarkeit der Ehe" beschäftigt. Die Eheleute müssten „in menschlicher und christlicher Verantwortlichkeit ihre Aufgabe erfüllen und in einer auf Gott hinhörenden Ehrfurcht durch gemeinsame Überlegung versuchen, sich ein sachgerechtes Urteil zu bilden. Hierbei müssen sie auf ihr eigenes Wohl wie auf das ihrer Kinder – der schon geborenen oder zu erwartenden – achten; sie müssen die materiellen und geistigen Verhältnisse der Zeit und ihres Lebens zu erkennen suchen und schließlich auch das Wohl der Gesamtfamilie, der weltlichen Gesellschaft und der Kirche berücksichtigen. Dieses Urteil müssen im Angesicht Gottes die Eheleute letztlich selbst fällen." Familienplanung bedeute, die gemeinsame Verantwortung zu übernehmen und dabei auch die großen Zusammenhänge zu erkennen. Dabei kommt dem Gewissen eine wichtige Rolle zu. Das sollte allerdings nicht als Freibrief verstanden werden, weshalb es den erklärenden Zusatz gibt: „Das kann man aber nicht sagen, wenn der Mensch sich zuwenig darum müht, nach dem Wahren und Guten zu suchen, und das Gewissen durch Gewöhnung an die Sünde allmählich fast blind wird."

Wie das im christlichen Leben praktiziert werden kann, sollte eine Studienkommission klären, deren Tätigkeit noch auf die Initiative von Papst Johannes XXIII. zurückging. Sie kam zu dem Ergebnis, dass Kontrazeptiva – also die Empfängnisverhütung – an sich nicht verwerflich seien. Diesem Ergebnis schloss sich auch die von Paul VI. gegründete „Päpstliche Kommission für Ehefragen" an, in der der Münchner Kardinal Julius Döpfner führend mitarbeitete. Dieses Gremium, dem neben Theologen auch Biologen, Mediziner, Sozialwissenschaftler und Psychologen angehörten, befand mit 64 zu 4 Stimmen, dass die Wahl der Empfängnisregelung eine Gewissensentscheidung der Eheleute sei. Damit wollte sich eine Gruppe von vier Kardinälen – unter ihnen auch Karol Wojtyła – nicht abfinden und präsentierte ein Gegengutachten, das sich auf Pius XI. und Pius XII. berief und alle künstlichen Empfängnisverhütungsmittel ablehnte.

Papst Paul VI. veröffentlichte daraufhin am 25. Juli 1968 die Enzyklika „Humanae vitae" („Über die Weitergabe des Lebens") an „alle Menschen guten Willens". Darin versuchte er den „Spagat" zwischen neuer Sicht der Kirche und vorkonziliarer Lehre. „Ebenso ist jede Handlung verwerflich, die entweder in Voraussicht oder während des Vollzugs des ehelichen Aktes oder im Anschluss an ihn beim Ablauf seiner natürlichen Auswirkungen darauf abstellt, die Fortpflanzung zu verhindern, sei es als Ziel, sei es als Mittel zum Ziel." Unerwünschte Schwangerschaften seien demnach nur dann rechtmäßig und im Einklang mit der Natur zu verhindern, „wenn sich die Eheleute der fruchtbaren Phase enthalten". Nicht im Einklang mit der Natur sei es, wenn sie sich „in der fruchtbaren Phase auf Kontrazeptiva verlassen".

Nach seinem Tod wurde ein Tonbandprotokoll von Christa Pongratz-Lippitt mit Kardinal Königs veröffentlicht, in dem er zu „Humanae vitae" Stellung nahm: „Ich habe damals mit dem Papst vor der Veröffentlichung über die Enzyklika gesprochen und ihn gewarnt, dass sie viele Probleme verursachen würde, besonders was die oftmals zu vereinfachte Unterscheidung zwischen verbotener ‚künstlicher‘ und erlaubter ‚natürlicher‘ Empfängnisverhütung betrifft. Als ob es, auch moralisch, auf den ‚Trick‘ ankäme, der Natur gleichsam ein Schnippchen zu schlagen. Viele katholische Ärzte haben mir inzwischen versichert, dass diese Unterscheidung moralisch unhaltbar ist.“[2] Papst Paul VI. erwiderte damals, es ginge doch nur „um die große Norm“.

Die Reaktionen auf diese „Pillenenzyklika“ waren weltweit heftig, weil Ergebnisse der Wissenschaft ebenso ignoriert worden waren wie der explizite Hinweis auf das menschliche Gewissen. Eine Woche nach Erscheinen von „Humanae vitae“, am 31. Juli 1968, nahm Kardinal König zum Schreiben des Papstes erstmals öffentlich Stellung: „Der Papst hat um diese Entscheidung sicherlich schwer gerungen. Die Reaktion der Weltöffentlichkeit ist zwar verständlich, wird aber dem Fragenkomplex meiner Meinung nach nicht ganz gerecht. Die Frage, um die es geht, ist nicht die ‚Pille‘, sondern die sittlich gerechtfertigte Geburtenregelung.“ Er ging auch auf das Zustandekommen der Enzyklika ein und meinte: „Es stimmt auch nicht, dass sich der Papst das Votum der Minderheit der seinerzeitigen Expertenkommission zu eigen gemacht habe, sondern er hat zur Begründung beide Voten, sowohl das der Minderheit als auch das der Mehrheit, herangezogen.“ Für den einzelnen Menschen, für das einzelne Ehepaar würden neben der Ausrichtung nach diesen ethischen Grundsätzen und Normen noch eine Reihe anderer Überlegungen maßgebend sein: „Das persönliche Gewissen, die spezielle Situation, die Errungenschaften der Medizin. Auch die Frage der persönlichen Schuld ist eine Angelegenheit für sich.“ Auch in dieser schwierigen Frage kam der Seelsorger Franz König durch: „Der Seelsorger hat hier nicht unbarmherziger Richter zu sein, sondern in erster Linie Helfer seiner Mitmenschen. Die ethischen Normen, die der Papst in der Enzyklika aufgestellt hat, sind die eine Seite des Problems.

Die andere, nicht minder wichtige Seite ist die seelsorgerische Hilfe für den Einzelnen."[2]

38 Bischofskonferenzen sahen sich genötigt, erklärende Hirtenworte zu veröffentlichen. In Deutschland wurde die „Königsteiner Erklärung" publiziert und in Österreich wurde von der Bischofskonferenz unter dem Vorsitz Kardinal Königs am 22. September 1968 die sog. „Maria-Troster-Erklärung" abgegeben: „Das Erscheinen der Enzyklika ‚Humanae vitae' hat ein weltweites Echo gefunden, wie kaum ein anderes Rundschreiben zuvor. Das gilt sowohl hinsichtlich der Zustimmung wie der Kritik", zeigten sich die Bischöfe ungewohnt offen. „Daraus erklärt sich die Unruhe, die auch bei uns nicht wenige Katholiken erfasst hat. Davon zeugen nicht zuletzt zahlreiche uns zugegangene Schreiben, in denen Fragen anklingen und Probleme aufgerissen werden, deren Beantwortung im gegenwärtigen Zeitpunkt sicherlich nicht leicht ist." Ernste und klärende Worte wollten die Bischöfe an das Kirchenvolk richten, die hilfreich sein sollten: „Diese innere Reife der zwei Menschen, die sich für immer verbunden haben, berechtigt und verpflichtet zu verantwortlicher Elternschaft. Davon hat bereits das Konzil gesprochen. Der Papst hat es neuerdings in seinem Rundschreiben bestätigt. Worin besteht diese verantwortete Elternschaft? Darin, dass die Ehegatten selbst, in ihrem vor Gott gebildeten Gewissen, die Zahl der Kinder bestimmen können." Das Konzil sagte ausdrücklich, dass dieses Urteil die Eheleute fällen müssen. „In ihrem ganzen Verhalten seien sich die christlichen Ehegatten bewusst, dass sie nicht nach eigener Willkür vorgehen können." Ausdrücklich machten die Bischöfe darauf aufmerksam, dass die Gründe, die eine Beschränkung der Kinderzahl nahelegen, sittlicher Natur sein müssten. „Falsch und sündhaft wäre es, aus Bequemlichkeit und Opferscheu das Kind zu meiden. Das Gewissen darf nicht durch chemische Mittel ersetzt werden."

Formuliert wurde die „Maria-Troster-Erklärung", wie auch schon der Sozialhirtenbrief 1957, von Paulus Rusch, erinnert sich Helmut Krätzl. „Der war seinerzeit Bischof in Innsbruck und ein sehr konservativer Bischof. Das waren ja keine Rebellen, sondern das waren Bischöfe, die ein ungeheures Verantwortungsbewusstsein gehabt haben, aber auch sich bewusst waren, wir haben eine Mitverantwortung. Und das hat man in Rom eigentlich nicht goutiert." In dieser Erklärung dürfte ein weiterer Grund für den Bruch zwischen Karol Wojtyła und Franz König – zwischen Papst Johannes Paul II. und dem Wiener Kardinal – gelegen sein, der dann in der Wahl Hans Hermann Groërs zu Königs Nachfolger und Kurt Krenns als Diözesanbischof von St. Pölten seinen Höhepunkt fand. Beide waren Anhänger einer konservativeren Linie innerhalb der österreichischen Kirche, durch die der „liberale" Kurs geändert werden sollte. Im Juni 1988 sahen sich die Bischöfe – kurz vor dem zweiten Papstbesuch in Österreich – veranlasst, die „Maria-Troster-Erklärung" zu korrigieren und in einer Stellungnahme als „Missverständnisse" zu bedauern: „Es konnte nicht die Absicht dieser Erklärung sein, den damals beschriebenen Fall einer von ‚Humanae vitae' abweichenden Überzeugung als eine allgemeine Erlaubnis zur Anwendung aller empfängnisverhütenden Mittel deuten zu lassen." Kurt Krenn fand am 25. Juni 1993 in einem „Pastoralschreiben an die Priester und Gläubigen der Diözese" noch deutlichere Worte: „Der Versuch, ein irrendes und im Widerspruch zur Lehre der Kirche stehendes Gewissen als rechtes Gewissen dennoch zuzulassen und ihm eine gewisse allgemeine und objektive Gültigkeit zuzugestehen, war die bedauerliche Inkonsequenz der sogenannten ‚Maria-Troster-Erklärung' der österreichischen Bischöfe."

Kardinal König ging am 29. August 1993 auf diesen Angriff, den er nur persönlich auffassen konnte, in seiner Predigt in Neuhofen/Ybbs ein, in der er zunächst ungewohnt heftig sagte: „Die Zeit ist zu kostbar, als sie für überflüssige Diskussionen zu vergeuden." Danach stellte er klar: „Ich habe später sowohl mit Paul VI. als auch mit Johannes Paul II. über unsere Erklärung gesprochen. Beide haben keine Einwände gegen unseren Text erhoben. Dies wäre wohl notwendig gewesen, wenn ein gravierender Irrtum darin enthalten wäre. Damit ist aus meiner Sicht die Diskussion über dieses Thema abgeschlossen."[2)]

Doch bis heute ist die Diskussion darüber nicht abgeschlossen. Vierzig Jahre nach der Veröffentlichung von „Humanae vitae", am 27. März 2008, nahm Kardinal Christoph Schönborn zur „Maria-Troster-Erklärung" in einer Predigt in Jerusalem Stellung: „Ich denke, auch wenn wir damals nicht Bischöfe waren, so müssen wir diese Sünde des europäischen Episkopats bereuen, des Episkopats, der nicht den Mut hatte, Paul VI. mit Kraft zu unterstützen, denn heute tragen wir alle in unseren Kirchen und in unseren Diözesen die Last der Konsequenzen dieser Sünde." Seine Worte waren damals frei gewählt und nicht für eine Publikation gedacht, dennoch wurde er am nächsten Tag im Internet zitiert und die Reaktionen waren in der Folge heftig. „Es hat mich auch überkommen, ja, ich habe wirklich das Gefühl gehabt, ich muss da etwas sagen", zeigt sich Schönborn im Rückblick 2014 von der Stimmung im Abendmahlsaal von Jerusalem beeindruckt. „Das Wort Sünde ist damals gefallen, aber ich sage das nicht als Beschuldigung. Ich muss selber sagen, wie hätte ich damals gehandelt, wenn ich Bischof gewesen wäre? Ich weiß es nicht. Man ist dann so unmittelbar konfrontiert mit einer dramatischen Situation und einem ungeheuren Medienecho", erklärt Kardinal Schönborn heute seine damalige Aussage, hält aber fest: „Die ‚Maria-Troster-Erklärung' war eine Notmaßnahme, wie auch die ‚Königsteiner Erklärung'. Ich glaube, wir wären heute in der Lage – 40 Jahre später –, die Dinge in einem sehr anderen Licht zu sehen. Das war damals fast nicht möglich. Ich empfinde es als Tragik, das war schon meine Kernaussage von Jerusalem." Die Kernbotschaft von „Humanae Vitae" sei so essenziell für die Zukunft der Menschheit, „auch wenn sie vielleicht unglücklich formuliert war und das auch gehindert hat", weil Sexualität und Nachkommenschaft, so Schönborn, „intim verbunden sind, existenziell verbunden sind. Die Schwierigkeit, fast würde ich sagen die Unfähigkeit, ist, mit diesem Thema in einem größeren Kontext umzugehen und es nicht nur auf die eine Frage der technischen oder natürlichen Mittel zu begrenzen, sondern wirklich die größere Dimension zu sehen. Es hat die Kirche schon sehr geschwächt in der Frage der Abtreibung, sechs Jahre später, die zum großen europäischen Thema geworden ist."

Die Diskussion um die Empfängnisverhütung sollte erst der Beginn einer Auseinandersetzung um aktuelle Fragen der Familienpolitik sein. Seit der Zeit Maria Theresias wurde Abtreibung in Österreich mit einer Haftstrafe geahndet, während des Nationalsozialismus stand darauf die Todesstrafe und mit Beginn der Zweiten Republik erlangte der maria-theresianische § 144 wieder seine Gültigkeit. In der Folge kam es zu illegalen Schwangerschaftsabbrüchen durch sog. „Engelmacher", was zu physischen und psychischen Erkrankungen und oft auch zum Tod der Frauen führte.

Bereits im Linzer Parteiprogramm, das von 3. November 1926 bis 12. Februar 1934 galt, wurde von den Sozialisten der Schutz von Schwangeren gefordert. Nach der SPÖ-Alleinregierung 1970 und der absoluten Mehrheit 1971 konnte eine Lösung dieses Themas in Angriff genommen werden. „Vorausschicken möchte ich, dass der Broda mit der kleinen Strafrechtsreform, also der Straffreistellung von homophilen Beziehungen im Erwachsenenalter – ich würde das mit zwei Mandaten quantifizieren –, zur absoluten Mehrheit des Jahres 1971 beigetragen hat", schätzt der damalige Finanzminister Hannes Androsch die Situation ein. Im Zuge einer großen Strafrechtsreform unter Justizminister Christian Broda war die Streichung des § 144 zunächst nicht vorgesehen gewesen, sondern eine erweiterte Indikationenregelung mit Straffreiheit bei ethischen, eugenischen und sozialen Gründen, um den Schwangerschaftsabbruch zu entkriminalisieren.

„Die ganze Sache wurde von ‚Emanzipation der Frau', also von der Frauenbewegung der SPÖ, und dem Freigeist Broda gestaltet, der ja die Familienrechtsreform gemacht hat, der viele Dinge modernisiert hat, ganz im Sinne einer Säkularisierung – vom Mann als

Oberhaupt der Familie über die Benachteiligung der unehelichen Kinder usw. Der Broda hat da sehr viele wichtige und richtige Dinge gemacht, das ist keine Frage, aber das Recht auf den eigenen Bauch und die Schwangerschaft – die Fristenregelung – das war sozialistische Kerndoktrin", ist Andreas Khol, ehemaliger ÖVP-Klubobmann, überzeugt. Ausgegangen sei diese Initiative, so Karl Blecha, von engagierten Frauen innerhalb der niederösterreichischen Jungen Generation in der SPÖ: „Erst dann ist es von der Frauenorganisation übernommen worden, die heute noch immer dasteht als die, die das in Gang gesetzt hätte, was absolut nicht stimmt! Und da ich der Bundesvorsitzende der Jungen Generation war, habe ich natürlich meine Gesprächspartner – ja, bis zum Kardinal – auch einmal ganz klar über das, was an Motiven, an Vorstellungen, an Argumenten existierte, informiert. Es hat also Gespräche vor dem Villacher Parteitag 1972 gegeben."

Im September 1971 wurde eine Aktionsgemeinschaft zur Abschaffung des § 144 gegründet, der Gertrude Edlinger, Rosemarie Fischer, Irmtraut Goessler, Eva Lingl, Eva Kreisky, Renate Obadalek, Helga Tichy und Gisela Vorrath angehörten. „Keine gehörte zur mittleren Funktionärsschicht oder zur Parteispitze", berichtet der Soziologe Erich Grießler. Im Dezember 1971 wurden Prominente um öffentliche Unterstützung gebeten, im Januar 1972 fand eine Pressekonferenz statt und bis März wurde im Rahmen von Marktaktionen der Kontakt zur Bevölkerung gesucht. Vertreter der Aktionsgemeinschaft wurden auch in den parlamentarischen Untersuchungsausschuss zur Strafrechtsreform eingeladen und veröffentlichten mit Unterstützung Karl Blechas eine Informationsbroschüre. „Der Wandel in der Position zum § 144 ging nicht von der Parteispitze aus. Sie reagierte vielmehr auf Entwicklungen innerhalb der SPÖ, die von der Aktionsgemeinschaft angestoßen und betrieben wurde", skizziert Grießler. Die SPÖ-Führung war in der Abtreibungsfrage uneinig, und Bruno Kreisky war, weil er auf den Konsens mit der katholischen Kirche bedacht war, gegen die Fristenlösung: „Ich habe immer den Standpunkt vertreten, dass bei dem, was da entstehen wird", damit meinte er die Fristenlösung, „es dasselbe sein würde, wie wenn man sich zur gänzlichen Streichung dieses Paragraphen entschlossen hätte. Dann ist eben überhaupt kein strafbarer Tatbestand vorhanden. Dann wird das eine Frage für den Arzt und seinen hippokratischen Eid und für die Menschen eine Frage ihrer moralischen Grundhaltung und ihrer besonderen Umstände." Erich Grießler vermutet, dass sich die Fristenlösung innerparteilich nicht durchgesetzt hätte, „wäre die ÖVP rechtzeitig von ihrer starren Haltung gegenüber einer Indikationenregelung abgegangen".

„Im Frühjahr 1972 war der Parteitag in Villach – da wurde der Kreisky überrumpelt", erinnert sich Hannes Androsch. Die SPÖ-Frauen forderten nicht mehr nur eine weitgehende Indikationenlösung, also die Straffreiheit für Abtreibungen in bestimmten Ausnahmefällen, sondern auch eine Fristenlösung, die als Kompromiss zwischen Streichung des § 144 und Indikationenlösung präsentiert wurde und einen Schwangerschaftsabbruch bis zum dritten Monat nach der Empfängnis vorsah. Justizminister Broda unterstützte die Initiative und sagte, wie Grießler überliefert: „Der Vorschlag überträgt die letzte Entscheidung, ob eine Unterbrechung durchgeführt werden soll, der Frau. Der Vorschlag geht davon aus, dass damit bessere Voraussetzungen geschaffen werden, die betroffene Frau vor Kurzschlusshandlungen in der Isolierung, in die sie durch strafgesetzliche Drohungen gedrängt wird, zu bewahren. Der Vorschlag dient somit der Schaffung besserer Voraussetzungen für Beratung und Hilfe und damit der Eindämmung der illegalen Abtreibung durch Pfuscher." Kreisky saß damals in der ersten Reihe des Plenums. „Plötzlich meldet er sich. Spontan. Und als letzter Redner vor der Abstimmung", hat Hannes Androsch die Ereignisse noch deutlich vor Augen. „Da macht er quasi einen Rückzieher, weil er sich wahnsinnig gefürchtet hat, was das auslösen könnte, weil er natürlich aus vielen Gesprächen die Haltung des Kardinals gewusst hat. Die Abstimmung ging trotzdem so aus." Dem Antrag der SPÖ-Frauen stimmten die Delegierten des Parteitages zu.

Am 10. Januar 1973 beschloss der Justizausschuss die Grundsätze des neuen Gesetzes. Dennoch blieb Bruno Kreisky skeptisch. In seinem Tagebuch schrieb Handelsminister Josef Staribacher am 2. April 1973: „In der Ministerratsvorbesprechung warnte Kreisky vor der Fristenlösung, denn er meint, in Ungarn, wo diese existiert, hat er jetzt vom Ministerpräsidenten Fock erfahren, dass sie sie abschaffen. Wenn im Nachbarland, wo ein starker Klerus existiert, dies jetzt geschieht, fürchtet er, dass dieser aggressive Klerus den österreichischen Kirchen Schützenhilfe leisten wird. Broda replizierte darauf, dass es keine andere Lösung gibt als die Fristenlösung, denn jede andere könne er kaum exekutieren. Kreisky meinte dann, er hätte dies besonders deshalb gesagt, damit man dann nicht einmal übersehen hat einen wichtigen Punkt in der Entwicklung." Offensichtlich wollte sich Kreisky für den Fall des Scheiterns absichern, was bei Staribacher Unverständnis auslöste. „Ich verstehe manchmal die Argumentation von Kreisky nicht, wenn er sich gegen die Fristenlösung ausspricht, dann hätte er dies vor wesentlich längerer Zeit, nämlich auf alle Fälle vor dem Villacher Parteitag machen müssen. Warum er jetzt diese Bedenken anmeldet und damit die ganze Angelegenheit verunsichert, ist mir nicht ganz erklärlich."

Erich Leitenberger, bis 1974 als Redakteur bei „Die Presse" tätig, ist der Ansicht, Bruno Kreisky habe gar nicht die Absicht gehabt, die Fristenregelung einzuführen. „Im Gegenteil, es gibt ja von ihm dieses berühmte Wort, das er – glaube ich – sogar im Parlament gesagt hat: ‚Eine Gesellschaft, die auf die Abtreibung zurückgreift, muss eine sehr arme oder sehr ungebildete Gesellschaft sein.' Und das Österreich der 70er-Jahre wollte weder eine arme noch eine ungebildete Gesellschaft sein. Also es war schon eine sehr spannungsreiche Situation."

Wie stand die Kirche, wie standen Kardinal König und die Bischöfe der neuen Fristenlösung gegenüber? „Natürlich war die Haltung des Kardinals und der Kirche klar. Und man hat sich bemüht, die verschiedenen Motive und Argumente, die für eine ganz klare Lösung dieses Problems sprechen, vorzulegen. Also man hat darüber Gespräche geführt", meint Karl Blecha. „Aber es hat nicht zu jenen heftigen Reaktionen geführt, weil man vorinformiert war über einen in der SPÖ ablaufenden Prozess. Man wünschte nicht das Ergebnis. Man hat nie auch nur den geringsten Zweifel darüber aufkommen lassen, dass man sich etwa mit der Fristenlösung einverstanden erklären könnte. Aber man war auf der anderen Seite über den Prozess informiert. Und daher ist die Reaktion gerade von der Amtskirche – wenn man will – berechenbar gewesen. Und das Ganze war kalkulierbar." Zu jener Zeit war Johannes Huber, Theologe und Gynäkologe, der Sekretär von Kardinal König: „Der Kardinal stand hier in einer gewissen Kollision, die hat ihn natürlich nervlich auch sehr belastet, weil die fundamental denkenden Menschen der Kirche der Meinung waren, dass der Kardinal mehr kämpfen müsste, dass man alles per Gesetz auch verordnen muss, was die Kirche sagt, während König das natürlich nicht ablehnen konnte, aber auf der anderen Seite der Meinung war, letzten Endes, die wichtigsten Entscheidungen fallen vor dem Gewissen und jeder Mensch muss sich vor seinem Gewissen so oder so entscheiden. Da helfen Gesetze auch nichts bzw. sind eher von untergeordneter Bedeutung. Das war eine große nervliche Belastung für ihn. Weil er einerseits das Gewissen als oberste Instanz ansah und nicht das Gesetz und er auf der anderen Seite natürlich gedrängt wurde, hier noch mehr Farbe zu bekennen und noch mehr gegen diese Gesetz zu polemisieren." Kardinal Königs Devise war es, im Gespräch zu bleiben. Huber bestätigt: „Es fanden zahlreiche Gespräche mit Bruno Kreisky statt. Man hat versucht, diese Probleme friedlich und ohne Streit und ohne Krieg zu lösen, was letzten Endes auch gelungen ist – aber der Kardinal musste hier wahrscheinlich viele Neuronen einbüßen." Andreas Khol ist der Ansicht, für Kreisky war Kardinal König „eine Hilfstruppe, um die schwarze ÖVP von innen heraus aufzurollen. Leute, die seine Ideologie nicht teilen müssen, sondern nur ein Stück des Weges gemeinsam gehen, das ist eine sehr gute Beschreibung."

Anlässlich seiner bereits erwähnten Rede vor dem ÖGB-Bundes-vorstand sprach Kardinal König am 27. Februar 1973 auch das Thema Schwangerschaftsabbruch an: „Ich bitte, mich zu verstehen, wenn ich vor Ihnen und gerade vor Ihnen, nicht schweigen darf zu einer Angelegenheit, in der viele von Ihnen wahrscheinlich anderer Meinung sind: die im Gange befindliche Diskussion über die Frage der Abtreibung."[2] Danach ging er auf die wohl geäußerte Meinung ein, mit der Kirche könne man sich schon arrangieren, mit der Kirche würde man auch hier auf gleich kommen. „Das ist ein großes Missverständnis", sagte der Wiener Kardinal. „Natürlich ist die Kirche an guten Beziehungen zu Regierung, Staat und Gesellschaft interessiert ... Aber in grundsätzlichen Fragen kann sich die Kirche nicht arrangieren, auch nicht um des guten Einvernehmens, auch nicht um des guten Geldes willen, das dahinter steckt ... Die Kirche kann im Grundsätzlichen keine Arrangements treffen, keine Geschäfte machen."[2]

Welche Geschäfte, welches Geld hatte Kardinal König wohl gemeint? Am 19. Dezember 1972 hatte jedenfalls Bruno Kreisky an den Kardinal geschrieben: „Sie haben mich vor einigen Monaten auf die ja weithin bekannten Bemühungen und Erfolge der Caritas Wien bei der Altenbetreuung aufmerksam gemacht und haben mich gebeten, ich möge dafür Sorge tragen, dass der Caritas für diese Art der Betreuung aus Budgetmitteln eine Subvention gewährt werde." Kreisky hatte sich in der erfreulichen Lage gesehen, die Anregung des Kardinals zu berücksichtigen. „Eine Subvention in der Höhe von 500.000,00 Schilling wurde der Caritas vor Kurzem überwiesen." Daraufhin antwortete Kardinal König am 3. Januar 1973: „Indem ich meinen Dank für diese großzügige Subvention wiederhole, bin ich mit dem Ausdruck meiner aufrichtigen Wertschätzung Ihr F. Kardinal König."[19]

Am 31. Januar 1973 trafen die österreichischen Bischöfe zu einer außerordentlichen Konferenz in Linz zusammen, nach der sie Bundeskanzler Kreisky einen Brief schrieben, in dem sie daran erinnerten, dass sie der „Preisgabe des Schutzes des ungeborenen Lebens" nicht zustimmen könnten. Als Begründung führten sie an: „An der Haltung gegenüber den Mitmenschen am Beginn ihrer Existenz erweist der Mensch, ob er sich selbst achtet. Die Anerkennung des unteilbaren Rechtes auf den Schutz des Lebens ist eine wesentliche Grundlage für den Bestand der menschlichen Gesellschaft." Die österreichischen Bischöfe appellierten nachdrücklich an den Bundeskanzler, „in dieser, die Lebensinteressen der Gesellschaft so stark berührenden Frage voreilige Beschlüsse zu vermeiden und ehrlichen Willens eine in diesem Land allgemein annehmbare Lösung zu suchen. Eine solche Lösung müsste die prinzipielle Aufrechterhaltung des unbedingten Schutzes des ungeborenen Lebens mit der Milde in überprüften, schwerwiegenden und durch Hilfen nicht behebbaren Konfliktsituationen vereinen und von umfassenden sozialpolitischen Hilfsmaßnahmen für Schwangere und für Familien begleitet sein."[16e] Am 16. Februar 1973 antwortete Bundeskanzler Kreisky: „Auch wir sehen im Schwangerschaftsabbruch weder eine gesellschaftlich wünschenswerte noch eine medizinisch empfehlenswerte Methode der Geburtenregelung. Wir sehen aber auch in der Verhängung gerichtlicher Strafen kein Mittel zur Lösung menschlicher Konfliktsituationen."

Am 8. Mai stellten die SPÖ-Abgeordneten Anneliese Albrecht, Karl Blecha, Lona Murawetz, Karl Reinhard, Peter Schieder und Otto Skritek einen Änderungsantrag zur Ministervorlage, der eine Fristenlösung vorsah.

Anlässlich des „Rosenkranz-Sühnekreuzzuges" am 8. September 1973 wandte sich Kardinal König in der Wiener Stadthalle an die breite Öffentlichkeit, in der er der Muttergottes eine besondere Bitte vortrug. Österreich sei von einer Seuche bedroht, welche nicht die Cholera sei, sondern von einer Art geistigen Seuche, welche noch schlimmer sei. „Wir bitten in dieser Stunde die Schutzfrau Österreichs, dass unsere Heimat von jener unbarmherzigen Einstellung des Geistes frei bleiben möge, die ungeborenes Leben schutzlos und wehrlos im Mutterleib tötet."[2] Das Gebet blieb unerhört, denn am 29. November 1973 beschloss der Nationalrat nach dreitägigen heftigen Debatten mit den Stimmen der SPÖ die Strafrechtsnovelle. „Das war natürlich eine durchaus zeitgeistige, sehr vehemente Diskussion zwischen katholischen ÖVP-Aktivbürgern auf der einen Seite und den säkularisierten Freigeistern in der SPÖ", hat der ÖVP-Politiker Andreas Khol die Debatten in Erinnerung.

Doch Kardinal König gab nicht auf und meinte in seiner Silvesteransprache 1973, man müsse aufgrund notwendiger Auseinandersetzungen enger zusammenrücken und dürfe die gemeinsamen Grundlagen nicht gefährden. „Schon unter diesem Gesichtspunkt sollte die sogenannte Fristenlösung, die ein Großteil des österreichischen Volkes als einen schweren Schlag gegen ihre Überzeugungen empfunden hat, noch einmal überlegt werden."[2]

Inzwischen hatte der Bundesrat Einspruch erhoben. „Ich selber habe als Fraktionsvorsitzender mit der ÖVP-Mehrheit im Bundesrat die Strafrechtsreform beeinsprucht", berichtet Herbert Schambeck über seine Initiative. „Und wie dann ziemlich kritische Äußerungen waren über Kardinal König, habe ich gesagt: ‚Bitte wartet, bis der Beharrungsbeschluss kommt.'" Den fasste die SPÖ-Mehrheit im Nationalrat am 23.1.1974. Darauf sagte sich Schambeck zu einem Besuch bei Kardinal König an. „Der Nuntius hat damals zu mir gesagt: ‚Sie können dem Kardinal König alles sagen, Sie dürfen sich nur nicht in Heftigkeit im Ton versprechen.' Das habe ich nie gemacht, sondern ich bin immer zur Mutter Gottes in den Stephansdom gegangen, habe mich niedergekniet und gebetet, dann bin ich zum Kardinal König gegangen." In diesem Vieraugengespräch sagte er damals Kardinal König, „dass hier ein Versagen der katholischen Kirche vorliege und dass ich mir sein Verhalten anders vorgestellt hätte". Dem habe König, so Schambeck, nicht widersprochen, sondern nur gesagt: „,Was kann ich noch machen?' ‚Eminenz, gehen Sie ins Parlament in die Nationalratssitzung, wo der Beharrungsbeschluss gefasst wird.' ‚Richtig. Verschaffen Sie mir eine Karte.', ‚Herr Kardinal, eben das nicht. Denn wenn ich Ihnen eine Karte verschaffe, dann steht morgen in der Zeitung, der Schambeck hat den Kardinal König ins Parlament geschickt. Das muss von Ihrer Seite geschehen.' – Nur dass Sie sehen, wie politisch unklug er war.'"

Nach dem Beharrungsbeschluss reichte die Salzburger Landesregierung eine Klage beim Verfassungsgerichtshof ein, die jedoch zurückgewiesen wurde. Im Juni 1974 wurde vom Aktionskomitee der „Aktion Leben" ein Volksbegehren für ein Bundesgesetz zum Schutz des menschlichen Lebens eingeleitet, das von der Bischofskonferenz am 2. Juli als „eigenständige Initiative der österreichischen Katholiken" begrüßt wurde. Anlässlich der Abschlussfeierlichkeiten des 13. Österreichischen Katholikentages trug Kardinal König am 13. Oktober, wenige Tage vor Beginn der Unterschriftensammlung für das Volksbegehren, ein aktuelles Anliegen vor: „Im Bewusstsein unserer Verantwortung für den inneren Frieden unseres Volkes haben wir gezögert und lange überlegt, haben gewartet auf ein kleines Zeichen des Entgegenkommens, das dieses Volksbegehren nicht notwendig gemacht hätte. Dieses Zeichen ist nicht gekommen. Heute aber stehen mit dem Kardinal von Wien alle Bischöfe hinter dem Volksbegehren, nicht leichten Herzens, sondern weil man uns keinen anderen Weg gelassen hat. Wir wissen uns aber auch mit der ‚Aktion Leben' einig, dass durch das Volksbegehren keine Gräben der Vergangenheit aufgerissen werden sollen, dass der Friede im Lande erhalten bleibt. Wir hoffen, dass man uns dabei auch hilft. Auch diese Hilfe ist ein Beitrag zur Versöhnung."[2]

Ungeachtet des angekündigten Volksbegehrens trat die Fristenlösung mit 1. Januar 1975 in Kraft, daran konnten auch die 895.665 abgegebenen Unterschriften nichts mehr ändern. Als sich der Nationalrat 1976 mit dem Antrag befasste, wurde er mit 105 zu 75 Stimmen abgelehnt und im ersten Wiener Bezirk, Am Fleischmarkt, wurde das „Ambulatorium für Schwangerenhilfe" eröffnet. Wie war die politische Stimmung damals in den Parteien? „Es hat ja nur drei Parteien gegeben. In der Freiheitlichen Partei hat es Freunde und Gegner der Fristenregelung gegeben", meint Andreas

Khol. „In der ÖVP hat es 90 Prozent Gegner der Fristenregelung gegeben – in der Funktionärs-ÖVP. In der Bevölkerung ist das, glaube ich, ein bisschen wackelig gewesen." Josef Taus wurde 1975 Bundesparteiobmann und erinnert sich: „Mein Gott, die Abtreibungsfrage. Das ist ja bis heute eine offene Frage ... Die Kirche stand auf dem Standpunkt – den ich auch vertrete –, dass das eine Tötung ist und dass das nicht geht ... Es gibt noch immer die Diskussion, aber sie ist geringer geworden." Khol kritisiert: „Im politischen Zeremoniell ist die Kirche der ÖVP in den Rücken gefallen, und das hat sich durch das Pontifikat von Franz König durchgezogen. Das ist dann milder geworden, wie er emeritiert war, da hat er dann einiges auch anders gesehen. Ich meine, wie Kreisky ihn hereinlegen wollte bei der Fristenregelung, das hat er dann schon kapiert." Dem Kardinal habe man auch übel genommen, glaubt Andreas Khol, dass er in einem „Kronen-Zeitungs"-Interview die Zustimmung der Kirche zu einer kontrollierten Indikationenlösung gegeben hätte. „Er war immer vom Konsens geprägt, und er hat mit der ‚Kronen Zeitung' an die berühmte Geschichte des kleineren Übels geglaubt. Und das wäre für ihn das kleinere Übel gewesen: Vergewaltigung und ähnliche besondere Notstände oder so. Das war eine vertretbare Position, nur in der Sicht der Bevölkerung war das ein In-den-Rücken-Fallen gegen diese starke, durch das Volksbegehren ja unterstützte Ablehnung dieser Fristenregelung." Herbert Schambeck, damals Klubobmann der ÖVP, erinnert sich: „Sie haben in der Zeit von Klaus eine erweiterte Indikationenlösung vorgeschlagen gehabt und die hat die Kirche abgelehnt." An den Vorschlag der Regierung Klaus für eine Indikationenlösung erinnert sich auch Erhard Busek: „Die ÖVP war auf der Position, die der Klecatsky im seinerzeitigen Strafgesetzentwurf der Regierung Klaus gehabt hat, wobei einige, wie der Abgeordnete Hauser, der Meinung waren, mit dem kommt er nicht durch, womit er schließlich auch recht hatte."

Helmut Krätzl war am 1. September 1969 zum Ordinariatskanzler der Erzdiözese Wien bestellt worden und daher mitten im Ge-

schehen. „Wahrscheinlich war die Kirche da selber schuld", meint
er, „und da hat der Klecatsky – er war damals Justizminister – eine
kleine Strafrechtsreform vorgeschlagen, wo dieser Paragraf etwas
liberalisiert wurde, aber in einer ganz strengen Indikationenlösung.
Und da hat ihm damals der Bischof László gesagt: ‚Sie sind ein
katholischer Minister, Sie können das nicht machen, weil das ist
sozusagen gegen die Lehre.' Und er hat das auch nicht gemacht.
Die Folge war dann, dass der Druck immer größer geworden ist."
Erhard Busek, zur Zeit der Fristenlösungsdebatte Generalsekretär
des Österreichischen Wirtschaftsbundes, kann sich an Auseinandersetzungen erinnern, in denen sich Otto Schulmeister, Chefredakteur der „Presse", ungeheuer aufregte, weil der Kardinal nicht
kämpfe: „Es kam dann zu einem Gespräch, zu einer Konfrontation
mit dem Kardinal, wo der Schulmeister gesagt hat: ‚Du musst da
irgendwas tun!' Das hat dann auch einen gewissen Zusammenhang mit der ÖVP gehabt, weil der Edi Ploier, damals eine führende Figur der Katholischen Aktion, den Taus und mich da sehr
bedrängt hat, irgendetwas zu tun, wobei Taus und ich uns im Klaren waren, dass das nicht zu gewinnen ist, und dann dem Ploier
immer wieder gesagt haben: ‚Seine Eminenz ist auch nicht aktiv.'
Da haben wir uns damit ein bisschen geschützt. Und da ist es dann
zu einem Gespräch gekommen, wo der Kardinal dann mühevoll
zugesagt hat, bei der einen Demonstration mitzugehen."
Diese Demonstration fand 1975 am Neuen Markt und auf der
Kärntner Straße in Wien statt. „Auf den Bildern, die sie immer
bringen, spricht Kardinal König mit dem Pater Pavlicek: Protest
gegen die Strafrechtsreform! Na, was ist das, wenn der Herr Kar-
dinal-Erzbischof von Wien mit dem Pater Pavlicek von der Kapu-
zinergruft redet?", empört sich Herbert Schambeck. „Ich bin selber
zwei Mal mit Kardinal König auf die Straße gegen die Abtreibung
demonstrieren gegangen", stellt sich Weihbischof Krätzl vor den
Kardinal. „Ich habe kein anderes Land gesehen, wo Bischöfe in dieser Weise demonstriert haben. Also er hat sich wirklich bis zuletzt
dagegen geäußert." Schambeck aber war das zu wenig: „Wenn Sie

einmal analysieren, wann die katholische Kirche wegen der Strafrechtsreform protestiert hat, kann ich Ihnen sagen, immer zu spät.
Das waren zum Großteil Alibi-Handlungen!"

Kritik kam nicht nur seitens der ÖVP. „Das war wahrscheinlich
nicht mal die ÖVP, weil die ÖVP gewusst hat, man muss hier libe-
raler werden, weil das sonst nicht möglich ist", weiß Bischof Krätzl.
Die Kritik kam aus Rom. „Zwei schwarze Punkte hat König sicher
in Rom gehabt. Der eine Punkt war, dass er die Fristenlösung nicht
verhindert hat", zählt Krätzl auf. „Und der zweite – aber das ist
jetzt eine rein innerkirchliche Sache: ,Humanae vitae'. Da haben
Bischofskonferenzen in der ganzen Welt Ergänzungen abgegeben,
in Österreich war das die berühmte ,Maria-Troster-Erklärung' im
Bildungshaus in Graz, wo die Bischöfe gesagt haben: ,Im Einzelfall
kann man auch zu einer anderen Gewissensentscheidung kommen.' Und das war natürlich sozusagen gegen die offizielle Lehre
der Kirche." Rückblickend sagt Krätzl mit Stolz: „Das war eine
Glanzstunde, wo die Bischöfe sich ihrer Mitverantwortung für eine
gesamtkirchliche Lehre bewusst geworden sind und viel geholfen
haben. Aber das hat man ihm auch vorgeworfen."

In seinem Beitrag über den Katholikentag und Papstbesuch 1983
schrieb Andreas Khol, dass die Kirche in der Frage nach dem
Schutz menschlichen Lebens „den Pluralismus bemüht" habe, um
Gegensätze zu verdrängen und den politischen Konsens im Lande
nicht zu gefährden bzw. die Neutralität gegenüber früher als geg-
nerisch angesehenen Kräften nicht infrage zu stellen. „Das beruht
anscheinend auf einer eher selektiven Wahrnehmung der entsprechenden Erklärungen", stellte der Politikwissenschaftler Heinrich
Schneider in seinen Anmerkungen zu Kohls Beitrag („Katholizismus, Pluralismus und kirchliche Politik in Österreich") fest. „Es
stimmt, dass Kardinal König auch im Zusammenhang mit dieser
Frage den hohen Wertrang des inneren Friedens und den Unterschied zwischen Gegnerschaft und Feindschaft betont hat. Aber
die Behauptung, der Vorsitzende der Bischofskonferenz und der
Episkopat haben in dieser Sache nicht deutlich und nicht häufig

genug Position bezogen, erweckt den Verdacht, man habe Quantität und Qualität der diesbezüglichen Stellungnahmen nicht wahrgenommen oder nicht wahrnehmen wollen." Genau listete er die Aktivitäten auf: Im Vorfeld der Einführung der Fristenregelung habe es 15 gesamtösterreichische Erklärungen und zudem 48 von einzelnen Bischöfen gegeben. „Und Kardinal König hat unmissverständlich betont, dass die Kirche, trotz ihres Interesses an einer gedeihlichen Entwicklung der Beziehungen zwischen Kirche, Staat und Gesellschaft, sich nicht in solch grundsätzlichen Fragen ‚arrangieren‘ kann ..." Trotzdem sei er bestrebt gewesen, eine Verbindung der Fristenregelungskontroverse mit der Konfrontation der beiden Großparteien zu vermeiden bzw. abzubremsen. Kritisch fügte Schneider an: „Eben dieses Bemühen in eine Neigung umzudeuten, überhaupt in der Abtreibungsfrage ‚weich‘ zu agieren, setzt voraus, dass man die Intentionen und Sichtweisen des Kardinals nicht wahrgenommen hat (etwa aufgrund des ‚Phänomens der kognitiven Dissonanz‘ und eines eigenen, von den Kategorien des parteipolitischen Katholizismus verprägten Vorverständnisses) oder sie im Sinne dieses Vorverständnisses umdeutete."

Erich Leitenberger bringt einen völlig neuen Aspekt ins Spiel: „Im Jahr '74 gab es ein Gespräch in Klosterneuburg, zu dem Stephan Koren einlud und wo man Kardinal König seitens der ÖVP bestürmt hat, keine zu starke öffentliche Präsenz in Sachen Fristenregelung zu zeigen, weil es dann die Partei zerreißen würde, weil die Haltung zur Abtreibung innerhalb der ÖVP überaus vielfältig sei und es natürlich auch viele Anhänger der Fristenregelung gegeben hat." Darauf angesprochen meint Erhard Busek: „Koren war keiner, der die katholische Karte spielen konnte." Herbert Schambeck meint, nichts darüber zu wissen: „Koren war damals Klubobmann. Ich habe darüber nicht mit ihm geredet." Andreas Khol kann sich ein Geheimtreffen nicht vorstellen, denn „der Stephan Koren war kein Kerzerlschlucker". Das kann Bischof Helmut Krätzl zwar bestätigen, denn „das wollen wir auch nicht haben.", aber „Stephan Koren war in Dornbach immer aktiv in den Messen tätig und die

Familie Koren war eine zutiefst katholische Familie. Der hat sehr viel mit der Kirche zu tun gehabt." Karl Blecha ist das Geheimtreffen im Stift Klosterneuburg nicht bekannt gewesen, aber: „Von Klubobmann Koren wurde mir damals in einem persönlichen Gespräch bestätigt, dass es in der ÖVP Kreise gäbe, die eine Fristenlösung mit flankierenden Maßnahmen akzeptieren würden, aber eine Minderheit wären."

Im gesperrten Nachlass des damaligen Klosterneuburger Generalabts Gebhard Koberger finden sich, so der Leiter des Stiftsarchivs, Karl Holubar, keine Hinweise auf ein Geheimtreffen im Chorherrenstift, aber Heinz Nußbaumer, von 1971 bis 1990 Außenpolitik-Resortleiter der Tageszeitung „Kurier" und danach Sprecher der beiden Bundespräsidenten Kurt Waldheim und Thomas Klestil, weiß: „In der heißen Phase der Fristenlösungsdiskussion gab es ein Abendessen im Stift Klosterneuburg, an dem König und Krätzl und von VP-Seite in erster Linie Stephan Koren teilgenommen haben. Händeringend wurde dort Kardinal König gebeten, sich in der Fristenlösungsfrage nur ja nicht allzu sehr im Wahlkampf zu exponieren, weil das die ÖVP zerrissen hätte." Er weiß darüber, weil „das ist dann einmal von Bischof Krätzl öffentlich dargelegt worden". Bischof Krätzl kann für die damalige Zeit nicht nur ein, sondern mehrere Treffen in Klosterneuburg bestätigen: „Das stimmt, in Klosterneuburg waren damals verschiedene Treffen mit der ÖVP und das Thema Fristenlösung war ein Thema." Es waren damals keine Verhandlungen, sondern, so Krätzl, „informelle Gespräche im geschützten Rahmen, die beim Prälaten stattgefunden haben". Waren es Geheimtreffen? „In dieser Schärfe habe ich es gar nicht in Erinnerung", dennoch: „Sicher, in die Öffentlichkeit ist nichts gekommen, und das hat sicher auch einen Vorteil gehabt."

Ein Stillhalteabkommen sei damals zentrales Interesse der ÖVP gewesen, auch wenn es heute anders dargestellt werde, meint Heinz Nußbaumer: „Das ist eine der großen politischen Lügen der Zweiten Republik, dass die Kirche da die Volkspartei im Stich gelassen hätte." Was steckt dahinter? Der ÖVP-Justizminister Hans

Klecatsky hatte im Entwurf der „Kleinen Strafrechtsreform" eine Novelle des „Abtreibungsparagraphen 144" vorgesehen. „Ich erinnere mich, dass ein Bischof – es war nicht der Erzbischof von Wien – zu dieser Zeit Klecatsky mahnte, ein Katholik könnte doch hier keine Zugeständnisse machen", berichtet Helmut Krätzl. Der erwähnte Bischof war das Oberhaupt der jungen Diözese Eisenstadt, Stephan László. Justizminister Klecatsky – und mit ihm die ÖVP – zog daraufhin die Novelle, in der eine Indikationenlösung vorgesehen war, zurück. „Gleichzeitig wurde aber das Drängen nach einer großzügigen Lösung in der Gesellschaft immer stärker", erinnert sich Bischof Krätzl. Auch innerhalb der ÖVP gab es Anhänger einer liberaleren Lösung, was zur Zerreißprobe werden konnte, die es zu vermeiden galt. Rückblickend sei, so Krätzl, die Intervention der Kirche – ihr voran Bischof László – kontraproduktiv gewesen: „Hätte nämlich die kleine Strafechtsreform eine Liberalisierung gebracht, wäre vielleicht die spätere, viel weiter gehende Lösung verhindert worden."

Allen, die Kardinal Franz König vorwarfen, er habe zu wenig gegen die Fristenlösung unternommen, will Bischof Krätzl jedenfalls sagen: „In keinem anderen Land Europas haben Bischöfe wie in Österreich gegen ein Abtreibungsgesetz auf der Straße demonstriert. Und bis zu seinem Lebensende hat König immer wieder von dieser nie heilenden Wunde gesprochen." Die Wunde konnte wohl auch deshalb nicht heilen, weil von der SPÖ-Regierung vesprochene flankierende Maßnahmen bis heute nicht umgesetzt wurden. Gefordert wurde eine verpflichtende Beratung durch einen nicht involvierten Arzt. „Bis heute kann auch der abtreibende Arzt beraten", kristisiert Krätzl. Es gibt auch keine Statistik über die Zahl der Abtreibungen in Spitälern und Abtreibungskliniken. „Wohl aus Furcht, die Zahlen könnten überraschen, gar bestürzt machen", glaubt Krätzl. Als dritte Maßnahme sollten Motive gesammelt werden, die zu einer Abtreibung führen. Bischof Helmut Krätzl fragt sich, ob darin nicht nur schwere existenzielle Krisen, sondern auch leichtfertige Gründe genannt werden könnten, und fasst zusammen: „Die Kirche hat in Österreich auf viele Weise die Abtreibung verurteilt, aber offenbar zu wenig Erfolg gehabt."

Kaum war die Debatte über die Fristenlösung einigermaßen abgeflaut, erregte das nächste Thema die Gemüter. Der neu gewählte Papst Johannes Paul II. berief vom 26. September bis 25. Oktober 1980 die fünfte Ordentliche Bischofssynode in Rom ein, ein Gremium, das Papst Paul VI. bereits im September 1965 eingerichtet hatte und das als Ziel verfolgte, die Beziehung zwischen Papst und Bischöfen aus aller Welt zu intensivieren und kirchliche Angelegenheiten zu beraten. Thema der Synode war „Die christliche Familie". In diesem Kontext kam es zum nächsten Konflikt zwischen dem Papst und dem Wiener Erzbischof in der Frage von Scheidung und Wiederverheiratung. Die Meinungen der Bischöfe und des Papstes gingen damals auseinander. Johannes Paul II. vertrat die gleiche konservative Meinung wie schon im Vorfeld zur Enzyklika „Humanae vitae", dementsprechend vorhersehbar war auch der Inhalt seines Apostolischen Schreibens „Familiaris consortio" („Über die Aufgaben der christlichen Familien in der Welt von heute"), das er am 22. November 1981 veröffentlichte.
Kardinal König und Weihbischof Krätzl waren bei der Synode anwesend und fürchteten, so der Pastoraltheologe Paul M. Zulehner, „dass der Papst was anderes schreibt, als die Synode in dieser Frage wollte". Helmut Krätzl bestätigt das: „Es war natürlich leider vorauszusehen, dass er das dort festgeschrieben hat." Damit wollte sich Kardinal König allerdings nicht zufriedengeben. Er fuhr nach Hause und hat, so Zulehner, „eine Erklärung der österreichischen Bischöfe herausgegeben, dass man natürlich nicht eine generelle Zulassung erlassen kann, es sei denn, dass im Gespräch mit einem erfahrenen Seelsorger eine Lösung gefunden wird. Das hatte König schon vor und auf dem Konzil vertreten." König orientierte sich dabei an der orthodoxen Kirche, wo Geschiedene zu den Sakramenten zugelassen sind und auch wieder heiraten dürfen, sofern dies von einem Seelsorger nach sorgfältiger Prüfung befürwortet wird.

In dieser Erklärung schrieben Österreichs Bischöfe: „Die christlichen Gemeinden und besonders die Seelsorger werden aufgerufen, diese (Geschiedenen und Wiederverheirateten) im Geist der Brüderlichkeit aufzunehmen. Den Betroffenen sei aber gesagt: Sie können mit der Barmherzigkeit und Gnadenhilfe Gottes rechnen, wenn sie sich um ein christliches Leben bemühen."[2] Diese Initiative konnte dem Papst nicht gefallen haben. „Ich glaube, dass das den Johannes Paul II. fürchterlich gewurmt hat, dass da eine Bischofskonferenz vorprescht, bevor er sich äußern kann, und dass die so schlau waren, das vor dem Dokument des Papstes rauszugeben und zu beschließen", beurteilt Paul M. Zulehner die Situation. „Das war ein blanker Affront gegen den Papst!"

In „Familiaris consortio" legte Johannes Paul II. seinen Standpunkt dar – zunächst zur Empfängnisverhütung: „Was die ‚Methoden' einer verantwortungsbewussten Fortpflanzung angeht, sind vor allem Sterilisierung und Schwangerschaftsabbruch als moralisch unzulässig abzulehnen. Auch der Rückgriff auf empfängnisverhütende Mittel in ihren verschiedenen Formen ist abzulehnen." Im Umgang mit Geschiedenen sah der Papst keinen Ermessensspielraum für Wiederverheiratete: „Der gebührende Respekt sowohl vor dem Sakrament der Ehe als auch vor den Eheleuten und ihren Familien, selbst auch vor der Gemeinschaft der Gläubigen, verbietet jedem Seelsorger, aus irgendeinem Grund oder unter irgendeinem Vorwand, und sei dieser auch pastoraler Natur, eine wie auch immer geartete Zeremonie für Geschiedene zu vollziehen, die sich wieder verheiraten wollen."

Der Standpunkt der österreichischen Bischöfe sei, so Zulehner, niemals zurückgenommen worden, auch nicht unter Kardinal Groër, weshalb er bis heute gültiges lokales kirchliches Recht sei. „Praktisch praktizieren ja unsere Pfarrer das zu 85 Prozent", ist sich der Pastoraltheologe sicher. Auch 34 Jahre nach dieser Erklärung ist Zulehner noch immer von der Courage Kardinal Königs begeistert: „Das war seine Steherqualität. Das habe ich schon gemerkt, dass es sich unter diesem Kardinal lohnt, sich Gedanken zu machen, Positionen zu vertreten, von denen etwas in Erfüllung gehen kann."

Beim Zweiten Vatikanischen Konzil war es Franz König gewesen, der gemeinsam mit anderen Kollegen eine breite Diskussion der aktuellen Fragen der damaligen Zeit gefordert und sich damit auch bei Papst Johannes XXIII. durchgesetzt hatte. Bei der Enzyklika „Humanae vitae" hatte sich Karol Wojtyła gemeinsam mit drei anderen Kardinälen gegen 64 Kardinäle bei Papst Paul VI. durchgesetzt, doch mit der „Maria-Troster-Erklärung" war die österreichische Kirche erneut ihren eigenen Weg gegangen, gefolgt von der angeblich zu liberalen Haltung der österreichischen Bischöfe bei der Diskussion um den § 144. Das erneute Vorpreschen mit der Erklärung der Bischöfe zu Scheidung und Wiederverheiratung konnte vom Papst nur als neuerliche Düpierung verstanden werden. „Diese Auseinandersetzung mit Johannes Paul II. in der Frage Scheidung und Wiederverheiratung ist, glaube ich, so tief gegangen, dass Johannes Paul II. deswegen gesagt hat: Ich brauche andere Bischöfe in Wien als solche, die hier die orthodoxe Tradition aufgreifen möchten und uns in der katholischen Kirche von unserem traditionellen Kurs abbringen möchten", nennt Zulehner die Konsequenzen daraus. „Ich glaube, ich verstehe das auch ein bisschen aus der Perspektive von Johannes Paul II." Der polnische Papst stand für einen neuen – konservativen – Kurs der katholischen Kirche. „Schon am Anfang der 1980er-Jahre ist kein Zweifel mehr möglich: Unter diesem Pontifex hat innerkirchlich eine Epoche der Restauration begonnen, die innerkirchlich wie ökumenisch verheerende Auswirkungen haben dürfte", blickt der Schweizer Theologe Hans Küng zurück. „Vehement wird jetzt wieder eine eng-katholische Identität gefordert und gefördert, wird auf lehrmäßige Rechtgläubigkeit gepocht und werden Primat und Unfehlbarkeit betont."

Der neue Kurs kam in der Entscheidung über die Nachfolge Kardinal Königs als Erzbischof von Wien deutlich zum Ausdruck. Trotz des 1983 am Rande des Papstbesuches in der Wiener Nuntiatur gegebenen Versprechens, Kardinal König bei der Frage seines Nachfolgers zu konsultieren, traf der Papst seine Entscheidung, ohne das Gespräch zu führen. „Kardinal König war ein Gentleman, der sich auf das Wort des Papstes verlassen hat", beschreibt ihn Erich Leitenberger, sein damaliger Presseberater. Anlässlich seines letzten Presse-Mittagessens als Kardinal mit Journalisten wurde König im Juni 1985 gefragt, ob denn seine Nachfolge geregelt sein. „Ich bin guten Mutes, dass man mich, bevor eine Entscheidung getroffen wird, fragen wird", antwortete er damals. Einer der Teilnehmer war auch der „Standard"-Journalist Hans Rauscher, der die Erinnerungen Erich Leitenbergers bestätigt und ergänzt, Kardinal König habe Jahre später zu ihm gesagt, „er sei enttäuscht gewesen, dass ihm Groër ohne Fragen vor die Nase gesetzt wurde – wo er, König, doch bei der Papstwahl in der Sixtinischen Kapelle Karol Wojtyła überhaupt erst ins Spiel gebracht habe". Auf einer USA-Reise auf die Nachfolge angesprochen, bestätigte Franz König das Versprechen: „Ja, Johannes Paul II. hat es mir zugesagt, aber er hat offenbar keine Zeit dazu gefunden."[19] Aus dem Munde des stets diskreten und zurückhaltenden Kardinals war das eine bittere Kritik. Die Ernennung Hans Hermann Groërs war wohl der Preis für den jahrelang praktizierten eigenständigen Kurs der katholischen Kirche in Österreich.

„Kardinal König hatte von dem bei der Papstwahl favorisierten Karol Wojtyła einen anderen Kurs erwartet", meint Hans Küng, der mit Kardinal König zu dieser Zeit in engem Kontakt stand. „Die Wahl des völlig ungeeigneten und moralisch belasteten Hermann Groër zu seinem Nachfolger war für ihn eine bittere Entscheidung, aber sie war typisch für die Personalpolitik des polnischen Papstes, zu der sich Kardinal König freilich öffentlich kaum je kritisch geäußert hat."

11. Jesus in schlechter Gesellschaft

Seit ihm die Ausübung seines Priesteramtes untersagt wurde, hatte Adolf Holl viele Träume, die sich mit Kränkungen und Verletzungen auseinandersetzten. Darin kamen alle Päpste vor: „Es gibt keinen Papst, der nicht freundlich zu mir gewesen wäre. Da bin ich meistens in Rom unterwegs und komme in den Vatikan hinein, dann darf ich mit ihnen ein Butterkipferl essen, solche Sachen ... Die mögen mich in Wirklichkeit eh alle und sagen: ‚Scheiß‘ dich nicht an, gehörst eh zu uns.‘"

Die Suspendierung des aufmüpfigen, des zu seiner Meinung stehenden, des sich nicht beugen lassenden Theologen und Priesters sorgte Mitte der 1970er-Jahre für großes Aufsehen. Den Anstoß dafür hatte Adolf Holl 1971 mit seinem Buch „Jesus in schlechter Gesellschaft" gegeben. Konsequenz daraus war, dass ihm 1973 von Kardinal König die „Missio canonica" entzogen wurde und er nicht mehr unterrichten durfte. 1976 wurde er als Priester suspendiert, wobei es sich richtigerweise, so Weihbischof Helmut Krätzl, um die Untersagung der Ausübung kirchlicher Funktionen handelte: „Das ist rechtlich was anderes." Adolf Holl ist damals schon klar gewesen: „Der Kardinal wollte mich ja nicht hinauswerfen, das ist klar gewesen. ‚Die katholische Kirche hat 1,3 Milliarden Getaufte. – Also die wird doch hoffentlich noch einen Dissidenten aushalten können, Herr Kardinal', habe ich gesagt – goschert, wie ich war. – ‚Ja', hat er gesagt – das kann ich wirklich aus dem Gedächtnis zitieren –: ‚Ja, das stimmt. Aber Messe lesen darf er nicht.‘"

In seinen Träumen versuchte Holl danach, die Vaterprojektionen auf Kardinal König – sein eigener Vater war im Krieg gestorben – zu bewältigen: „Er war da immer sehr freundlich zu mir und hat mir eigentlich im Traum in Aussicht gestellt, dass ich sein Nachfolger werde. Das sind so die Traumwünsche." In einem anderen Traum ging Holl mit dem Chauffeur des Kardinals durch das Querschiff des Stephansdoms und passierte den Hochaltar. „Und im Traum bleibe ich nicht stehen, wie es sich gehören würde, um eine Kniebeuge zu machen oder zumindest dem Hochaltar die Reverenz zu erweisen, sondern ich gehe durch. Und der Chauffeur sagt im Traum: ‚Jetzt wird ein Ungläubiger Erzbischof von Wien.'" Diesen Traum erzählte Holl einem Psychoanalytiker. „Der hat nicht gesagt, Vatergefühle und der psychoanalytische Schaß, sondern er hat politisch reagiert: ‚Schade, dass Sie es nicht geworden sind.'"

Was mit der Untersagung der Ausübung des Priesteramtes endete, hatte durchaus hoffnungsfroh begonnen. Adolf Holl, 1930 in Wien geboren, studierte nach der Matura Theologie und promovierte 1955 mit einer Dissertation über die exegetische Methode Augustinus'. Sechs Jahre später beendete er sein Studium der Philosophie, Psychologie und Geschichte und promovierte mit der Dissertation „Seminalis Ratio", einer Arbeit, in der sich Naturwissenschaften und Philosophie begegneten. Parallel arbeitete er als Religionslehrer und Kaplan in Favoriten. Im Zuge eines Stipendiums arbeitete er von 1964 bis 1966 am Institut für Höhere Studien, wo er Soziologie „inhalierte". Damals kam es zu den ersten Kontakten mit Kardinal König. Im Wintersemester 1964/65 hielt er eine Vorlesung für Hörer aller Fakultäten an der katholisch-theologischen Fakultät der Universität Wien. „Damals muss ich offenbar schon so gut gewesen sein mit dem Kardinal, dass ich ihn um ein Vorwort bitten durfte." Das Vorwort schrieb er für das Buch „Das Religionsgespräch der Gegenwart". „Da waren wir sozusagen Bussi-Bussi."

Danach begann eine längere wissenschaftliche Zusammenarbeit. „Und zwar war das damals so, dass der Kardinal König aufmerksam gemacht wurde durch den Dr. Dexinger, Gott hab' ihn selig, seinen damaligen Sekretär. Der hat gewusst, dass ich mich mit Sozialwissenschaften befasst habe." Damals bekam Kardinal König die Einladung, in Toronto über „Kirche und Kommunikation" einen Vortrag zu halten. „Das war die Blütezeit von Marshall McLuhan, da waren alle vollkommen aufgeregt. Und dann sagt der Dexinger: ‚Da könnte vielleicht der Dr. Holl ein bisschen behilflich sein.'" So traf der junge Kaplan erneut seinen Kardinal. „Er war gnädig und hat mir einen Scheck gegeben, damit ich eine Reise durch Amerika machen kann. Ich bin einen Monat lang durch Amerika getingelt und habe dort – nachdem mir der Name König Tür und Tor geöffnet hat, in Harvard, in Yale – mit den Wissenschaftlern über die neuesten Errungenschaften und Erkenntnisse geredet. Dann habe ich ihm ein schönes Manuskript abgeliefert. Und das hat er auch vorgetragen, eben in Toronto. Das muss 1967 gewesen sein."

1969 veröffentlichte die atheistische Moskauer „Literaturnaja gaseta" einen Vortrag Kardinal Königs, den dieser ein Jahr zuvor in Lindau am Bodensee vor Nobelpreisträgern gehalten hatte. Das Thema war „Das Verhältnis zwischen Religion und Naturwissenschaften". Darin sagte der Kardinal: „Wir katholischen Theologen und Kirchenmänner verkörpern einen Stand, dessen Gesamtbedeutung – gemessen an den mittelalterlichen Verhältnissen in Europa – zweifellos abgenommen hat."[20] Trotz ideologischer Kritik an den Gedanken des Kardinals freute sich einer besonders über diese Publikation: Adolf Holl, denn der hatte auch die zweite Rede für Kardinal König geschrieben. „So wünschte ich mir meinen Kardinal. Das Wort ‚Gott' kam in der Rede nur einmal vor. Liberalität gehört nicht zu den Eigenschaften Gottes."

Erste Differenzen kamen allerdings schon 1966 auf, als Adolf Holl in einer Fernsehdiskussion erklärte, dass das leere Jesus-Grab wissenschaftlich nicht bewiesen werden könne. Als Papst Paul 1969 „Humanae vitae" veröffentlichte, kritisierte Holl diese Enzyklika heftig. Ein Jahr später schrieb er das Drehbuch für den Film „Gefallene Priester", in dem Zölibatsprobleme behandelt wurden. Damals wurde Holl von seinem ehemaligen Kollegen im Priesterseminar, Helmut Krätzl, geraten: „Pass auf, halte dich zurück bei den Medien." Holl habe erwidert: „Du weißt, ich will das eh immer, aber wenn die kommen mit dem Fernsehen ..." Konsequenz des Filmprojektes war, dass Holl ein Fernseh-Auftrittsverbot erteilt wurde.

Gemeinsam mit Johannes Nedbal hatte Adolf Holl 1965 das Buch „Wegweisungen im Glauben" veröffentlicht. „Ein seriöses, theologisches Buch, das aber mehr oder weniger gelesen wurde", urteilt Helmut Krätzl darüber. Die Auseinandersetzung mit der katholischen Kirche gipfelte 1971 in der Veröffentlichung des Buches „Jesus in schlechter Gesellschaft". Darin charakterisierte Holl Jesus aus soziologischer Sicht und kam zu dem Ergebnis, dass sich sein Jesus-Bild wesentlich von dem des herkömmlichen „Kirchen-Jesus" unterscheide. Jesus wird von Holl als Rebell, als Krimineller, als Außenseiter beschrieben, der weder Familienmensch noch Religionsgründer und schon gar nicht Gottes Sohn sei. „Jesus hat seine Predigt auf Israel beschränkt, und auch die Apostel dachten anfangs an nichts anderes", schrieb Holl. „Von einem universellen, auf alle Völker sich erstreckenden Missionsbefehl Jesu kann historisch keine Rede sein – so lautet der wissenschaftliche Befund." Holl betrachtet Jesus in seinem Buch aus historischer Sicht und „angesichts dieser hochspezialisierten Fachwissenschaft erweist sich die hier bezogene soziologische Methode als hilfreich". Ausdrücklich wies Holl darauf hin, ein theologischer Standpunkt „bleibt von diesem Buch ausgeschlossen, ob nun in einer sozusagen frei schwebenden oder auch konfessionell ausdrücklichen Gestalt".

Der Benediktinerpater David Steindl-Rast beschäftigte sich in seinem Buch „Credo" ebenfalls mit dem historischen Jesus, wie er erklärt: „Er verkehrte ‚in schlechter Gesellschaft', teilte sein Brot gerne mit Leuten von der Straße, verbrüderte sich mit den Ausgestoßenen, ja, er berührte sogar Aussätzige liebend und heilend. Sein Blick drang durch jede soziale Maske und schaute direkt auf das strahlende Selbst jedes Menschen. Dadurch gab er den Entmachteten ein Gefühl der Würde. Den Mächtigen aber schien es, als ob er ihnen etwas an Unterwürfigkeit schuldig bliebe." Jesus legte sich also mit den Machthabern an und auch Adolf Holl stieg der Amtskirche mit seinem Fazit ordentlich auf die Zehen: „Die Priesterschaften der heutigen Großkirche, ihr Klerus also, können sich von Jesus her nicht legitimieren. Jesus selbst hatte andere Dinge im Kopf, so viel steht heute fest." Das konnte nur die römische Glaubenskongregation auf den Plan rufen und brachte Kardinal König in das Dilemma, das soziologische Gedankenspiel persönlich wohl nachvollziehen zu können, als Wiener Erzbischof jedoch die offizielle Kirchenlinie vertreten zu müssen.

„Ein Kardinal hat ja eine Riesenverantwortung, stelle ich mir vor, ein Erzbischof einer großen Diözese." Als österreichisches Staatsoberhaupt kann Heinz Fischer nachvollziehen, wie sich ein solches Dilemma anfühlt. „Mit einem hohen Amt sind auch Pflichten verbunden. Und in vielen Fällen kann man das, was das Herz sagt, und das, was der Kopf sagt, auf einen gemeinsamen Nenner bringen. Das ist schon in vielen Fällen möglich. Aber es kann immer passieren, dass die Pflicht eines Amtes Entscheidungen oder Formulierungen verlangt, die mit der Gefühlswelt im Inneren nicht ganz übereinstimmen." Von einem ehemaligen Sekretär Franz Königs hatte Christoph Schönborn gehört, der Kardinal sei ein „Gewährenlasser" gewesen. „Immer ein bisschen mit der Gefahr, dass man gerätselt hat, was ist jetzt seine Position, weil er sich nicht eindeutig Lagern zuordnen hat lassen." Kardinal Schönborn glaubt, sein Amtsvorgänger habe versucht, „den Kleinkrieg in der nachkonziliären Kirche durch größere Perspektiven, größere Dimensionen zu öffnen". Hubert Feichtlbauer, Journalist und Kirchenkenner, ist davon überzeugt, „der Kardinal hat hier lange Zeit immer wieder mit Holl auf der einen Seite und mit den Römern auf der anderen Seite gerungen. Er hat schließlich den Römern zugestimmt."

Im April oder Mai 1972 fuhr Walter Kirchschläger mit Kardinal König „pflichtgemäß, nicht gern" zur Monatswallfahrt von Pater Hans Hermann Groër nach Maria Roggendorf. In ihrem Wagen saß auch der frühere Erzbischof von Zagreb und damalige Präfekt der Glaubenskongregation, Franjo Šeper. „Auf der Fahrt hat Šeper die Sache Holl angesprochen und festgestellt, dass dieser Konflikt noch immer nicht gelöst ist. Er hat dem Kardinal König gesagt, es wird allmählich Zeit, dass er eine Lösung für diesen Konflikt findet, sonst zieht Rom die Sache an sich." Holl hätte sich nur entschuldigen oder seine Vorwürfe relativieren, abschwächen müssen, was er jedoch konsequent ablehnte. Daraufhin setzte Kardinal König zwei Kommissionen ein, um „Jesus in schlechter Gesellschaft" theologisch zu prüfen. „Eine gesamtösterreichische Fachkommission und eine Wiener, glaube ich, einen Priesterrat. Und die haben gebrütet und haben nachgedacht", erinnert sich Holl.

Adolf Holl wurde zu Kardinal König vorgeladen, wie er erzählt: „Die heiklen Aussprachen hat er vorsichtshalber immer in Gegenwart eines Dritten gemacht – einmal war's der Pater Zeininger, mit dem war ich sowieso per Du, und ein anderes Mal mit dem Prälaten Ungar." „Schauen Sie einmal, Herr Dr. Holl, wie ist das jetzt? Sie haben in Ihrem Buch ‚Jesus in schlechter Gesellschaft' behauptet, dass eine Priesterkirche sich nicht auf den Willen Jesu Christi berufen kann. Wie können Sie dann noch die Messe lesen?"[21] „Ich habe dort eine Viertelstunde lang geredet, es war sehr still in dem Zimmer am Stephansplatz, nur eine Uhr hat getickt. Ich habe eine Zigarette nach der anderen geraucht und war natürlich nervös. Und habe ihm erklärt, was mir durch den Kopf geht, warum Jesus Christus ‚Das ist mein Leib, das ist mein Blut' gesagt hat." „Da müssen Sie eine neue Kirche gründen"[21], erwiderte Kardinal König. „Er war überhaupt nicht blöd, der König", meint Holl heute. „Der war ein politisch denkender Mensch von A bis Z. Ein grandioser Politiker. Der hat die Zusammenhänge begriffen, die man sich heute wünschen würde."

Folge war der bereits erwähnte Entzug der „Missio canonica" – der kirchlichen Beauftragung von Verkündigungs- und Lehraufgaben – im Sommersemester 1973. Noch vor dem offiziellen Schreiben des Erzbischöflichen Ordinariates schickte Kardinal König ein persönliches Schreiben – ohne Briefkopf und Unterschrift, nur mit dem Stempel „Franz Kard. König e.h." versehen. Darin versicherte er: „Sie wissen, dass mir dieser Schritt nicht leicht gefallen ist ... Sie haben bei unserem letzten Gespräch ... versichert, dass Sie meine Beweggründe wohl verstehen und nicht als hart befinden. Es ist mir trotzdem hart geworden." Resignierend schrieb er weiters: „Sie haben mir wiederholt versichert, Sie sehen das alles ein und würden in Zukunft alles vermeiden, was Sie ins Zwielicht setzen könnte. Meine Bemühungen aber sind erfolglos geblieben."[22] Sehr offen legte der Kardinal dar, dass er selbst unter Druck geraten sei, nach der Meinung vieler sogar viel zu lange gewartet habe. Hätte er noch länger gewartet, wäre er als Bischof unglaubwürdig geworden. Sehr deutlich trennte König seine persönliche Meinung von der Aufgabe als Bischof: „Ich schreibe Ihnen nicht, um Ihnen Vorwürfe zu machen, ich will auch kein Urteil über Sie persönlich fällen, ich habe den Menschen und auch den Priester Holl nicht abgeschrieben, aber der klärende Schritt, der vom Bischof verlangt wurde, und mit Recht verlangt wurde, musste einmal geschehen." Sehr versöhnlich endete der Brief: „Meine Tür und meine Ohren werden Ihnen auch in Zukunft offen stehen. Ich werde Sie auch in Zukunft in mein Gebet einschließen."[22]

Hatte Kardinal König den persönlichen Brief selbst auf dünnes Durchschlagpapier getippt? Das offizielle Schreiben wurde von seinem Sekretariat verfasst und trug den Briefkopf des Erzbischofs von Wien. „Ich habe damals dem Dr. Holl den entsprechenden Brief persönlich in seine Wohnung in Neulerchenfeld zugestellt, aber das war eine ganz unangenehme Sache", weiß Walter Kirchschläger noch heute. In diesem Brief schrieb der Kardinal:„Für Sie ist Jesus ein hervorragender Mensch, der nach seinem Tod zu einem Gott gemacht wurde. Das haben andere auch schon vor Ihnen gesagt. Sie aber sind der erste Priester, der dies tut."[23] Adolf Holl kann diese Textstelle auch nach 40 Jahren wortwörtlich zitieren: „Als Priester müssen Sie wissen, dass mit der Gottessohnschaft Jesu das gesamte Christentum steht und fällt. Sie leben von der Kirche, leben Sie aber auch noch in der Kirche?" Kirchschläger hatte damals den ausdrücklichen Auftrag, Holl zu sagen, dass seine Kaplanstätigkeit von dieser Entscheidung nicht betroffen sei.

Dass sich Franz König selbst oft auch die Frage nach der Rolle Jesu Christi stellte und Glaubenszweifel hatte, erzählt der Journalist Hans Rauscher, der sich an eine Begegnung mit dem Kardinal im Rahmen der von Bundeskanzler Franz Vranitzky in den 1990er-Jahren stattgefundenen „Dürnsteiner Gespräche" erinnert. „Im Verlauf dessen sagte König bei einem Kamingespräch vor mindestens 20 Leuten, auch er habe einmal Glaubenszweifel gehabt und Jesus nur für einen großen Propheten und nicht für Gottes Sohn gehalten. Er habe dann aber die Wahrheit erkannt."

David Steindl-Rast hat sich 40 Jahre nach Adolf Holl in seinem Buch „Credo" auch mit Jesus Christus beschäftigt und differenziert zwischen Jesus, der geschichtlichen Persönlichkeit, und Christus der gottmenschlichen Wirklichkeit, „die in jedem Menschen, also auch in uns selbst, wie in Jesus einzigartig aufleuchtet". Der Benediktiner meint, man müsse sich bemühen, immer klarer zu sehen, worauf man sich einlässt, wenn man Jesus nachfolgt: „Zugleich muss ich immer bewusster aus meiner inneren Mitte leben und so Christus in mir verwirklichen."

Trotz aller Kritik durch Adolf Holl schlug ihm Kardinal König in den 1970er-Jahren die Tür nicht zu und schrieb – das klingt wie ein Rettungsring, den er sich auszuwerfen bemühte: „Haben wir Sie alle falsch verstanden? Tun wir Ihnen Unrecht, dann erklären Sie uns bitte öffentlich, was Sie gemeint haben ... Wenn Sie dies allerdings nicht tun können oder wollen, wenn Sie weiterhin das für richtig halten, was Sie in Ihrem Buch vertreten, dann muss ich Sie bitten, als Mann die Konsequenzen daraus zu ziehen. Wenn Sie nicht mehr an Jesus Christus als den Sohn Gottes glauben, an die von ihm gestiftete Kirche, trotz aller Fehler, Mängel und Schwächen, die diese Kirche hat, dann ist dies Ihre persönliche Entscheidung. Diese Entscheidung mag uns traurig stimmen, aber wir werden dem Mann unsere Achtung nicht versagen, wenn er daraus die Konsequenzen zieht."[22] Der Kardinal bat um eine klare

Antwort und Adolf Holl schrieb: „Nein, nein, ich werde schon brav sein – oder so was Ähnliches."

„Sag dem Kardinal, ich werde ab jetzt ganz brav sein", bat Adolf Holl den Journalisten Heinz Nußbaumer, der kurz danach bei einer Reise in Rom Zwischenstation machte, wo sich damals auch Kardinal König aufhielt. In dem Vollgefühl, eine Mission zu haben und endlich Leute zusammenzubringen, überbrachte Nußbaumer die Nachricht Holls: „Es wird in Zukunft nichts mehr passieren." Kardinal König zeigte sich in den Vatikanischen Gärten sehr erfreut und ließ Adolf Holl über Nußbaumer ausrichten, sich mit diesem aussprechen zu wollen. Die Mission schien erfolgreich verlaufen zu sein, doch am römischen Flughafen sah Heinz Nußbaumer einen Artikel im Nachrichtenmagazin „Der Spiegel", in dem das nächste Buch von Holl vorgestellt wurde: „Tod und Teufel". Darin erfuhr man, „dass Kaplan Holl – wegen des Zölibats – sexuelle Schwierigkeiten hat: ‚Lieblich ist sie zu dir gekommen. Und du, Schande, schrei Schande.'" Empört rief Nußbaumer Holl an. „‚Wie kannst du mich so in die Wüste schicken?!' Jedenfalls war dann klar, dass da nichts mehr draus werden kann", stand für Nußbaumer fest. „Ich habe das der nächsten Zeitung gegeben. Und die Verkäufe des Buches sind sehr rasch in die Höhe geschnellt", blickt Holl zurück. „Jesus in schlechter Gesellschaft" wurde zum Bestseller und verkauft sich auch noch 40 Jahre nach seinem Erscheinen gut. „Da hat er gemerkt, wo seine Stärke liegt", ist sich Bischof Helmut Krätzl sicher. „Der Holl hat nie wissenschaftlich sauber gearbeitet! Der Holl ist ein sehr intelligenter Mensch, der immer sehr oberflächlich war, sehr viel gelesen hat und so etwas wie eine journalistische Theologie betrieben hat. Er weiß wahnsinnig viel, aber das ist nicht wissenschaftlich, sondern journalistisch."

Bundespräsident Heinz Fischer beschreibt seinen langjährigen Freund salopp als einen „Feuerkopf": „Er ist halt ein Mensch mit einer gewissen Lust zur Zuspitzung, vielleicht auch zur Provokation." Und so wundert es nicht, dass die Provokationen weitergingen. „Ich war ja dann im 1975er-Jahr der erste Geistliche, der im Fernsehen gesagt hat: Ich habe den Zölibat gehalten, hier gebrauche ich also mit Absicht die Vergangenheitsform. – Das habe ich ja alles gesagt." Das löste natürlich den nächsten Konflikt aus, Holl wurde erneut zu Kardinal König gebeten. „Er hat so ein bisschen in der Mitschrift geblättert von dem Fernsehdingsda und war richtig verlegen", hat Holl diese Begegnung in Erinnerung. „Sie haben da irgendetwas mit Frauen und so Sachen gesagt." Das Gespräch war dem Kardinal zuwider. Holl erinnert sich weiter: „Und ich habe gesagt: ,Schauen Sie, Herr Kardinal, Sie wissen genau, wer die Frau ist, mit der ich jetzt zusammen bin. Und wir sind schon längst über das Alter hinaus, wo wir Kinder kriegen können. Also warum sollen wir jetzt heiraten und warum soll ich mich jetzt da laisieren lassen?' – So haben wir geredet."

Der Druck aus Rom wuchs, drei Jahre nach dem Entzug der „Missio canonica" ging es 1976 um die Frage der Suspendierung. „Er wollte ihn nicht suspendieren, aber er musste ihn, weil gedrängt wurde und weil auch er – König – denunziert wurde in Rom, weil er nicht hart genug vorginge", weiß Johannes Huber, der damals Kardinal Königs Sekretär war. „Holl war so ein, ich kann nicht sagen Lieblingsschüler, aber ein guter Schüler von König mit sehr vielen witzigen Bemerkungen, die er ja heute noch hat, und das hat den Kardinal extrem unterhalten. Der hat sich gefreut, wenn jemand witzig war, und der Holl war witzig." Dennoch konnte Kardinal König am Ende nichts mehr für Adolf Holl tun. „Es ist ihm sicher sehr, sehr schwergefallen, ihn zu suspendieren, aber er hat die klare Anweisung aus Rom bekommen", nennt Huber die Hintergründe. Auch diesmal warf man dem Wiener Erzbischof vor, nicht scharf genug gegen Kirchenkritiker und gegen Autoren solcher Bücher vorgegangen zu sein. „Das war letzten Endes eine Denunzierung des Kardinals in Rom, und er hat dann die Vorschrift bekommen, das zu machen."

1977, etwa ein Jahr nach der Suspendierung, klingelte es an der Tür Adolf Holls in Wien Döbling. Er erinnert sich: „Ich habe gerade mein Schlaferl gehalten gehabt, war Gott sei Dank allein in meiner Arbeitswohnung, ich mache auf und der König steht vor mir. Im schlichten Priesterzivil, gerade noch mit dem weißen Kragen. ‚Ich wollte nur schauen, wie's Ihnen geht.‘ ‚Bitte, treten Sie näher. Darf ich was aufwarten, einen Kaffee?‘ ‚Nein, ein Glas Wasser.‘ Da ist er gesessen und hat sich zunächst nach meinen Glaubensgedanken erkundigt. Er hat wahrscheinlich nach Möglichkeiten gesucht, meine Rechtgläubigkeit ins richtige Licht zu rücken. So was könnte ich mir vorstellen. Das hat er natürlich alles nicht gesagt. ‚Also, wie stehen Sie zum Christentum, zur Rolle des Christus?‘ Ich habe ihn einfach informiert, woran ich gerade als Schriftsteller arbeite. Er hat auch alle meine Bücher von mir geschickt bekommen, hat immer reagiert, solang er gelebt hat, mit ein paar höflichen Zeilen. ‚Mit allen guten Wünschen für Ihren Lebensweg‘ – Das habe ich mir alles aufgehoben.“ Danach erkundigte sich der Kardinal, wie es Holl finanziell ginge. „Das war ihm wichtig. Und ich habe gesagt, momentan geht's mir gut, weil das Jesus-Büchl hat sich sehr gut verkauft, also ich bin finanziell unabhängig, ich habe keine Sorgen. – Und dann hat er wirklich angefangen, mir zu sagen, dass es in der Schweiz Banken gibt, wo man sehr günstige Zinsen bekommt und dass man mir hier natürlich auch behilflich sein könnte, wenn ich in finanzielle Schwierigkeiten komme. – Das hat er alles gesagt und sich dann verabschiedet.“

„Wenn dieser Konflikt vielleicht 30 Jahre später stattgefunden hätte, wenn der Kardinal 30 Jahre später geboren worden wäre und Adolf Holl auch, vielleicht hätte sich das ganz anders lösen lassen“, spekuliert Bundespräsident Fischer heute. Und Erhard Busek erinnert sich: „Ich glaube nur, dass der Kardinal bis an die äußerste Grenze gegangen ist, um ihm entgegenzukommen. Das kam auch in späteren Gesprächen mit dem Kardinal immer heraus. Er hat ihn ungern verloren, weil er eben ein enger Mitarbeiter war. Und ich habe versucht, ihn immer zu trösten und habe gesagt: ‚Irgendwann einmal werden wir noch erleben, dass Adolf Holl eine Messe zelebriert.‘“

Adolf Holl, wegen seiner saloppen und pointierten Art bekannt, hat Tränen in den Augen, wenn er gesteht: „Ich habe einfach gerne Messe gelesen. Ich bin deswegen Priester geworden, um dieses Geheimnis, dieses rätselhafte Geheimnis vollziehen zu können, und daher habe ich es auch so gemacht, dass die Leute einfach mucksmäuserl still waren ... Ich habe es gern gemacht. Ja, es ist mir abgegangen." Der Kabarettist Lukas Resetarits war als Bub selbst Ministrant bei Adolf Holl. Er erinnert sich, dass dieser den Ritus der Messe schnell abgespult hat, doch bei der Wandlung habe stets etwas Besonderes stattgefunden. Der emeritierte Religionswissenschaftler Johann Figl ist schließlich davon überzeugt, dass Adolf Holl das Recht habe, „dass die Kirche offiziell etwas gutmacht. Und die Zeichen wären dafür überreif."

Wie sieht Kardinal Christoph Schönborn den „Fall Holl" 40 Jahre danach? „Um den Kardinal König wirklich zu drastischen Entscheidungen herauszufordern, da muss man schon einiges selber dazu beitragen. Und das hat Adolf Holl." Aber zu seinem 80. Geburtstag – wie auch schon zum 75. – lud Schönborn Holl zum Essen ins Erzbischöfliche Palais ein. „Es war sehr herzlich", erinnern sich beide daran. Wäre eine Rehabilitierung denkbar? „Ich habe ihm, glaube ich, zumindest auf indirekte Weise – er ist ein gescheiter Mensch und hat das, glaube ich, auch gespürt – signalisiert, dass die Tür offen ist. Die Schritte kann nur er machen, aber die Tür ist nie zugeschlossen", zeigt sich Kardinal Schönborn sehr offen.

Noch einen Versöhnungstraum hatte Adolf Holl: „Im Traum bin ich auch immer wieder in der Stephanskirche gewesen. Und die Priester sind schon zum Altar gegangen, ich bin zu spät gekommen. Und die haben dann gesagt: ‚Zieh dir geschwind ein Rochett an und komm!'"

12. Papabile

„Papst Paul VI. ist krank, im Vatikan wird bereits über seine Nachfolge spekuliert. Hat wieder nur ein Italiener Chancen?", fragte „Der Spiegel" am 6. Mai 1974. Über den schlechten Gesundheitszustand Papst Pauls VI. wurde immer wieder spekuliert. „Sicher scheint, dass der stets blasse, überanstrengte ‚Stellvertreter Jesu Christi' (so einer der Papsttitel) an Gicht leidet und zu fiebrigen Erkältungen neigt." Fakt war, dass Giovanni Battista Montini, so sein bürgerlicher Name, 1978 zum ersten Mal nicht an der Karfreitagsliturgie und an der Osternachtsfeier teilnehmen konnte. Die Ärzte hätten bei ihm, so kursierten Gerüchte, eine Erweiterung der linken Herzkammer festgestellt. Am 14. Juli 1978 brach Paul VI. zu seiner Sommerresidenz im Castel Gandolfo auf, wo er Atemprobleme bekam und Sauerstoff benötigte. Am Sonntag wollte er noch das Angelus-Gebet sprechen – Angelus Domini nuntiavit Mariae –, doch dazu war er bereits zu schwach. An der Abendmesse nahm er noch teil, doch bei der Kommunion erlitt er einen schweren Herzinfarkt. Am 6. August 1978 gegen 21.40 Uhr starb Papst Paul VI. im 82. Lebensjahr.
111 Kardinäle wurden nach Rom gerufen, um am Konklave teilzunehmen. Das war nicht das vollzählige Kardinalskollegium, denn aufgrund eines Dekretes von Paul VI. durften die über 80-jährigen „Porporati" (Purpurträger) nicht mehr an der Papstwahl teilnehmen. Über mögliche Kandidaten war schon zu Lebzeiten Pauls VI. spekuliert worden, diesmal schien es Anzeichen dafür zu geben, dass nach 455 Jahren – seit dem Tod Hadrians VI. aus Utrecht im Jahre 1523 – das erste Mal wieder ein Nicht-Italiener zum Papst gewählt werden könnte. „Zurzeit sind auch zwei Nicht-

italiener als mögliche Papstanwärter im Gespräch: der Franzose Gabriel Garrone, 72, Präfekt der Erziehungskongregation, und der Wiener Erzbischof Franz König, 68, Leiter des Sekretariats für die Nichtgläubigen", schrieb damals „Der Spiegel". König sei ein geschickter Diplomat und Förderer der vatikanischen Ostpolitik und genieße großes Prestige in Rom. „Aber seine deutsche Muttersprache und Kultur, meinte ein Kurienprälat, stellen bei einer Kandidatur Franz Königs im Konklave wohl ein Hindernis dar", mutmaßte das deutsche Nachrichtenmagazin.

Kardinal Franz König unterbrach nach dem Tod von Papst Paul VI. seinen Sommerurlaub und reiste nach Rom, wo im vierten Wahlgang, nach nur einem Tag, Albino Luciani überraschend zum neuen Papst gewählt wurde. Weil er das Erbe des Zweiten Vatikanischen Konzils forttragen wollte, wählte er den Namen Johannes Paul I. in Erinnerung an die beiden Konzilspäpste. Als „der lächelnde Papst" gewann er rasch die Herzen der Gläubigen und auch bei den Nicht-Gläubigen war die Sympathie stark. Groß war daher auch die Bestürzung, als der 65-jährige Papst nach nur 33 Tagen in der Nacht vom 28. auf den 29. September 1978 starb und es dadurch jede Menge Grund für Spekulationen und Verschwörungstheorien gab.

Anlässlich dessen 80. Geburtstags fragte der Journalist Anton Fellner seinen ehemaligen Religionslehrer Franz König: „Es gibt so schöne Geschichten, von denen man wünschen möchte, dass sie wahr seien. Eine davon sagt, dass Johannes Paul I., der frühere Patriarch Albino Luciani, als er die Huldigung der Kardinäle auf dem Petersplatz entgegennahm, zu Ihnen gesagt habe, eigentlich sollten Sie jetzt da sitzen." Kardinal König schmunzelte daraufhin und antwortete: „Ja, man sagt das, man erzählt das."

Bis heute halten sich Gerüchte, Franz König sei mehr als nur „papabile" gewesen. Johann Weber, emeritierter Bischof von Graz Seckau, schließt nicht aus, dass Kardinal König zum Favoritenkreis gezählt habe, „aber Sie wissen ja, nicht nur unter Kardinälen, sondern überall, wo eine Firma oder was ist, wird halt viel gequatscht". Zur überaus herzlichen Umarmung bei der Huldigung

Johannes Pauls I. meint er: „Es könnte eine nette Story sein und dem Johannes Paul I. ist alles Mögliche zuzutrauen – dass er hier eine Kostprobe gegeben hat."

Herbert Schambeck war Mitglied der Päpstlichen Akademie für Sozialwissenschaften „Gentiluomo di Sua Santità im Vatikan" und ist Träger des Großkreuzes des Päpstlichen Gregoriusordens. Papst Paul VI. war der erste Papst, mit dem er in persönlichem Kontakt stand. Von dessen Tod erfuhr er im Rahmen einer Studienreise in Südamerika. „Und da habe ich in allen Zeitungen nach dem Tod Pauls VI. den Kardinal König immer als papabile gelesen." Nach der Wahl Johannes Pauls I. reiste Schambeck mit einer Delegation der Republik Österreich unter der Leitung des Bundespräsidenten nach Rom zum Heiligen Stuhl, anschließend nach Südafrika, wo er die Nachricht vom Tod Albino Lucianis erhielt. „Und dann ist Kardinal König wieder als einziger Europäer groß in den Zeitungen als papabile gestanden. Der Kardinal König hat einen Weltruf gehabt."

Sein Parteikollege Andreas Khol meint jedoch: „Die kirchentreuen katholischen Kreise in Österreich haben immer sehr gern gehabt, an die Illusion glauben zu können, dass der Kardinal König knapp dran war, Papst zu werden. Es ist auch immer die Fama transportiert worden, dass er so einflussreich in Rom sei. Es kann schon sein, dass er im Konklave eine Rolle gespielt hat, und wenn man das so sagt, dann dient das ja auch dem Wohl der katholischen Kirche. Die Praxis hat aber anders ausgesehen."

Josef Fink, der natürlich die Gerüchte auch hörte, wollte bei einer der nicht seltenen Unterredungen mit seinem Cousin Franz König fragen, wie viele Stimmen diesem zur Papstwahl gefehlt haben. „Dass er mir keine Zahl nennen kann, war mir klar. Daher wollte ich fragen, ob ihm mehr als zwei, drei, fünf Stimmen gefehlt haben. Aber ich ließ es sein, um nicht sein versprochenes Stillschweigen unnötig auf die Probe zu stellen."

Einer, der ihm beim Konklave wohl am nächsten stand, war Königs Chauffeur Robert Györy. Er erzählt von einem Mittagessen kurz vor dem Konklave mit Kardinal König und fünf anderen Kardinälen. Danach sei Kardinal Sergio Pignedoli, der gut Deutsch sprach, auf ihn zugekommen und habe mit tiefer Stimme gesagt: „Herr Chauffeur, fahren Sie vorsichtig mit Eminenz, denn er ist noch zu Höherem berufen!" Das war, so Györy, für Kardinal König eine Warnung, er müsse jetzt aufpassen! „Er wusste aber ganz genau, was er machen musste, damit er es nicht wird, denn er kannte die Seele der italienischen Kardinäle." Kurz vor dem Konklave hatte er einer italienischen Zeitung noch ein Interview gegeben, erinnert sich sein Chaffeur. Dabei wurde er gefragt, ob er papabile sei, worauf er antwortete, jeder, der sich um das Papstamt reiße, könne im Oberstübchen nicht normal sein. „Das war ausschlaggebend, dass ihn die Italiener nicht mehr gewählt haben", ist sich der Kardinalschauffeur hundertprozentig sicher.

13. Der Kardinal dankt ab

Als im Jahre 1958 Johannes XXIII. zum Papst gewählt wurde, betrug das Durchschnittsalter der Kardinäle 73,5 Jahre. „Obwohl der Kirchenmonarch selbst 45 der insgesamt 82 Kardinäle ernannt hatte, sind doch die meisten Eminenzen – Durchschnittsalter: 72 Jahre – eher der Tradition als dem Fortschritt verbunden", schrieb „Der Spiegel" am 26. Juni 1963 anlässlich der Wahl Papst Pauls VI. Alte Männer zeichneten damals das Bild des Kardinalskollegiums. Das erkennend, veröffentlichte Paul VI. am 21. November 1970 das Motu proprio „Ingravescentem aetatem", in dem Altersgrenzen für Kardinäle festgelegt wurden. Die Kardinäle, die den Behörden der Römischen Kurie oder den übrigen ständigen Einrichtungen des Apostolischen Stuhls oder der Vatikanstadt vorstehen, wurden gebeten, mit Vollendung des 75. Lebensjahres dem Papst freiwillig den Rücktritt von ihrem Amt einzureichen. Nach Abwägung aller Umstände eines jeden Falles könne der Papst entscheiden, ob der Rücktritt sofort angenommen werde. Mit Vollendung des 80. Lebensjahres hören die Kardinäle auf, Mitglieder der Behörden der Römischen Kurie und der übrigen Einrichtungen zu sein. Zudem verlieren sie das Recht, den Papst zu wählen, und damit auch das Recht, am Konklave teilzunehmen. Vollendet ein Kardinal das 80. Lebensjahr während eines Konklaves, so behält er für dieses Mal jedoch noch das Recht, den Papst zu wählen. Zu einer wesentlichen Verjüngung hat dies jedoch nicht geführt, denn beim Konklave 2013 betrug das Durchschnittsalter der Kardinäle 71,6 Jahre. „Ich habe mein Amt sofort mit dem betreffenden Datum zur Verfügung gestellt. Es wurde dann immer wieder vom Papst um ein Jahr angestückelt"[7], berichtete Kardinal Franz König, dem dieses mehrmalige Hinausschieben nicht recht war. Kurz vor seinem 80. Geburtstag fuhr er deshalb nach Rom. „Das hat Johannes Paul II. gar nicht in sein Konzept gepasst", meint sein Chauffeur Robert Györy. „In Rom hat er ihm sein Demissionsschreiben auf den Tisch geklatscht und gesagt: ‚Ich höre auf!' Das hat ihm gar nicht gepasst, weil nicht Rom gesagt hat, er darf gehen, sondern er gesagt hat: Aus, ich bin 80!" Aus Kardinal Königs Mund klang das deutlich unaufgeregter: „Mit 80 Jahren kam dann der endgültige Bescheid: Gut, wir gehen jetzt auf Ihre Bitte ein."[7] Somit musste ab August 1985 ein Nachfolger gefunden werden. „Dann hätte – da gibt's auch gute Beweise dafür – eigentlich Krenn Erzbischof in Wien werden sollen. Krenn hat einen ganz dicken Draht über den Sekretär Dziwisz – der heute Kardinal in Krakau ist – zum Papst gehabt. Und er war auch auf der Liste", weiß Helmut Krätzl, der 1977 von Papst Johannes Paul II. zum Weihbischof der Erzdiözese Wien ernannt worden war. Er berichtet, dass sich daraufhin deutsche Bischöfe, unter ihnen auch Joseph Ratzinger, die Krenn aus seiner Zeit als Professor in Deutschland kannten, mit einem Protestbrief nach Rom wandten. „Das haben sie verhindert – deutsche Bischöfe, nicht der König", betont Krätzl.

Am 14. September 1986 wurde Helmut Krätzl zum Diözesanadministrator ernannt: „Normalerweise, wenn der Bischofsstuhl leer wird, wählt das Domkapitel einen Administrator ad interim. Und das war ich, habe also für ein knappes Jahr die Diözese ad interim geleitet. Da musste ich … einen Status(bericht) schreiben, wie die Diözese dasteht, was für Besonderheiten und Schwierigkeiten es gibt. Und aus diesem Status, aus der Beschreibung, sollte quasi herauskommen – wie ein Negativbild –, wie jetzt der neue Bischof sein soll, damit er sozusagen hier ansetzen kann. Das habe ich auch gewissenhaft gemacht, nämlich zwanzig Seiten." Wie sah dieses Profil aus? „Sicher weiter in der Richtung von Kardinal König. Auch im Sinne des noch längst nicht – ja, bis heute nicht – ganz durchgeführten Konzils. Aber natürlich auch mit der veränderten Zeit … Gerade in den 80er-Jahren musste sich die Kirche neu orientieren. Aus dieser früheren starken Position in eine Position des Dialogs und der Herausforderung in dieser pluralen Gesellschaft. Jetzt nicht mehr dominant, sondern dialogisch arbeiten. Und das hat König durchaus begonnen und das hätte man weitermachen müssen!", ist Krätzl überzeugt.

Die Stimmung für einen Nachfolger war laut David Neuhold Mitte der 1980er-Jahre durchaus gut, das meinte damals auch Fritz Karmasin, Leiter des Gallup-Institutes: „Der Österreicher steht der Institution Bischof sehr aufgeschlossen gegenüber. Amt und Person lassen sich ja nicht trennen. Und hier haben wir eine Institution, die hohe Anerkennung findet und nach wie vor durch Kardinal König geprägt ist. Er hat einem ganzen Berufsstand seinen Stempel aufgedrückt. König ist der Bischof schlechthin – so wie Kaiser Franz Joseph der Kaiser schlechthin war."

Inzwischen hatte Kardinal König in Rom allerdings viel weniger Freunde als früher. „Die Frage des Nachfolgers usw. war alles darauf zurückzuführen, dass Wojtyła nicht nur vergessen hatte, dass König einer seiner Lobbyisten war, sondern dass Wojtyła auch viele Initiativen und Gedanken Königs nicht mitgetragen hat", beurteilt der ehemalige Kardinalssekretär Johannes Huber die Lage. „Hier war, meines Erachtens nach, eine große ‚reservatio mentalis' zwischen beiden. König hat deswegen später auch nicht mehr so sehr oft vom Papst gesprochen, sondern vom Bischof von Rom." Offiziell sagte Kardinal König kein schlechtes Wort gegen den Papst: „Jeder Papst ist halt so, wie er als Mensch ist und von seiner Mutter geboren wurde, wie er durch die Erziehung geformt wurde. Und er ist sicherlich in Sorgen und Ängste hinein gekommen."[7]

Was warf man dem Kardinal vor? Da waren die zunehmenden Kirchenaustritte. „Ende der 70er-, Anfang der 80er-Jahre hat sich das so niedergeschlagen, dass immer weniger Leute in die Kirche gegangen sind, die Kirchenaustritte haben zugenommen", nennt Bischof Krätzl einen der möglichen Gründe. „Ohne einen besonderen Grund, eigentlich nur, weil der Druck der Tradition aus war." „Es waren damals an die 90 Prozent der Wiener getauft, jetzt sind es etwas weniger geworden, ein paar Prozent", schätzte Kardinal König Mitte der 1980er-Jahre. Und damit lag er gar nicht so schlecht. Zwischen 1951 und 1961 waren 89 Prozent der Österreicher Katholiken, Mitte der 1960er-Jahre gab es nur mehr 86 Prozent nominelle Katholiken. „Nur ein Drittel der Österreicher kann zu den regelmäßig Praktizierenden gerechnet werden, ein Drittel zu jenen, die sich noch als Katholiken fühlen, aber kaum mehr mit der Kirche leben, und ein Drittel zu jenen, die überhaupt keine Verbindung mehr mit der Kirche haben", analysierte damals der Kathpress-Leiter Richard Barta in seinem Buch. Fünfzehn Jahre später, 1981, sank die Zahl auf 84,3 Prozent, und 1991, in der Amtszeit Kardinal Groërs, gehörten nur noch 78 Prozent der Österreicher der katholischen Kirche an. 2013, unter Kardinal Schönborn, gab es nur noch 62,4 Prozent Katholiken. „Die Rechnung haben dann alle serviert bekommen, und zwar auch die ‚Feinde' des Kardinals. Groër und Krenn haben uns fast zwei Generationen gekostet", stellt Annemarie Fenzl, Leiterin des Kardinal-König-Archivs, in Hinblick auf das Kirchenvolksbegehren fest, das im Juni 1995 von 505.154 Österreichern unterschrieben wurde. „Doch der Papst Johannes Paul II. hat es nie der Mühe wert gefunden, das anzuerkennen – nie!"

In Rom warf damals Johannes Paul II. dem emeritierten Wiener Kardinal auch und besonders vor, die „Maria-Troster-Erklärung" abgegeben und die Fristenregelung nicht verhindert zu haben. „In Krakau kannte er den dortigen Erzbischof Wojtyła. Der Gedanke, diesen energischen Sportsfreund zum Papst zu machen, gefiel dem Kardinal König. Er erkannte die wahre Natur des Kollegen nicht", schrieb Adolf Holl im September 1985 spöttisch anlässlich des 80. Geburtstags von Kardinal König. „Mittlerweile mag sich König gelegentlich fragen, ob er sich die ‚sällsorgischen' Grundsätze Wojtyłas nicht hätte genauer ansehen sollen." Kardinal König habe, so Holl, das Wort Seelsorge stets wie „Sällsorge" ausgesprochen.

Nach dem Rücktritt Kardinal Königs wurde ein Kurswechsel in Österreich angestrebt. „Wie das dann ausging, das war katastrophal", fasst Helmut Krätzl die weitere Personalpolitik des Vatikans zusammen. Viele in Österreich rechneten damals mit Krätzls Ernennung zum Erzbischof. „Es waren ja auch – rückblickend, heute sagen wir – nicht wenig Leute, die sagen: Wenn Sie Kardinal geworden wären, wäre alles anders gewesen. Das schmeichelt mir natürlich, aber ich brauchte nie den Gegenbeweis anzutreten." Krätzl hätte die Linie Franz Königs fortgesetzt, das gefiel weder dem Papst noch den kirchennahen Kreisen der ÖVP. Altbundeskanzler Franz Vranitzky erinnert sich, dass Erhard Busek immer die Meinung vertreten habe, „wenn einer Weihbischof wird und so lang nichts anderes als Weihbischof ist, dann ist er sozusagen nicht Nummer-eins-fähig". Bischof Krätzl will sich gar nicht erst mit Kardinal König vergleichen: „Ich habe sogar Angst gehabt, weil ich mich gefürchtet habe. In diese Fußstapfen kann man nicht hineintreten."

„Die katholische Kirche in Österreich hat den Wiederverheirateten die Kommunion gegeben, das ist unter pastoraler Praxis gelaufen", kritisiert ÖVP-Politiker Andreas Khol. „Geburtenkontrolle mit allen Mitteln akzeptiert und bei der Abtreibung die Straffreiheit unter dem Hintergrund, eigentlich wären wir auch für eine Indikationenlösung. Das war mit dem Papst nicht machbar. Da hat es natürlich in Rom auch Kräfte gegeben, die diesen Zwist geschürt haben, um die österreichischen Bischöfe auf Vordermann zu bringen." Erich Leitenberger war damals bereits Chefredakteur der katholischen Nachrichtenagentur Kathpress und erinnert sich: „Im Jahrbuch 1984 war ein großer Artikel von Andreas Khol." Khol schrieb damals angesichts von „Katholikentag und Papstbesuch 1983: Eine kritische Würdigung". Auf 35 Seiten, versehen mit zahlreichen Fußnoten, ging der ÖVP-Politiker auf das Verhältnis Kirche und Staat ein, dokumentierte ausführlich die Vorgänge um den Katholikentag sowie den Papstbesuch und zog am Ende persönliche Schlussfolgerungen. Für Khol erweckte die Kirche z. B. den Eindruck, verschiedene Meinungen zu mehr oder minder wichtigen Fragen zu vertreten: „Die Konsequenz ist ganz eindeutig: Autoritätsverlust. Ein Autoritätsverlust, der dann in wirklich wichtigen Fragen sich fatal auswirkt." Glaubwürdigkeitsverlust sei für Khol die Folge. „Ist die Ablehnung der christlichen Sexualmoral durch die Bevölkerung ... vielleicht doch eine Folge des Autoritätsverlustes?"

In diesem Aufsatz würde auch der Satz stehen: „Die Krise der Kirche ist eine Krise der Bischöfe. Man braucht jetzt andere Bischöfe", meint Erich Leitenberger. „An diesen Satz erinnert er sich, glaube ich, nicht gern." Mit diesem Beitrag und mit einem erklärenden Artikel in der Festschrift „Als das Schreiben noch geholfen hat" soll Khol einen wesentlichen Beitrag zur Entscheidung gegen Helmut Krätzl geleistet haben. „Ich habe die Katholische-Kirche-Positionen und die Papst-Positionen analysiert und habe gesagt – das war damals sehr kühn, dass das damals jemand ausgesprochen hat –, dass sich hier ein breites Spannungsfeld auftut, und da gibt es eine kleine Fußnote, wo drinnensteht, dass diese Spannung sicherlich Folgen haben wird, und das wird man bei den Bischofsernennungen sehen", erinnert sich Andreas Khol an sein Schreiben. „Dann kamen diese unglückseligen Bischofsernennungen – Groër, Krenn – und aus dieser Fußnote haben dann die Kardinal König nahe Stehenden gesagt: ,Ha, der Khol hat da die Fußnote, das war sein Programm, der hat in Rom interveniert', weil man sich ja nie erklären konnte, wie diese Bischofsernennungen zustande kamen." Tatsächlich schrieb Khol: „Für Klerus und Hierarchie in Österreich, für die ganze Kirche bedeutet dies einen neuen Auftrag, der in seiner Tragweite offensichtlich noch nicht ganz erkannt wurde. Es ist dies auch ein Langzeitprogramm. Die Bischofsernennungen in Österreich, die Wirkung der Bischöfe auf den Klerus, all dies sind wichtige Instrumente, die aber Zeit benötigen." David Neuhold beurteilt in seinem Buch über Kardinal König Khols Worte folgendermaßen: „Die Vorwürfe sind vielfältig, und wenn diesen auch etwas abgerungen werden kann, vermisst man doch eine ausgewogene, differenzierte Darlegung der Verhältnisse. Aber hier geht es ja um ein Nachzeichnen einer zeitgeschichtlichen Stimmungslage.

Diese ist an jener Stelle deutlich auch parteipolitisch akzentuiert." Der Politikwissenschaftler Heinrich Schneider veröffentlichte als Reaktion auf Andreas Khols Beitrag die Anmerkungen: „Katholizismus, Pluralismus und kirchliche Politik in Österreich", in denen er Khols Darstellungen als „in mehrerer Hinsicht anfechtbar" bezeichnete, seine Aussagen zu gesellschaftlichen Fragen seien „nicht recht durchdacht" und die Bezugnahme auf den „neuen Kirchenbegriff" vom Volk Gottes sei „eher irreführend, und das übrigens wieder in mehrfacher Hinsicht".

Hat Andreas Khol in Rom interveniert? „Faktum ist, dass ich mit dem Nuntius nie Kontakt hatte, auch nie in Rom war, sondern dass es andere Kreise gegeben hat", deutet Andreas Khol im Gespräch an. Wer waren diese Kreise? „Professor Schambeck soll einmal vor Journalisten in der Milchbar des Parlaments gesagt haben, dass weder Krätzl noch Kuntner Nachfolger Kardinal Königs würden", erinnert sich Erich Leitenberger und vermutet auch einen Grund für die Haltung des langjährigen Bundesratspräsidenten: „Er war persönlich sehr befreundet mit dem späteren Militärbischof Kostelecky und hatte sich immer sehr dafür ausgesprochen, Kostelecky muss Weihbischof werden. Wurde er nicht. Das hat er dem Kardinal König sehr übel genommen." Auch Karl Blecha bestätigt, „dass Schambeck seine engsten Kontakte in Rom hatte und hat, das wissen wir alle", von einer konkreten Intervention weiß er allerdings nichts.

Herbert Schambeck kann von seiner langen Liste an Ämtern im Vatikan berichten: „Ich bin 27 Jahre Mitglied der Delegation des Heiligen Stuhls bei der Generalkonferenz der Atombehörde in Wien gewesen. 27 Jahre – haben sie mich gebeten, ehrenamtlich. Ich habe bei internationalen Konferenzen in der Welt den Heiligen Stuhl vertreten. Von mir gibt es viele Bücher, Publikationen. Von meinen mehr als 700 Publikationen als Ordinarius des öffentlichen Rechts, der Rechtsphilosophie und zur katholischen Soziallehre sind über 100 zur katholischen Soziallehre. Ich wurde herangezogen vom Heiligen Stuhl. Ich bin 17 Jahre Konsulent im Päpstlichen Rat für die Familie gewesen. Und ich war Mitinitiator der Päpstlichen Akademie für Sozialwissenschaften im Vatikan, ich bin Mitglied der Päpstlichen Akademie für Sozialwissenschaften. Und ich bin seit dem Jahre 1990 – ohne Zustimmung von Krätzl und König – Gentiluomo di Sua Santità. Ich bin päpstlicher Ehrenkämmerer, ich bin Mitglied der päpstlichen Familie." Kritisch merkt Schambeck an: „Aber unter dem Kardinal König hat sich die Erzdiözese Wien – zum Unterschied von anderen Bischofskonferenzen – bemüht, dass keiner von Österreich im Vatikan Funktionen hat. Das wollten sie nicht. Wir haben auch keinen Nuntius. Wir haben lange Zeit auch niemanden im Staatssekretariat gehabt."

Andreas Khol sieht die Bedeutung seines Parteikollegen folgendermaßen: „Herbert Schambeck hat sicherlich großen Einfluss auf die Bischofsernennungen genommen, obwohl er das immer abgelehnt hat. Der hat sicherlich Einfluss genommen auf die Bischofsernennungen, um Krätzl zu verhindern."

Dagegen wehrt sich Herbert Schambeck heftig: „Das, was man mir nachsagt, ich hätte den Krätzl verhindert, ist eine komplette Lüge und Verleumdung. Denn ich habe mich nie in personelle Dinge der römisch-katholischen Kirche eingemischt." Er meint sogar: „Wenn der Krätzl Nachfolger geworden wäre, hätte sich die katholische Kirche Österreichs manche Schwierigkeiten erspart. Und der Krätzl wäre von einem Großteil der Bevölkerung freudig aufgenommen worden. Der Krätzl hat nur zu einer Zeit Positionen bezogen, die damals der Heilige Stuhl nicht akzeptiert hat."

Wie blickt Bischof Krätzl auf die Ereignisse zurück? „Es war nicht nur, dass Schambeck sicher Kuntner und mich wirklich schlechtgemacht hat durch seine Verbindungen nach Rom, sondern es hat auch damals Otto Schulmeister ... geschrieben, schon zur Zeit des Abschieds von Kardinal König: Wenn König jetzt geht, wird der Provinzialismus ausbrechen. – Und da haben sie natürlich den Kuntner und mich gemeint."

„Nun stimmt es, dass der Bundesrat Schambeck, weil Mitglied einer der Delegationen des Heiligen Stuhles bei den internationalen

Organisationen in Wien, in der Nuntiatur aus und ein ging. Ich würde auch nicht ganz ausschließen, dass da etwas dran ist", meint Walter Kirchschläger, „aber vor allem geht es hier um eine unglaublich einseitige Wahrnehmung des Nuntius selbst."

Einen gewichtigen Anteil an den späteren Bischofsernennungen hatte also wohl auch Mario Cagna, der von 1976 bis 1984 päpstlicher Nuntius in Österreich war und im Januar 1985 einen 27-seitigen Bericht über die Lage der katholischen Kirche in Österreich verfasste und auch unterschrieb. Dieses Dokument – es handelt sich um seine persönliche Zweitfassung – hätte nach seinem Tod 80 Jahre verwahrt werden sollen, doch der Kirchenhistoriker Alberto Melloni entdeckte es im Nachlass und veröffentlichte das Schreiben im Mai 2005. Werner Maleczek analysierte den Bericht und Paul M. Zulehner veröffentlicht diesen Beitrag auf seiner Website. Zum Zeitpunkt des Cagna-Berichtes war Kardinal König noch aktiv im Amt. „Die österreichischen Bischöfe sind gut. Von allen Bischöfen ohne Ausnahme kann man sagen, dass sie persönlich ergeben, ehrlich, fleißig und rechtgläubig sind, sich ihren Aufgaben widmen, nicht politisiert sind und weit weg von Extremismen jeglicher Art", doch fügte er sehr kritisch hinzu: „Von allen kann man sagen, dass sie zu vorsichtig und zurückhaltend sind, gegenüber den Theologen, den pastoralen Gremien, den Journalisten und der öffentlichen Meinung, der gegenüber sie selten Festigkeit in ihren Positionen zeigen und einfach gewähren lassen." Cagna wandte sich auch gegen eine Reihe von kirchenkritischen Professoren und schrieb: „Es scheint unglaublich, dass unleugbar gute und fromme Hirten sich nicht nur von irregeleiteten und rebellischen Professoren, Priestern und Laien überspielen lassen, sondern sie auch noch auf verantwortungsvollen Posten tolerieren, sie ernennen und sich auf sie verlassen. Während jene, die den Papst und die Hierarchie unterstützen, in die Verbannung geschickt werden." Gemeint waren der Salzburger Liturgieprofessor Franz Nikolasch, die Moraltheologen Hans Rotter, Alfons Riedl und Günther Virt sowie die Pastoraltheologen Wilhelm Zauner und Paul M. Zulehner. Positiv hervorgehoben wurde lediglich der konservative Salzburger Andreas Laun, der später zum Thema Homosexualität sehr kontroversielle Ansichten vertrat.

Zulehner selbst glaubt, dass hinter der Kritik Mario Cagnas der ÖVP-Politiker Herbert Schambeck und der Theologe Rudolf Weiler steckten. Weiler habe dem Nuntius, so Zulehner, unentwegt gesagt: „Der Zulehner ist kein Theologe, sondern ein reiner Soziologe. So steht es ja auch wörtlich im ‚Cagna-Bericht‘ drin. Wo hat der Nuntius denn das her, wenn nicht vom Weiler?" Tatsächlich schrieb Mario Cagna: „Auch Zulehner, vor kurzem in Wien berufen, ein 100%iger Soziologe." Mit der Begründung, er sei kein Theologe, sondern Soziologe, war seine erste Bewerbung als Professor von Passau nach Wien verhindert worden. „Erst beim zweiten Mal, wo ich meine Bewerbung am letzten Tag erst eingereicht habe, um den Leuten, die das neuerlich wahrscheinlich verhindern wollten, die Möglichkeit zu stehlen, bin ich durchgekommen." In Wien wurde er von Kardinal König mit offenen Armen empfangen. „Er hat mir immer auch als einer der wenigen Bischöfe in Österreich das Gefühl gegeben, bei der Bischofskonferenz auch erwünscht zu sein."

In seinem Bericht kam Nuntius Mario Cagna zu dem Schluss, man müsse die Situation in Österreich nachhaltig verändern: „Wenn man die aktuelle Situation betrachtet, dann darf man sich keine Illusionen über eine rasche Genesung machen. Es wird Jahre brauchen sowie mutige und heilige Bischöfe, die mit Vorsicht, aber mit Entschiedenheit und ohne Zögern die Strukturen und Personen austauschen, die Seminare beleben, die guten Priester ermutigen, die schwachen und irregeleiteten Priester zurecht weist, die Bürokratie ausdünnen mit Ausdauer die gute Lehre predigen und überall die Identifikation mit dem Papst und seinem Lehramt stärken." An welche Bischöfe er wohl dachte?

Was hat Kardinal König in der Frage seiner Nachfolge unternommen? Annemarie Fenzl, seine Sekretärin, weiß, dass ihr „Chef" stets gesagt habe, in seinem Schreibtisch seien sein Testament und die

Liste mit dem Namen seines Wunschnachfolgers gelegen. „Fenzl sagt immer, er hätte eine Liste gehabt, wo ich draufgestanden bin. Das glaube ich nicht", ist Weihbischof Helmut Krätzl überzeugt. Annemarie Fenzl korrigiert: „Die Liste mit dem Namen Bischof Krätzls kann ich nicht gesehen haben. Den Inhalt der Liste kann niemand gesehen haben. Ich habe immer gesagt, dass ich mir denke, dass sein Name sicher draufstand."

Helmut Krätzl erklärt das damalige Prozedere bei der Kandidatensuche, das ab 1985 von Nuntius Michele Cecchini geleitet wurde: „Nuntius Cecchini war ein Mann, der fast nicht Deutsch konnte. Er war aus Kroatien und ist ganz kurz da gewesen, war dazu schon schwer krebskrank. Ich sage das deshalb dazu, weil solche Krankheiten natürlich einen auch immer sehr einschränken in der Regel." Der Nuntius habe damals 2000 ausgewählte Leute nach Namen für einen möglichen Erzbischof von Wien befragt, von denen 160 potenzielle Kandidaten genannt wurden. „Dann hat er aus diesen 160 – das kann ich jetzt nicht genau sagen, aber ich schätze – vielleicht etwa 20 Namen nach Rom geschickt. Und Rom hat dann aus diesen 20 Namen eine ganz kleine Liste – da kann ich jetzt weder die Namen noch die Zahl sagen – zurückgeschickt. Und diese kleine Liste wurde dann einem ausgewählten Publikum vom Nuntius mit einem langen Fragebogen zugeschickt, um den Nachfolger herauszufinden. Und auf dieser Liste war ich nicht drauf", versichert Helmut Krätzl. Diese Liste haben auch Kardinal König und Weihbischof Krätzl als Administrator der Erzdiözese Wien erhalten: „Ich habe damals dem Nuntius geschrieben, ich bitte eine neue Liste zu machen." Krätzl hatte zuvor ja den Auftrag bekommen, ein Anforderungsprofil für einen Nachfolger zu erstellen, das keiner der Männer auf der Liste erfüllte. „Der Nuntius wird sich gedacht haben, der Krätzl ist beleidigt", vermutet dieser.

Der letzte Name auf der Liste war jener von Hans Hermann Groër. Johannes Huber erzählt, Kardinal König habe, als er die Liste bekam, den Nuntius gefragt: „Muss dieser Name draufstehen?" Und der Nuntius antwortete: „Das ist eigentlich nur pro forma." Groër ist es dann definitiv geworden. „Aus dem sieht man ja auch, dass die Kommunikation zwischen Rom und zwischen ihm suboptimal war", beschreibt Huber die Atmosphäre. „Wojtyła hat ja die wichtigsten Entscheidungen seines Pontifikates immer beim Essen, beim Frühstück oder beim Mittagessen, wo also Zuträger immer dabei waren aus allen Herren Länder, gemacht, und wenn da dann irgendwelche negativen Sachen aus Wien berichtet wurden, dann war das nur verschlimmernd." Zum kolpotierten Führungsstil des Papstes würde auch die Anekdote über Weihbischof Florian Kunter passen, die Erich Leitenberger erzählt. Kuntner war mit einer Gruppe Dechanten in Rom bei der Mittwoch-Audienz. „Das muss genau an dem Tag gewesen sein, wo auch Dr. Groër in Rom war. Kuntner stand dort mit seinen Dechanten und wurde vorgestellt als Weihbischof aus Wien." „Ah, aus Wien – aus Wien, wir sehen uns heute noch einmal", antwortete Johannes Paul II. Daraus haben manche der anwesenden Dechanten, so Leitenberger, darauf geschlossen, dass der Papst irrtümlicherweise Kuntner für Groër gehalten habe.

Walter Kirchschläger meint: „Nachdem wir auch wissen, dass Johannes Paul II. in seinen Personalentscheidungen sehr abhängig gewesen war von unmittelbaren Eindrücken, von spontanen Eindrücken, muss ich eigentlich nur zwei und zwei zusammenzählen." Dabei bezieht er sich auf die marianische Verehrung des Papstes, auf den revitalisierten Marienwallfahrtsort Maria Roggendorf und auf Hans Hermann Groër.

„Also Groër ist sicher von niemandem von der ÖVP vorgeschlagen worden, sondern es war ein Abwehrmanöver gegen andere mögliche Nachfolger", ist Bischof Krätzl überzeugt. „Bei einem Mittagessen am Fest des heiligen Leopold im Stift Klosterneuburg wurde von einigen Politikern aus dem konservativen Eck der ÖVP die Parole ausgegeben: Weder Krätzl noch Kuntner dürfen die Erzdiözese Wien übernehmen", berichtet Ingeborg Schödl, langjährige Redakteurin der „Wiener Kirchenzeitung". Gegen Kurt Krenn legten die deutschen Kardinäle mit Joseph Ratzinger Protest ein. Mit

Hans Hermann Groër rechnete niemand, doch all die anderen auf der Kandidatenliste galten als potenzielle Nachfolger. Das angebliche Kuvert in Kardinal Königs Schreibtischlade bekam Helmut Krätzl nie zu Gesicht: „Ich meine, was er in der Lade gehabt hat, weiß ich nicht, aber jedenfalls ist es sicher nicht offiziell nach Rom gegangen, nehme ich an."

Dafür habe Erhard Busek einmal im Rahmen der Castel-Gandolfo-Gespräche Kardinal König „am Ärmel genommen" und sei mit ihm zu Papst Johannes Paul II. gegangen, um diesen auf die Notwendigkeit der Neubesetzung in Wien hinzuweisen. „Wien ist ein wichtiger Bischofssitz", antwortete der Papst, „Kardinal König soll endlich sagen, wen er will." Auf dem Rückflug von Rom nach Wien habe Busek von Kardinal König wissen wollen, weshalb er dies nicht tue, worauf dieser antwortete: „Ich will nicht Schicksal spielen." Später habe Johannes Paul II. Busek gesagt, es sei nichts von Wien eingegeben worden.

„König hätte mit dieser Liste natürlich nach Rom fahren und dort auf den Tisch klopfen müssen. Das hat er nicht getan. Er hat sich, glaube ich, bei dieser Liste überhaupt nicht gerührt", ist Bischof Krätzl noch immer enttäuscht. „Ich habe dem Kardinal gesagt: ‚Warum hast du denn nicht gegen diese Liste opponiert?' Aber ich glaube, er war gekränkt. Es muss ihm der Papst vorher einmal gesagt haben: ‚Bevor der Nachfolger ernannt wird, werde ich mit Ihnen noch reden.' – Und das hat der Papst nicht gemacht. Das ist sicher ein Versäumnis." In späteren Jahren habe Erhard Busek Franz König ironisch gesagt, „dass er deswegen so lange leben muss, weil er diese Unterlassung zu büßen habe". Das sieht Annemarie Fenzl anders. Sie war viele Jahre Kardinal Königs engste Wegbegleiterin und weiß: „Er konnte mit solchen Ränken nicht umgehen. Er war sehr enttäuscht, müde und allein. Und da war auch noch so etwas, das man heute wohl nicht mehr verstehen kann: ein übergroßer Respekt, ein unbedingter Gehorsam gegenüber Rom und dem Papst."

So wurde der Benediktinerpater Hans Hermann Groër am 15. Juli 1986 zur großen Überraschung zum Erzbischof von Wien ernannt und empfing am 14. September 1986 von Franz König im Wiener Stephansdom die Bischofsweihe. Wie war es möglich, dass der Letztgereihte als Erster bei der Wahl herausging? „Ein Benediktiner, der fleißig Novizen bringt und eine Wallfahrt aufzieht – Marienwallfahrt noch dazu, Polen –, das hat beeindruckt", ist Andreas Khol überzeugt. 1986, kurz nach der Wahl Groërs, äußerte sich Kardinal König gewohnt zurückhaltend und nachsichtig über seinen Nachfolger: „Natürlich hat jeder Bischof am Anfang auch seine Schwierigkeiten, das wissen wir und das sollten wir auch nicht tragisch nehmen."[7] Doch Johannes Huber weiß: „Er hat auch gelitten darunter."

Bischof Krätzl war Groërs Körpersprache aufgefallen, die er heute als „entrückt" bezeichnet, doch von Pädophiliegerüchten habe er nichts gewusst, weder als Ordinariatskanzler noch danach als Generalvikar. „Wir haben von der Schule nie irgendetwas Kriminelles gehört, nie, keine Anzeige."

Am 22. Februar 1995 veröffentlichte Kardinal Groër einen Fastenhirtenbrief, in dem er sich über die sinkende Moral beklagte und eine Stelle aus dem Korintherbrief zitierte: „Täuscht euch nicht! Weder Unzüchtige noch Götzendiener, weder Ehebrecher noch Lustknaben, noch Knabenschänder ... werden das Reich Gottes erben." Am 6. März 1995 setzte sich das Nachrichtenmagazin „profil" in einem Artikel mit der Überschrift „Groërs Rezepte" ironisch damit auseinander, kurz danach meldete sich Josef Hartmann, ein ehemaliger Zögling am Hollabrunner Knabenseminar, der massive Vorwürfe gegen Groër erhob. Dieser habe ihn unter der Dusche unter dem Vorwand hygienischer Instruktionen sexuell missbraucht: „Er hat mich am ganzen Körper eingeseift und auch mein Glied gereinigt. Das hat er mit hochrotem Kopf getan. Und seine Erektion war ja auch deutlich erkennbar." Die Vorwürfe waren so groß, dass die Aussagen notariell beglaubigt wurden. Vier Jahre habe der Religionslehrer und Beichtvater den Buben immer wieder zu sich gerufen, stürmisch umarmt, aufs Bett geworfen und seinen Mund geküsst: „Er wollte andauernd Zungenküsse."

Die Wirkung der Enthüllung innerhalb der katholischen Kirche Österreichs war gewaltig: „Obwohl seit der Bischofsernennung von Hans Hermann Groër hinter vorgehaltener Hand über die Erlebnisse ehemaliger ‚Hollabrunner' mit ihrem Studienpräfekten Groër getuschelt wurde, schlug diese Öffentlichmachung der sexuellen Neigung des Wiener Oberhirten doch wie eine Bombe ein", beschreibt Ingeborg Schödl den Beginn des Skandals. „Im tratschfreudigen Wiener Klerus war Groërs Schwäche für halbwüchsige Knaben längst kein Geheimnis mehr. Auch von einem geheim gehaltenen Dossier wurde geredet, von einer Recherche unter angeblichen Opfern des zärtlichen Katecheten", bestätigte Adolf Holl am 10. April 1995 in einem „Spiegel"-Artikel. Doch Groër schwieg, begann zu fasten und betete mit mehreren Hundert Gläubigen im Stephansdom den Rosenkranz. Am Ende verabschiedete er sich mit den Worten: „Maria mit dem Kinde lieb." Vehement bedauert der ökumenische Theologe Hans Küng die Ernennung des „marianisch gesinnten Wallfahrtsseelsorgers" zum Erzbischof von Wien: „Welch eine Schande für ein so stolzes katholisches Land wie Österreich, das zur Konzilszeit in Kardinal Franz König einen so überzeugenden Repräsentanten besaß."

In der Öffentlichkeit nahm Weihbischof Christoph Schönborn Stellung und erklärte im April 1995, es könne „mit Sicherheit" gesagt werden, dass sich die Vorwürde als „haltlos" herausstellen werden. Er forderte, dass Kardinal Groër die ihm „wie jedem Menschen" gebührende Würde und Ehre auch wieder in der Öffentlichkeit zuerkannt werde. Auch Helmut Krätzl wies die Anschuldigungen damals als Verleumdungspraktiken eines sog. Enthüllungsjournalismus zurück, „der den Angeschuldigten wehrlos entehrenden Verdächtigungen ausliefert". Der österreichische Journalist Armin Thurnher kritisierte in der deutschen Zeitung „Die Zeit": „Es folgten weder Klage noch Gegendarstellung des Kardinals, sondern nur Gegenvorwürfe an ‚die Medien' und – kirchliches Schweigen." Josef Hartmann blieb nicht der Einzige, der gegen Groër Vorwürfe erhob. „Dr. Groër hat mir mehrere Jahre hindurch unerwünschte Zärtlichkeiten aufgedrängt", berichtete der Wiener Philosoph Herbert Hrachovec in Holls „Spiegel"-Artikel vom 10. April 1995. „Die körperlichen Intimitäten endeten in meinem Fall bei langen Umarmungen, in denen offensichtlich mehr erwartet wurde."

Andreas Khol weiß heute noch ganz genau: „Wie wir das ‚profil' erlebt haben, das war ein Schock." Der ÖVP-Parlamentsklub wollte die Beschlagnahme der „profil"-Auflage bewirken, doch Kardinal Groër verweigerte die Zustimmung. Die ÖVP lehnte „die von gewissen Medien geführte ‚Lynchjustiz' als Gefährdung des Rechtsstaates mit aller Entschiedenheit ab".

Mitten in diesem überbordenden Skandal traten die österreichischen Bischöfe am 4. April 1995 zu ihrer Frühjahrskonferenz zusammen, bei der ihr Vorsitzender gewählt werden sollte. Trotz der massiven Anschuldigungen stellte sich Groër der Wiederwahl und wurde mit einer Stimme Mehrheit im Amt bestätigt. Durch eine Indiskretion drang das Ergebnis an die Öffentlichkeit, die Reaktionen in den Medien, aber auch in Kirchenkreisen, waren von Empörung getragen. Zwei Tage später gab die Bischofskonferenz bekannt, Hans Hermann Groër habe den Vorsitz zurückgelegt und Johann Weber, Bischof von Graz-Seckau, sei zum Vorsitzenden gewählt worden. Sein Standpunkt war klar: „Ich lasse mir meine Kirche von niemandem kaputt machen, auch nicht von einem Kardinal."

Interessant ist, dass Andreas Khol von einem seiner Mitarbeiter, einem „kirchenkonservativen Malteserbotschafter", bereits bei der Ernennung Hans Hermann Groërs 1985 zum Erzbischof von Wien mit Mutmaßungen konfrontiert wurde: „Bei all den Gerüchten, die es da schon gibt, ob das wohl eine gute Ernennung ist?" Damals antwortete Khol: „Gerüchte sind Gerüchte, die gibt es immer, der Vatikan hat ein so ein tolles System, die werden schon wissen." Wenn die Regierung damals – Franz Vranitzky war am 16. Juni 1986 als Bundeskanzler angelobt worden – gewusst hätte, dass Groër homophil sei, hätte sie Einspruch erhoben, ist Khol, damals ÖVP-Klubobmann, heute überzeugt. Erhard Busek sei vor der offiziellen Ernennung Groërs skeptisch gewesen, erinnert sich Vranitzky, „aber der Mock sei ihm zuvorgekommen und hätte dem Vatikan schon zugesagt. Das ist auch ein Übergehen meiner Person gewesen, wenn es so gewesen ist."

Erhard Busek, zu dieser Zeit ÖVP-Parteiobmann, erzählt, er habe Kardinal König getroffen, als die Nachricht kam, Groër wäre zu seinem Nachfolger ernannt worden. In einer ersten Reaktion habe König gesagt: „Der nimmt doch das nicht an!" Busek fragte gleich nach, „da bin ich zu sehr Politiker, doch habe ich keine Auskunft mehr bekommen". Jahre später fragte Busek den emeritierten Kardinal wieder. „Er war der Meinung, wegen der Dinge, die offensichtlich innerkirchlich bekannt waren, würde Groër das nicht annehmen." Schon damals waren, so Busek, die „problematischen Ereignisse im Hinblick auf den Umgang mit Jugendlichen" bekannt gewesen, weshalb man nicht damit gerechnet habe, dass Groër das Amt annehmen würde. „Das ist nicht wahr!", protestiert jedoch Annemarie Fenzl. „Getratscht wurde ja alles Mögliche, aber in den Ordinariatsprotokollen kam das nicht vor, die habe ich durchsucht, das war nie ein Thema." Vielmehr habe Kardinal König gesagt: „Man muss vorsichtig sein. Man kann niemanden beschuldigen, wenn man nichts weiß." Erhard Busek sieht die Ereignisse heute anders, er habe nachgefragt: „Warum, Eminenz, haben Sie das nicht in Rom gesagt?" Daraufhin habe Busek die kirchenrechtliche Antwort von König erhalten: „Das ist Sache seines Oberen." Damit war der Göttweiger Abt Clemens Lashofer gemeint. Busek fragte nach, ob dieser die Vorfälle gemeldet habe, und erhielt von Franz König die klare Antwort: „Nein."

Erhard Buseks Erinnerungen weichen zum Teil von den Ereignissen ab, so etwa, was den Tag der Ernennung Hans Hermann Groërs betrifft. Kardinal Franz König war nämlich am 9. Juli 1985 nach Hinterstoder gefahren, um seinen Hausarzt Willibald Polterauer auf der Höss zu besuchen. Mit dabei war auch Annemarie Fenzl, seine Sekretärin. Am Freitag, dem 11. Juli, klingelte das Telefon und der Kardinal wurde zum Apparat gebeten, denn die

Nuntiatur rief aus Wien an. In seinen Kalender trug Franz König ein: „Anruf Nuntius." Dieser teilte ihm mit, dass die Nachfolge entschieden sei. „So eine Entscheidung wird normalerweise nicht im Sommer getroffen", weiß Fenzl und spielt damit auf die damit verbundenen Ränkespiele an. Nach dem Telefonat kam ihr „Chef" zurück, sagte aber kein Wort über das Gespräch, doch die Stimmung war gedämpft. Der Aufenthalt in Hinterstoder musste abgebrochen werden, am nächsten Tag fuhren die beiden zurück nach Wien. Drei Tage später wurde die Ernennung Hans Hermann Groërs offiziell bekannt gegeben.

Die Bundesregierung hätte mit berechtigten Gründen ein Veto gegen die Wahl einlegen können. „Ich habe meistens gesagt, ich bin nicht für Ablehnung, weil warum sollten wir da eine Verantwortung übernehmen? Wenn derjenige irgendwie nicht reüssiert, dann ist das eh das Kappl des Vatikan und nicht das der Bundesregierung", ist Franz Vranitzkys pragmatischer Ansatz. „Aber es gab eine Auseinandersetzung Mock/Busek diesbezüglich, die auch in dem Fall nicht einer Meinung waren." Erhard Busek wollte gegen die Ernennung Groërs stimmen, doch Alois Mock hatte bereits ohne Ministerratsbeschluss dem Nuntius die Zustimmung Österreichs mitgeteilt. „Das war verfassungswidrig", stellt Busek klar und erzählt: „Mock wurde sichtlich nervös, er war auch schon von der Belastung seiner Krankheit gezeichnet und flehte mich unter vier Augen fast unter Tränen an, diesen Einspruch nicht durchzuführen, weil er durch seine voreilige Zustimmung, die offensichtlich formal schon in die Wege geleitet war, blamiert gewesen wäre." Busek mutmaßt: „Es muss offensichtlich bereits eine Übereinstimmung mit Bundeskanzler Vranitzky gegeben haben."

Das Prozedere der Bundesregierung bei der Ernennung eines Bischofs beschreibt Andreas Khol folgendermaßen: „Das geht so, dass der Unterrichtsminister erfährt, wen Rom zum Bischof machen will. Der Unterrichtsminister muss das in die Bundesregierung bringen, das ist nie angekündigt bei der Tagesordnung, sondern ist ein Einzelstück. Das kommt in die Vorbesprechung zum Ministerrat, wird dort akkordiert, dann wird der Nuntius verständigt, dass der Ministerrat in einer halben Stunde beginnt, wo zugestimmt wird, und dass zugestimmt wird. Dann telefoniert der Nuntius mit Rom, und Rom gibt vor dem Ministerrat bekannt, dass XY zum Bischof ernannt wird, wissend, dass hinterher die Zustimmung kommt." Diese Vorgehensweise ist im Konkordat geregelt, in dem auch steht: „Das bezügliche Verfahren wird ein streng vertrauliches sein, so dass bis zur Ernennung die gewählte Person geheim gehalten wird." Im Jahre 1903 hatte Österreich übrigens vom damals noch geltenden Vetorecht gegen den Papst Gebrauch gemacht. Nach diesem Einspruch wurde Pius X. gewählt. „Der hat dann dieses Privileg der Habsburger annulliert, aber wir hatten das noch im 20. Jahrhundert und haben das genutzt. Und das Privileg für den Bischof haben wir nach wie vor", erklärt Andreas Khol.

Nach seiner Wahl sagte Hans Hermann Groër zu seinen Weihbischöfen Moser, Kuntner und Krätzl – alle drei noch relativ junge Männer –, er brauche einen Weihbischof seines Vertrauens. „Bei ihm war ja die Tragik, dass er ja niemandem vertraut hat aus der Umgebung von König", beschreibt Helmut Krätzl den Nachfolger. „Da hat er eine Dreierliste gemacht, wie das üblich ist, und da war kein Einziger aus der Diözese drauf, wie er uns einmal gesagt hat – auch Krenn nicht. Doch der Nuntius hat ihm bedeutet, er müsse den Krenn draufschreiben – was also sehr selten vorkommt." Groër hätte die Liste noch zurückziehen und einen der drei ernennen können, was er nicht tat, „sondern er hat im Gehorsam gegen den Nuntius, gegen Rom, Krenn angenommen und der ist dann [1987] Weihbischof geworden. Und vier Jahre später ist er dann Bischof in St. Pölten geworden. So ist er bei der Hintertür eigentlich doch wieder hereingekommen", verrät Weihbischof Krätzl.

Später dann sollte Kurt Krenn zum Koadjutor Erzbischof Groërs ernannt werden, erfuhr Andreas Khol von Paul M. Zulehner, der ihn damals aufforderte, er solle seine Verantwortung wahrnehmen und etwas dagegen unternehmen. „Ich war Klubobmann, ich hab den Erhard Busek, der war Parteiobmann, angerufen und habe gesagt: ‚Erhard, wenn es dir recht ist, dann melde ich mich an und gehe heute Abend in die Nuntiatur – das erste Mal – und sage dem Nuntius, wenn der Krenn das wird, wird die Regierung ein Veto einlegen.' Hat er zu mir gesagt: ‚Das ist mutig, gehe hin, sage das, aber auf mich berufe dich nicht.' – Und ich bin dann hingegangen und um neun Uhr Abend wurde ich empfangen und habe gesagt: ‚Ich möchte nur sagen, wir werden ein Veto einlegen.' Das ist blitzartig nach Rom und der Krenn wurde es nicht."

Am Ende seiner Amtszeit, als er die Dimension des Falles Groër noch nicht kannte, meinte Kardinal König über seine Emeritierung:„Ich habe mich sehr erleichtert gefühlt, wie ich gewusst habe, so, heute ist der erste Tag, dass ich nicht mehr im Amt bin. Und ich habe mir vorgestellt, ich bin nicht mehr unter dem täglichen Druck, Audienzen, Post, Ansprachen, Dinge, die vorzubereiten sind, Reisen, die zu machen sind. Und hab mich aber ein bisschen getäuscht ... Ich bin aus dem Regen, boshafter Weise muss ich sagen, in die Traufe gekommen."[7] Pensionist zu sein, sich zurückzuziehen, ein wenig noch als Seelsorger zu arbeiten, war Franz König nicht vergönnt. „Ich würde sagen, der Großteil der Menschen, die sich mit Religion und mit Persönlichkeiten im Zusammenhang mit Religion befasst haben, die haben gesagt, Gott sei Dank ist der Kardinal König eh noch da", beschreibt Franz Vranitzky die damalige Situation. „Wenn das für jemanden möglicherweise eine persönliche Härte war, war es das für Groër, weil dem konnte das ja nicht verborgen geblieben sein, dass die Leute gesagt haben, ‚unser Kardinal' – und König gemeint haben."

Bundespräsident Heinz Fischer hat die Stimmung damals auch so erlebt: „Wenn man dann in den 90er-Jahren ‚der Kardinal' gesagt hat, hat jeder an Dr. König gedacht und an niemand anderen. Er war also nach wie vor eine moralische Autorität und ist auch in dieser Funktion als Autoritätsperson eingeladen worden, in inoffizieller und auch offizieller Weise. Und ich kann mir vorstellen, dass er selber sehr gelitten hat unter den Problemen, die durch Kardinal Groër entstanden sind." Erhard Busek erinnert sich: „Es gab sogar den für Groër wenig schmeichelhaften Spruch, wenn es hieß, der Kardinal kommt: Wer? Der neue oder der wirkliche?"

Kardinal König stieg durch den „Fall Groër" zur unangefochtenen moralischen Instanz Österreichs auf, ist Annemarie Fenzl überzeugt: „Er trug ‚seine' Erzdiözese die nächsten zehn Jahre – bis zum Amtsantritt Christoph Schönborns – weiter und durch alle Stürme hindurch mit."

Wie groß die Zufriedenheit der Österreicher mit den Bischofsernennungen (Groër, Krenn, Eder, Küng) und dem „neuen Kirchenkurs" (NKK) waren, erhoben Hermann Denz und Paul M. Zulehner im Rahmen der Studie „Religion im Leben der Österreicher", die sie 1991 auch veröffentlichten. Demnach stieß der neue Kirchenkurs bei 39 Prozent auf Ablehnung, nur 8 Prozent stimmten zu und 53 Prozent war er gleichgültig. 47 Prozent waren davon überzeugt, die Kirche habe fast keinen Einfluss auf das politische Leben, 33 Prozent sahen geringen Einfluss, nur 5 Prozent großen Einfluss und 4 Prozent glaubten, die Kirche habe sehr großen Einfluss. Für Aufregung sorgten die Bekanntheits- und Beliebtheitswerte der Bischöfe. Bei der Bekanntheit lag Kardinal König mit 93 Prozent vor Hans Hermann Groër mit 71 Prozent und Kurt Krenn mit 63 Prozent. 3 Prozent schätzten den St. Pöltner Bischof Krenn, 7 Prozent Kardinal Groër und 61 Prozent Franz König. Dramatisch wurde es bei den Indexwerten zu „keine gute Meinung": Krenn: −26; Groër: −21; König: −1. „Im Vergleich zu den ganz Großen, die ja ein hohes Ansehen im Land hatten, war die neue Generation völlig umstritten und hatte ganz wenige Pluswerte. Die waren zwar bekannt, aber nicht beliebt", kommentiert Paul M. Zulehner die Ergebnisse. Generalvikar Rudolf Trpin informierte daraufhin Zulehner, dass Kardinal Groër überlege, als Reaktion auf die verheerenden Umfragewerte zurückzutreten. „Ich schreibe in meiner Biografie, hätte er das nur gemacht, was hätte er sich alles erspart. Ich wäre dann der Märtyrer gewesen, das hätte ich gerne in Kauf genommen", meint Zulehner. Groër trat nicht zurück und sah fortan im Verfasser der Studie ein Feindbild. „Ich kann mich erinnern, dass Groër dann sehr gelitten hat, als mich das Diözesanforum zum Vizepräsidenten gewählt hat, das war für ihn ein wirklicher Schlag, im Grunde genommen." Knapp vor der Amtsniederlegung zitierte Groër in Anwesenheit von Weihbischof Schönborn den unbequemen Pastoraltheologen. „Er hat mich eineinhalb Stunden lang beschimpft und gesagt: ‚Sie sind der Mann, der der Diözese am meisten geschadet hat.' – Alles wegen dieser kritischen Anmerkungen, die halt aus seiner Unbeliebtheit hervorgegangen sind."

Franz König war ein sehr zurückhaltender Mensch, der in der Öffentlichkeit kaum klagte und vieles erduldete. Zu Ostern 1995, kurz nach Bekanntwerden des „Falles Groër", meinte der emeritierte Kardinal jedoch, die österreichische Kirche befände sich derzeit in einem „langen Karfreitag"[24]. Groër und Krenn waren sicherlich keine Kirchenmänner nach seinem Geschmack, doch besaß er die Größe, verzeihen und seinen Gegnern später, als sie alt und krank waren, auch die Hand reichen zu können. „Er war sehr vorsichtig, weil er gewusst hat, dass ich Redakteurin bei der ‚Kirchenzeitung' bin, er wollte mich nicht in einen Konflikt bringen", erinnert sich Ingeborg Schödl. „Er hat nie den Namen Groër, sondern immer nur ‚er' gesagt. ‚Greift er ein?', hat er gesagt. ‚Mischt er sich ein?' Immer so auf Distanz."

Nach den Missbrauchsvorwürfen gegen Kardinal Groër, zu denen dieser zeitlebens schwieg, reagierte der Vatikan diplomatisch, indem ihm am 13. April 1995 – zweieinhalb Wochen nach dem „profil"-Bericht – Christoph Schönborn als Koadjutor mit dem Recht auf Nachfolge beigestellt wurde. In seiner ersten Pressekonferenz entschuldigte dieser sich für seine in der ersten Reaktion erhobenen Angriffe gegen die Medien, welche die „Affäre Groër" publik gemacht hatten. Tags darauf erklärte Hans Hermann Groër: „Kein Mensch kann sich gegen Anschuldigungen, wie sie gegen mich in letzter Zeit erhoben wurden, wirksam wehren. Auch mir bleibt deshalb nur das Schweigen." Dann versuchte er zu relativieren: „Ohne Zweifel wird jeder ehrliche Mensch den Anspruch auf persönliche Unfehlbarkeit als anmaßend erkennen und ausschließen. Jeder ist darauf angewiesen, Gott und die Mitmenschen um Vergebung zu bitten."

Papst Johannes Paul II. nahm Groërs Rücktrittsansuchen aus Altersgründen – das er bereits im Oktober 1994, noch vor den schweren Anschuldigungen gegen sich, in Rom abgegeben hatte – an. „Fünfzehn Jahre später tauchte das Gerücht auf, dass es angeblich Johannes Paul II. selbst gewesen wäre, unterstützt vom damaligen Kardinalstaatssekretär Angelo Sodano, der sich gegen die Einleitung eines kirchlichen Verfahrens und damit öffentliche Aufklärung der Causa Groër aussprach, obwohl Kardinal Ratzinger als Präfekt der Glaubenskongregation dafür plädierte", veröffentlichte die Journalistin Ingeborg Schödl.

Groër zog sich in das von ihm gegründete Zisterzienserinnenkloster Marienfeld zurück, doch am 1. September 1996 übernahm er auf Wunsch des Göttweiger Abtes Clemens Lashofer als Prior das Haus St. Josef in Maria Roggendorf. „Ich habe es dann erlebt, wie der Kardinal König den Kardinal Groër in Roggendorf besucht hat, so alle paar Monate einmal. Da habe ich ihn hingebracht", erzählt Annemarie Fenzl, Königs letzte Sekretärin. „Und Groër hat sich immer furchtbar gefreut, wenn König gekommen ist. Der Kardinal ist mit ihm nach Marienfeld gegangen, hat mit ihm gegessen, hat sich das drei Stunden lang angehört und ist dann wieder gefahren. Das weiß ja auch keiner von den Leuten, die über den Kardinal König dann geschimpft haben, weil er angeblich so böse war und seinen Nachfolger nicht verteidigt hat. Gott sei Dank sind wir nicht Richter!" Auch in Maria Roggendorf verstummten die Vorwürfe gegen Groër nicht, diesmal berichteten ausgetretene und auch noch immer im Amt gebliebene Benediktinermönche von sexuellen Übergriffen durch ihren Mitbruder Hans Hermann. Um Klarheit zu erhalten, beantragte Abt Lashofer eine Apostolische Visitation in Rom. Diese wurde durch den Abt-Primas der Benediktinermönche, Marcel Rooney, durchgeführt und im April 1998 beendet.

Am 20. Februar 1998 reisten Johann Weber, der Vorsitzende der Bischofskonferenz, und der Wiener Erzbischof Christoph Schönborn anlässlich seiner Kardinalsernennung nach Rom, wo sie zu ihrer großen Überraschung auf Hans Hermann Groër trafen, dem der Papst unmittelbar zuvor eine Privataudienz gewährt hatte. In einer Pressekonferenz ärgerte sich Schönborn darüber, dass „die Kirche in Österreich nicht zur Ruhe und zur Erneuerung finden wird, wenn wir nicht alle miteinander zur Wahrhaftigkeit, zur Vergebungsbitte und zur Erneuerung aus dem Evangelium finden". Von Ruhe war damals keine Rede, denn Bischof Kurt Krenn bezeichnete Groër als „unschuldiges Opfer", und der Theologe Robert Prantner erklärte in der ORF-Sendung „Zur Sache" zwei Tage nach dem Rom-Besuch von Schönborn und Weber, der Heilige Vater stünde voll und ganz hinter Kardinal Groër. Daraufhin empörte sich Egon Kapellari, damals Diözesanbischof in Klagenfurt-Gurk, „über die Arroganz, mit welcher einige Kirchenvertreter in einer Fernsehsendung ... und auch vorher schon versucht haben, die Probleme betreffend Kardinal Groër unter den Teppich zu kehren und dem Papst zu unterstellen, er sei damit einverstanden". Als Bischof machte er deutlich, „dass ich gemeinsam mit anderen Bischöfen solche Versuche entschieden Widerstand leiste!"

Am 27. Februar 1998 unterzeichneten die Bischöfe Christoph Schönborn, Johann Weber, Georg Eder und Egon Kapellari eine Erklärung, in der es hieß, dass sie zur „moralischen Gewissheit" gelangt seien, dass die Vorwürfe gegen Groër „im Wesentlichen zutreffen. Sein Schweigen haben wir zu ertragen, können aber selbst nicht schweigen, wenn wir unserer Verantwortung für die Kirche gerecht werden sollen." Die Journalistin Ingeborg Schödl meint in diesem Zusammenhang: „Ob das beharrliche Schweigen von Kardinal Groër tatsächlich auf den Wunsch von Rom zurückzuführen ist, wird sich nie klären lassen." Der emeritierte Grazer Weihbischof Johann Weber stößt bei der Erinnerung an diese Zeit ein Stoßgebet aus: „Mein Gott, es war eine schwierige Situation, die sich dann ja noch zugespitzt hat mit dem, wessen er angeklagt worden ist." Weber hatte damals einen Weisenrat angeregt, dem untadelige Persönlichkeiten wie der frühere Bundespräsident Rudolf Kirchschläger angehören sollten. Mit diesem Vorschlag konnte er sich allerdings in Rom nicht durchsetzen, denn über einen Kardinal dürfe nur der Papst befinden. „Na ja, das war ja damals alles neu. Das hat's noch nie gegeben. Es war eine große Ratlosigkeit und man hat aber schon gespürt, so geht's nicht: Deckel drauf, fertig. Es kommt noch was. Da waren aber schon auch bei der Bischofskonferenz sehr verschiedene Meinungen und Richtungen. Aber wir sind ganz gut zurande gekommen."

Nach der Stellungnahme der Bischöfe bat Groër in einer Erklärung „Gott und die Menschen um Vergebung, wenn ich Schuld auf mich geladen habe". Danach verbrachte er seinen Lebensabend bis zu seinem Tod am 5. April 2003 im von ihm begründeten Zisterzienserinnenkloster Marienfeld. „Kardinal Groër war ein Mensch, der – es gibt bei uns so einen Slogan – ‚sich schwer lebte'", beschreibt Bischof Johann Weber seinen Kollegen, „und er ist halt dann doch wahrscheinlich in Bitterkeit gestorben."

IV

Der Mensch

1. Wie ihn die anderen sahen

Wenn man alle der über 50 Zeitzeugen und Wegbegleiter, die für dieses Buch befragt wurden, bittet, Kardinal Franz König in Stichworten zu beschreiben, erhält man insgesamt 85 verschiedene Attribute: angesehen, authentisch, ausstrahlend, diskret, Ehrfurcht gebietend, ehrlich, emotionslos, europäische Gestalt, frei, freundlich, furchtlos, glaubwürdig, gläubig, grenzüberschreitend, großzügig, herzlich, hilfreich, humorvoll, höflich, interessiert, Jahrhundertbischof, kinderlieb, lebensfroh, klar, klug, kompetent, kongruent, konsequent, liebenswürdig, liebevoll, menschlich, misstrauisch, mutig, Mythos, nachdenklich, neugierig, offen, präsent, problemlos, Raum gebend, reflektiert, Reisender, respektvoll, Respekt gebietend, rücksichtsvoll, Seelsorger, sicher, souverän, Symbolfigur, sympathisch, tiefschürfend, traditionell, treu, tolerant, überlegen, überzeugend, umgänglich, umsichtig, unaufdringlich, unaufgeregt, verbindend, verständnisvoll, vital, vornehm, vorsichtig, warm, wertvoll, wertschätzend, würdig, wunderbar, zeitlos, zielstrebig, zugänglich, Zuhörer, zukunftsorientiert ... Allen voran stehen jedoch: gebildet, klug, intelligent, weise und wissend (23%); einfach und bescheiden (20%); distanziert, emotionslos, verhalten und zurückhaltend (17%); ruhig (14%).

Der Tübinger Theologe Hans Küng formuliert zum Beispiel seine Charakterisierung so: „Kardinal König war liebenswürdig und zugleich zurückhaltend, klug und vorsichtig, aber, wenn es darauf ankam, auch mutig und offen für moderne Entscheidungen."

Wer die Film- und Tonbandaufnahmen noch vor Augen oder im Ohr hat, der wird anhand dieser Beschreibungen und Stichworte den großen österreichischen Kardinal sicher wiedererkennen, doch wer war der Mensch Franz König? Es könnte das Bild eines seine Pflicht erfüllenden Amtsträgers entstehen, der 24 Stunden diszipliniert gelebt hat – interessanterweise wurde er aber von niemandem als „pflichtbewusst" und „diszipliniert" beschrieben.

Kardinal König wurde oft als Brückenbauer zwischen den Religionen und Konfessionen bezeichnet, auch wenn er dies selbst bescheidener ausgedrückt hätte. „Er war ein sehr vornehmer Kardinal, er war ein Kardinal, der auf Menschen zugegangen ist. Er war ein Kardinal, der uns mit Wertschätzung begegnet ist, also den nicht-katholischen Kirchen. Er hat sie auch immer als Kirchen bezeichnet. Das war längst nicht allgemein üblich und selbstverständlich in der römisch-katholischen Kirche", beschreibt ihn Werner Horn, von 1982 bis 2003 Superintendent der Evangelischen Superintendentur A. B. in Wien. Der evangelische Bischof Michael Bünker sieht in der Person Kardinal Königs zwei Dinge in besonderer Weise verbunden: „Das eine war die Herkunft aus den einfachen Verhältnissen, sehr verwurzelt, mit dem Boden verhaftet, mit den alltäglichen Problemen und Herausforderungen vertraut, vor denen die Menschen in der ersten Hälfte des 20. Jahrhunderts standen. Und gleichzeitig seine intellektuelle Fähigkeit, die ihn ja befähigt hat, nicht nur ein sehr guter Theologe zu sein, sondern auch in der Philosophie sehr bewandert, im Gespräch mit den Naturwissenschaften und damit auch im Zeitgespräch mit der Politik, mit der Kunst, mit der Kultur. Was er gesagt hat, das hatte Geltung."

„Ich würde Kardinal König auf alle Fälle in die Nähe eines Boddhisattvas rücken", ordnet ihn Gerhard Weißgrab, Präsident der Österreichischen Buddhistischen Religionsgemeinschaft, ein. Ähnliches schrieb er 2004 auch in das Kondolenzbuch. Als Boddhisattva wird im Mahayana-Buddhismus ein nach höchster Erkenntnis strebendes Wesen bezeichnet, das auf dem Weg der „Tugendvollkommenheit" die „Buddhaschaft" anstrebt. „Ich würde Kardinal König beschreiben als einen besonders würdigen und gleichzeitig liebenswürdigen Menschen. Das ist kein Widerspruch, Würde und Liebenswürde, und er hat das wunderbar in seinem Leben vereint", ist Chaim Eisenberg, Oberrabiner der Israelitischen Kultusgemeinde Wien, der Ansicht.

Natürlich sind besonders posthume Beschreibungen stets reflektiert zu betrachten, wie auch David Neuhold in seinem Buch über Kardinal König schrieb: „Dieser Aneignungs- und Konstruktionsprozess steht auch mehr oder weniger latent in Gefahr, bewusst oder besser gesagt: gezielt geformte Bilder der Person Königs zu produzieren. Das Moment einer Überhöhung und ein Potential für so etwas wie Glorifizierung ... sind durchaus gegeben."

Erhard Busek bemüht sich in diesem Sinne, bei der Beschreibung Kardinal Königs auf dem Boden der Realität zu bleiben. Zwar meint er: „Kardinal König gilt heute als der große Repräsentant einer freien und offenen Auffassung von Kirche, innerkirchlich aber war er durchaus einer, der versuchte, die Zügel fest in der Hand zu halten." So erinnert er sich, „dass ich auf seinen Wunsch hin die Redakteurin unserer Zeitschrift der Katholischen Mittelschuljugend (KMJ) wegen eines Artikels, der eine gewisse sexuelle Freizügigkeit verriet, die einem heute lächerlich vorkäme, aus dem Amt entfernen musste". Der Artikel war ein Gedicht, in dem, so Busek, geschildert wurde, „dass der Liebhaber die Zehe der Person, die er geliebt hat, gelutscht hat". Als Vertreter der Katholischen Mittelschuljugend wurde Busek zum Kardinal zitiert – was im Übrigen ihre erste persönliche Begegnung war. „Es war eine schwierige Unterhaltung, weil ich das eigentlich nicht akzeptiert habe, aber da war er eigentlich nicht gesprächsfähig."

Wie wurde Franz König von Vertretern der katholischen Kirche gesehen? Johann Weber, der Altbischof der Diözese Graz-Seckau, hat ihn vor allem in der Bischofskonferenz kennengelernt. „Es war wirklich eine Freude, dort dabeizusein. Damals war auch die Bischofskonferenz noch eher eine sehr feierliche Angelegenheit. Wir waren fast alle per Sie und es ist sehr feierlich abgegangen. Er hat dem Raum gegeben, dass es anders wird. Er hat nicht gesagt: ‚So, jetzt sind wir alle per Du', sondern er hat es wachsen lassen und es war in seinem Sinn. Und dieses Zueinander hatte dann schon eine sehr große Bedeutung." Webers Amtsnachfolger, Bischof Egon Kapellari, ist davon überzeugt: „Er war ein Jahrhundertbischof, aber das ist auch nur eine Facette. Er war eine europäische Gestalt, das kann man auch sagen, doch hat er Europa immer schon so verstanden, dass es ein Teil der globalen Welt ist."

Wieder landet man beim Amt und dessen Charakteristik, doch wie war der Mensch? Dazu eine Anekdote, die Michael Heltau erzählt: „Da war einmal in der ‚Kronen Zeitung' ... ein Interview mit Kardinal König. Da gab's auch diese, wie ich finde, überflüssigen, weil nicht so wichtigen Fragen, Lieblingsschriftsteller, Lieblingsschauspieler, bla, bla, bla. Und er nannte meinen Namen. Na, was das war, kann ich Ihnen nicht sagen. Das war mehr wie hymnische Kritiken oder was." Die Augen des Doyens des Wiener Burgtheaters leuchten. „Und dann war eben Folgendes: Ich bin vom Burgtheater hergekommen, diesen Weg, und er kam mit der Frau Doktor Fenzl diesen Weg. Es waren vielleicht vier oder fünf Tage nach diesem Interview. Die kamen mir entgegen und ich wollte mich unsichtbar machen, wie mit einer Tarnkappe gehen. Aber die Frau Doktor hat ihm gesagt: ‚Da kommt der Heltau' – wahrscheinlich so irgendwas. Und er machte so die Arme auf und ich sagte sofort: ‚Ich hab' mich so furchtbar gefreut' – hab' gleich so angefangen. Ich sagte also: ‚Aber Eminenz, ich bin ja gar kein typischer Schauspieler.' Und er sagte nur das Wort: ‚Drum.' – Sie verstehen, was ich meine? Das hätte ja ein Satz sein können. Das war das knappste Wort, das es gibt."

Der Pantomime Samy Molcho erzählt eine ähnliche Begebenheit. Bei einem Treffen fragte er Kardinal König, warum das fünfte Gebot falsch übersetzt sei. Statt „Du sollst nicht töten" sollte es nach richtiger Übersetzung aus dem Hebräischen „Du sollst nicht morden" heißen. „Als Antwort machte der Kardinal nur so ..." Dabei zuckt Molcho mit den Schultern. Wieder die knappste Form einer Antwort.

Franz König war kein Mann großer Gesten oder unnötiger Worte, vor allem dann, wenn es um seine Person ging. Er schrieb kein Tagebuch, es existieren kaum persönliche Notizen und auch Aussagen über sein Gefühlsleben sind rar. Er sei ehrgeizig gewesen, sagte er nach seiner Emeritierung, und oftmals hatte er das Gefühl, „bei Reden, bei Ansprachen nicht das gegeben zu haben, was ich geben wollte oder was mein Wunsch gewesen wäre zu geben, das Gefühl, nicht auf der Höhe der Leistung zu sein, einfach mehr geben oder tun zu können, als ich tatsächlich tue. Dieses Gefühl habe ich sehr oft und das gehört auch in das Gebet, unbefriedigt zu sein, etwas enttäuscht zu sein."[1] Auf sein Leben zurückblickend, sagte er als 80-Jähriger: „Es hat sicher eine ganze Reihe von Enttäuschungen in meinem Leben gegeben." Sehr berührend ging er auch auf die ihm entgegengebrachte Kritik ein: „Man kommt dann oft ins Gerede, man wird als Freimaurer, als Kommunist, als Roter, was weiß ich als was, als Rechter, Linker hingestellt und geschildert. Und man hört das ja immer wieder oder bekommt es serviert. Braucht nur an verschiedene Kommentare denken, die einem dann schon, glaube ich, nicht gerecht werden, die natürlich dann schon persönlich verletzend, kränkend wirken, aber es ist immer heilsam, auch so etwas erlebt zu haben und langsam vernarben zu lassen."[1]

Weihbischof Helmut Krätzl beschreibt den Kardinal am Anfang seines Pontifikates als „eher ein bisschen zurückhaltend bis misstrauisch, auch uns gegenüber". Kardinal König wusste um seine distanzierte Wirkung auf andere Menschen und sagte dazu: „Ich möchte das ja nicht sein, aber durch die vielen äußeren Umstände, durch die vielen Verpflichtungen, dadurch, dass ich mir viele Menschen anhören muss, wirkt man dann sicher etwas distanziert. Ich habe nicht dieses Gefühl, distanziert zu sein, aber ich gebe zu, dass ich so wirke."[1] Später war das Verhältnis stets korrekt, „aber menschlich sind wir uns nie sehr nahe gekommen", so Krätzl. In seinem Buch „Geschenkte Zeit: Von der Kunst älter zu werden" schrieb Krätzl darüber, wie Menschen im Alter noch reifen können. „Und da schildere ich ihn, wie einmal eine Herzlichkeit und Menschlichkeit in ihm aufgetaucht ist, die man ihm fast gar nicht zugetraut hätte", erzählt er rückblickend. Warum verändern sich Menschen, wie auch Kardinal König, ab ihren 80ern auf eine solche Weise? „Weil man sich nicht mehr fürchten muss vor einer bösen Nachrede oder sonst irgendetwas", glaubt der Benediktiner David Steindl-Rast. „Man hat nichts mehr zu verlieren, und ich glaube, das war auch bei ihm der Fall. Es kann einem nichts mehr etwas anhaben." So überlagert das letzte Bild die früheren Jahre. „Die Fenzl schildert ihn nur so", meint Helmut Krätzl.

Annemarie Fenzl war von 1986 bis zu seinem Tod die Büroleiterin Kardinal Königs. Die 1945 in Wien geborene promovierte Historikerin begann 1965 als freie Mitarbeiterin im Diözesanarchiv der Erzdiözese Wien zu arbeiten, 1969 wurde sie dort Assistentin, 1976 übernahm sie die Leitung. „Nach seiner Pensionierung habe ich die Verantwortung übernommen", erzählt das Energiebündel Fenzl. Von da an kümmerte sie sich um die beruflichen und auch privaten Angelegenheiten ihres „Chefs". Dieser meinte dazu: „Ich habe halt zum Glück ein tüchtiges Sekretariat, das mir hilft, in den meisten Fällen Nein zu sagen. Ich würde vieles gerne machen, aber ich kann mich nicht selber überfordern."[7] Kaum war er in Pension, kamen schon die ersten Anfragen, erzählte er: „Herr Kardinal, jetzt haben Sie ja nichts zu tun, jetzt kommen Sie bitte zu uns und halten Sie einen Vortrag, schreiben Sie für dieses Buch einen Beitrag, kommen Sie und halten Sie Priesterexerzitien und halten Sie einen Einkehrtag." Am Anfang sei er zu großzügig gewesen: „Naja, werden wir schon machen, nicht ganz ernst gemeint von mir, aber der andere hat das blutig ernst gemeint und auf einmal habe ich zwei Termine an einem Tag gehabt, die ich nicht mehr recht füreinander bringen konnte. Aber, ich habe auch daraus gelernt und versuche jetzt, doch ein bissl zu unterscheiden, was ich machen kann, was wichtig ist."[7]

Annemarie Fenzl organisierte anfangs sein Sekretariat, doch später erledigte sie auch die kleinen Dinge des Alltags. Im hohen Alter pflegte sie Kardinal König bis zu seinem Tod und auch heute kümmert sie sich mit größtem Engagement um seinen Nachlass. „Frau Dr. Fenzl verdient den höchsten Respekt und Dankbarkeit, weil sie hat zur Bewältigung des Lebensabends beigetragen", würdigt Herbert Schambeck dieses Engagement. Seit dem Tod Kardinal Königs hat sie zahlreiche Publikationen mit seinen Schriften veröffentlicht, darunter auch das Buch „Woher komme ich? Wohin gehe ich?", in dem sie sehr private Einblicke in den Alltag des Kardinals gewährt. „Selten hat man den Kardinal in Eile erlebt. Wenn man an ihn denkt, dann ist da vor allem Ruhe, Kraft und Konzentration." Er habe nach Ordnung für Körper, Geist und Seele gestrebt. So hatte er einen sehr geregelten Tagesrhythmus fürs Gehen, Nachdenken und Beten am Dach des Krankenhauses der Barmherzigen Schwestern in Gumpendorf. Für sein Rosenkranzgebet plante er exakt 45 Minuten ein. „Solange ich die Gesundheit habe, will ich mich gerne als Geistlicher zur Verfügung stellen für die Seelsorge"[7], war der Wunsch Franz Königs, und so zelebrierte er – von wenigen Ausnahmen abgesehen – täglich die Messfeier, aus der er Lebenskraft schöpfte. Zur genauen Zeit betete er am Morgen im Anschluss an den Gottesdienst und abends sein Brevier abwechselnd in den verschiedenen Sprachen, zuletzt auf Englisch. „Der liebe Gott versteht mich in allen Sprachen und ich bleibe in Übung"[2], meinte er zu dieser Praktik. Vor dem Schlafengehen suchte er die Kapelle im Altenheim auf, um die Seele auf die Nacht vorzubereiten und den Tag abzuschließen, und vor dem Einschlafen las er noch ein Kapitel aus dem Neuen Testament.

Franz König war kein Morgenmensch, doch hatte er noch eine Devise: „Was man am Vormittag nicht beginnt, schafft man an dem Tag nicht mehr."[2] Also achtete er darauf, seine Post schnell zu erledigen und nichts liegen zu lassen. Seine Arbeitszeit teilte er sich genau ein, Telefonate wurden geblockt geführt, um nicht von anderen Aufgaben abgelenkt zu werden. Große Reden ließ er sich von Menschen seines Vertrauens vorbereiten, unter ihnen Adolf Holl oder auch Richard Barta, doch stets setzte er seine persönlichen Impulse in die Texte. Und seine Predigten und Ansprachen bereitete er bis zuletzt selbst vor.

Unerledigte Dinge konnte Franz König nicht ausstehen, das wussten auch seine Mitarbeiter. Er hatte das Talent, sich stets gute Leute auszusuchen und Aufgaben an diese zu delegieren. Das bestätigt auch Bischof Krätzl: „König hat die Gabe gehabt, sich immer gute Mitarbeiter zu suchen. Also das betrifft jetzt nicht mich, weil mich hat er nicht gesucht, aber ich hoffe, er war dann zufrieden mit mir, sonst hätte er mich nicht zum Weihbischof gemacht, dann später, 1977." 1956 war dem Wiener Erzbischof der junge Helmut Krätzl als Zeremoniär zugeteilt worden. „König hat mich nicht gekannt und ich habe ihn nicht gekannt, sondern das war eine Entscheidung wahrscheinlich von Generalvikar Streidt damals."

Aber auch die Kleidung war Franz König wichtig. Den Talar wählte er, wenn es ging, immer etwas weniger prächtig. „Lieber paspeliert als rot", sagt Annemarie Fenzl und erzählt, dass er auch Mitra und Stab, die Zeichen der bischöflichen Würde, nach seiner Emeritierung sehr sparsam verwendete, „um sich nicht einmal dem Verdacht auszusetzen, die bischöfliche Autorität des regierenden Nachfolgers beeinträchtigen zu wollen. So verwendete er meistens nur Pileolus, sein rotes Birett, seinen Konzilsring und sein Johannes-Kreuz." Im Übrigen sei der Geist des Kardinals nicht an irdischen Dingen gehangen, weiß Fenzl. „Er hat eigentlich nichts wirklich besessen, er hat sich an nichts geklammert. Bei seinen oftmaligen Umzügen sortierte er immer kräftig aus und brachte nur wenig nach Wien mit, er besaß praktisch so gut wie keine eigenen Möbel. Geschenke gab er meist sofort weiter." So hatte er nach seinem Tod außer seiner Kleidung, Büchern, persönlichen Gegenständen und einem kleinen Barbetrag auch nichts zu vererben.

2. Körper, Geist und Seele

Wer bis kurz vor seinem Tod noch so rüstig ist, wie Kardinal König es war, braucht zum einen eine gute genetische Grunddisposition, zum anderen aber auch eine gesunde Lebensweise. „Ab einem gewissen Alter ist man, wenn man nicht krank ist, verantwortlich für seinen Körper", war er überzeugt. „Wir müssen versuchen, gesund zu leben, aus Dankbarkeit und Verantwortung unserem Schöpfer gegenüber."[2]

Zum gesunden Leben gehörte ein sehr ausgiebiges Frühstück mit viel Obst und Gemüse. Wenn er keine auswärtigen Termine hatte, aß er zu Mittag in der Spitalsküche der Barmherzigen Schwestern. „Wenn der Kardinal zu Mittag gegessen hat, dann hat er ordentlich gegessen", weiß Christa Pongratz-Lippitt, Korrespondentin von „The Tablet". Ein Mittagessen mit ihrem Chef und dem Kardinal ist ihr nachhaltig in Erinnerung geblieben: „Es war Freitag und es gab die Wahl zwischen Fisch und Wiener Schnitzel. Und John – das war mein Chef –, glaube ich, ist kein großer Fischesser. Ich habe natürlich Fisch genommen, es war ja Freitag. John hat meinen Teller angeschaut und hat auch Fisch genommen. Der Kardinal sagte: ‚Ja gut, bleiben zwei Wiener Schnitzel für mich – danke, Schwester.' Und nimmt zwei Wiener Schnitzel. Dann kommt der Wein und ich habe gesagt: ‚Ich trinke nie Alkohol zu Mittag, nein danke.' Der John hat sich gedacht: Na ja, wenn sie nichts trinkt, trinke ich auch nichts. – Darauf sagt der Kardinal: ‚Schwester, das ist wunderbar, dann kann ich ein Glas Rot und ein Glas Weiß haben.' Aber bitte, da war er auch schon in den Neunzigern." Für Annemarie Fenzl ist diese Geschichte jedoch eine lustige Anekdote. „Ich sage Ihnen, dass eine solche Szene nie vorgekommen sein kann, auch deshalb, weil der Kardinal grundsätzlich, wenn er die Wahl hatte, immer Fisch anstatt Fleisch gegessen hat, einfach weil er Fisch viel lieber mochte."

„Ich habe einfach gelebt, vielleicht auch gesund gelebt. Ich habe seit vielen Jahren die merkwürdige Gewohnheit, nur zwei Mal am Tag zu essen. Es beschäftigt mich auch gar nicht, ob ich jetzt alt werde oder nicht alt werde"[14], fasste Franz König seinen persönlichen Lebensstil zusammen. Dass der Kardinal meist aufs Abendessen verzichtete, wussten auch seine Gesprächspartner, die ihn deshalb bevorzugt zum Mittagessen einluden. „Er hat ja bekanntlich nicht zu Abend gegessen im eigentlichen Sinn des Wortes, aber diese Mittagessen waren für mich sehr wichtig und interessant", berichtet Bundespräsident Heinz Fischer. „Wenn er bei mir zu Gast war zu Diskussionen oder so was, hat er ab vier Uhr Nachmittag nichts mehr gegessen. Das habe ich auch in einigen anderen Haushalten erlebt, da waren immer die Hausfrauen entsetzt", erzählt auch Erhard Busek und Karl Blecha erinnert sich: „Er hat mir mehrmals erklärt, dass seine Fitness darauf zurückzuführen wäre, dass er nach fünf nichts mehr gegessen hat – oder fast. Er konnte ja oft nicht auskommen, weil er ja bei offiziellen Einladungen dann ein bisschen was gegessen hat. Aber normalerweise hat er nach fünf nichts mehr gegessen. Und er war sehr bescheiden in seinem Essen. Er hat mir oft erzählt, was er gerade an dem Tag, wo ich ihn getroffen habe, zu sich genommen hat. Das waren immer sehr kleine Portionen."

Johannes Huber, Königs ehemaliger Sekretär, hat später als Mediziner das Prinzip des „Dinner-Cancelling" propagiert: „Ich muss gestehen, das habe ich mir von ihm abgeschaut. Diese Botschaft stammt eigentlich nicht von mir, sondern stammt von ihm, weil er das empirisch erlebt hat. Wenn er am Abend gegessen hat, ist es ihm am nächsten Tag nicht so gut gegangen, wie wenn er am Abend nur einen gedünsteten Apfel zu sich nahm ... Interessanterweise haben die Schulmedizin und die naturwissenschaftliche Forschung bis jetzt nur eine einzige Methode wirklich als evident ausgewiesen, nämlich das sogenannte ‚restriction of calories', das Zurücknehmen von Kalorien."

Für seine Fitness ausschlaggebend war auch der Bewegungsdrang des Kardinals. Bis zuletzt fuhr Franz König täglich auf seinem alten, klapprigen Hometrainer eine bestimmte Kilometeranzahl – sogar noch nach seinem Oberschenkelhalsbruch. Als Kardinal hielt er sich jeden Mittwoch frei, um über den Nasenweg hinauf zum Leopoldsberg am Stadtrand von Wien zu gehen, wo er in der Kirche betete und danach wieder ins Kahlenbergerdorf marschierte. „Ich habe ihn zufällig einmal getroffen bei der Straßenbahnhaltestelle Nussdorfer Straße. Da habe ich gesehen, wie er im Hubertusmantel wieder im Wienerwald spazieren gegangen ist. Da konnte er schon freundlich und umgänglich sein", erinnert sich Adolf Holl an eine Begegnung. Auf der Dachterrasse des Erzbischöflichen Palais stand auch ein Tischtennistisch, und jeder Sekretär, aber auch so mancher Besucher, musste die Liebe für diesen Sport mit ihm teilen, wie etwa Heinz Nußbaumer: „Tischtennis hat er vielleicht um eine Spur schlechter gespielt als ich, aber für einen Kleriker in höherem Alter war er gut drauf, denn er war ja auch durch seinen Talar behindert." Auf der Dachterrasse der Barmherzigen Schwestern verband Franz König später sein Brevier-Beten mit dem Wandern und drehte unzählige Runden. Und trotz seines vollen Terminkalenders achtete er in all den Jahren darauf, jeden Sommer mindestens drei bis vier Wochen Urlaub zu machen, den er gerne in den Bergen Vorarlbergs oder der Schweiz verbrachte.

Schwimmen gehörte ebenfalls zu den sportlichen Freuden des Kardinals. Im August besuchte er öfter Adolf Bayer, damals Böhler-Generaldirektor, in Pörtschach, wo er diesem nach einigen Jahren der Freundschaft in der Badehose das Du-Wort antrug. Einmal, als er schon in seinen 90ern war, schwamm er mit Bayer weit in den Wörthersee hinaus. Plötzlich bemerkten die beiden, dass sie ein anderer Schwimmer umrundete. „Entschuldigen Sie, sind Sie vielleicht der Kardinal König?", fragte dieser nach einiger Zeit. „Ja, der bin ich." Daraufhin begann der deutsche Tourist weit draußen im See eine Diskussion. „Ich habe gesagt: ‚Bitte, ich halte es nicht mehr aus, ich schwimme zurück'", erinnert sich Bayer lachend. Eine halbe Stunde unterhielten sich die beiden wassertretend im See, dann schwamm der Kardinal locker wieder zurück ans Ufer. „Er ist aber auch zu uns auf die Hohe Wand gekommen, wo wir ein Sommerhaus haben, und hat dann einen Lieblingsspaziergang auf einem nicht markierten Weg gehabt, den meine Frau und ich dann den Kardinal-König-Weg genannt haben. Das war so eine Runde von circa einer Stunde", erzählt Bundespräsident Fischer, ebenfalls ein leidenschaftlicher Wanderer.

Franz König achtete aber nicht nur auf seine Gesundheit, sondern auch auf sein Äußeres. „Er war ein sehr ordentlicher und gepflegter Herr, der mit zunehmendem Alter gerne Komplimente über seine Erscheinung und sein rüstiges Auftreten entgegennahm", weiß Annemarie Fenzl. „Ein Priester muss auch äußerlich untadelig sein, ein Vorbild", war seine Devise. „Schlampige Priester sind kein gutes Zeichen – die äußere Ordnung ist ein Spiegel der Seele, der inneren Ordnung."[2] Und so rasierte er sich auch noch selbst am Tag vor seinem Tod das letzte Mal – besonders gründlich.

3. Die Kinder des Kardinals

„Er hat – wie ich selbst erlebt habe – auch mit Kindern eine wirklich gute Gesprächsführung gehabt. Ich habe das bei meinen eigenen Kindern zu Hause in der Josefstädter Straße erlebt, wenn der Kardinal zum Mittagessen zu Gast war", beschreibt Heinz Fischer den kinderlieben Kardinal. „Er hat Kinder immer gern gehabt. Also, von klein auf, hat er Kinder sehr geschätzt", erinnert sich auch der Cousin Josef Fink. Annemarie Fenzl kann das bestätigen, verbrachte sie doch ab 1979 zahlreiche Urlaube mit den „Kindern des Kardinals".

Kommt das Thema Kardinal König zur Sprache, so ist es interessant, festzustellen, dass sehr viele Gesprächspartner hinter mehr oder minder vorgehaltener Hand von angeblichen illegitimen Kindern Kardinal Königs zu tuscheln beginnen, sodass auch dieser Punkt betrachtet werden sollte. Gerüchte gibt es verschiedene. „Wir können ja nur lachen drüber", amüsiert sich Erich Leitenberger, langjähriger Pressesprecher des Kardinals, der auch das Gerücht, dass Johannes Huber angeblich Königs Sohn sein soll, erwähnt.

Anfang der 1970er-Jahre habe das Nachrichtenmagazin „profil" einen Bericht über illegitime Kinder des Kardinals vorbereitet, erzählt Walter Kirchschläger, der zu dieser Zeit Kardinal Königs Sekretär war. Am Freitag vor dem Erscheinen sei er dazu von der Redaktion angerufen worden. Daraufhin habe er seinen Chef im Urlaubsort kontaktiert und informiert. Dieser meinte, das sei eine ernste Geschichte und man müsse etwas dagegen tun. Der Sekretär sollte beim Dr. Stern anrufen, damals eine „Institution" in der Wiener Anwaltsszene. Das Ergebnis seiner Intervention war – so das Gerücht –, dass die Auflage eingestampft werden musste. „Das ist garantiert ein Unfug", meint der Journalist Peter Michael Lingens, von 1970 bis 1986 Herausgeber des „profil", zu dieser Geschichte. „Das Einstampfen einer Auflage hätte ich erfahren." Außerdem hätte er gegen eine solche Geschichte opponiert: „Ich hätte wahrscheinlich in der Redaktionskonferenz gesagt: ,Bitte, das sind Privatangelegenheiten.'"

Die Gerüchte kennt auch Kardinal Königs Neffe Ferdinand König: „Manche haben ihm sogar zwei ledige Kinder angedichtet. Aber ich selber glaube es fast nicht." Und auch Josef Fink, der Cousin, hält von diesem Gerede nichts: „Das ist am Land eigentlich der Brauch, ein junger Kaplan, der muss ja ein Verhältnis haben, so hat man es auch dem Kardinal angehängt." Peter Michael Lingens sieht ähnliche Motive hinter all diesen Geschichten: „Pfarrerskinder sind immer eine beliebte Fantasie in der Bevölkerung gewesen, zweitens haben sie sicher auch stattgefunden." Er glaubt, es gebe Bischöfe, denen man kein Kind zutrauen würde, „während man beim Kardinal König das Gefühl hatte, das ist ein Mann, der einer Frau sehr wohl sehr gut gefallen kann und der ein Kind sehr wohl in die Welt setzen könnte".

Wiederholt hatte Kardinal König im Laufe seines Lebens bewiesen, dass er auch in schwierigen Situationen seinen Mann stehen und anderen als Mann beistehen konnte. „Für mich war er vor allem ein gestandenes Mannsbild mit klaren Positionen", beschreibt der Pastoraltheologe Paul M. Zulehner den Kardinal. „Der Kardinal König hat sich mit Männern umgeben. Die Diözese war damals in einer sehr guten Hand durch diese gestandenen Männer. Und das war ja die Zeit, wo auch in der Politik gestandene Männer waren, nämlich Bruno Kreisky und Rudolf Kirchschläger, die ich persönlich alle kennengelernt habe." Zulehner meint, dass man heute genau das in der Politik, aber auch in der Kirche vermisse: „Ein Mannsbild, also einen, dem man vertrauen kann, der sehr viel Väterlichkeit hat."

Im engen Umfeld Kardinal Königs gab es nur wenige Frauen. Als Bub wurde er von seiner Mutter stark geprägt, später wohnte sie bei ihm im Erzbischöflichen Palais. Mit Maria Schnabl, seiner Freundin aus Kindertagen, blieb er weiter eng verbunden, als sie schon Generaloberin Rigomaris der Schulschwestern war. Die Kirche sowieso, aber auch die Politik der damaligen Zeit war eine Männerwelt, einflussreiche Frauen waren selten, so gehörte der Regierung Kreisky I nur Hertha Firnberg als Ministerin an. Margarethe Ottilinger suchte nach ihrer Rückkehr aus russischer Gefangenschaft den Kontakt zum Kardinal und auch die Mutter von David Steindl-Rast besuchte König mehrmals im Erzbischöflichen Palais, wie dieser erzählt. Seine Großmutter hatte nach dem Ersten Weltkrieg einen Hilfsfonds für Kriegswaisen gegründet, der von Kardinal Friedrich Gustav Piffl unterstützt wurde. Nach ihrem Tod übernahm die Mutter von Steindl-Rast das Werk, musste allerdings in die USA auswandern, wo sie Gelder von den amerikanischen Bischöfen sammelte. „Das Hilfswerk hat ,Austrian Delegation' geheißen und Messstipendien gesammelt", erinnert sich ihr Sohn David. Als die Baronin schon über 70 Jahre alt war, bat sie Kardinal König, ihr Amt niederlegen zu dürfen. „Da hat ihr der Kardinal einen ,Kramperltee' gemacht und ihr gut zugeredet, da hat sie dann doch noch weitergemacht", erzählt David Steindl-Rast lächelnd. Immerhin hat sie noch die EDV-Umstellung im Hilfswerk durchgeführt.

Am Ende seines Lebens standen Kardinal König seine Sekretärin Annemarie Fenzl und die „Tablet"-Korrespondentin Christa Pongratz-Lippitt sehr nahe, die ihn im persönlichen Kontakt als „sehr charmant" bezeichnet. „Wenn ich ein Mann gewesen wäre – für den ,Tablet' hätte ich, glaube ich, nicht halb so viel von ihm gehört. Ich glaube schon, dass diese Beziehung Mann–Frau beim Interview wichtig war." Ihr fällt zu den Kinder-Gerüchten folgende Anekdote ein: „Der Kardinal hat ja nach dieser Hüftoperation sehr abgenommen, die Hosen sind alle gehangen und er musste Hosenträger tragen, aber die sind runtergerutscht. Und da hat er sich wahnsinnig beklagt und hat gesagt, das geht so nicht. ,Es soll mir jemand eine billige Hose besorgen, die mir passt, hier.' Ja, ja. ‚Aber bitte keine teure, weil es wird nicht mehr lange dauern. Eine billige Hose, schwarz, die um die Taille halt sitzt. Nehmen S' die alte Hose, messen S' mich ab und gehen S'.' Eine Freundin der Annemarie [Fenzl] ist zum Tlapa. Dort stottert sie herum und sagt: ‚Bitte, das ist dem Großvater seine Hose, der hatte eben eine Hüftoperation, hat wahnsinnig abgenommen und braucht jetzt eine neue Hose. Aber nicht teuer, eine billige Hose.' Okay. Und der Mann nimmt die Hose und geht weg, kommt zurück und sagt: ‚Aha, der Großvater wurde operiert?' ‚Ja', sagt sie. ‚Komisch, es ist eingestickt: Kardinal Franz König.' Sie hat das dem Kardinal sofort gebeichtet und der Kardinal hat gesagt: ‚Mein Gott, bin ich halt ein Großvater – na und?'"

Diese Anekdote wird wohl kein Grund für Gerüchte gewesen sein, doch darf man über solche überhaupt schreiben? „Es gibt natürlich eine Situation, in der es berechtigt ist", meint der Journalist Peter Michael Lingens, „entweder, wenn der Betreffende das Kind leugnet, nicht versorgt, nicht dafür zahlt, oder wenn das natürlich ausgerechnet innerhalb der katholischen Kirche stattfindet und dann das illegitime Kind sozusagen ausgestoßen ohne Vater lebt, dann hätte das berechtigt sein können." Annemarie Fenzl meint, sie sei ja nie im Schlafzimmer des Kardinals am Nachtkästchen gesessen, doch ein überzeugendes Argument macht sie gegen all diese Gerüchte geltend: „So gut habe ich meinen ‚Chef' gekannt, dass ich weiß, er hätte die Kindsmutter niemals im Stich gelassen und sich um das Kind gekümmert."

Angeblich illegitimer Sohn ist zum Beispiel Johannes Huber, der Theologie studierte, von 1973 bis 1983 Sekretär Kardinal Königs war und nach seinem Medizinstudium heute zu den führenden Gynäkologen zählt. „Wenn ich als Bischof ein Kind hätte, würde ich es wahrscheinlich als meinen Sekretär anstellen, um es bei mir zu haben. Ich glaube, das ist der Hintergrund dieses Gerüchts", vermutet Lingens. „Es ist interessant, dass der Professor Huber mit einer wissenschaftlichen Ausbildung ein sehr gläubiger Mann ist, das ist relativ auffällig." Johannes Huber kennt diese Gerüchte natürlich auch und geht sehr offensiv damit um: „Es wäre natürlich keine größere Freude für mich, als der Sohn des Kardinals zu sein, leider stimmt es nicht. Wieso das letzten Endes dazu gekommen ist, weiß ich nicht, aber es wird immer wieder kolportiert, und ich bedauere es, dass es leider nicht so ist.“ Weihbischof Krätzl kennt weitere Hintergründe, die dieses Gerücht entkräften: „Der Huber stammt aus Hainburg. Und in dieser Zeit war mein Bruder – er ist Priester, vier Jahre älter und 1951 geweiht – in Hainburg Kaplan. Der kennt den Huber und die ganze Familie. Das war eine völlig intakte Familie und kein Mensch hat König damals gekannt. Also ich schließe das völlig aus.“

Ähnliche Erklärungen gibt es auch zu anderen Gerüchten, daher genug von den angedichteten Kindern, wenden wir uns den Pflegekindern des Kardinals zu: der ältesten Pflegetochter Lien, den beiden Pflegesöhnen Lin und Long sowie Claudia. 1979 war Nguyen van Tin mit seiner schwangeren Frau Thi Hue und drei kleinen Kindern als Angehörige der vietnamesischen Minderheit von Laos über Thailand nach Österreich geflohen. Damals suchte die Caritas Paten für diese Familien. „Und dann hat Kardinal König eines Tages gesagt, er möchte eigentlich ein Vorbild geben, man kann nicht immer nur reden, man muss auch etwas tun“, denkt Annemarie Fenzl an diese Entscheidung zurück. So kam die Familie vom Caritas-Lager in Retz ins Erzbischöfliche Palais nach Wien, wo der Kardinal gegen den anfänglichen Widerstand so mancher Verwalter der Erzdiözese eine Wohnung einrichten ließ. „Die Vietnamesen haben dann nach und nach begriffen, wo sie sind, wer das eigentlich ist“, erzählt Fenzl, was Long, der Zweitjüngste, bestätigt: „Ich war zu seinen Lebzeiten zu weit weg, um zu verstehen, was der Kardinal alles geleistet hat.“ Am Anfang war die Familie irritiert wegen des Familiennamens: „Ich dachte, der Kardinal ist der König von Österreich, weil die Begegnungen, die der Kardinal in der Öffentlichkeit mit den Menschen hatte, auch so gewirkt haben.“ Für die Kinder war er wie ein Großvater, beschreibt ihn Lien, „aber mit sehr viel Respekt, nicht so kirchlich.

Ich habe ihn nicht als Kardinal gesehen." Long weiß: „Jeder, der ihn auf der Straße gesehen hat, wäre am liebsten vor Respekt auf die Knie gefallen. Auf der anderen Seite haben wir ihn so persönlich erlebt, ganz andere Seiten von ihm erlebt. Für uns war er ein greifbarer alter Mann."

Nach etwa zwei Jahren in Österreich wollte Nguyen van Tin, der Vater, seine Kinder taufen lassen, wie er im Film „Die Kinder des Kardinals" erzählte: „Der Herr Kardinal hat gefragt: ‚Warum? Du musst nicht.' Ich habe ihm und Frau Fenzl meine Gründe erklärt. Jede Religion ist gut, ich möchte aber, dass die Kinder den Glauben des Landes leben, in dem sie aufwachsen." Der Kardinal dachte damals, es geschehe aus Dankbarkeit und lehnte zunächst ab, doch Nguyen van Tin ließ nicht locker und nannte drei Gründe, die Annemarie Fenzl aufzählt: „Erstens, weil der Buddhismus für ihn eher eine Philosophie ist, zweitens seine Kinder leben in Europa, da ist das Christentum Religion, und drittens hat er gesagt, das ist fast ein bisschen genant für uns, weil die Christen so gute Menschen sind." So wurden die Kinder in der bischöflichen Andreas-Kapelle getauft und die Sekretärin des Kardinals erinnert sich an seine Worte: „Jetzt werdet ihr getauft und ihr werdet jetzt Christen. Und ich möchte euch aber sagen, das ist ganz wichtig, ihr sollt eure Kultur, eure Sprache und das alles, das sollt ihr nicht verlieren." Ihr „Chef" war immer dahinter, dass die Kinder zu Hause Laotisch und Vietnamesisch sprachen, erzählt Annemarie Fenzl, „das hat ihn immer interessiert".

Long beschreibt Kardinal König als sehr lebensfroh, lustig und vital – trotz seines hohen Alters. Gern erinnert er sich auch an die Wanderurlaube mit ihm zurück, bei denen der Kardinal stets sagte: „Wer rastet, der rostet." Er schritt ständig voran und die Kinder liefen hinterher und versuchten, sein Tempo mitzuhalten. In der Öffentlichkeit nannten die Kinder den Kardinal auf Bitte Annemarie Fenzls „Herr Professor", damit dieser im Urlaub seine Privatsphäre wahren konnte. Einmal rief ihm Long am Sessellift zu: „‚Herr Kardinal!' In dem Moment ist mir eingefallen: Ups, ich hätte lieber Herr Professor sagen sollen. Weil als er ausgestiegen ist, gab es ein riesiges Empfangskomitee."

Die Kinder waren per Sie mit ihm. „Das hat den Hintergrund in der vietnamesischen Erziehung und Kultur, in der man viel Respekt gegenüber den Älteren zeigt", erklärt Long. Dennoch trieben sie auch ihre Späße und Streiche mit ihm. „Der Kardinal hat geschnarcht", weiß Long, der sich bei einem der Sommerurlaube an den zu Mittag eingeschlafenen Kardinal heranschlich. Der lag in einem Liegestuhl und hatte auf der Brust seine Manuskripte und sein Diktafon liegen. „Ich habe dann sein Schnarchen aufgenommen. Später hat er sich das dann selber angehört. Er hat daraus kein Drama gemacht, sondern ihm hat das Spaß gemacht, er hat gelacht."

Eines Tages im Urlaub gab es eine Wespenplage, fällt Long noch eine Anekdote ein: „Er hat sie erwischt und erschlagen. Darauf die Annemarie: ‚Oh Gott, nein, Herr Professor, das können Sie doch nicht machen, das ist ein Lebewesen!' Ich weiß nicht mehr, was er geantwortet hat, aber er hat es trotzdem gemacht. Das war ein menschlicher Zug, das habe ich so sehr an ihm geschätzt."

Das letzte Mal fuhren die beiden Jüngeren mit dem „Herrn Professor" 1995 auf Urlaub zum Weißensee. „Für ihn war das eine willkommene Abwechslung, denn er war ein viel beschäftigter Mann. Trotzdem hat er sich die Ruhe und Zeit genommen, sich mit uns zu unterhalten", erzählt Long, der zu dieser Zeit schon ein Teenager war. „Ich finde es schade, dass ich damals zu unreif war, um mehr Lebensweisheiten, Wissen und Lebenseinstellungen mitzunehmen." Die Kinder erlebten den Kardinal als „Sir", der darauf bedacht war, richtig zu handeln.

Und wer ist Annemarie Fenzl für die Kinder? „Für mich ist sie wie eine zweite Mama", sagt Lien, „weil sie auch meine Taufpatin und meine Firmpatin ist. Sie ist ein sehr aufgeweckter Mensch, sie ist sehr interessiert und will immer alles wissen. Und sie ist immer neugierig, das war sie damals und das ist sie jetzt noch. Sie gehört einfach zur Familie." Mittlerweile hat Lien selbst Kinder, die „Oma Annemarie" zu ihr sagen.

Das letzte Mal sahen die vietnamesischen Kinder den alten Kardinal im Altenheim der Barmherzigen Schwestern kurz vor seinem Tod. Lin schob damals den Rollstuhl und die anderen Geschwister gingen mit ihm auf der Dachterrasse spazieren. Gesprochen wurde kaum etwas. Nach seinem Tod rief Annemarie Fenzl die Kinder an, die an sein Sterbebett eilten, um sich zu verabschieden. „Ich habe seine Hand gehalten, die war ganz kalt", erinnert sich Lien und Long weiß: „Er hatte noch immer ein Lächeln auf den Lippen."

4. Heimat

„Das Verhältnis zu meinem Stiefvater war überaus schwierig. Wenn ich vom Internat in Melk nach Hause kam, freute sich oft nur unser struppiger Hund, mich wiederzusehen. Trotzdem blieb ich mein Leben lang mit meiner Heimat verbunden, denn sie hat auch eine große Sehnsucht nach Offenheit und Weite vermittelt." Mit diesen Worten beginnt das Doku-Drama „Der Kardinal" von Andreas Gruber. Als Schüler und Student verbrachte Franz König seine Ferien immer seltener in Kirchberg, zu groß dürfte die Differenz mit dem Ziehvater gewesen sein. Als er 1952 Bischof in St. Pölten wurde, fuhr er manchmal mit seinem schwarzen VW Käfer in seine Heimatgemeinde. Damals war sein Bruder Gottfried Polizist in Wien, was den Stiefvater Johann Kaiser einmal zu der Bemerkung veranlasste: „Wir haben alles in unserer Familie, einen Bischof und einen Kommunisten." Jemand, der bei der Wiener Polizei beschäftigt war, musste in den Augen des früheren christlichsozialen Landtagsabgeordneten mindestens Sozialist, wenn nicht gar Kommunist sein, erinnert sich Josef Fink, Franz Königs Cousin. Das Vorurteil kam nicht von ungefähr, denn in Wien hatten die Sowjets damals einen Großteil der wichtigen Polizeiposten mit Kommunisten besetzt. „Die mussten wir langsam auswechseln", sprach auch Franz Olah das Problem an, „die kommunistischen Polizeichefs blieben bis zum Ende des Jahres 1955, bis zum Abzug der Sowjets."
Seine Mutter besuchte Franz König manchmal in Warth, öfter schrieb er ihr allerdings. „Wie er dann nach Wien gekommen ist, ist der Kontakt ziemlich abgerissen gewesen", erinnert sich Ferdinand König, der Neffe, der heute noch das Elternhaus bewohnt.

Einmal sei seine Großmutter auf Besuch nach Wien gefahren, um den Sohn – den Kardinal – zu besuchen. Nachdem am 17. Dezember 1962 der Stiefvater, Johann Kaiser, im Alter von 80 Jahren gestorben war, holte Franz König die Mutter nach Wien, wo sie bis zu ihrem Tod 1967 im Erzbischöflichen Palais wohnte. „Die Großmutter hat eine Zeit unten gelebt und wir haben sie schon öfter besucht", erzählt Ferdinand König. „Wenn er da gekommen ist, dann nur ganz kurz und da hat er auf die Uhr geschaut. Also, man hat erkannt, dass er irgendeinen Stress hat." Die Großmutter von der Fink-Seite sei alt geworden, erzählt er weiter: „Die Großmutter ist auch fast 90 Jahre alt geworden – nicht ganz, ein paar Wochen vorher ist sie gestorben." Ihr Sohn segnete am 6. Mai 1967 beim Begräbnis ihr Grab am Rabensteiner Friedhof.

Während seiner großen beruflichen Schaffenszeit hatte Franz König wenig Zeit, sich um die Familie zu kümmern. Während des Konzils bestand gar kein Kontakt, später sei über die Fristenlösung geredet worden, „aber echte politische Positionen hat er nicht eingenommen", meint Josef Fink. Die Suspendierung Adolf Holls war auch ein Gesprächsthema: „Meine persönliche Meinung war damals schon, dass dem König die Sache Holl sehr wehgetan hat. Er war ein treuer Diener Roms natürlich, konnte nicht anders handeln, aber aus dem Innersten heraus ist es nicht gekommen." Auch von der Wahl Albino Lucianis zum Papst berichtete König seinem Cousin: „Der ist beim Konklave so links vor mir gesessen und hat sich immer Notizen gemacht, so Stricherln. Der hat niemals daran gedacht, dass auf ihn die Wahl fällt. Auf einmal ist er immer langsamer geworden, ja, und auf einmal war er es. Der hat gar nicht gewusst, was er tun soll." Darüber, dass Kardinal König selbst papabile gewesen ist, schwieg er allerdings auch gegenüber Josef Fink: „Er hat es versprochen, und warum soll man da nachbohren?"

Über die Bedeutung von Heimat sprach Franz König auch bei einem seiner Besuche in Niederösterreich: Im September 1983 fand der erste Pastoralbesuch Papst Johannes Paul II. in Österreich statt, dennoch ließ es sich Kardinal König am 19. Juni nicht nehmen, den Festgottesdienst anlässlich des 700-Jahr-Jubiläums seiner Taufpfarre Rabenstein zu feiern. In seiner Predigt blickte er auf seine Kindheit zurück und erzählte von seiner Ergriffenheit, als er das erste Mal seinen Namen im Taufbuch eingetragen sah: „Mir wurde damals schon bewusst, dass mit dieser Eintragung auch meine Verbindung mit der Heimat festgehalten ist." Er bedankte sich bei seinen Eltern, „dass sie mir die Liebe zu meiner Heimat beigebracht haben und mich früh verstehen ließen, wie in dieser Heimat Glaube und Heimat miteinander in Verbindung stehen ... Daher hat jede Heimatliebe, wenn sie echt und dauernd sein will, ihre Wurzeln im religiösen Ursprung."[6]

Seinen Neffen Ferdinand und dessen Braut Maria traute Franz König 1979 in der erzbischöflichen Andreas-Kapelle in Wien. „Ja, das war schon ein Erlebnis. Das war irgendwie einmalig. Das passiert nicht alle Tage." Dennoch sahen sich Onkel und Neffe in den folgenden Jahren nur selten. „Erst, wie er dann faktisch in Pension war, haben wir wieder mehr Kontakt gehabt", erzählt Ferdinand König. Mit seinem Pensionsantritt fällt die Weihe der Andreaskirche in Warth zusammen, die 1464 erbaut und nach zwölf Jahren Renovierung am 31. August 1986 von Franz König geweiht wurde. Am Ende des Gottesdienstes sagte er: „Als Volksschüler habe ich immer gefragt, warum die Andreaskirche ihren einsamen, aber festen Standplatz auf dieser Anhöhe hat. Heute erhalte ich die Antwort: Sie ist das Ergebnis von Heimatliebe und Glaubenstreue, und so verstehe ich auch das Renovierungswerk."[6] Josef Fink weiß: „Zeit seines Lebens, wenn er nach Hause gekommen ist, dann hat er oben einen Platz gehabt, wo er sich zurückgezogen hat, mit dem Blick über das Pielachtal. Ich glaube, er hat nie ein Hehl daraus gemacht, woher er kommt." Ins Haus seines Cousins zog sich Franz König auch gerne zurück, wenn er in Kirchberg auf Besuch war. „Wir haben heute noch ein Zimmer, das Kardinalszimmer. Da hat er sich zurückgezogen, hat sich ausgeruht, bevor er dann wieder nach Wien zurückgefahren ist. Er hat das sehr geschätzt. Er hat bei uns immer einen Ort der Ruhe gehabt." Oder er besuchte seinen Neffen Ferdinand in der Stube seines Geburtshauses. Dieser erzählt vom Besuch eines Briefträgers: „Der hat natürlich nicht gewusst, dass der Kardinal da ist, und geht herein. Wie hat er gesagt? ‚Aber geh leck, da schaut man!' Der hat das nicht gewusst, aber er hat ihn dann gleich erkannt." Franz König fing sogleich ein interessiertes Gespräch mit dem Postler an: „Er hat ihn gefragt, wie lang er Dienst hat – er hat halt geredet mit ihm, wann er halt Schluss hat und so. Aber momentan hat's ihn halt geschreckt. Ist er da bei der Tür herein und da sitzt der Kardinal."

Immer wieder besuchte Franz König zu liturgischen Anlässen, zum Erntedankfest oder zur Firmung, seine Heimatgemeinde. Am 23. September 1995 bereitete der Philatelistenverein St. Gabriel eine große Feier zum 90. Geburtstag des emeritierten Wiener Kardinals vor. Zu diesem Anlass erschien auch die Sondermarke „Glaube und Heimat" und sogar die „Kardinal-König-Rose aus Rabenstein" wurde getauft. In seiner Festrede würdigte Altbischof Franz Zak den Kardinal: „Wir Bischöfe Österreichs haben uns gerne Deiner Führung anvertraut. Es waren Jahre vertrauensvoller brüderlicher Zusammenarbeit in frohen und ernsten Tagen zum Wohl der Kirche in Österreich ... Herr Kardinal, wir sind stolz auf Dich!" Tief bewegt sagte Franz König damals Worte, die später als eine Art Testament gedeutet wurden: „Tief bewegt nehme ich Abschied von meiner Heimat. Ich lege meinen Dank hier nieder, in der Gemeinde, die meine Heimat wurde, ehe ich in die Welt hinauszog, in der Pfarrkirche, wo ich im Taufbuch stehe, und am Grab meiner Mutter auf dem Rabensteiner Friedhof. In einer Zeit, in der so viele Menschen nach dem richtigen Weg fragen, bleiben als Antwort der Glaube an Christus und die Heimat, die uns diesen Glauben nahegebracht hat."[6]

Aus seinem Glauben heraus konnte Franz König ein positives Resümee seines Lebens ziehen: „Ich bin ein glücklicher Mensch geworden, weil ich weiß, ich habe auf die großen Fragen des Lebens auch wirklich eine verlässliche Antwort gefunden, und nur so kann man zu einer inneren Ausgeglichenheit und zu einem inneren Frieden kommen."[14]

Epilog. Helmut Schmidt: Für mich war das ein wunderbarer Kerl

M ehrfach hatte ich das Glück, den emeritierten Wiener Kardinal Franz König zu treffen. König, der im Jahr 2004 mit 99 Jahren starb, war ein wunderbar kluger Mann, der im Laufe seines Lebens wohl immer noch gläubiger geworden ist", schrieb der deutsche Alt-Bundeskanzler Helmut Schmidt in seinem Buch „Außer Dienst".

Sehr gerne wollte ich auch diesem großen Zeitzeugen und Wegbegleiter ein paar Fragen stellen und wandte mich am 20. Januar 2014 an sein Sekretariat. „Herr Schmidt ist bereit, Sie zu einem Gespräch zu empfangen. Allerdings ist der frühestmögliche Termin, den ich Ihnen anbieten kann, der 19. März 2014", erhielt ich eine Woche später als Antwort. „Käme dieser Termin für Sie infrage?" Selbstverständlich tat er das, und so flogen der Fotograf Rainer Friedl und ich nach Hamburg in die „Zeit"-Redaktion, wo noch ein Geschenk auf uns wartete: „Wir haben eine gute Stunde für Ihren Besuch eingeplant."

HELMUT SCHMIDT: Ihre erste Frage ist, seit wann ich ihn gekannt habe. Aus den späten 80er-Jahren, mindestens ein Vierteljahrhundert, möglicherweise seit 30 Jahren.

THOMAS J. NAGY: Erinnern Sie sich noch an die erste Begegnung, die Sie hatten?

Die erste Begegnung war in Rom. Es handelte sich um eine Tagung des damals noch existierenden InterAction Councils, ich war damals der Vorsitzende. Aber der Spiritus Rector war der Japaner Fukuda. Und auf entweder Fukudas Idee oder meine – das weiß ich nicht mehr – beriefen wir eine Tagung ein in Rom von Leuten aus allen drei monotheistischen Religionen – Judentum, Islam und Christentum – und einigen Politiker. Daran hat König von Anfang an sehr aktiv mitgewirkt. Er war ein Spezialist für den Mittleren und Nahen Osten und für den Koran und war sowieso ein Mann, dem das Prinzip der Toleranz außerordentlich wichtig war. Ganz anders als manche andere, die ich für deutschnationale Verrückte gehalten habe – in derselben Kirche. Die gibt's heute noch. Jetzt spüren sie im Augenblick eine Flut von Sympathie wegen des relativ weitherzigen gegenwärtigen Papstes. Unter seinem unmittelbaren Vorgänger herrschte eher Ebbe.

Sehen Sie eine Parallele zwischen dem jetzigen Papst und Kardinal König?

Da ich dem jetzigen Papst noch nie begegnet bin – ich habe vier Päpste gekannt, aber diesen noch nicht, und ich werde ihn auch nicht mehr kennenlernen, ich bin im 96. Lebensjahr –, ich kann ihn nicht beurteilen. Es könnte sein, dass sich Parallelen ergeben. Als Zeitungsleser, der ich bin, würde ich sagen, es ist wahrscheinlich.

Der Todestag und die Papstwahl sind am selben Tag, am 13. März.

Das ist reiner Zufall.

Wie würden Sie Kardinal König in seinen Eigenschaften beschreiben? Wie war er?

Für mich war das ein wunderbarer Kerl. Er war von der Notwendigkeit des Prinzips der Toleranz voll überzeugt. Er brauchte dazu nicht angestoßen werden. Ganz anders als manche andere Religionsführer, ganz anders als manche Juden und ganz anders als manche Koran-Angehörige, die Islamisten. Und ganz anders als zum Beispiel der vorige Papst. Für den gab es nur eine einzige Religion, eine einzige Kirche ...

Kardinal König hätte ja – so wird mehr als nur in Gerüchten gesprochen – zum Papst gewählt werden sollen und hat sich dann sehr eingesetzt, dass es Johannes Paul II. geworden ist. Ist Ihnen da etwas bekannt?

Darüber weiß ich nichts. Wohl aber meine ich zu wissen, dass nach Paul VI. König einer der „Papabile" war, aber dass er das abgelehnt hat. Das meine ich zu erinnern.

Hat er darüber mit Ihnen gesprochen? Oder ist das auch nur in den Gerüchten gewesen?

Das weiß ich nicht mehr. Mein Gedächtnis ist das eines 96-Jährigen.

Kardinal König hat in den 70er-Jahren oder eigentlich schon in den 60er-Jahren mit Bruno Kreisky sehr gut, sehr eng zusammengearbeitet.

Darüber weiß ich nichts, außer der Tatsache, dass meine österreichischen Sozialdemokraten den Wiener Erzbischof hoch geschätzt haben. Das ja. Aber weiter weiß ich darüber nichts.

Wann war Ihre letzte persönliche Begegnung mit Kardinal König?

Das muss gewesen sein vielleicht zwei Jahre vor seinem Tod. Nein, 2002 habe ich eine schwere Herzoperation hinter mich bringen müssen. Vielleicht war es 2003.

Wie war dieses letzte Treffen mit ihm?

Sehr berührend. Er hat zu mir gesagt, als wir schon standen und uns die Hände gaben – vorher haben wir im Sitzen eine Stunde miteinander geredet, als wir schon aufgestanden waren und uns die Hände gaben, sagte er zu mir: „Vergessen Sie nicht die Kraft des persönlichen Gebetes." Ich habe nie in meinem Leben gebetet, das muss ich bekennen. Das habe ich aber damals nicht eingewandt. Das hat er mir als ein persönliches Vermächtnis gesagt und ich habe das Vermächtnis in Wirklichkeit nicht angenommen, aber es hat mich sehr berührt und ich bin König wirklich dankbar ... Ich bin weder Protestant, noch bin ich Katholik. Ich bin überhaupt ein areligiöser Mensch. Ich bin zwar als Protestant getauft und habe meine Ehe kirchlich geschlossen, heute vor mehr als beinahe 70 Jahren. Aber in Wirklichkeit bin ich ein areligiöser Mensch. Und die Streitigkeiten unter katholischen Theologen habe ich immer mit einem negativen Interesse begleitet. Mir ist geläufig, dass die Wiener Pech gehabt haben mit dem Nachfolger von König als Erzbischof.

Haben Sie mit dem Kardinal jemals über die Nachfolge gesprochen?

Glaube ich nicht. Weiß ich nicht. Andeutungsweise vielleicht.

In Ihrem Buch „Außer Dienst" schreiben Sie über Ihre letzte Begegnung nach seinem Tod, als Sie ihn in der Krypta besucht haben. Wie war das?

Das habe ich aus Respekt für den Mann gemacht. Irgendein

Monsignore* hat mich da geführt im Stephansdom. Da ging man eine Treppe runter und da unten waren alle die Särge der Wiener Erzbischöfe aufgestapelt. Jedenfalls hat mich dieser Besuch sehr bewegt, und ich erinnere mich, dass ich eine sehr burschikose Bemerkung, deren Inhalt mir nicht mehr geläufig ist, zu dem Monsignore gemacht habe, um meine Rührung zu verbergen. Ja, Sie haben ganz recht, mich daran zu erinnern.

Wollen Sie ihn nochmals besuchen?

Ich habe keine Kraft mehr. Sie müssen sich mal fragen, wenn Sie 96 sind, ob Sie dann noch die Kraft haben. Ich bin damals die Treppe runtergegangen. Aber das muss mindestens acht Jahre her sein. Ich saß damals noch nicht im Rollstuhl. Heute sitze ich im Rollstuhl.

War Kardinal König ein Vorbild für Sie?

Darüber habe ich noch nicht nachgedacht und ich scheue mich, das aus dem Handgelenk zu beantworten.

Woran glauben Sie?

Ich glaube nicht. War Kreisky ein gläubiger Christ?

Nein.

Er war wahrscheinlich ähnlich wie ich ein Nichtglaubender.

Ja.

Und trotzdem war er ein anständiger Kerl.

Vielleicht gerade deshalb, wer weiß.

Könnte sein.

Wenn Sie an Ihr Lebensende denken – was wird dann sein? Denken Sie dran? Ist da etwas – oder genießen Sie den Augenblick und sagen, wenn dann nichts mehr ist, dann ist das Paradies – wenn es eines gibt – heute hier und jetzt?

Das Letztere würde ich nicht unterschreiben. Aber ich denke nicht an den Tod und ich habe insbesondere auch keine Angst davor. Mein Quantum an Angst ist aufgebraucht worden bis ins Jahr 1945. Ich war acht Jahre lang Soldat.

* Der erwähnte Monsignore war Weihbischof Helmut Krätzl.

Hat Sie das sehr geprägt, diese Erfahrungen, was Sie gesehen haben?
Es ist eine Erfahrung, die die Menschen durchaus prägt. Nicht
so, wie das manche meiner politischen Freunde und meiner po-
litischen Gegner sich eingebildet haben, aber es prägt natürlich –
acht Jahre prägen schon. Ich wurde 1937 eingezogen und bin 1945
schließlich und endlich entlassen worden.
*Wie ist es, im 96. Lebensjahr zu sein? Ist das überraschend? Haben
Sie damit gerechnet?*
Nein, habe ich nicht.
Ist es eine Gnade, Zufall?
Es ist eher ein Zufall als eine Gnade. Es ist kein Vergnügen, so alt
zu sein.
Warum nicht?
Wegen all der körperlichen Unzulänglichkeiten. Ich kann meine
Strümpfe nicht alleine anziehen – zum Beispiel.
Gibt es noch etwas, das Sie über Kardinal König sagen wollen?
Nein. Ich will nur sagen, für mich war er ein großer Mann ... Ich
überlege eine Bemerkung, die ich vielleicht noch machen sollte ...
Es ist eines der wenigen Gräber, die ich in meinem Leben besucht
habe. Ab und zu fahre ich an dem Grab meiner Frau vorbei. Wir
waren 68 und ein halbes Jahr verheiratet. – Aber im Falle von Kö-
nig habe ich sein Grab besucht.
Eine große Wertschätzung – sehr, sehr wichtig.
Ja.

VI

Bemerkungen zum Schluss

Über 50 Gespräche mit Zeitzeugen und Wegbegleitern habe ich geführt und dabei versucht, Leben und Wirken Kardinal Franz Königs möglichst authentisch und dennoch aus persönlicher Sicht gefärbt wiederzugeben, weil so die Lebendigkeit zum Ausdruck gebracht werden sollte. David Neuhold hat, wie weiter oben bereits erwähnt, in seiner Arbeit auf die Gefahr der Glorifizierung hingewiesen, diese war zweifellos gegeben. Wie in der Trigonometrie habe ich versucht, einen dritten Punkt von zwei anderen Punkten aus „einzukreuzen", indem ich verschiedene Aussagen gegenübergestellt habe. Der Großteil der Inhalte passte zusammen, nur manchmal kamen Jahreszahlen und Zusammenhänge durcheinander. Es zeigte sich, dass sich manche Aussagen, Aussichten und Einsichten im Laufe der Jahre verändert haben, auch wurden verschiedene Schwerpunkte gesetzt, wodurch sich unterschiedliche subjektive Wirklichkeiten ergaben. Ich habe mich bemüht, allen Gesprächspartnern so neutral wie möglich zu begegnen und eigene Wertungen so weit wie möglich zu vermeiden. Dennoch entstehen beim Lesen sicherlich Bilder und Vorstellungen, die durch Zitate meiner Gesprächspartner, aber auch durch persönliche Aussagen und Niederschriften Kardinal Königs und anderer Menschen, die für ihn und über ihn geschrieben haben, sowie nicht zuletzt von meiner Darstellungsweise beeinflusst sind. Ob alles stimmt, was in diesem Buch geschrieben wurde? Vieles ließ sich verifizieren, manches konnte nicht eindeutig geklärt werden. Es könnte so gewesen sein, doch verzerren die Erinnerungen, aber auch die persönlichen Haltungen der unterschiedlichen Gesprächspartner das Geschehen. Außerdem wäre es letztlich vermessen, zu glauben, einem anderen Menschen – noch dazu einer so großen Persönlichkeit, wie es Kardinal König zweifellos war – durch bloße Recherchen und Gespräche in irgendeiner Weise nahezukommen.

Alle Zitate wurden authentisch wiedergegeben, wobei ich lediglich dahingehend sprachlich eingegriffen habe, dass ich gesprochenes behutsam in lesbares Wort verwandelt habe. Dabei war mein Bemühen, den Inhalt in keiner Weise zu verändern. Auch bei der Auswahl der Zitate war mein Anspruch, diese nicht aus dem Zusammenhang zu reißen, sondern die zugrunde liegende Absicht der Aussage zu vermitteln. Trotz aller Sorgfalt kann nicht ausgeschlossen werden, dass ich die eine oder andere Aussage missverstanden und dadurch einen Fehler gemacht habe. Dafür bitte ich um Nachsicht.

Zu den Zitaten von Franz König sei noch angemerkt, dass es davon drei Arten gibt: Aussagen in Bild- oder Tonaufnahmen, die umgangssprachlich gefärbt, aber am authentischsten sind, Niederschriften des Kardinals, die sich durch geschliffene Formulierungen auszeichnen, und Erinnerungen von Wegbegleitern und Zeitzeugen, die mit deren Worten wiedergegeben sind und keine authentische Aussage darstellen, wohl aber zur Illustration einzelner Anekdoten dienlich sind.

Anfangs habe ich eine genderkonforme Sprache versucht, „die/der" sowie „Innen" verwendet, doch litt die Lesbarkeit immens darunter. Kardinal König verwendete keine weiblichen Endungen, deshalb wäre es auch bei seinen Zitaten zu einem Stilbruch gekommen. Ich habe mich schließlich im Sinne der besseren Lesbarkeit für die Verwendung des generischen Maskulinums entschieden, möchte allerdings allen Leserinnen und Lesern versichern, dass ich Männern und Frauen gleichermaßen mit Respekt und Wertschätzung begegne und niemanden diskriminieren möchte. Aus demselben Grund habe ich zudem auf die Nennung von akademischen Graden und Titeln verzichtet, wobei auch diesen Leistungen mein großer Respekt gebührt.

Ich danke all meinen Gesprächspartner herzlich für ihr Vertrauen und ihre Kooperationsbereitschaft. Besonders hervorheben möchte ich Frau Dr. Annemarie Fenzl, die letzte Sekretärin Kardinal Franz Königs, die mir ihr Wissen, ihre Erinnerungen, ihre

Kontakte zur Verfügung gestellt und den Zugang zum Kardinal-König-Archiv ermöglicht hat. Ich durfte mir Bücher des Kardinals ebenso wie Handschriften ausborgen – und habe auch alles wieder ordentlich zurückgegeben.

Mein Dank gebührt auch jenen Menschen, die erste Manuskript-versionen gelesen, korrigiert und mir ihre wertschätzende Kritik vermittelt haben: Josef Fink, Rainer Friedl, Wilfried Kainrath, Wilfried Lang, Erich Leitenberger, Helmut Maurer, Georg Mayer … Ich danke auch meiner Assistentin Judith Kainrath für ihre nimmermüde Hilfe, ganz besonders aber Dr. Hannes Androsch, Dr. Renate Osterode und dem Team von AIC für die wertvolle Unterstützung beim Transkribieren.

Wenn man viele Monate so intensiv mit einem Menschen verbringt, wie ich diese Zeit mit Kardinal Franz König verbracht habe, dann besteht sicher die Gefahr, „betriebsblind" zu werden. Um mich davor zu schützen, war für mich der „Meta-Dialog" mit nahestehenden Menschen wichtig – allen voran Sigrid Gebhardt –, die mit Recht darauf hinwiesen, dass der Kardinal – bei aller Wertschätzung – nicht den Mittelpunkt des Lebens darstellen könne. Auch für diese kritische Distanz möchte ich danken.

Zuletzt gilt mein Dank allen Leserinnen und Lesern dieses Buches, die mit bestimmten Erwartungen die erste Seite zu lesen begonnen haben und bis zum Schluss viel Zeit verbracht haben. Vielleicht haben meine Zeilen Zustimmung, vielleicht auch Ablehnung hervorgerufen. Kardinal Franz König hatte sehr viele Facetten zu bieten, die vielleicht die eine oder andere neue Sichtweise eröffnet haben. Seinem Wahlspruch versuchte ich jedenfalls mit jedem Wort treu zu sein: „Der Wahrheit in Liebe dienen."

ANHANG

Interviews

Androsch, Hannes: 25. April 2014, 23. Juni 2014
Bayer, Adolf: 20. Oktober 2014
Blecha, Karl: 14. März 2014
Bünker, Michael: 2. Juli 2014
Busek, Erhard: 29. Januar 2014, 15. Mai 2014
Coudenhove-Kalergi, Barbara: 7. März 2014
Daxböck, Roman: 16. März 2014
Eisenberg, Chaim: 19. Februar 2014
Ellegast, Burkhard: 12. Februar 2014
Feichtlbauer, Hubert: 12. März 2014
Fenzl, Annemarie: 29. April 2014 ff.
Figl, Johann: 14. März 2014
Fink, Josef: 4. Februar 2014
Fischer, Heinz: 10. Februar 2014
Glaser, Lonny: 26. März 2014
Györy, Robert: 4. Juni 2014
Hellsberg, Clemens: 4. Februar 2014
Heltau, Michael: 10. Februar 2014
Höfinger, Vinzenz †: 16. März 2014
Holl, Adolf: 22. Januar 2014
Holubar, Karl: 19.9.2014
Horn, Werner: 17. April 2014
Huber, Johannes: 19. Februar 2014
Kapellari, Egon: 21. Mai 2014
Kirchschläger, Walter: 7. April 2014
König, Ferdinand: 16. März 2014
Khol, Andreas: 28. Mai 2014
Krätzl, Helmut: 1. April 2014, 17. September 2014, 12. November 2014
Küng, Hans: 13. Oktober 2014
Leitenberger, Erich: 7. Mai 2014
Lingens, Michael: 12. Mai 2014
Molcho, Samy: 25. Juni 2014

Nguyen, Lien: 20. Mai 2014
Nguyen, Long: 20. Mai 2014
Nußbaumer, Heinz: 15. Oktober 2014
Patzak, Peter: 11. Juni 2014
Pongratz-Lippitt, Christa: 22. Mai 2014
Rauscher, Hans: 16. September 2014
Resetarits, Lukas: 25. November 2014
Santos, Claudia: 20. Mai 2014
Schambeck, Herbert: 28. Mai 2014
Schmidt, Helmut: 19. März 2014
Schödl, Ingeborg: 8. September 2014
Schönborn, Christoph: 13. März 2014; 24. September 2014
Schulmeister, Terese: 26. März 2014
Schwarzenberg, Karel: 23. Juni 2014
Sporschill, Georg: 9. Februar 2014
Steindl-Rast, David: 4. Dezember 2014
Taus, Josef: 1. April 2014
Treichl, Heinrich †: 14. April 2014
Vranitzky, Franz: 25. April 2014
Weber, Johann: 21. Mai 2014
Weißgrab, Gerhard: 9. April 2014
Zulehner, Paul M.: 5. August 2014

Zitatquellen von Franz König

1) Gaisbauer, Hubert: Menschenbilder: Rudolf Kirchschläger – Kardinal Franz König; ORF Shop 2004

2) Fenzl, Annemarie/Moser, Wolfgang: Franz Kardinal König. Woher komme ich? Wohin gehe ich? Anregungen für einen Weg der Hoffnung; Verlagsgemeinschaft topos plus, Innsbruck 2014

3) König, Franz: 1905–2004. Stationen – Erinnerungen – Vermächtnis; Radio Stephansdom 2004

4) Mutter Elmara; Steinschaler Wiki; http://steinschaler.dirndlwiki.at/index.php?title=Mutter_Elmara [17.3.2014]

5) König, Franz: Offen für Gott – offen für die Welt. Kirche im Dialog; hg. von Pongratz-Lippitt, Christa; Herder, Freiburg i. Br. 2006

6) Daxböck, Roman: Kardinal König. Aus dem Leben eines Seelsorgers. Erinnerungsband zum 100. Geburtstag; 2005

7) Fellner, Anton/Weinmann, M: Franz Kardinal König, 85; ORF – Ich über mich, 1985

8) Bauer, Sepp: Sie erzählen, was sie erlebten. 1945–1955; hg. von Katholische Aktion der Diözese St. Pölten; Niederösterreichisches Pressehaus, St. Pölten/Wien 1988

9) Erinnerungen – Zeitzeugen erzählen; ORF, 22.12.2014; Kardinal Franz König

10) Barta, Richard: Kardinal Franz König; Herder & Co, Wien 1965

11) König, Franz: Gespräche über Zäune und Grenzen; hg. von Ritschel, K. H. – Dokumentation unserer Zeit; Preissrecords 1968

12) König, Franz: Unterwegs mit den Menschen. Vom Wissen zum Glauben; hg. von Fenzl, Annemarie/Földy, Reginald; Verlagsgemeinschaft topos plus, Innsbruck/Wien 2004

13) Schödl, Ingeborg: Im Fadenkreuz der Macht. Das außergewöhnliche Leben der Margarethe Ottilinger; Czernin Verlag, Wien 2004

14) Kardinal König stirbt in Wien; Österreichische Mediathek, 13.3.2004, http://www.mediathek.at/atom/138A0831-1AB-00155-000004A8-13894D35

15) Olah, Franz: Erlebtes Jahrhundert. Die Erinnerungen; Amalthea Signum (2. erw. Aufl.), Wien 2008

16) Stiftung Bruno Kreisky Archiv; zur Verfügung gestellt von Maria Steiner am 27.2.2014

a) Korrespondenz über die Auszeichnung jugoslawischer Helfer, 23.–30.3.1960

b) Kontroverse über die Rede beim Seniorenrat, 13.1.–2.2.1982

c) Kontroverse zur Pfarrerkritik, 18.5.1981

d) Geburtstagswünsche, 1985

e) Korrespondenz österreichische Bischöfe und Kreisky wegen Abtreibung, 1.2.–16.2.1973

17) Kardinal-König-Archiv – Fenzl, Annemarie/Moser, Wolfgang; www.kardinalkoenig.at

a) Mein Testament http://www.kardinalkoenig.at/leben/lebensstationen/0/articles/2008/11/27/a3536/ [12.1.2015]

b) Meditationstext von Kardinal John Henry Newman http://www.kardinalkoenig.at/downloads/2014_03_13_Gedenkgottesdienst_zum_10ten_Todestag_von_Kardinal_Koenig.pdf [12.1.2015]

18) Jais, Aegidius: Bemerkungen über die Seelsorge, besonders auf dem Lande; Verlagsanstalt Tyrolia, Innsbruck 1938

19) Rauscher, Hans: 16.9.2014

20) Holl, Adolf: So wünsche ich mir meinen Kardinal; Der Spiegel, Nr. 40/1985, 30.9.1985; http://www.spiegel.de/spiegel/print/d-13517038.html [21.1.2014]

21) Holl, Adolf: 22. Januar 2014

22) Persönlicher Brief Kardinal Königs an Holl, 1973

23) Holl, Adolf: Jesus in schlechter Gesellschaft; Haymon Taschenbuch, Innsbruck/Wien 2012

24) Schödl, Ingeborg: Vom Aufbruch in die Krise. Die Kirche in Österreich ab 1945; Tyrolia, Innsbruck 2011

Literatur

30 Jahre PRO ORIENTE. Festgabe für den Stifter Franz Kardinal König zu seinem 90. Geburtstag; Band XVII; 1995

Aristoteles: Metaphysik; hg. von Schwarz, Franz F.; Reclam, Leipzig 1991

Barta, Richard: Kardinal Franz König; Herder & Co, Wien 1965

Bauer, Sepp: Sie erzählen, was sie erlebten. 1945–1955; hg. von Katholische Aktion der Diözese St. Pölten; Niederösterreichisches Pressehaus, St. Pöten/Wien 1988

Blum, Eggert: Die Marke Heidegger; in: Die Zeit, Nr. 47, 13. November 2014

Busek, Erhard: Lebensbilder; Kremayr & Scheriau, Wien 2014

Daxböck, Roman: Kardinal König. Aus dem Leben eines Seelsorgers. Erinnerungsband zum 100. Geburtstag; 2005

Denz, Herrmann/Zulehner, Paul M.: Der neue Kirchenkurs. Sonderauswertung einschlägiger Daten aus der Studie „Religion im Leben der Österreicher 1970–1990", Bregenz/Wien 1990

Die Welt bis gestern: Franz Jachym: Der Eklat im Stephansdom; in: Die Presse, 30.5.2008

Domarus, M.: Hitler: Reden und Proklamationen 1932–1945; Bolchazy-Carducci Publishers,1998

Fenzl, Annemarie: Kirche und Nationalsozialismus in Wien. Im Spiegel der Akten des Wiener Diözesanarchivs. Mit besonderer Berücksichtigung von Juden und Christen. Heiligenkreuz, 6. März 2008

Fenzl, Annemarie/Moser, Wolfgang: Franz Kardinal König. Woher komme ich? Wohin gehe ich? Anregungen für einen Weg der Hoffnung; Verlagsgemeinschaft topos plus, Innsbruck 2014

Fink, Josef: Mein Vetter Franz; private Niederschrift, erhalten vom Autor am 4.2.2014

Goebbels, Joseph: Tagebücher 1924–1945; hg. von Reuth, Ralf Georg; Piper, München 1992

Holl, Adolf: Das Religionsgespräch der Gegenwart. Voraussetzungen und Prinzipien; Styria, Graz 1965

Holl, Adolf: Wegweisungen im Glauben; Herder, 1965

Holl, Adolf: Jesus in schlechter Gesellschaft; Haymon Taschenbuch, Innsbruck/Wien 2012

Jais, Aegidius: Bemerkungen über die Seelsorge, besonders auf dem Lande; Verlagsanstalt Tyrolia, Innsbruck 1938

Kardinal König; hg. von Fenzl, Annemarie; Herold Verlag, Wien/München 1985

Khol, Andreas: Katholikentag und Papstbesuch 1983. Eine kritische Würdigung; in: Jahrbuch für Politik 1984, hg. von Khol, Andreas/Stirnemann. Alfred, Oldenbourg Verlag, München/Wien 1985

König, Franz: Christus und die Religionen der Erde; Band 1–3; Herder, Freiburg i. Br. 1951

König, Franz: Gedanken für ein erfülltes Leben; hg. von Fenzl, Annemarie/Nußbaumer, Heinz; Styria, Wien 2004

König, Franz: Unterwegs mit den Menschen – Vom Wissen zum Glauben; hg. von Fenzl, Annemarie/Földy, Reginald; Verlagsgemeinschaft topos plus, Innsbruck/Wien 2004

König, Franz: Offen für Gott – offen für die Welt. Kirche im Dialog; hg. von Pongratz-Lippitt, Christa; Herder, Freiburg i. Br. 2006

Krätzl, Helmut: Eine Kirche, die Zukunft hat. 12 Essays zu scheinbar lösbaren Kirchenproblemen; Styria, Wien/Graz/Klagenfurt 2007

Krätzl, Helmut: Geschenkte Zeit: Von der Kunst älter zu werden; Tyrolia, 4. Aufl. 2013

Kreisky, Bruno; Stiftung Bruno Kreisky Archiv; zur Verfügung gestellt von Maria Steiner am 27.2.2014 (Korrespondenz Kreisky–König)

Kübler-Ross, Elisabeth: Über den Tod und das Leben danach; Silberschnur, Güllesheim, 34. Aufl. 2005

Küng, Hans: Erkämpfte Freiheit: Erinnerungen (Band 1); Piper, München 2007

Küng, Hans: Erlebte Menschlichkeit: Erinnerungen (Band 3); Piper, München 2013

Neuhold, David: Franz Kardinal König – Religion und Freiheit. Ein theologisches und politisches Profil (Studien zur christlichen Religions- und Kulturgeschichte); W. Kohlhammer Verlag, Stuttgart 2008

Neuner, Josef: Der indische Joseph. Erinnerungen aus meinem Leben; Die Quelle, 2005

Olah, Franz: Erlebtes Jahrhundert. Die Erinnerungen; Amalthea Signum (2. erw. Aufl.), Wien 2008

Österreich: Groß der Bischöfe genießt hohes Ansehen, in: KNA-Bayerischer Dienst, Nr. 191, 2.11.1989

Personalia: Józef Kardinal Mindszenty; in: Der Spiegel, 22.11.1971

Pfarrerkritik: Bonzen lassen Arbeiter allein; Wiener Kirchenzeitung; 1.5.1981

Posch, Benedikt: Wie ehrlich meint es Kreisky?; präsent, Februar 1982

Schmidt, Helmut: Außer Dienst. Eine Bilanz; Siedler, München 2008

Schneider, Heinrich: Katholizismus, Pluralismus und kirchliche Politik in Österreich. Anmerkungen zum Beitrag von Andreas Khol; Österreichische Monatshefte 1/85

Schödl, Ingeborg: Im Fadenkreuz der Macht. Das außergewöhnliche Leben der Margarethe Ottilinger; Czernin Verlag, Wien 2004

Schödl, Ingeborg: Vom Aufbruch in die Krise. Die Kirche in Österreich ab 1945; Tyrolia, Innsbruck 2011

Schöne Note; Der Spiegel, 21.8.1967

Staribacher, Josef, Tagebücher 1970–1983; Stiftung Bruno Kreisky Archiv; zur Verfügung gestellt von Maria Steiner am 27.2.2014

Steindl-Rast, David: Credo. Ein Glaube, der alle verbindet; Herder, Freiburg i. Br. 2012

Torberg, Friedrich: Die Tante Jolesch. Oder: Der Untergang des Abendlandes; Deutscher Taschenbuch Verlag, (31. Aufl.) München 2009

Zinnhobler, R.: Bischof Johannes M. Gföllner und die „Feierliche Erklärung" des österreichischen Episkopats vom 18. März 1938; Neues Archiv für die Geschichte der Diözese Linz, 2. Jahrgang, Linz 1982/83

Internet

Abschied in Bovezzo; Der Spiegel, Nr. 26/1963, 26.3.1963; http://www.spiegel.de/spiegel/print/d-45144002.html [29. 7. 2014]

Abschlussrede des Zweiten Vatikanischen Konzils von Papst Paul VI; 8. Dezember 1965; http://www.vatican.va/holy_father/paul_vi/homilies/1965/documents/hf_p-vi_hom_19651208_epilogo-concilio-immacolata_en.html [abgefragt am 13. 1. 2015]

APA-Meldung: Kardinal Schönborn über Kardinal Groër; betroffen.at – Plattform Betroffener kirchlicher Gewalt, 26.3.1995; http://www.betroffen.at/presse/christoph-schoenborn-ueber-kardinal-Groër [8. 9. 2014]

Behal, Brigitte: „Kontinuitäten und Diskontinuitäten deutschnationaler katholischer Eliten im Zeitraum 1930–1965"; Dissertation an der Universität Wien, Jänner 2009; http://www.malingesellschaft.at/pdf/Behal%20-%20Veiter%20ua%201930-1965_Diss%202009.pdf [2. 12. 2014]

Böll, Heinrich: Banquet Speech; 10.12.1972; http://www.nobelprize.org/nobel_prizes/literature/laureates/1972/boll-speech.html [12.1.2015]

Die Präsidenten und die Kirche: Wie hast du's mit der Religion? profil, 10. 1. 2004, http://www.profil.at/articles/0402/560/72578_s1/die-praesidenten-kirche-wie-religion [11. 1. 2014]

Enzykliken:

Papst Pius XI.: Quadragesimo anno – Über die gesellschaftliche Ordnung, 1931; http://www.clerus.org/clerus/dati/2000-05/06-10/ QAnno.html [13. 1. 2015]

Papst Pius XI.: Ardente cura – Mit brennender Sorge, 14.3.1937; http://w2.vatican.va/content/pius-xi/de/encyclicals/documents/ hf_p-xi_enc_14031937_mit-brennender-sorge.html [13. 1. 2015]

Papst Johannes XXIII.: Pacem in terris – Über den Frieden aller Völker; 11.4.1963; http://w2.vatican.va/content/john-xxiii/de/encyclicals/documents/hf_j-xxiii_enc_11041963_pacem.html [13.1.2015]

Papst Paul VI.: Ecclesiam Suam – Für seine Kirche; 6.8.1964; http:// www.vatican.va/holy_father/paul_vi/encyclicals/documents/hf_p-vi_enc_06081964_ecclesiam_en.html [13. 1. 2015]

Papst Paul VI.: Humanae vitae – Über die Weitergabe des Lebens; 25.7.1968; http://www.vatican.va/holy_father/paul_vi/encyclicals/documents/hf_p-vi_enc_25071968_humanae-vitae_ge.html [13.1.2015]

Papst Johannes Paul II.: Ut unum sint – Über den Einsatz für die Ökumene; 25. 5. 1995; http://www.vatican.va/holy_father/john_paul_ii/encyclicals/documents/hf_jp-ii_enc_25051995_ut-unum-sint_ge.html [13. 1. 2015]

Erklärung der österreichischen Bischöfe zur Enzyklika „Humanae vitae" (sog. „Maria-Troster-Erklärung"), 22.9.1968; http://stjosef.at/dokumente/oesterreichische_bischofserklaerungen_humanae_vitae.htm [12.1.2015]

Facius, Gernot: Der Kardinal, der allzu sehr die Knaben liebte. Hans Hermann Groer starb in St. Pölten; Die Welt, 29.3.2003; http://www.welt.de/print-welt/article551747/Der-Kardinal-der-allzu-sehr-die-Knaben-liebte.html [26. 7. 2014]

Gedenkgottesdienst aus Anlass des 10. Todestages: http://www.kardinalkoenig.at/downloads/2014_03_13_Gedenkgottesdienst_zum_10ten_Todestag_von_Kardinal_Koenig.pdf [9. 1. 2015]

Grießler, Erich: „Policy Learning" im österreichischen Abtreibungskonflikt. Die SPÖ auf dem Weg zur Fristenlösung; IHS – Reihe Soziologie, Nr. 76; www.ihs.ac.at/publications/soc/rs76.pdf [21. 7. 2014]

Holl, Adolf: So wünsche ich mir meinen Kardinal; Der Spiegel, Nr. 40/ 1985, 30. 9. 1985; http://www.spiegel.de/spiegel/print/d-13517038. html [21.1.2014]

Holl, Adolf: Hollabrunn ist überall. Der Theologe Adolf Holl über den Wiener Kardinal Groër und die verlogene Sexualmoral des Klerus;

Der Spiegel, Nr. 15/1995, 10.4.1995; http://www.spiegel.de/spiegel/print/d-9182269.html [8.9.2014]

Hornau, Philipp von: Wien ist anders, ist Wien anders; 2012; https://books.google.at/books?id=qMN235eu66wC&pg=PA274&lpg=PA274&dq=kurt+dieman+jachym&source=bl&ots=1ECXFUctBw&sig=3pP2O62S-pBzwmyz-sekod9NARA&hl=de&sa=X&ei=oyG1VKr5AoT_UqqbgqAB&ved=0CCsQ6AEwAg#v=onepage&q=kurt%20dieman%20jachym&f=false [13.1.2015]

In Wien residieren 8000 Spione, Kurier, 20.7.2014; http://kurier.at/chronik/wien/in-wien-residieren-8000-spione/75.669.611 [13.1.2015]

Ingravescentem aetatem; Kathpedia – Die freie katholische Enzyklopädie; http://www.kathpedia.com/index.php?title=Ingravescentem_aetatem_(Wortlaut) [29.7.2014]

Johannes XXIII., Rede zur Eröffnung des 2. Vatikanischen Konzils am 11. Oktober 1962; Quelle: Herderkorrespondenz 17 (1962/63), 85–88; http://www.ub.uni-freiburg.de/fileadmin/ub/referate/04/semapp/konzil.html [21.7.2014]

Johannes Paul II: Familiaris consortio (Über die Aufgaben der christlichen Familien in der Welt von heute); 22.11.1981; http://www.vatican.va/holy_father/john_paul_ii/apost_exhortations/documents/hf_jp-ii_exh_19811122_familiaris-consortio_ge.html [14.1.2015]

Konkordat zwischen dem Heiligen Stuhle und der Republik Österreich; BGBl. II Nr. 2/1934; Bundeskanzleramt/Rechtsinformatonssystem; https://www.ris.bka.gv.at/GeltendeFassung.wxe?Abfrage=Bundesnormen&Gesetzesnummer=10009196 [13.1.2015]

Kapellari blickt kirchenkritisch auf „Anschluss" 1938 zurück; kathweb, Katholische Presseagentur Österreich, 13.3.2013; http://www.kathweb.at/site/focus/meldungen/1938/database/53465.html [8.7.2014]

Kardinal-König-Archiv – Fenzl, Annemarie/Moser, Wolfgang; www.kardinalkoenig.at

Kardinal König nach schwerem Sturz erfolgreich operiert; ORF Religion, 29.7.2003; http://religionv1.orf.at/projekt02/news/0307/ne030729_koenig_fr.htm [13.3.2014]

Karol Wojtyla – Vom Untergrund ins Priesteramt; wissen.de, Konradin Medien, Leinfelden-Echterdingen; http://www.wissen.de/karol-wojtyla-vom-untergrund-ins-priesteramt [26.8.2014]

Katholische Kirche Kärntens, Referat für Ehe und Familienpastoral: Geschiedene und Wiederverheiratete in der Kirche willkommen; http://www.kath-kirche-kaernten.at/dioezese/orgdetail/C2613/

geschiedene_und_wiederverheiratete_in_der_kirche_willkommen [21.7.2014]

Krennhuber, Kevin: Diskursive Strategien der Kirche im öffentlichen Umgang mit Missbrauchsvorwürfen; Diplomarbeit Universität Wien, 2011; http://othes.univie.ac.at/15242/1/2011-06-25_9645126.pdf [14.1.2015]

Laudetur Jesus Christus – Radio Vatikan Blog: Mit zitternden Lippen, 25.10.2012; http://blog.radiovatikan.de/auf-zitternden-lippen/ [23.7.2014]

Liebmann, Maximilian: Das „Mariazeller Manifest" als Teil von Doppelstrategie, Klagenfurt 2000; http://www.professor-liebmann.at/pdf/MariazellerManifestDoppelstrategie.pdf [20.7.2014]

Maleczek, Werner: Zum Cagna-Report; hg. von Zulehner, P. M., Wien,; http://www.zulehner.org/site/zeitworte/article/95.html [24.8.2014]

Mutter Elmara; Steinschaler Wiki; http://steinschaler.dirndlwiki.at/index.php?title=Mutter_Elmara [17.3.2014]

Österreichische Kirche in der NS-Zeit; Gymnasium Hartberg; http://www.gym-hartberg.ac.at/schule/images/stories/Religion/themen_matura/16_NS_Oesterr.pdf [27.10.2014]

Papst aus Wagadugu; Der Spiegel, Nr. 19/1974, 6.5.1974; http://www.spiegel.de/spiegel/print/d-41739166.html [28.7.2014]

Pastorale Konstitution „Gaudium et Spes. Über die Kirche in der Welt von heute"; http://www.vatican.va/archive/hist_councils/ii_vatican_council/documents/vat-ii_const_19651207_gaudium-et-spes_ge.html [16.01.2015]

Pro Oriente; http://www.pro-oriente.at/ [28.8.2014]

Schönborn, Christoph: Die Sünde der Bischöfe; 17.11.2008; http://www.kath.net/news/21357/print/yes [14.1.2015]

Stricker, Gerd: Johannes Paul II. und das „Wunder der Wende". Interview mit dem Osteuropa-Experten Dr. Gerd Stricker; Zenit – Die Welt von Rom aus gesehen, 14.9.2009; http://www.zenit.org/de/articles/johannes-paul-ii-und-das-wunder-der-wende [15.7.2014]

Thurnher, Armin: Die Lustknaben; Die Zeit, Nr. 15/1995, 7.4.1995; http://www.zeit.de/1995/15/Die_Lustknaben [8.9.2014]

Vatikan zum „Anschluss" 1938: „Das ist der Triumph der Barbarei"; 11.3.2013; http://www.kathpress.co.at/site/focus/meldungen/1938/database/53300.html [13.1.2015]

„Wir erkennen ...", Bußgebet Johannes XXIII.; http://www.hagalil.com/nizza/johannes-23.htm [23.7.2014]

Wolff, Georg: Tod und Teufel – Mystik und Müll; Der Spiegel, Nr.

28/1973, 9.7.1973; http://www.spiegel.de/spiegel/print/d-41972602. html [14.1.2015]

Zu aufrichtig; Der Spiegel, Nr. 16/1967, 10.4.1967; http://www.spiegel. de/spiegel/print/d-46461401.html [15.5.2014]

Zwei wichtige Erklärungen der österreichischen Bischöfe zur Enzyklika „Humanae vitae" vom 22.09.1968 und vom 29.03.1988; http://stjosef. at/dokumente/oesterreichische_bischofserklaerungen_humanae_vitae.htm [25.7.2014]

Zweites Vatikanisches Konzil – Texte:

Lumen Gentium (Über die Kirche); 16. November 1964; http://www. vatican.va/archive/hist_councils/ii_vatican_council/documents/vat-ii_const_19641121_lumen-gentium_ge.html [13.1.2015]

Unitatis redintegratio (Über den Ökumenismus); 21. November 1964; http://www.vatican.va/archive/hist_councils/ii_vatican_council/ documents/vat-ii_decree_19641121_unitatis-redintegratio_ge.html [13.1.2015]

Nostra Aetate (Über das Verhältnis der Kirche zu den nicht-christlichen Religionen); 28.10.1965; http://www.vatican.va/archive/hist_councils/ ii_vatican_council/documents/vat-ii_decl_19651028_nostra-aetate_ ge.html [13.1.2015]

Apostolicam actuositatem (Über das Laienapostolat); 18.11.1965; http://www.vatican.va/archive/hist_councils/ii_vatican_council/do-cuments/vat-ii_decree_19651118_apostolicam-actuositatem_ge.html [13.1.2015]

Als ergänzende Quelle wurde zudem zwischen Februar und September 2014 „Wikipedia – Die freie Enzyklopädie" (de.wikipedia.org) herangezogen.

Video-/TV-Dokumente

Capitani, G.: Ein Leben für den Frieden – Papst Johannes XXIII. (Original: Papa Giovanni – Ioannes XXIII.); Lux Vide/RAI/EOS; 2002

Erinnerungen – Zeitzeugen erzählen; ORF, 27.10.2014; Franz Olah, Fritz Bock 1985 im Landesstudio Salzburg

Erinnerungen – Zeitzeugen erzählen; ORF, 22.12.2014; Kardinal Franz König

Fellner, Anton/Weinmann, M: Franz Kardinal König; ORF – Ich über mich, 1985

Gruber, Andreas: Der Kardinal; Tellux Film, 2011

Heiligsprechung Papst Johannes' XXIII. und Papst Pauls VI.; ORF, 27.4.2014

Kardinal König stirbt in Wien; Österreichische Mediathek, 13.3.2004, http://www.mediathek.at/atom/138A0831-1AB-00155-000004A8-13894D35

Nguyen, Martin: Die Kinder des Kardinals; ORF – kreuz und quer, 2011

Audio-Dokumente

Gaisbauer, Hubert: Menschenbilder: Rudolf Kirchschläger – Kardinal Franz König; ORF Shop 2004

König, Franz: Gespräche über Zäune und Grenzen; hg. von Ritschel, K. H. – Dokumentation unserer Zeit; Preissrecords 1968

König, Franz: 1905–2004. Stationen – Erinnerungen – Vermächtnis; Radio Stephansdom 2004

ISBN 978-3-222-13489-0

sty ria

Wien – Graz – Klagenfurt
© 2015 by Styria premium in der
Verlagsgruppe Styria GmbH & Co KG
Alle Rechte vorbehalten.

Bücher aus der Verlagsgruppe Styria gibt es
in jeder Buchhandlung und im Online-Shop

styriabooks.at

Covergestaltung: Bruno Wegscheider
Coverfoto: Alexander Tuma/Tuma Alexander/picturedesk.com
Fotos: S. 117 u. Votava/Imagno/picturedesk.com; S. 119 Diözesanarchiv
Wien; alle übrigen Fotos Kardinal-König-Archiv/Diözesanarchiv Wien
(S. 113 u. li. Eduard Prässer, S. 114 u. Photoanstalt Julius Mark).

Druck und Bindung:
Druckerei Theiss GmbH, St. Stefan im Lavanttal
7 6 5 4 3 2 1
Printed in Austria